일반기업회계기준

회계원리

이주송 · 이내풍 · 홍미경 · 박문곤
공저

형지사

머리말

회계란 조직의 재무상태와 운영상태를 숫자화 하여 나타내는 것이다. 조직에 따라 차이는 있지만, 조직운영을 위하여는 계획 → 실행 → 통제의 과정을 거쳐야 하며, 통제 · 계획을 위하여 회계는 없어서는 안 되므로 이러한 관점에서 학문적 위치를 확보하게 되었다

조직 중에서 회계가 가장 발달한 조직은 기업이며, 이를 기업회계라 한다. 즉, 기업의 조직은 일반적으로 인사 · 조직, 생산, 마케팅, 회계, 재무, 기획, 정보시스템 조직으로 이루어져 있으며, 기업에서 이루어진 행위를 숫자로 나타내는 것이 기업회계이다. 따라서 기업회계를 "기업의 언어"라 표현한다. 결국 기업의 회계정보이용자가 합리적인 판단과 경제적 의사결정을 할 수 있도록 기업실체에 대한 회계정보를 전달하는 과정이라고 할 수 있다.

이러한 기업회계를 공부함으로써, 다른 조직의 회계를 빠르게 숙지할 수 있으므로, 학교에서는 기업회계를 공부하게 된다. 기업회계는 경제현상의 변화에 따라 변화하며, 경제현상에 따라 변화하는 기업회계를 일반적으로 인정된 회계원칙(GAAP : Generally Accepted Accounting Principle)라 한다.

기업회계의 기본 바탕인 일반적으로 인정된 회계원칙은 글로벌화된 경제환경에 따라 국제회계연맹의 국제회계기준으로 통일화되기 시작하였으며, 우리나라도 경제성장에 따라 국제회계기준을 수용하지 않을 수 없게 되었다. 이에 2011년부터 상장기업은 한국채택국제회계기준(K-IFRS : Korea-Internation Financial Reporting Standards, 2007년 11월 제정)을 채택하게 되었다. 그리고 우리나라는 비상장기업에 적용하는 일반적으로 인정된 회계원칙의 필요성을 인식하고, 한국회계기준원에서는 일반기업회계기준(2009년 11월 27일 제정, 2009년 12월 12월 30일 공표)을 제정 · 공표되었다.

본 교재는 회계를 처음 배우고자 하는 사람들을 위한 교재로 만들어졌으므로 "일반기업회계기준"을 기본으로 회계의 내용을 살펴보았으며, 기초적인 회계 내용을 체계적으로 설명하려 하였다. 본 책을 통하여 회계에 관심 있는 사회인이나 회계를 처음으로 공부하는 사람들에게 도움이 될 수 있기를 바랄 뿐이다.

그리고, 부족한 부분이 많을 것이라고 생각이 든다. 이러한 부분은 앞으로 연구 · 노력하여 보완할 예정이며, 이 책으로 공부하는 모든 학생, 동료, 선배 및 교수님들의 기탄없는 충고를 기다리려 한다.

마지막으로 이 책의 출판을 흔쾌히 허락하신 형지사 유성렬 사장님과 여러 번의 교정 요구에도 묵묵히 응해 주신 민백기 상무님 및 편집부 직원분들께 감사의 말씀을 전합니다.

2010년 2월
저 자 씀

차 례

제 1 장

회계의 기본원리

제 1 절 회계의 본질

1. 회계의 정의

기업이나 정부 등의 경제주체가 재화나 서비스를 생산·소비·분배·교환하는 경제활동에 관한 일정한 정보를 작성하여 그 정보를 필요로 하는 이해관계자들에게 제공하는 행위를 회계(accounting)라고 정의한다. 회계행위에 의해 제공되는 정보를 회계정보라고 하며, 회계행위의 현실적인 흐름을 해명하고 또 그것을 연구하는 학문을 회계학이라고 한다.

회계는 특정한 경제주체가 영위하는 경제활동의 흐름에 관한 정보를 제공한다. 그리고 회계는 경제활동을 영위하는 개인이나 조직 모두에게 필요하다. 회계는 경제사회의 발전과 함께 생성·발전되어 왔으며, 경제의 중심이 되어 경제사회의 발전을 촉진시키는 역할을 한 것이 주식회사(corporation)이다. 회계는 이 주식회사의 생성·발전과 함께 발달해 왔으며 그 과정에서 기업회계를 형성하게 되었다. 따라서 오늘날 회계라고 하면 기업회계, 즉 주식회사의 회계를 의미한다.

이러한 회계에 대하여 여러 연구단체들이 정의를 내리고 있는데, 지금까지 알려진 가장 일반적인 견해들을 살펴보면 다음과 같다.

(1) 미국공인회계사회(AICPA)의 정의

1941년 미국공인회계사회(American Institute of Certified Public Accountants : AICPA)에서 발표한 회계용어공보(Accounting Terminology Bulletin) NO.1에서는 "회계란 재무적 성격을 갖는 거래나 사상을 의미있는 방법으로, 화폐단위에 의하여 기록 · 분류 · 요약하고, 그 결과를 해석하는 기술이다"라고 정의하고 있다.

(2) 미국회계학회(AAA)의 정의

1966년 미국회계학회(American Accounting Association : AAA)에서 발표한 「기초적 회계이론에 관한 보고서」(A Statement of Basic Accounting Theory : ASOBAT)에서는 "회계란 정보이용자가 합리적인 판단이나 경제적 의사결정을 할 수 있도록 경제적 정보를 인식하고 측정하여 이를 전달하는 과정이다."라고 정의하고 있다.

(3) 미국공인회계사회(AICPA)의 회계원칙심의회(APB)Statement No.4의 정의

1970년 AICPA의 회계원칙심의회(Accounting Principles Board : APB) 보고서 제4호(APB Statement No.4)에서는 "회계는 하나의 서비스 활동이며, 회계의 기능은 여러 가지 대체적인 방안 중에서 합리적인 선택을 하여야 할 경우 경제적 의사결정에 유용하도록 재무적 성격의 양적 정보를 경제실체에 제공하는 것이다"라고 정의하고 있다.

이상의 정의를 요약하면 회계란 "기업의 각종 이해관계자들이 자원배분에 관한 합리적인 의사결정을 할 수 있도록 기업실체의 경제적 활동을 화폐적으로 측정 · 기록하고 이에 관한 정보를 요약 · 분류하여 회계정보이용자들에게 전달하는 활동"이라고 정의할 수 있다.

따라서 오늘날의 회계는 회계정보의 생산측면은 물론 이용측면까지 중시하는 정보시스템이며, 건전한 기업사회의 유지와 발전을 도모하는 사회적 제도(social institute)인 것이다.

2. 회계정보 이용자

(1) 내부이용자

1) 경영자

회계정보 이용자는 기업의 경영과 회계정보에 접근이 용이한가에 따라서 내부이용자와 외부이용자로 나누어진다. 대표적인 내부이용자는 바로 해당 기업의 경영자이다. 경영자는 장단기의 계획(計劃, planning)을 세워서 이의 수행을 통제(統制, control)하는 기능을 수행한다. 계획이란 미래에 취할 행동을 마련하는 것이며, 통제는 계획이 제대로 수행되도록 기업활동을 유도하고 결과를 평가하여 필요한 경우에 계획과 기업활동을 수정·보완하는 기능이다. 끊임없이 수행되는 경영자의 의사결정이 합리적이기 위해서는 회계정보를 필요로 한다.

2) 종업원

종업원은 임금협상 등과 같은 경우에 회계 정보를 이용할 수 있다.

(2) 외부이용자

1) 개인

예를 들어 아파트를 청약할 때에 시공기업이 부도나지 않고 공사를 완공할 수 있을까를 알아본다. 이런 의사결정에는, 다른 정보도 이용하겠지만, 해당 기업이 재무적으로 건실한지에 관한 회계정보가 필수적이다. 이같이 개인들은 일상생활에서 알게 모르게 여러 가지로 회계정보를 많이 이용한다.

2) 투자자

투자자는 해당 기업의 증권인 주식과 사채(회사채)를 보유하는 현투자자(現投資者, present investors)와 앞으로 그런 증권을 구입할 가능성이 있는 잠재투자자(潛在投資者, potential investors)로 구분된다. 현투자자는 보유중인 증권을 계속 보유할 것인가 처분할 것인가 또는 추가로 더 구입할 것인가를 결정할 때, 잠재투자자는 어떤 기업의 증권을 구입할 것인가, 구입한다면 언제, 얼마를 구입할 것인가를 결정할 때, 해당 기업의 전망을 평가하기 위하여 회계자료를 철저히 분석할 필요가 있다.

3) 채권자

채권자는 기업에 장·단기의 자금을 융통해 준 개인, 은행, 보험회사 등이다. 채권에 대한 신용평가·여신결정·대여금의 회수 및 연장, 대출심사와 관련한 의사결정을 내리기 위해서 회계정보를 이용한다.

4) 세무당국

국세청과 지방세 담당기관은 어떤 기업이 세금을 제대로 납부하는지의 여부를 결정할 때, 그 기업의 회계정보를 이용한다.

5) 정부규제기관

모든 기업은 금융감독원에 사업보고서를 제출하는데, 여기에 회계정보가 포함된다. 금융감독원은 보고된 회계정보와 기타 정보에 근거하여 회계보고의 내용과 방법에 관하여 규제하기도 한다. 회계정보는 입법기관(국회)에서 경제관련법의 제・개정에도 중요한 정보가 된다.

6) 경제정책 입안자

기업들의 전망에 기초하여 정부의 경제정책 입안자들은 경제정책을 결정한다. 성장률의 조정, 국제경쟁력 제고 방안의 마련, 물가정책의 수립에 기업의 개별적 또는 종합적 회계정보는 중요한 투입요소가 된다.

7) 기타 이용자

노동조합은 임금과 상여금에 관한 노동계약 협상에서, 경제단체를 비롯한 각종 사회운동기관들이 기업활동과 정부정책을 사회적으로 바람직하게 수행하도록 비판하고 격려하는 차원에서 회계자료를 사용한다. 이 밖에 고객과 물품공급자는 각각 장기적이고 안정적으로 원재료를 공급받고 공급하기 위하여, 재무분석가들은 고객인 투자자들에게 보다 정확한 투자상담을 제공하기 위하여 회계정보를 이용한다.

3. 회계의 기능

회계는 기업실체의 경제활동을 화폐액으로 기록하고, 측정하여 회계정보 이용자들에게 전달함으로써 그들이 합리적인 판단과 의사결정을 할 수 있도록 경제적 실체에 관한 유용한 정보를 제공하는 것으로 정의된다. 이것은 회계정보이용자들이 합리적으로 판단하고 의사결정을 할 수 있도록 경제실체의 경제활동을 화폐액으로 기록, 식별하고 측정하여 정보이용자에게 제공하는 것이다. 기본적인 기능은 회계정보를 기록 식별하고 측정하는 기능과 이것을 정보이용자에게 전달하는 기능인 것이다.

(1) 기록기능

경제실체의 경제활동을 화폐액으로 기록하는 기능이다.

(2) 측정기능

경제실체인 기업, 가계, 정부 등의 경제활동을 공동적도인 화폐라는 수단으로 측정하는 기능이다.

(3) 전달기능

측정된 회계정보를 경제실체의 내·외부의 정보이용자들에게 전달하는 기능이다. 측정기능은 전달기능을 전제로 이루어지고 있고, 전달기능은 측정기능이 수행되어야만 이루어질 수 있다.

4. 회계의 분류

회계는 다음과 같이 여러 가지로 분류한다.

(1) 정보이용자에 의한 분류

회계정보의 이용자에 따른 분류로 재무회계, 관리회계, 세무회계로 구분한다.

1) 재무회계

주로 기업의 외부 이해관계자에게 그 기업의 재무상태나 경영성과를 재무제표라는 보고서를 통하여 정보를 제공하기 위한 목적으로 하는 회계를 재무회계라 한다.

2) 관리회계

기업내부에 있는 정보이용자들의 의사결정 즉, 경영자들이 기업경영활동의 계획 및 통제를 위하여 필요한 정보를 제공하는 것을 목적으로 하는 회계를 관리회계라 한다.

3) 세무회계

회계실체가 납세의무를 이행하기 위하여 세법규정에 따라 과세수익이나 과세소득을 계산하여 회계정보로서 제공하는 것을 목적으로 하는 회계를 세무회계라 한다.

(2) 회계의 주체에 의한 분류

회계의 주체가 국민경제인가 아니면 개별경제인가에 따라서 거시회계(macro-accounting)와 미시회계(micro-accounting)로 구분된다.

거시회계와 미시회계의 세부분류는 다음과 같다.

- 회계
  - 거시회계
    - 국민소득회계
    - 투입산출회계
    - 자금순환회계
    - 국제수지회계
    - 국민대차대조표
    - 투자저축회계
  - 미시회계
    - 정보회계 ┐
    - 가계회계 ┘ 비영리회계(학교회계, 병원회계)
    - 기업회계
      - 재무회계 ┐
      - 관리회계 ├ 영리회계(상업회계, 공업회계, 은행회계)
      - 세무회계 ┘

제 2 절 재무회계의 개념체계

개념체계(conceptual framework)란 모든 법률의 기본이 되는 헌법과 같은 것으로서, 재무회계와 재무제표의 본질, 기능 및 한계점을 규정하는 상호 연관된 목적과 기본원리에 관한 논리정연한 시스템이라고 할 수 있다. 개념체계는 상호 연관된 목적과 기초개념들을 체계화시켜서 일관성 있는 회계기준을 마련하게 하고, 재무회계와 재무제표의 본질·기능 및 한계점 등에 관하여 규범을 제공하는 역할을 하는 것이다. 이러한 개념체계의 역할은 기본개념 및 목적을 잘 정립하여 회계기준이 제정 또는 개정될 때 기존의 다른 기준과 일관성이 유지되도록 하는 것이다.

한편, 회계의 개념체계는 회계개념과 목적의 설립된 체계 안에서 만들어질 때 유용하다. 잘 정립된 개념체계는 앞으로의 회계기준이 일관성 있게 제정되는 데 도움을 주어 재무제표이용자의 이해와 신뢰를 증대시키고, 기업간의 비교를 가능하게 한다. 그리고 회계실무를 수행하는 과정에서 새로이 나타나는 회계문제들을 기존의 개념체계에 기초하여 쉽게 해결할 수도 있다. 우리나라의 재무회계개념체계는 다음과 같은 구조로 되어 있다.

재무보고의 목적	① 투자 및 신용의사결정에 유용한 정보의 제공 ② 미래 현금흐름 예측에 유용한 정보의 제공 ③ 재무상태, 경영성과, 현금흐름 및 자본변동에 관한 정보의 제공 ④ 경영자의 수탁책임 평가에 유용한 정보의 제공
↓	
회계정보의 질적특성	회계정보가 유용하기 위해 갖추어야 할 주요 속성을 말하며, 회계정보의 유용성의 판단기준
↓	
재무제표 · 기본가정 · 발생주의회계	기업실체의 외부정보이용자에게 기업실체에 관한 재무정보를 전달하는 핵심적 재무보고 수단(재무상태표, 손익계산서, 현금흐름표, 자본변동표)
↓	
재무제표의 기본요소	자산, 부채, 자본, 소유주의 투자, 소유주에 대한 분배, 포괄이익, 수익, 비용, 차익, 차손, 영업활동 · 투자활동 및 재무활동 현금흐름
↓	
재무제표 기본요소의 인식	인식이란 거래와 사건의 경제적 효과를 자산, 부채, 수익, 비용 등으로 재무제표에 계상하는 것을 말한다.
↓	
재무제표 기본요소의 측정	측정이란 재무제표의 기본요소에 대해 그 화폐금액을 결정하는 것을 말한다.

1. 재무보고의 의의

재무보고(financial reporting)란 기업 외부의 다양한 이해관계자의 경제적 의사결정을 위해 경영자가 기업실체의 경제적 자원과 의무, 경영성과 등에 관한 재무정보를 제공하는 것을 말한다. 재무보고는 기업실체의 회계시스템에 근거한 재무제표(financial statements)에 의해 주로 이루어지나, 그 외의 수단에 의해서도 재무정보가 제공될 수 있다. 예를 들면, 경영자 분석 및 전망, 주주에 대한 보고, 사업보고서, 뉴스보도, 경영자 예측, 기업환경보고서 등이 이에 해당한다. 이러한 정보의 제공은 감독규정의 요구, 관습 또는 경영자의 자발적 판단에 의해 이루어진다.

2. 재무보고의 목적

일반적인 재무보고의 목적은 투자 및 신용의사결정에 유용한 정보(useful information)를 제공하는 것이다. 투자 및 신용의사결정에 유용한 정보는 투자로부터의 미래 현금흐름 예측을 위해 기업실체의 미래 현금흐름을 예측하는 데 유용한 정보로 구체화될 수 있으며, 기업실체의 미래 현금흐름 예측을 위해서는 기업의 경제적 자원과 그에 대한 청구권, 그리고 경영성과 측정치를 포함한 청구권의 변동에 관한 정보가 제공되어야 한다.

(1) 투자 및 신용의사결정에 유용한 정보의 제공

재무보고는 기업실체에 대한 현재 및 잠재 투자자와 채권자가 합리적인 투자의사결정과 신용의사결정을 하는 데 유용한 정보를 제공하여야 한다. 투자자와 채권자에게 유용한 정보는 사회 전체적인 자원배분의 효율성을 높이는 데 기여한다. 재무보고에 의해 제공되는 정보는 기업실체의 경제적 활동에 대해 어느 정도의 지식을 갖고 있는 투자자와 채권자라면 이해할 수 있는 정보이어야 한다. 그러나 일부 투자자 및 채권자에게 이해되기 어렵다거나 이용되지 않는다는 이유로 의사결정에 적합한 정보가 누락되어서는 아니된다.

(2) 미래현금흐름 예측에 유용한 정보의 제공

재무보고는 현재 및 잠재 투자자와 채권자가 합리적 의사결정을 하기 위해서 투자 또는 자금대여 등에서 기대되는 미래 현금유입을 예측하는 데 유용한 정보를 제공하여야 한다. 이러한 미래 현금유입은 미래의 배당 또는 이자와 미래의 주식매각가액 또는 채권의 만기가액 등이다. 그러므로 재무보고는 투자 또는 자금대여 등으로부터 받게 될 미래 현금의 크기, 시기 및 불확실성을 평가하는 데 유용한 정보를 제공하여야 한다. 또한 그러한 미래 현금유입은 기업실체의 미래 현금창출능력에 의존하게 되므로, 재무보고는 당해 기업실체에 유입될 미래 순현금흐름의 크기, 시기 및 불확실성을 평가하는데 유용한 정보를 제공하여야 한다.

(3) 재무상태, 경영성과, 현금흐름 및 자본변동에 관한 정보의 제공

투자자와 채권자는 투자 또는 자금대여 등으로부터의 미래 현금유입을 예측하거나 기업실체의 미래 순현금흐름을 예측하기 위해서 다양한 재무정보를 필요로 한다. 그러므로 재무보고는 기업실체가 보유하고 있는 경제적 자원과 그 자원에 대한 청구권, 그리고 경영성과 측정치를 포함하여 그러한 청구권의 변동에 관한 정보와 현금흐름 정보를 제공하여야 한다. 즉, 재무보고는 기업실체의 재무상태, 경영성과, 현금흐름 및 자본변동에 관한 정보를 제공하여야 한다.

(4) 경영자의 수탁책임 평가에 유용한 정보의 제공

경영자는 소유주로부터 위탁받은 자원을 보전하고 이를 효율적으로 운용할 책임이 있으며, 재무제표는 경영자의 수탁책임의 이행 등을 평가할 수 있는 정보를 제공한다. 기업이 상장된 경우, 경영자는 현재의 주주뿐만 아니라 미래의 주주와 일반대중에 대하여도 수탁책임을 지게 된다. 또한, 기업과 경영자에게 사회적 문제에 대한 특정한 또는 광범위한 책임이 요구되기도 한다. 예를 들어, 심각한 환경문제에 따른 환경 개선에 대한 사회적 요구는 기업과 경영자에게 자연환경에 대한 새로운 책임을 부가할 수 있으며, 이 경우 경영자는 기업의 환경영향을 측정하고 환경개선을 위한 기업의 활동과 성과를 평가 · 보고하여야 할 것이다.

3. 재무제표의 기본가정(=회계공준(Accounting Postulates))

재무제표를 작성하는데 있어 기초가 되는 기본가정으로 회계공준(會計公準)이라고 한다. 이는 ① 기업실체의 공준, ② 계속기업의 공준, ③ 기간별 보고의 공준, ④ 화폐단위의 공준으로 구분할 수 있다.

(1) 기업실체의 공준

기업실체의 공준이란 기업실체를 기업의 소유주와는 독립적으로 존재하는 별도의 회계단위로 간주하고, 그 회계단위의 입장에서 경제활동에 대한 재무정보를 측정, 보고하는 것을 말한다. 이는 재무제표를 작성함에 있어 그 재무제표에 포함시켜야 할 정보의 범위를 결정하는 기준이 된다. 이는 투자자(주주)와 기업운영자(경영자)와의 대리인관계에 기초한다.

(2) 계속기업의 공준

계속기업의 공준이란 기업실체가 경영활동을 수행하기 위해서 장기간 존속한다고 가정하는 것이다.

(3) 기간별 보고의 공준

기간별 보고의 공준이란 한 기업실체의 존속기간을 일정기간의 인위적 단위로 분할하여 각 기간에 대해 정보이용자들의 경제적 의사결정에 유용한 정보를 보고하는 것을 말한다. 정보이용자들은 지속적으로 기업에 대한 경제적 의사결정을 해야 하므로 적시성 있는 정보를 요구하게 되고, 이러한 요구를 충족시키기 위하여 기업실체의 경영성과를 특정 기간에 귀속시킬 필요가 있는 것이다.

(4) 화폐단위 측정의 공준

화폐단위 측정의 공준이란 기업실체의 경제활동에서 발생하는 거래나 경제적 사건을 화폐단위를 사용하여 측정, 보고하는 것을 말한다. 이는 기업의 경영활동에서 발생하는 수많은 거래나 사건을 의미있는 정보로 측정, 보고하기 위해서는 공통적인 척도가 필요하며, 이러한 화폐단위를 공통기준으로 사용한다는 것이다. 화폐단위측정의 공준은 시간의 경과에도 불구하고 화폐가치가 비교적 안정적인 것으로 가정한다. 하지만 극도의 인플레이션이나 기타 사유로 인해 위의 가정으로 인해 재무정보가 왜곡될 수 있다는 점은 유의해야 한다.

4. 재무제표 정보의 질적특성

재무제표 정보의 질적특성이란 회계정보가 정보이용자의 의사결정에 유용하게 활용되기 위해서 갖추어야 할 주요속성으로 정의할 수 있다. 주요 질적특성으로는 목적적합성(relevance)과 신뢰성(relability)이 있다. 회계기준은 이러한 질적특성을 확보할 수 있도록 제정되어야 하며, 기업실체가 회계기준에 따라 작성한 재무제표는 일반적으로 기업실체의 재무상태, 경영성과 및 재무상태의 변동을 진실하고 적정하게 표시하고 있는 것으로 받아들여질 수 있다.

재무제표 정보가 정보이용자의 의사결정에 유용하게 활용되기 위해서는 질적특성을 갖춘 정보가 이해가능성이 있어야 한다는 전제가 필요하다. 즉, 재무제표를 통해 제공되는 정보가 갖추어야 할 전제요건은 이용자가 그 정보를 쉽게 이해할 수 있어야 한다는 것이다.

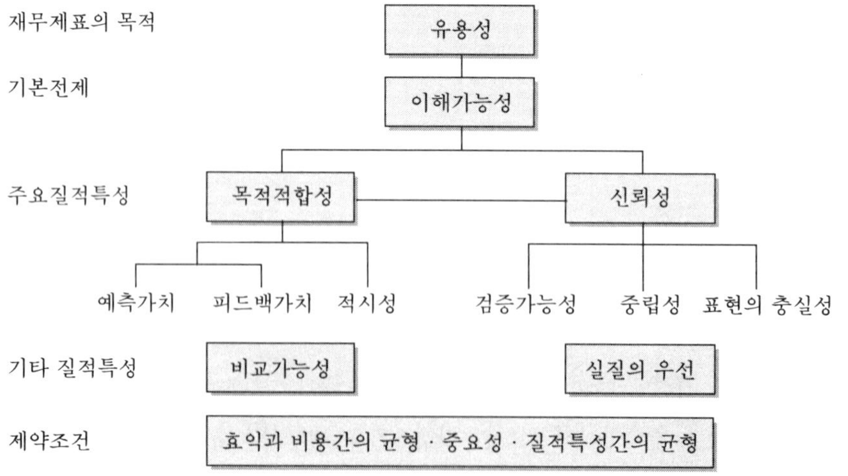

〈그림 1-1〉 회계정보기준의 계층도

(1) 주요 질적특성과 구성요소

1) 목적적합성

정보가 유용하게 활용되기 위해서는 이용자의 의사결정에 목적적합해야 한다. 목적적합한 정보란 의사결정 시점에서 과거 및 현재 사건의 평가 또는 미래 사건의 결과예측에 도움을 주거나, 과거의 평가를 확인 또는 수정함으로써 이용자의 경제적 의사결정에 영향을 미치는 정보를 말한다. 재무제표 정보의 질적특성으로서 목적적합성은 의사결정에 유용한 예측·피드백 가치를 가지고, 적시에 제공될 때 유효하게 확보될 수 있다.

① 예측가치와 피드백가치

목적적합한 정보는 미래에 대한 예측능력을 제고시켜 정보이용자의 의사결정에 영향을 미칠 수 있는 예측가치나 과거의 기대치를 확인 또는 수정함으로써 정보이용자의 의사결정에 영향을 미칠 수 있는 피드백가치가 있어야 하는데, 이러한 정보의 예측가치와 피드백가치는 상호관련이 있다. 예를 들어 기업이 현재 보유하고 있는 자산가액과 그 구성에 관한 정보는 기업의 기회활용능력과 위기대응능력을 예측하는데 유용한 정보인 동시에 기업의 구조나 경영활동의 성과 등에 관한 과거의 예측치를 확인하여 준다.

② 적시성

목적적합한 정보는 정보의 적시성을 전제로 한다. 즉 의사결정시점에서 필요한 정보가 제공되지 않는다면, 동 정보는 의사결정에 이용될 수 없고 따라서 목적적합성을 상실한다. 이는 적시성 그 자체가 정보를 목적적합하게 하는 것은 아니지만, 적시성 없이는 목적적합성을 논할 수 없음을 의미한다. 그러나 적시성 있는 정보를 제공하기 위해서는 신뢰성을 희생해야 하는 경우가 있으므로, 경영자는 정보의 적시성과 신뢰성간의 균형을 고려하여야 한다. 예를 들어 정보를 적시에 제공하기 위해서는 거래나 사건의 모든 내용이 확정되기 전에 보고해야 할 필요가 있다. 이 경우 정보의 목적적합성은 향상되나 신뢰성은 저하된다. 반대로 모든 내용이 확정될 때까지 보고가 지연될 경우 정보의 신뢰성은 제고될 수 있으나, 그 보고시점 이전에 의사결정을 해야 하는 이용자에게는 이미 목적적합성을 상실하여 유용하지 않은 정보가 될 것이다. 따라서 목적적합성과 신뢰성간의 선택은 이용자의 경제적 의사결정 요구를 최대한 충족시킬 수 있는 방향으로 이루어져야 한다.

2) 신뢰성

정보가 유용하게 활용되기 위해서는 신뢰할 수 있어야 한다. 신뢰성 있는 정보란 그 정보에 중대한 오류나 편의(bias)가 없고, 객관적으로 검증가능하며, 그 나타내고자 하는 바를 충실하게 표현하고 있다고 이용자가 믿을 수 있는 정보를 의미한다.

① 검증가능성

특정 회계정보가 신뢰성을 갖기 위해서는 객관적으로 검증가능하여야 하며, 이는 동일한 경제적 사건이나 거래에 대하여 동일한 측정방법을 적용할 경우 다수의 서로 다른 측정자들이 유사한 결론에 도달할 수 있어야 함을 의미한다. 이러한 회계정보의 특성은 측정방법의 편의(bias)보다는 측정자의 편의를 감소시킴으로써 향상시킬 수 있다. 예를 들어 회계정보가 독립된 감사인에 의해 검증되면, 회계정보 이용자는 이러한 정보를 보다 신뢰할 수 있을 것이다. 왜냐하면 경영자는 자신의 이익을 위해 회계정보를 조작하려는 측정자 편의를 가질 수 있지만, 일반적으로 독립된 감사인은 이러한 측정자 편의가 적기 때문이다.

② 표현의 충실성

정보가 신뢰성을 갖기 위해서는 그 정보가 나타내고자 하거나 나타낼 것으로 기대되는 거래나 사건을 사실대로 충실하게 표현하여야 한다. 즉 표현의 충실성이란 측정치인 정보와 측정대상인 거래나 사전이 일치하는 정도를 나타내는 정보의 질적특성이다. 예를 들어 재무상태표[1]는 재무상태표일 현재 인식기준을 충족시키는 기업의 자산, 부채 및 자본을 구성하는 거래나 사건을 충실하게 표현해야 한다.

③ 중립성

정보가 신뢰성을 갖기 위해서는 편의없이 중립적이어야 한다. 미리 의도된 결과나 성과를 유도할 목적으로 재무제표상에 특정 정보를 선택하여 표시함으로써 정보이용자의 의사결정이나 판단에 영향을 미친다면, 그 재무제표는 중립적이라 할 수 없다. 또한 회계정보는 효율적인 자원배분을 유도할 수 있어야 하므로, 회계정보를 이용함으로써 발행되는 경제적 효과가 특정 이용자에게 편향되어지는 회계정보를 제공하는 회계기준은 중립적이라 할 수 없다. 따라서 회계정보의 중립성이란 측정방법의 편의를 감소시킬 뿐만 아니라 회계기준 자체의 신뢰성을 유지하기 위한 중요한 질적특성이다.

---

1) 지금까지 우리나라는 일정시점의 기업의 재무상태를 대차대조표(B/S : Balance Sheet)라 표시하였으나, 2011년부터 도입되는 한국채택국제회계기준(K-IFRS : International Financial Reporting Standards) 및 일반기업회계기준에서는 재무상태표(Statement of Financial Position)로 표시된다.

(2) 기타 질적특성

1) 비교가능성(comparability)

유사한 회계정보를 서로 다른 기간 혹은 서로 다른 기업 간에 비교할 수 있는 정보의 속성을 의미하며, 동일기업의 기간별 비교가능성과 다른 기업 간의 기업 간 비교가능성으로 구분된다.

① 기간별 비교가능성

한 회사가 일정한 종류의 회계사건에 대하여 계속 같은 회계처리방법을 이용할 때 회계기준의 적용에 일관성이 있으며, 이에 따라 기간별 비교가능성이 제고된다.

② 기업 간 비교가능성

상이한 회사들의 회계처리방법이 유사할 때 회계정보의 기업 간 비교가능성이 제고된다. 특히, 이종산업보다는 동종산업의 업체들 간에는 비교가능성이 비교적 중요한 속성으로 요구된다.

2) 실질의 우선

재무제표 정보가 목적적합하고 신뢰할 수 있기 위해서는 재무제표 작성시 거래나 사건을 형식보다는 경제적 실질에 따라 회계처리하고 보고하여야 한다. 거래나 사건의 경제적 실질은 법적 형식이나 외관상 드러나는 형식과 항상 일치하지는 않는다. 예를 들어 기업이 자산을 이전하면서, 서류상으로는 자산의 법적 소유권을 양도하지만, 그 자산에 내재된 미래의 경제적 효익을 계속적으로 당해 기업이 향유한다는 계약을 할 수 있다. 이 경우 법적 소유권은 이전되었지만, 경제적 실질면에서는 자산의 매각이라 볼 수 없으므로, 당해 거래를 경제적 실질에 따라 충실히 표현하기 위해서는 자산의 매각으로 보고해서는 안 된다.

(3) 재무제표 정보의 제약요인

유용한 정보가 되기 위해서 갖추어야 할 회계정보의 질적특성을 충족시킴에 있어 발생하는 중요 제약조건으로는 효익과 비용간의 균형, 중요성, 질적특성간의 균형이 있다.

1) 효익(benefit)과 비용(cost)간의 균형

회계정보도 다른 상품과 마찬가지로 정보를 사용함으로써 얻는 효익이 이를 생산, 전달, 활용하는 데 소요되는 비용을 초과할 때만 상품으로서의 가치가 있다. 따라서 비용·효익관계는 회계기준 제정기관이 회계기준을 제정할 때와 개별 회계실체가 정보를 제공할 때 고려하여야 할 제약조건이 된다.

2) 중요성(materiality)

특정 정보가 제공되었을 경우와 제공되지 않았을 경우의 의사결정에 차이가 날 경우 그 정보는 중요한 정보로 간주된다. 따라서 합리적인 의사결정자의 판단에 영향을 미치지 않는다면, 중요하지 않은 정보이므로, 보고할 필요성이 없다고 할 수 있다.

3) 질적특성간의 균형

거래나 경제적 사건을 측정·보고함에 있어 정보의 질적특성 간에 상충관계가 발생할 수 있다. 예를 들어 역사적 원가가 적용되는 경우 현행원가에 비하여 정보의 신뢰성은 제고되는 반면 목적적합성을 저하된다. 상충되는 질적특성 간의 선택은 재무제표의 목적을 최대한 충족시킬 수 있는 방향으로 이루어져야 하며, 질적특성 간의 상대적 중요성은 획일적으로 결정되는 것이 아니라, 각 특정상황에 따라 판단되어야 한다.

5. 재무제표의 구성요소

(1) 재무상태표의 구성요소

재무상태의 인식·측정에 직접 관련되는 재무상태표의 구성요소는 자산, 부채 및 자본이다.

① 자산(asset)은 과거 거래나 사건의 결과로서 현재 기업실체에 의해 지배되고 미래에 경제적 효익을 창출할 것으로 기대되는 자원이다.

② 부채(liability)는 과거 거래나 사건의 결과로서 현재 기업실체가 부담하고 그 이행에 자원의 유출이 예상되는 의무이다.

③ 자본(equity)은 기업실체의 자산에서 부채를 차감한 잔여액 또는 순자산으로서 자산에 대한 잔여청구권이다.

1) 자산

기업의 자산은 과거의 거래나 사건으로부터 발생한다. 기업은 구매나 생산에 의하여 자산을 취득하는 것이 일반적이지만, 주주나 정부의 증여 등 기타 방법으로도 자산을 취득할 수 있다. 자산이 과거의 거래나 사건의 결과라 함은 구매나 생산활동 등 자산을 취득하는 거래나 사건이 이미 발생하였음을 의미하는 것이므로, 미래에 발생할 것으로 예상되는 거래나 사건만으로는 자산이 창출되지 않는다. 예를 들어 재고자산 등의 자산을 구입하고자 하는 의도만으로는 자산의 정의를 충족하지 못한다.

자산에 내재된 미래의 경제적 효익이란 직접 또는 간접적으로 특정 기업실체의 미래 현금흐름창출에 기여하는 잠재력을 말한다. 이 잠재력은 기업의 생산 및 판매 등의 활동을 통하여 현금흐름을 창출하거나, 현금으로 전환될 수도 있으며 현금유출액을 감소시킬 수도 있다.

일반적으로 자산은 고객의 요구를 충족시킬 수 있는 재화나 용역의 생산에 이용된다. 생산된 재화나 용역에 대하여 고객은 그 대가를 지급할 것이며, 이로 인해 기업의 현금흐름이 창출된다. 또한 자산은 다른 자산과 교환 또는 부채의 결제에 사용되거나 소유주에 대한 분배에 사용될 수 있다. 현금은 그 자체로 다른 자산에 대한 구매력을 통하여 기업실체에 경제적 효익을 제공한다.

유형자산을 포함한 많은 자산이 물리적 형태를 가지고 있지만 물리적 형태가 자산의 본질적인 특성은 아니다. 예를 들어 물리적 형태가 없는 무형자산 항목이라도 특정 실체에 의하여 지배되고, 그 실체에게 미래의 경제적 효익을 창출할 것으로 기대되는 경우 당해 항목은 자산의 정의를 충족할 수 있다.

2) 부채

기업실체의 부채는 과거의 거래나 사건으로부터 발생한다. 외상으로 재화를 구입하거나 용역을 제공받는 경우 매입채무가 발생하며, 은행대출을 받는 경우에는 상환의무가 발생한다. 또한 기업실체가 연간 구매액에 따라 미래에 지급하여야 할 판매장려금을 부채로 인식할 경우 부채를 발생시키는 거래는 고객과의 과거 1년간의 판매거래이다.

의무란 특정 방법으로 실행하거나 수행할 책임을 말하는 것으로, 이에는 ① 계약이나 관계법령에 의하여 법적 강제력이 있는 의무와 상관습이나 관행 또는 ② 거래상대방과 원활한 관계를 유지하기 위하여 발생하는 의무가 있다. 전자의 예로는 이미 제공된 재화와 용역에 대한 지급의무를 들 수 있으며, 후자의 예로는 하자보증기간이 경과한 후에 발생하는 제품하자에 대해서도 보증하기로 회사방침을 정한 경우 이미 판매된 제품에 대하여 하자보증기간이 경과한 후에 지출될 것으로 예상되는 금액 등을 들 수 있다.

일반적으로 의무는 기업실체가 자산을 이미 인수하였거나 자산을 취득하겠다는 취소불능계약을 체결할 때에 발생하며 미래 일정시점에서 자산을 취득한다는 결정이나 단순한 약정만으로는 부채의 정의를 충족시키지 못할 수 있다. 취소불능계약이라 함은 의무불이행의 경우 상당한 위약금을 지급해야 하는 등 거래상대방에 대한 자원의 유출을 피할 수 없는 계약을 말한다.

기업실체가 현재의 의무를 이행하기 위해서는 일반적으로 미래 경제적 효익의 희생을 수반한다. 현재의 의무는 주로 현금 또는 기타 자산의 이전, 용역의 제공, 다른 의무로의 대체 또는 자본으로의 전환 등의 방법으로 이행되나, 채권의 포기 또는 권리의 상실 등 기타의 방법에 의하여 소멸되기도 한다.

일반적으로 부채의 액면금액은 확정되어 있지만 퇴직급여충당금 등 그 측정에 추정을 요하는 경우도 있다. 금액의 추정 여부와는 상관없이 부채의 정의를 충족하는 한 동 항목은 부채이다.

3) 자본

자본은 자산에서 부채를 차감한 순자산(net asset)으로서 기업실체의 자산에 대한 소유주(=주주)의 잔여청구권이다. 자본의 세분화는 지분의 분배나 잉여금 사용에 대한 법적제한이나 기타 사용목적을 표시함으로써 재무제표 이용자의 의사결정에 목적적합한 정보를 제공할 수 있으며 배당금 수령이나 자본환급과 관련하여 주주들간에 상이한 권리를 갖는 경우 이에 대한 정보를 제공할 수도 있다.

(2) 손익계산서[2)]의 구성요소

일정기간에 대한 기업실체의 경영성과는 손익계산서에 이익(profit)으로 요약되며, 이익은 수익(revenue)과 차익(gain)의 총액에서 비용(expense)과 차손(loss)의 총액을 차감한 것으로 측정된다. 경영성과의 기간별 변화를 보다 의미있게 파악하기 위하여 이익은 주당이익의 형태로 전환되어 사용될 수 있다. 재무제표 이용자의 경제적 의사결정에 목적적합한 정보를 제공하기 위하여 수익, 비용, 차익 및 차손은 다양한 방법으로 손익계산서에 표시될 수 있다. 예를 들어 회계기준에서 주된 또는 정상적인 경영활동에서 발생하는 항목과 부수적 또는 비정상적인 활동에서 발생하는 상목을 구분하고 있는데 이는 수익, 비용, 차익 및 차손항목의 원천에 따라 기업의 미래 현금창출능력의 평가가 달라질 수 있기 때문이다.

1) 수익

수익이란 주된 영업활동으로서의 재화의 생산·판매, 용역의 제공 등에 따른 경제적 효익의 유입으로서, 이는 자산의 증가 또는 부채의 감소 및 그 결과에 따른 자본의 증가로 나타난다.

수익은 기업실체의 주요 경영활동의 결과로 발생하였거나 발생할 현금유입액으로 측정되며, 경영활동의 종류와 당해 수익이 인식되는 방법에 따라 상이할 수 있으나, 주로 매출액(업종에 따라 다름)이 이에 해당된다.

2) 비용

2) 지금까지 우리나라는 일정기간의 기업경영성과를 손익계산서((I/S : Income Statement 혹은 P/L : Profit & Loss Statement)라 표시하였으나, 2011년부터 도입되는 한국채택국제회계기준(K-IFRS : International Financial Reporting Standards)에서는 포괄손익계산서(A Statement of Recognized Income and Expense)로 표시된다.

비용이란 주된 영업활동으로서의 재화의 생산 · 판매, 용역의 제공 등에 따른 경제적 효익의 유출 · 소비로서, 이는 자산의 감소 또는 부채의 증가 및 그 결과에 따른 자본의 감소로 나타난다. 비용은 기업실체의 주요 경영활동의 결과로 발생하였거나 발생할 현금유출액으로 측정되며, 그 영위하는 주된 영업활동의 종류와 당해 비용이 인식되는 방법에 따라 매출원가 및 판매비와 관리비로 구분한다.

3) 차익 및 차손

차익이란 주된 영업활동 이외의 부수적인 거래나 사건의 결과로 발생하는 경제적 효익의 유입으로서 이는 자본의 증가로 나타나며, 영업외수익이 여기에 해당된다.

차손이란 주된 영업활동 이외의 부수적인 거래나 사건의 결과로 발생하는 경제적 효익의 유출로서 이는 자본의 감소로 나타나며, 영업외비용이 여기에 해당된다.

6. 재무제표 구성요소의 인식

회계에서의 인식(recognition)이라 함은 특정 거래 또는 경제적 사건에 대한 내용을 표시하고 이를 자산, 부채, 자본, 수익, 비용 등으로 구분하여 재무제표에 나타내는 것으로 계정과목(account : a/c)을 결정하는 과정이다.

재무제표 구성요소의 인식은 일반적으로 발생주의 원칙(accrual basis)에 따른다. 발생주의란 거래나 사건의 경제적 효과를 현금의 수취 · 지급시점이 아닌 그 발생시점에서 인식하는 것을 말한다. 발생주의 원칙에 따라 작성된 재무제표는 수익실현과 이에 관련된 비용발생을 같은 회계기간에 인식하도록 하며, 또한 과거의 현금 유입 · 유출 거래뿐 아니라 미래의 현금지출의무나 미래의 현금유입을 창출할 자원에 관한 정보를 제공하기 때문에 재무제표 이용자의 경제적 의사결정에 보다 유용한 정보를 제공할 것으로 기대된다.

1) 자산의 인식

자산은 당해 자산에 내재된 미래의 경제적 효익이 기업실체에 유입될 가능성이 매우 높고 또한 측정기준에 의한 가액이 신뢰성 있게 측정될 수 있을 때 재무상태표에 인식된다.

특정 거래로 인한 지출이 발생하였을 때 그와 관련된 미래 경제적 효익의 발생가능성이 낮은 경우에는 당해 지출은 자산으로 인식되지 않고 비용으로 인식되어야 한다.

2) 부채의 인식

기업실체가 현재 부담하는 의무를 미래에 이행할 때 당해 실체로부터 경제적 효익이 유출될 가능성이 매우 높고 또한 그 금액을 신뢰성 있게 측정할 수 있으면, 그러한 의무는 부채로 인식한다. 일반적으로 미이행계약은 재무제표상 부채로 인식되지 않으나 법적 강제력이 보장되고 계약불이행시 위약금 등 불이익이 발생하는 경우 이러한 의무가 부채의 정의에 합당하고 특정 상황하에서 인식기준을 충족하는 경우에는 이는 재무상태표상 부채로 인식된다.

3) 수익 및 차익의 인식

① 실현기준

수익과 차익은 실현되었거나(realized) 또는 실현가능한(realizable) 시점에서 인식된다. 수익 및 차익은 제품, 상품 또는 기타 자산이 현금 또는 현금청구권과 교환되는 시점에서 실현된다. 수익 및 차익이 실현가능하다 함은 수익과 차익의 발생과정에서 수취 또는 보유한 자산이 일정액의 현금 또는 현금청구권으로 즉시 바뀔 수 있음을 의미한다.

② 가득기준

수익은 그 가득과정이 완료되어야 인식된다. 기업의 수익가득활동은 주된 영업활동을 구성하는 재화의 생산 또는 인도, 용역의 제공 등을 수반하며, 이러한 활동에 대한 경제적 효익을 누릴 권리를 주장하기에 충분한 정보의 의무를 수행했을 때 당해 수익은 가득된 것으로 본다.

4) 비용 및 차손의 인식

한 회계기간 중에 발생한 경제적 효익의 소비는 그 발생시점에서 즉시 비용으로 인식되거나 그 소비의 결과로서 발생하는 수익이 인식되는 시점에서 인식된다.

① 직접대응

재화를 생산하기 위하여 소요되는 매출원가는 당해 재화의 판매로부터 얻는 수익, 즉 매출액이 인식되는 시점에 비용으로 인식된다. 즉 동일한 거래나 사건과 직접적으로 결부되어 발생하는 수익과 비용은 동일한 회계기간에 인식된다.

② 발생 즉시 인식

취득과 동시에 또는 취득 후 즉시 소비되는 재화 및 용역의 취득과 관련하여 발생하는 판매비와 관리비 등의 비용은 현금이 지출되거나 부채가 발생하는 회계기간에 인식된다.

③ 합리적이고 체계적인 방법에 의한 기간배분

유형자산, 무형자산 등 상각대상자산을 사용함에 따라 발생하는 감가상각비와 여러 회계기간에 걸쳐 소비되는 보험료 등과 같은 비용은 체계적이고 합리적인 배분절차에 따라 당해 비용으로부터 효익이 기대되는 여러 기간에 걸쳐 인식된다.

7. 재무제표 구성요소의 측정

(1) 측정의 의의

측정이란 재무상태표 및 손익계산서에 인식될 재무제표 구성요소의 금액을 결정하는 과정으로, 특정 측정기준의 선택까지 포함한다.

(2) 측정기준의 종류

재무제표 구성요소의 측정에는 당해 항목의 성격과 그 측정치의 목적적합성 및 신뢰성 정도에 따라 다음과 같이 대체적 측정기준이 사용될 수 있다.

① 취득원가(historical cost)와 역사적 현금수취액(historical proceeds)

자산은 그 취득의 대가로 지급한 현금 또는 기타 지급대가의 공정가치로 측정된다. 유·무형자산의 경우 감가상각 등에 따라 당해 자산의 취득원가는 조정되어 측정된다. 재화 또는 용역을 제공해야 하는 위무로서의 부채는 그 의무의 대가로 수취한 현금 또는 현금성자산으로 측정한다.

② 현행원가(current cost)

자산은 동일 또는 유사한 자산을 현재시점에서 취득할 경우에 지급하여야 할 현금이나 현금등가액으로 측정된다.

③ 현행시장가치(current market value)

자산은 현재의 정상적 처분거래에서 수취될 수 있는 현금이나 현금등가액으로 측정된다.

④ 순실현가능가치(net realizable value)와 상환가액(settlement value)

자산은 정상적인 경영활동과정에서 미래에 당해 자산이 현금 또는 현금성자산으로 직접 전환될 때 수취할 것으로 예상되는 금액에서 그러한 전환에 직접 소요될 비용을 차감한 가액으로 측정된다. 부채는 정상적인 경영활동과정에서 미래에 당해 부채가 상환될 때 지급되어야 할 현금 또는 현금성자산에 그러한 상환에 직접 소요될 비용을 가산한 가액으로 측정된다. 순실현가능치와 상환가액은 미래의 예상되는 수취·지급액을 재무제표 작성시점의 현재가치로 환산하지 않는 금액이다.

⑤ 현재가치(present value)

자산은 정상적인 경영활동과정에서 당해 자산으로부터 발생될 것으로 예상되는 미래 순현금유입액을 일정한 할인율로 할인한 현재가치로 측정(공정가치)된다. 부채는 정상적인 경영활동과정에서 당해 부채를 상환할 때 필요한 미래 순현금유출액을 일정한 할인율로 할인한 현재가치로 측정된다.

(3) 재무제표에 이용되는 측정기준

현재 재무제표 작성시 자산의 측정기준으로서 취득원가가 널리 사용되고 있으나, 항목에 따라서는 다른 측정기준이 사용되기도 한다. 예를 들어 단기매매증권과 시장성있는 매도가능증권의 경우에는 현행시장가치로 측정되며, 단기채권과 일부 재고자산의 경우에는 순실현가능가치로 측정되고, 장기채권의 경우에는 현재가치로 측정된다. 부채의 경우에도 현재 여러 측정기준이 사용되고 있다. 유동부채의 경우 일반적으로 상환가액에 의해 측정되나, 비유동부채는 일반적으로 현재가치에 의해 측정되고 있다.

제 3 절 회계원칙

1. 일반적으로 인정된 회계원칙이란?

기업외부의 다수 이해관계자에게 제공되는 일반목적 재무제표가 공정하고 완전한 회계정보를 전달하는 역할을 하기 위해서는 재무제표의 작성기준 즉, 일반적으로 인정된 회계원칙이 필요하다.

일반적으로 인정된 회계원칙(generally accepted accounting principles : GAAP)이란 거래나 사건을 측정하고 이를 재무제표에 보고하는 기준들을 의미한다. 이러한 회계원칙은 다른 학문분야의 원칙들과는 달리 명확한 체계를 갖고 있지 않다. 다만, 회계정보 이용자들에게 일반적으로 수용되는지에 따라 평가되며, 제정당시의 회계실무를 반영하고, 경제환경에 따른 가변성을 가지며, 타당성에 대한 검증이 곤란하다는 특징을 지닌다.

우리나라의 경우 일반적으로 인정되는 회계원칙은 회계실무에 있어 이론적으로 취약한 기반때문에 과거로부터 인정되어 오던 자생적인 회계원칙이라기보다는 사회 · 경제적인 목적에 부합하는 재무보고의 필요성에 맞도록 법률적인 형태로 제정되어 왔다.

2. 우리나라의 일반적으로 인정된 회계원칙

세계의 어느 나라든 어떤 행위를 하기 위해서는 법률에 구속을 받는다. 법률이란 사람과 사람 간의 약속으로, 이는 국회에서 만들어지고, 법률에 의해 하위 시행령, 시행규칙, 예규, 고시, 규칙 등이 만들어지게 된다.

우리가 배우려고 하는 기업회계도 법률에 기초하고 있고, 법률에 의해 위임된 사항을 여러 방법에 의해 제정·개정·고시되고 있다.

우리나라의 기업회계에 관한 근거법률은 "주식회사의 외부감사에 관한 법률" 제13조의 기업회계처리의 기준[3]을 들 수 있다. 이 법에 따라 우리나라의 기업회계기준을 제정하고 있으며, 금융위원회로부터 회계기준의 제정 및 개정업무를 위임받은 한국회계기준원(KAI : Korea Accounting Institute)과 한국회계기준위원회(KASB : Korea Accounting Standard Board)에서 제정·개정의 일을 수행하고 있다.

그리고 현재 우리나라의 회계기준 제정·개정 체계를 살펴보면 다음과 같다.

2011년부터 모든 상장기업이 한국채택국제회계기준(K-IFRS)을 적용하기로 함에 따라 우리나라 회계기준은 상장법인이 강제적으로 채택하여야 하는 "한국채택국제회계기준(2007년 11월 23일 제정)"과 비상장기업이 채택할 수 있는 "일반기업회계기준(2009년 11월 27일 제정, 2009년 12월 30일 공표)으로 구분하고 있으며, 현행의 기업회계기준서는 한국채택국제회계기준과 일반기업회계기준이 전면적으로 시행될 때까지 효력이 유지되는 것으로 되어 있다.

본 교재는 "일반기업회계처리기준"을 바탕으로 정리하였음을 밝혀 둔다.[4]

---

3) ① 회사의 회계처기기준은 금융위원회가 증권선물위원회의 심의를 거쳐 정한다.
② 제1항의 규정에 의한 회계처리기준은 기업회계와 감사인의 감사에 통일성과 객관성이 확보될 수 있도록 하여야 한다.
③ 회사는 제1항의 규정에 의한 회계처리기준에 따라 재무제표, 연결재무제표 또는 결합재무제표를 작성하여야 한다.
④ 금융위원회는 제1항의 규정에 의한 업무를 대통령령이 정하는 바에 따라 전문성을 갖춘 민간법인 또는 단체에 위탁할 수 있다.
⑤ 금융위원회는 이해관계인의 보호, 국제적 회계처리기준에의 합치 등을 위하여 필요하다고 인정되는 때에는 증권선물위원회의 심의를 거쳐 제4항의 규정에 의하여 업무를 위탁받은 민간법인 또는 단체(이하, '회계기준제정기관'이라 한다. 에 대하여 회계처리기준의 내용을 수정할 것을 요구할 수 있다. 이 경우 회계기준제정기관은 정당한 사유가 없는 한 이에 응하여야한 한다.
⑥ '금융위원회의 설치 등에 관한 법률'에 의하여 설립된 금융감독원(이하, '금융감독원'이라 한다)은 '자본시장과 금융투자업에 관한 법률' 제442조 제1항에 따라 금융감독원이 징수하는 분담금의 100분의 5를 초과하지 아니하는 범위 안에서 대통령령으로 정하는 바에 따라 회계기준제정기관에 지원할 수 있다.

4) 본 교재에서는 "일반기업회계기준"을 "K-GAAP"로 칭한다.

3. 회계관습

회계관습(accounting convention)은 오랫동안 회계실무에서 지켜져 내려오는 전통으로 지켜가고 있는 인습적인 규칙으로서 실무적 편의를 위하여 다수의 지지에 의하여 존중되고 지켜지는 실무지침이다.

이것은 회계실무상 유용하고 회계처리의 편의를 위하여 존중되기는 하지만 논리적인 검증을 거치지 않았기 때문에 회계기준과는 분리된다.

일반적으로 공정·타당하다고 인정되는 회계관습이란 일부 회계학자가 인정하는 기업회계기준도 아니고, 또한 일부 회계실무자가 관행으로 집행하는 기업회계기준도 아니며, 그 사회의 대다수의 공인회계사, 회계학자, 회계실무자가 일반적으로 공정·타당하다고 인정하는 기업회계기준을 말하며, 외국에서 공정·타당하다고 인정하는 기업회계원칙이라고도 대체적으로 합치하는 회계기준을 말한다고 하여 회계기준과 관습을 구별하지 않고 있다.

연 습 문 제

1. 회계의 정의를 설명하시오.

2. 회계의 기능을 설명하시오.

3. 재무회계, 관리회계, 세무회계를 비교, 설명하시오.

4. 재무제표 정보의 질적 특성을 설명하시오.

5. 다음의 재무제표의 공준들을 간단하게 설명하시오.
   1) 기업실체의 공준
   2) 계속기업의 공준
   3) 화폐단위 측정의 공준
   4) 기간별보고의 공준

6. 한국회계기준원 사이트에 들어가서 어떤 내용들이 있는지 확인하여 보시오.

제 2 장

재무상태와 경영성과

제 1 절 재무상태표

재무상태표(Statement of Financial Position)란 일정시점에 있어서 기업의 재무상태(financial position)를 정확히 보고하기 위하여 재무상태표 결산기준일 현재 기업의 자산·부채·자본의 상호 관계를 재무상태표 방정식에 따라 적정하게 표시한 결산보고서를 말한다.

자산 = 부채 + 자본

위 등식을 재무상태표등식이라 한다. 재무상태표는 왼쪽에 자산항목과 금액을 오른쪽에 부채 및 자본항목과 금액을 기재하고 양쪽의 금액의 합계가 일치하도록 작성한다.

이와 같이 재무상태표는 자금을 어디에서 조달(우측)하여 어떻게 사용하였는가(좌측) 하는 양면성을 가지고 있다.

재무상태표

(주)이천 200×년 12월 31일 현재 (단위 : 원)

자산	금액	부채 및 자본	금액
현금및현금등가물	200,000	매입채무	360,000
상품	60,000	차입금	200,000
토지	400,000	자본금	400,000
건물	300,000		
	960,000		960,000

1. 자 산

(1) 자산의 정의

자산이란 기업이 경영활동을 수행하기 위하여 소유하고 있는 경제적 자원 즉, 과거의 거래나 사건의 결과로서 특정 실체에 의해 획득되었거나 통제되고 있는 미래의 경제적 효익이라고 정의할 수 있다.

기업은 현금뿐만 아니라 은행예금·건물·비품 등을 보유하여야 하며, 영업활동 과정에서 외상매출금과 받을어음 같은 채권이 나타나기도 한다.

따라서 자산은 특정기업에서 미래의 경제적 효익을 제공할 수 있는 용역잠재력을 가진 자원이라고 말할 수 있다. 그러므로 회계학상 자산이 되기 위해서는 다음과 같은 조건을 갖추고 있어야 한다.

① 경제적 자원
기업이 소유함으로써 미래의 경제적 효익을 제공할 수 있어야 한다.

② 경제적 자원에 대한 소유권
기업에 소속되어 자유로이 처분가능한 권리성이 있어야 한다.

③ 화폐가치성
획득을 위해 경제적 가치가 희생되어야 하며 객관적으로 측정 가능하여야 한다.

④ 거래성
거래에 의해서 획득되어야 한다.

(2) 자산의 평가방법

자산의 평가방법은 ① 역사적 원가, ② 현행투입가격, ③ 현행산출가격, ④ 미래현금흐름의 현가로 분류할 수 있다.

① 역사적 원가 : 자산을 취득하는데 지급한 현금(또는 현금등가액)을 말한다.

② 현행투입가격 : 기업이 소유하고 있는 자산과 동일한(또는 유사한) 자산을 현시점에서 취득한다고 할 때 지불하여야 할 현금(또는 현금등가액)을 말한다.

③ 현행산출가격 : 기업이 소유하고 있는 자산을 현시점에서 판매한다고 할 때 그 자산의 판매로부터 수취할 수 있는 금액을 말한다.

④ 미래현금흐름의 현가 : 자산으로부터 기대되는 미래순현금흐름액을 현재가치로 환산한

금액을 말한다.

역사적 원가와 현행투입가격은 기업이 자산을 시장에서 취득하는 과정에서 측정되므로 유입가치라 하며, 현행산출가격과 미래현금흐름의 현가는 시장에 판매하거나 자산으로부터 기대되는 미래현금흐름액을 추정하는 과정에서 측정되므로 유출가치라 한다. 또한 이러한 평가방법은 시간적 관점에 따라 과거가격(역사적 원가), 현재가격(현행투입가격, 현행산출가격), 미래가격(미래현금흐름의 현가)으로 구분할 수 있다.

결국, 두 가지 시장개념과 세 가지의 시간개념을 결합하여 자산평가방법을 요약하면 다음과 같다.

자산평가방법

시간 / 시장	과 거 가 격	현 재 가 격	미 래 가 격
유 입 시 장	역사적 원가	현행투입가격	-
유 출 시 장	-	현행산출가격	미래현금흐름의 현가

1) 역사적 원가

역사적 원가라 함은 기업이 자산을 취득할 때 지급한 현금액(또는 현금성자산)을 말하며, 취득원가라고도 한다. 역사적 원가로 자산을 평가하는 경우에는 취득 후에 그 가치가 변동하더라도 당해 평가금액을 그대로 유지한다.

(주) 현금등가액이란 자산을 현금 이외의 방법으로 취득하였을 경우에 현금으로 구입하였더라면 지급해야 할 금액을 말한다.

(가) 장 점

① 역사적 원가를 그대로 유지하므로 검증가능하고 신뢰성이 높다.

② 타방법보다 상대적으로 측정이 용이하다.

(나) 단 점

① 보유기간 동안의 가격변동을 반영하지 않으므로 현행수익에 과거의 원가가 대응하게 되어 적절하지 못한 수익·비용의 대응이 이루어지게 된다.

② 재무상태표 결산기준일 현재의 재무상태를 적절하게 나타내지 못한다.

2) 현행투입가격(=현행원가)

현행투입가격이라 함은 기업이 소유하고 있는 자산과 동일한(또는 유사한) 자산을 현시점에서 다시 구입할 경우 지급하여야 할 현금액(또는 현금성자산)을 말하는 것으로 현행원가라고도 한다.

자산취득시점에서의 현행투입가격(=현행원가)과 역사적 원가는 동일하지만, 취득 후 시간이 경과하여 가격이 변동할 때는 양자가 달라지게 된다. 즉, 역사적 원가로 자산을 평가하는 경우에는 취득 후에 그 가치가 변동하더라도 당해 역사적 원가를 그대로 유지하지만, 현행투입가격(=현행원가)으로 자산을 평가하는 경우에는 보유자산의 현행투입가격(=현행원가)이 변동함에 따라 자산을 재평가하여야 한다. 이 때 자산의 현행투입가격(=현행원가)이 변동하여 장부가액과 차이가 나는 경우에 그 차액을 보유손익이라고 하며, 자산을 판매함으로써 얻어지는 판매가격과 현행투입가격(=현행원가)과의 차액을 영업손익이라고 한다. 보유손익은 실현여부에 따라 실현보유손익과 미실현보유손익으로 구분되는데, 실현보유손익은 판매된(또는 비용화된) 자산의 보유손익을 말하며, 미실현보유손익은 기업이 현재 보유하고 있는 자산의 보유손익을 말한다.

* 현행투입가격(=현행원가)에 의한 이익
　　= 영업손익+보유손익(=실현보유손익+미실현보유손익)

(가) 장 점

① 현행수익에 현행원가가 대응하게 되므로 적절한 수익·비용의 대응이 이루어진다.

② 이익을 영업손익과 보유손익(=실현보유손익+미실현보유손익)으로 구분하므로 경영성과를 평가하는데 유용한 정보를 제공하게 된다.

(나) 단 점

① 검증가능성이 떨어지므로 신뢰성이 저하된다.

② 실제로 기업의 소유자산 모두에 대해서 현행투입가격(=현행원가)을 알 수 없다.

3) 현행산출가격(=현행판매가격)

현행산출가격(=현행판매가격)이라 함은 기업이 소유하고 있는 자산을 현시점에서 판매한다고 가정할 경우 받을 수 있는 금액을 말한다. 이러한 현행산출가격(=현행판매가격)은 그 내용에 따라 세분되는데, ① 순실현가치, ② 현행현금등가액, ③ 청산가치가 그것이다.

순실현가치란 정상적인 판매과정에서 수취할 수 있는 판매가격에서 판매비용을 차감한 가액을 말하며, 현행 현금성자산이란 정상적인 청산과정에서 수취할 수 있는 판매가격을 말한다. 그리고 청산가치란 강제적인 청산과정에서 수취할 수 있는 판매가격을 말한다.

현행산출가격(=현행판매가격)에 의해서 자산을 평가하는 경우에는 기업이 소유하는 자산의 가치가 변동할 때마다 재평가하여 당해 자산의 장부가액의 차액을 보유손익으로 인식해야 한다. 그런데 현행산출가격(=현행판매가격)은 앞에서 설명한 바와 같이 유입가치(역사적 원가, 현행투입가격)가 아닌 유출가치이므로, 자산의 취득시점에서도 취득원가와 현행산출가격(=현행판매가격)이 다른 경우에는 그 차액을 보유손익으로 인식하여야 한다. 한편, 시장은 이론적으로 완전시장과 불완전시장으로 구분할 수 있으나, 현실적으로는 완전시장이 거의 존재하지 않으므로 취득원가와 현행산출가격(=현행판매가격)에 차이가 있는 것이 일반적이다. 따라서 현행산출가격(=현행판매가격)에서는 자산을 취득함과 동시에 자산을 판매가격으로 기록하여 취득손익을 인식하고, 그 후 판매가격이 변할 때마다 가격변동에 따른 영향을 보유손익으로 인식한다.

* 현행산출가격(=현행판매가격)에 의한 이익
=취득손익+보유손익(=실현보유손익+미실현보유손익)

(가) 장 점

① 기업의 순현금유입액에 관한 정보(=기업의 수익창출능력)를 제공해 준다.

② 재무상태표 결산일 현재의 재무상태를 적절하게 나타낸다.

(나) 단 점

① 검증가능성이 떨어지므로, 신뢰성이 저하된다.

② 실제로 기업의 소유자산 모두에 대해서 현행산출가격(=현행판매가격)을 알 수 없다.

4) 미래현금흐름의 현가

자산은 미래의 경제적 효익(또는 용역잠재력)을 제공해 주는 원천이 된다. 미래현금흐름의 현가란 이러한 자산의 효익(또는 용역잠재력)을 강조하여 자산으로부터 기대되는 미래순현금흐름액을 현재가치로 평가하는 것을 말한다.

(가) 장 점

자산의 정의에 가장 부합되는 평가방법이다.

(나) 단 점

자산을 미래현금흐름의 현가로 평가하기 위해서는 미래현금흐름의 크기와 시기, 할인율을 알아야 하는데, 실제로 이러한 요소를 정확히 알기가 불가능하다.

(3) 자산의 분류

자산은 크게 두 가지로 분류할 수 있는데 유동자산과 비유동자산이다. 우리나라 GAAP에서도 자산을 유동자산과 비유동자산으로 분류하고 있으며, 유동자산은 다시 당좌자산과 재고자산으로 분류하고, 비유동자산은 투자자산, 유형자산, 무형자산, 기타 비유동자산으로 분류하고 있다. 이를 그림으로 나타내면 다음과 같다.

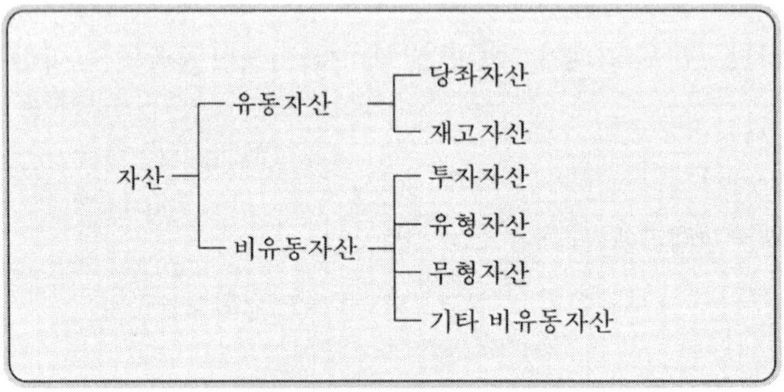

〈그림 2-1〉 자산의 분류

1) 유동자산

유동자산(Current Assets)이란 1년 이내에 현금화하거나 판매하거나 소비될 것으로 예상되는 자산을 말한다. 유동자산은 그 변동속도가 빨라서 1년 이상 동일형태를 지속하지 못하고 변동하는 성질을 가진 자산으로 당좌자산(quick assets)과 재고자산(inventory assents)으로 구분한다.

가) 당좌자산

① 현금 및 현금성 자산

통화 및 타인발행수표 등 통화대용증권과 당좌예금 · 보통예금 및 현금성 자산으로 한다. 이 경우 현금성 자산이라 함은 큰 거래비용 없이 현금으로 전환이 용이하고 이자율변동에 따른 가치변동의 위험이 중요하지 않은 유가증권 및 단기금융상품으로서 취득당시 만기(또는 상환일)가 3개월 이내에 도래하는 것을 말한다.

② 단기금융상품

금융기관이 취급하는 정기예금 · 단기적금 · 사용이 제한되어 있는 예금 및 기타 정형화된 상품 등으로 단기적 자금운용목적으로 소유하거나 기한이 1년 내에 도래하는 것으로 하고, 사용이 제한되어 있는 예금에 대해서는 그 내용을 주석으로 기재한다.

③ 단기투자자산(단기매매증권)

주식 · 채권 등과 같은 투자자산중 단기적(보통 1년 이내) 자금운영의 목적으로 소유한 것으로 한다.

④ 단기대여금

회수기한이 결산일로부터 1년 이내 도래하는 대여금으로 한다.

⑤ 매출채권

주된 영업활동과 관련된 상거래에서 발생한 외상매출금과 받을어음으로 한다.

⑥ 미수금

주된 영업활동 이외의 거래에서 발생하는 받을 수 있는 채권으로 한다.

⑦ 미수수익

결산시 당기에 속하는 수익 중 미수액으로 한다.

⑧ 선급금

상품, 원재료 등의 매입을 위하여 선급(계약금 등)한 금액으로 한다.

⑨ 선급비용

결산시 선급된 비용 중 1년 내에 비용으로 되는 것으로 한다.

나) 재고자산

① 상품

판매를 목적으로 구입한 상품, 미착상품, 적송품 등으로 하고, 주된 영업활동이 부동산매매업인 경우 판매를 목적으로 소유하는 토지, 건물 기타 이와 유사한 부동산은 이에 해당된다.

② 제품

판매를 목적으로 제조한 생산품, 부산물 등으로 한다.

③ 반제품

자가 제조한 중간제품과 부분품 등으로 한다.

④ 재공품

제품 또는 반제품의 제조를 위하여 제공과정에 있는 것으로 한다.

⑤ 원재료

제품 등의 제조 목적으로 구입한 원료, 재료, 매입부분품, 미착원재료로 한다.

⑥ 저장품

소모품, 소모공구기구비품, 수선용부분품 및 기타 저장품으로 한다.

2) 비유동자산

비유동자산(non-current asset)이란 영업활동에 장기적(1년 이상)으로 사용하기 위하여 취득한 자산으로서, 재무상태표일로부터 1년 이내에 현금으로 전환될 수 없는 자산을 말한다. 비유동자산은 투자자산, 유형자산, 무형자산, 기타 비유동자산으로 구분한다.

가) 투자자산

① 장기금융상품

유동자산에 속하지 아니하는 금융상품으로 하고, 사용이 제한되어 있는 예금에 대해서는 그 내용을 주석으로 기재한다.

② 장기투자증권

㉮ 매도가능증권 : 주식이나 채권 중 단기매매증권이나 만기보유증권 및 지분법적용투자주식으로 분류되지 않는 유가증권으로 한다.

㉯ 만기보유증권 : 만기가 확정된 채무증권(회사채, 국・공채)으로서 상환금액이 확정되었거나 확정이 가능한 채무증권을 만기까지 보유할 적극적인 의도와 능력이 있는 유가증권으로 한다.

③ 지분법적용투자주식

피 투자회사에 중대한 영향력을 행사할 수 있는 유가증권으로 한다.

④ 투자부동산

투자의 목적 또는 비업무용으로 소유하는 토지, 건물 및 기타의 부동산으로 한다.

⑤ 장기대여금

유동자산에 속하지 아니하는 장기의 대여금으로 한다.

나) 유형자산

① 토지

영업활동에 사용할 목적으로 구입한 대지, 전답, 잡종지 등으로 한다.

② 건물

영업활동에 사용할 목적으로 구입 또는 건설한 건물과 냉난방, 조명, 통풍 및 기타의 건물부속설비로 한다.

③ 구축물

교량, 안벽, 부교, 저수지, 갱도, 굴뚝, 정원설비 및 기타의 토목설비 등으로 한다.

④ 기계장치

기계장치・운송설비(컨베이어・호이스트・기중기 등)와 기타의 부속설비로 한다.

⑤ 선박

선박과 기타의 수상운반구 등으로 한다.

⑥ 차량운반구

철도차량 · 자동차 및 기타의 육상운반구 등으로 한다.

⑦ 비품

영업용으로 사용하는 책상, 의자, 컴퓨터, 응접세트, 금고 등

⑧ 건설중인자산

유형자산의 건설을 위한 재료비 · 노무비 및 경비로 하되, 건설을 위하여 지출한 도급금액 또는 취득한 기계 등을 포함한다.

다) 무형자산

① 영업권

합병 · 영업양수 등의 경우에 유상으로 취득한 것으로 한다.

② 산업재산권

일정기간 독점적 · 배타적으로 이용할 수 있는 법률적 권리로서, 특허권 · 실용신안권 · 의장권 및 상표권 등으로 한다.

③ 광업권

일정한 광구에서 등록을 한 광물과 동 광산 중에 부존하는 다른 광물을 채굴하여 취득할 수 있는 권리로 한다.

④ 어업권(입어권 포함)

일정한 수면에서 독점적 배타적으로 어업을 경영할 수 있는 권리로 한다.

⑤ 개발비

신제품 또는 신기술의 개발과 관련하여 발생한 비용(소프트웨어 개발과 관련된 비용을 포함한다)으로서 개별적으로 식별 가능하고 미래의 경제적 효익을 확실하게 기대할 수 있는 것으로 한다.

라) 기타 비유동자산

① 임차보증금

전세권, 전신전화가입권, 전세보증금 등으로 한다.

② 임차권리금

자산임차시 전 자산사용자에게 지급하는 일종의 영업권성격의 금전을 말한다.

③ 장기성 매출채권

유동자산에 속하지 아니하는 주된 영업활동에서 발생한 장기의 외상매출금 및 받을 어음으로 한다.

④ 장기 미수금

주된 영업활동 이외에서 발생한 외상거래가 1년 이상인 미수금

⑤ 이연법인세자산

일시적 차이로 인하여 법인세법 등의 법령에 의하여 납부하여야 할 금액이 법인세비용을 초과하는 경우 그 초과하는 금액과 이월결손금 등에서 발생한 법인세 효과로 한다.

⑥ 장기선급금

상품(원재료)을 매입하기로 계약하고, 계약금조로 미리 지급한 금액이 1년 이상인 선급금

2. 부채

(1) 부채의 의의

부채(liabilties)란 기업이 장래에 일정한 금액을 제3자에게 갚아야 할 채무를 말한다.

부채가 되기 위해서는 몇 가지 특성을 갖추어야 하는데 다음과 같다.

① 기업이 미래에 현금 또는 다른 자산을 이전하거나 용역을 제공할 의무가 있어야 한다.

② 자산의 이전의무나 용역의 제공의무가 특정기업에만 관련된 것이어야 한다.

③ 회사에 의무를 발생시키는 거래나 사건이 이미 발생했어야 한다.

④ 상환해야 할 금액과 그 상환시기를 어느 정도 정확하게 측정할 수 있어야 한다.

(2) 부채의 평가

부채의 평가라 함은 재무상태표에 계상될 부채의 금액을 결정하는 것으로, 경제적 의무인 부채에 대하여 화폐가치를 부여하는 과정을 말한다.

1) 만기 지불금액(=명목가액)에 의한 평가

만기에 지불하여야 할 금액(=명목가액)을 부채의 평가액으로 하는 방법이다. 이 방법은 화폐의 시간가치를 무시하는 단점이 있으나, 부채의 상환기간이 단기인 유동부채의 경우에는 부채의 현재가치와 명목가액의 차이가 미미하므로 중요성의 관점에서 사용될 수 있다.

2) 현재가치에 의한 평가

미래에 지급할 금액의 현재가치로 부채를 평가하는 방법이다. 이론적 관점에서 볼 때 미래에 지급할 현금의 금액과 시기를 객관적으로 추정할 수 있는 부채는 현재가치로 평가하는 것이 타당할 것이다. 그러나 유동부채의 경우에는 중요성의 관점에서 보면, 그 평가의 실익이 없기

때문에 일반적으로 비유동부채에 대해서만 현재가치로 평가한다.

(3) 부채의 분류

우리나라의 GAAP에서는 부채를 유동부채와 비유동부채로 분류하고 있다.

1) 유동부채

유동부채(current liabilities)란 단기부채(short-term liabilities)라고도 하며, 이는 1년기준(one year rule)에 따라 상환의무가 1년 이내에 도래하는 부채를 말한다.

① 매입채무

주된 영업활동에서 발생한 외상매입금과 지급어음으로 한다.

② 단기차입금

금융기관으로부터의 당좌차월액과 1년 내에 상환될 차입금으로 한다.

③ 미지급금

주된 영업활동 이외에서 발생한 채무로 한다.

④ 선수금

수주공사·수주품 및 기타 일반적인 상거래에서 발생한 선수액으로 한다.

⑤ 예수금

일반적인 상거래 외에서 발행한 일시적 제예수액으로 한다.

⑥ 미지급비용

결산전 발생된 비용으로서 지급되지 아니한 것으로 한다.

⑦ 미지급법인세

법인세 등의 미지급액으로 한다.

⑧ 미지급배당금

이익잉여금처분계산서상의 현금배당금으로 한다.

⑨ 선수수익

받은 수익 중 차기 이후에 속하는 금액으로 한다.

2) 비유동부채

비유동부채(non-current liabilities)라고도 하며, 재무상태표일로부터 1년 이후에 상환기간이 도래하는 부채로, 장기부채(long-term liability)를 말한다.

① 사채

장기적 자금조달 목적으로 발행한 회사채로서, 1년 후에 상환되는 사채의 가액으로 하며, 사채의 종류별로 구분하고, 그 내용을 주석으로 기재한다.

② 장기차입금

1년 후에 상환되는 차입금으로 하며, 차입처별 차입액, 차입용도, 이자율, 상환방법 등을 주석으로 기재한다.

③ 장기성 매입채무

유동부채에 속하지 아니하는 주된 영업활동의 상거래에서 발생한 장기의 외상매입금 및 지급어음으로 한다.

④ 퇴직급여충당부채

종업원의 일시퇴직시 지급하여야 할 퇴직급여를 설정하는 부채성충당금

⑤ 이연법인세부채

일시적 차이로 인하여 법인세비용이 법인세법 등의 법령에 의하여 납부하여야 할 금액을 초과하는 경우 그 초과하는 금액으로 한다.

3. 자본

(1) 자본의 의의

자본(capital)이란 기업이 보유하고 있는 자산에 대한 기업주 또는 주주의 지분권을 말하는 것으로, 기업의 총자산에서 총부채를 차감하고 남은 잔여지분을 말한다. 즉, 채권자의 청구권에 해당하는 자산을 제외한 나머지 자산에 대해 소유자가 갖는 청구권을 의미한다. 소유주지분은 잔여지분으로 소유주지분 자체가 독립적으로 평가될 수 없고 자산과 부채의 평가에 의해 자동적으로 평가된다.

$$자산(A) - 부채(L) = 자본(C)$$

위의 등식을 자본등식이라 한다.

자본은 다음과 같은 특징을 갖고 있다.

① 자본은 소유주지분으로서, 부채인 채권자지분과 함께 기업의 자산에 대한 청구권을 나타낸다.

② 자본은 기업의 소유주에 대한 분배의 원천이 되는 것이며, 실제 분배는 현금배당 등 자산의 분배로 나타난다.

③ 자본은 법인설립시 소유주의 출자로 생성되지만, 그 후 추가출자로 인하여 증가하거나 소유주에 대한 분배로 감소한다. 또한 자본은 영업활동에 의하여 증감하기도 한다.

(2) 자본의 분류

자본은 ① 자본금(capital stack), ② 자본잉여금(capital surplus), ③ 자본조정(capital adjustment), ④ 기타 포괄손익누계액, 이익잉여금(retained-earnings)으로 구분한다.

1) 자본금

① 보통주자본금
상법상의 보통주 발행주식의 액면가액(발행주식수×액면가액)합계액으로 한다.

② 우선주자본금
상법상의 우선주 발행주식의 액면가액 합계액으로 한다.

2) 자본잉여금

① 주식발행초과금
주식발행가액(증자의 경우에 신주발행수수료 등 신주발행을 위하여 직접 발생한 기타의 비용을 차감한 후의 금액을 말한다)이 액면가액을 초과하는 경우 그 초과하는 금액으로 한다.

② 감자차익
자본감소의 경우에 그 자본금의 감소액이 주식의 소각, 주금의 반환에 요한 금액과 결손의 보전에 충당한 금액을 초과한 때에 그 초과금액으로 한다. 다만, 자본금의 감소액이 주식의 소각, 주금의 반환에 요한 금액에 미달하는 금액이 있는 경우에는 동 금액을 차감한 후의 금액으로 한다.

③ 자기주식처분이익
회사가 발행한 주식을 임시 취득 후 처분시 발생하는 이익이다.

3) 자본조정

① 주식할인발행차금
주식발행가액이 액면가액에 미달하는 경우 그 미달하는 금액으로 차감항목이다.

② 배당건설이자

개업전 일정한 기간 내에 주주에게 배당한 건설이자로 차감항목이다.

③ 자기주식

회사가 이미 발행한 주식을 주주로부터 취득한 경우 그 취득가액으로 하고, 그 취득경위·향후처리계획 등을 주석으로 기재한다.

④ 미교부주식배당금

이익잉여금처분계산서상 주식배당액으로 가산항목이다.

4) 기타 포괄손익누계액

① 매도가능증권평가손익

매도가능증권을 기말 재무상태표 기준일에 공정가액으로 평가할 때 발생된 평가손익으로 한다.

② 해외산업환산손익

해외지점과 해외사무소의 외화표시재무재표를 현행환율법에 의하여 원화로 환산하는 경우에 발생하는 환산손익으로 한다.

5) 이익잉여금

① 이익준비금

상법의 규정에 의하여 자본금의 1/2에 달할 때까지 현금배당액의 10% 이상을 적립하는 금액으로 한다.

② 기타법정적립금

상법 이외의 법령의 규정에 의하여 적립된 금액으로 재무구조개선적립금을 들 수 있다.

③ 임의적립금

정관의 규정 또는 주주총회의 결의로 적립된 금액으로서 사업확장적립금·감채적립금·배당평균적립금·결손보전적립금 및 세법상 적립하여 일정기간이 경과한 후 환입될 준비금 등으로 한다.

④ 미처분이익잉여금(또는 미처리결손금)

당기의 이익잉여금처분계산서의 미처분이익잉여금 또는 결손금 처리계산서의 미처리결손금으로 하고, 당기순이익 또는 당기순손실을 주석으로 표시한다.

제 2 절 경영성과와 손익계산서

기업 경영활동의 경제적 성과를 영업성적 또는 경영성과라고 한다. 이러한 경영성과는 일정기간 동안의 기업성과를 측정하는 것으로 손익계산서에 의해 계산되어진다. 경영성과는 개인기업의 경우 자본금에 가산 또는 차감되고, 주식회사인 경우 주주총회에 의해 손익으로 처분되며, 경영성과 계산 항목으로 비용과 수익이 있다. 이와 같이 비용·수익·이익의 관계를 나타내는 회계보고서를 손익계산서라고 한다.

손익계산서(a statement of recognized income & expense)란 기업이 일정기간 동안에 수익과 비용의 발생상황을 명확히 하고, 기업의 경영활동의 결과인 경영성과(이익 또는 손실)를 나타내는 보고서이다. 즉 손익계산서는 일정기간 동안의 기업의 경영성과(영업성적)를 나타내는 결산보고서를 말한다.

손익계산서를 작성하는 경우 손익계산서라는 명칭과, 회사명, 회계기간을 표시하며, 이 표의 왼쪽에는 비용항목과 금액을 오른쪽에는 수익항목과 금액을 기입한 다음 수익총액이 비용총액을 초과하면 순이익을, 반대로 비용총액이 수입총액을 초과하면 순손실을 계산하여 양쪽 금액을 일치시킨다.

손익계산서는 일정기간의 영업활동에 대한 성과를 측정할 수 있고, 미래 현금에 대한 흐름을 예측할 수 있으며 또한 경영계획과 배당정책의 자료를 제공하며, 경영자의 업적평가수단으로 이용할 수 있다.

손익계산서

(주)이천 200×년 1월 1일 ~200×년 12월 31일 (단위 : 원)

비용	금액	수익	금액
급여	400,000	상품매출이익	300,000
여비교통비	20,000	이자수익	200,000
이자비용	80,000	잡이익	100,000
보험료	60,000		
당기순이익	40,000		
	600,000		600,000

1. 수익(Revenue)

수익(revenue)은 "기업이 일정한 회계기간 동안에 고객에게 제공한 재화나 용역의 가치를 화폐로 표시한 금액 총계라 할 수 있다.

즉 "기업이 판매한 재화 또는 제공한 용역의 대가를 말하며, 투하된 비용이 생산과정을 통해서 수익적 산출물(revenue outputs)로 전환된 것"이라고 할 수 있다. 예를 들면 상품의 매출액, 이자수익, 배당금수익, 임대료 등이 수익이 된다. 이 수익은 반드시 비용(expense)과 직결되며, 당해 회계기간과 관련성이 있는 것이어야 하며, 기업이익의 원천이 된다.

수익은 이익보다 광의의 개념으로 사용되는데, 판매에서 얻은 대가가 수익이며, 이 수익에 직접 든 비용을 차감한 것이 이익이다. 즉 매출액은 수익이며, 매출원가는 비용이며, 매출액에서 매출원가를 차감한 것이 매출이익이다.

K-GAAP에서는 수익의 성격에 따라 다음과 같이 구분한다.[1)]

(1) 영업수익(operating revenue)

기업의 주된 영업활동에서 실현된 수익으로, 상품매매업은 상품의 매출액이, 제조업은 원재료를 가공하여 만든 제품을 판매한 매출액이 영업수익이 된다. 또한 운송업의 경우는 운송료수익, 보험업에서는 보험료수익, 은행에서는 이자수익 등이 영업수익이 된다. 그러므로 영업수익은 기업의 주된 영업활동에서 발생한 수익을 말한다.

(2) 영업외수익(non-operating revenue)

기업의 주된 활동이 아닌 다른 활동에서 발생하는 수익으로 이자수익, 배당금수익, 임대료, 단기투자자산(매도증권)처분이익, 단기투자자산(매매증권)평가이익, 외환차익, 외화환산이익, 장기투자증권손상차손환입, 투자자산처분이익, 유형자산처분이익, 사채상환이익, 전기오류수정이익 등이 있다.

---

1) 수익과 관련된 상세 계정과목은 10장 1절을 참고

2. 비용(Expense)

비용이란 기업이 일정회계기간 동안 수익을 얻기 위하여 희생된 재화나 용역의 가치를 말한다.

비용은 수익을 얻기 위하여 소모된 재화 및 용역의 원가를 말하며, 원가란 기업으로 유입된 재화 또는 용역의 가치를 말한다. 또한 경우에 따라서는 재화나 용역의 취득과 사용이 동시에 이루어지기 때문에 원가와 비용이 같은 시점에서 동시에 발생하기도 한다. K-GAAP에서는 비용의 성격에 따라 다음과 같이 구분한다.2)

(1) 매출원가(cost of goods sold)

상품매매업에 있어서의 매출상품에 대한 매입원가(매입원가가격+매입제비용)와 제조기업에 있어서의 판매한 제품의 원가(재료비+노무비+경비)를 매출원가라 하며, 제조기업에서의 매출원가는 생산부서에서 발생한다.

(2) 판매비와 관리비(selling and administrative expenses)

상품과 용역의 판매활동(영업부서) 또는 기업의 경영관리와 유지를 위하여 발생(인사조직, 회계, 재무부서)하는 일체의 비용을 말하며, 매출원가에 포함되지 않는 모든 영업비용이 여기에 속하며, 영업수익과 기간적으로 대응하여 발생한다.

(3) 영업외비용(non-operating expenses)

기업의 주된 영업활동이 아닌 다른 활동에서 발생하는 비용으로, 주로 이자비용, 기타의 대손상각비, 단기매매증권 처분 손실 등이 해당되며, 재무 및 투자활동에서 발생하는 각종 비용을 말한다.

(4) 법인세비용

법인세법 등의 법령에 의하여 당해 사업연도에 부담할 법인세 및 법인세에 부가되는 세액 등을 의미한다.

---

2) 비용과 관련한 상세 계정과목은 10장 2절을 참고

3. 순손익 계산

기업의 일정기간 영업활동의 결과를 나타내는 순손익을 계산하는 방법에는 재산법과 손익법이 있다.

(1) 재산법

재산법은 재무상태표에 나타나는 기말자본과 기초자본을 비교하여, 순손익을 산출하는 방법으로 기초자본보다 기말자본이 증가된 경우 그 증가된 부분을 이익이라 하고, 반대로 기초자본이 기말자본보다 큰 경우 그 차액을 손실이라 한다.

이를 등식으로 나타내면 다음과 같다.

기말자본 - 기초자본 = 순이익
기초자본 - 기말자본 = 순손실

재산법에 의해서는 기말자본과 기초자본을 가지고 당기간에 순이익(또는 순손실)이 얼마나 발생하였나 하는 결과만 알 수 있을 뿐이며, 과연 기업이 어떠한 영업활동을 통해 순이익(또는 순손실)이 발생하였나 하는 손익의 원인을 파악할 수 없다는 단점이 있다.

(2) 손익법

손익법은 거래 근접법 또는 수익, 비용법이라고도 하며, 일정기간에 발생한 총수익과 총비용을 비교하여 기간손익을 계산하는 방법이다. 이를 등식으로 표시하면 다음과 같다.

총수익 - 총비용 = 순이익
총비용 - 총수익 = 순손실

손익법에서는 이익의 증가요인인 기업의 영업활동 중에서 자본을 증가시키는 활동은 수익으로 분류하고 이익의 감소요인인 자본을 감소시키는 활동을 비용으로 분류하여 일정기간 동안 어떠한 영업활동을 통해 손익이 발생하였나 하는 손익의 발생원인을 알 수 있다는 장점이 있다.

연 습 문 제

1. 다음의 과목 중 자산에는 "A", 부채에는 "P", 자본에는 "K"로 ( )안에 기입하시오.

(1) 대 여 금 ( )	(2) 선 수 금 ( )	(3) 유가증권 ( )
(4) 외상매입금 ( )	(5) 건 물 ( )	(6) 미지급금 ( )
(7) 현 금 ( )	(8) 외상매입금 ( )	(9) 토 지 ( )
(10) 자 본 금 ( )	(11) 차 입 금 ( )	(12) 차량운반구 ( )
(13) 미 수 금 ( )	(14) 받을어음 ( )	(15) 지급어음 ( )

2. 여주상회의 200×년 12월 31일 현재의 자산, 부채, 자본에 의하여 재무상태표를 작성하시오.

현 금	₩300,000	당 좌 예 금	₩400,000	외상매출금	₩360,000
받 을 어 음	₩80,000	단기대여금	₩150,000	상 품	₩120,000
건 물	₩240,000	비 품	₩60,000	외상매입금	₩400,000
지 급 어 음	₩330,000	단기차입금	₩140,000	미 지 급 금	₩240,000

3. 여주상회의 200×년 1월 1일(기초)과 동년 12월 31일(기말)의 자산, 부채, 자본에 의하여 기초와 기말의 재무상태표를 작성하라.

(1) 1월 1일의 재무상태

현 금	₩80,000	예 금	₩100,000	외상매출금	₩20,000
받 을 어 음	₩40,000	상 품	₩60,000	외상매입금	₩80,000
지 급 어 음	₩60,000	차 입 금	₩60,000	건 물	₩200,000
비 품	₩100,000				

(2) 12월 31일의 재무상태

현 금	₩120,000	예 금	₩160,000	외상매출금	₩20,000
받 을 어 음	₩40,000	상 품	₩20,000	외상매입금	₩120,000
지 급 어 음	₩60,000	차 입 금	₩60,000	건 물	₩300,000
비 품	₩100,000				

4. 다음 ( ) 속에 알맞은 말을 써 넣어라.

(1) 당기순손익을 계산하는 방법에는 ( )법과 ( )법이 있는데 재산법은 ( )과 ( )을 비교하여 당기순손익을 계산하는 방법이고, 손익법은 ( )과 ( )을

비교하여 당기순손익을 계산하는 방법이다.

(2) 당기순손익을 계산하는 방법에 있어서의 재산법

① 순이익 = ( ) - ( ) ② 순손실 = ( ) - ( )

(3) 당기순이익을 계산하는 방법에 있어서의 손익법

① 순이익 = ( ) - ( ) ② 순손실 = ( ) - ( )

(4) 손익계산서 등식

① ( ) + ( ) = ( ) ② ( ) = ( ) + ( )

5. 다음 과목들 중 수익과목에는 G, 비용과목에는 V를 ( )안에 기입하시오.

(1) 이자비용 ( ) (2) 광고선전비 ( ) (3) 임 대 료 ( )
(4) 이자수익 ( ) (5) 보 험 료 ( ) (6) 잡 손 실 ( )
(7) 통 신 비 ( ) (8) 판매수수료 ( ) (9) 소모품비 ( )
(10) 보 관 료 ( ) (11) 수 선 비 ( ) (12) 견 본 비 ( )
(13) 급 여 ( ) (14) 임 차 료 ( ) (15) 잡 이 익 ( )
(16) 잡 비 ( ) (17) 여비교통비 ( ) (18) 세금과공과 ( )
(19) 상품매출이익 ( ) (20) 운 반 비 ( ) (21) 수도광열비 ( )
(22) 수수료수익 ( )

6. 여주상회의 200×년 1월 1일부터 200×년 12월 31일까지의 영업성적에 의하여 손익계산서를 작성하시오.

상품매출이익	₩300,000	이 자 수 익	₩10,000
잡 이 익	₩30,000	급 여	₩80,000
임 차 료	₩50,000	보 험 료	₩30,000
광고선전비	₩20,000	잡 비	₩10,000
이 자 비 용	₩15,000	잡 손 실	₩5,000

7. 여주상회의 200×년 1월 1일부터 200×년 6월 30일까지의 수익과 비용에 의하여 손익계산서를 작성하시오.

상품매출이익	₩260,000	이 자 수 익	₩22,500
잡 이 익	₩11,250	급 여	₩112,500
세금과공과	₩90,000	임 차 료	₩10,000
광고선전비	₩75,000	소 모 품 비	₩7,500
이 자 비 용	₩15,000	잡 손 실	₩12,500

제 3 장

회계의 순환과정

제1절 거 래

1. 거래의 의의

회계에서 말하는 거래는 기업의 경영활동에서 자산, 부채, 자본, 수익, 비용의 증감 변화를 일으키는 모든 사항을 뜻한다. 회계상의 거래로 인식되기 위해서는 자산, 부채, 자본의 증감 및 수익, 비용의 발생·소멸을 가져오고 재무상의 변동액을 화폐단위로 객관적인 측정이 되어야 한다. 회계거래는 법률상 또는 일반적 개념의 거래와는 그 내용을 달리하고 있다. 예를 들면 점원의 고용계약에 있어서 계약 자체는 법률상 또는 일반적 개념의 거래이지만, 회계상으로는 자산·부채·자본에 아무런 증감변동을 가져오지 않으므로 회계상 거래가 아니다.

그러나 화재 또는 도난 등은 자산이 감소되므로 회계상 거래가 성립되나, 일반적으로 거래라고는 하지 않는다.

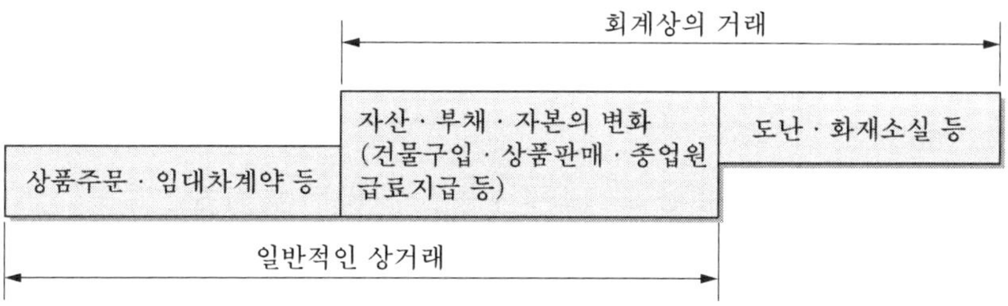

2. 거래요소와 결합관계

기업에서 발생하는 모든 거래는 자산의 증가와 감소, 부채의 증가와 감소, 자본의 증가와 감소, 수익과 비용의 발생이라는 8개의 요소로 결합한다. 이것을 거래의 8요소라 한다.

거래의 8요소의 좌측항목을 차변요소, 우측항목을 대변요소라 한다. 거래는 반드시 좌측요소와 우측요소가 서로 결합되어서 성립하며, 좌측요소끼리 또는 우측요소끼리 결합되는 거래는 일어나지 않는다. 회계에서는 좌측을 차변(debtor :Dr), 우측을 대변(creditor :Cr)이라 부른다. 회계상 거래는 두 개 또는 두 개 이상의 요소가 결합하여 성립된다.

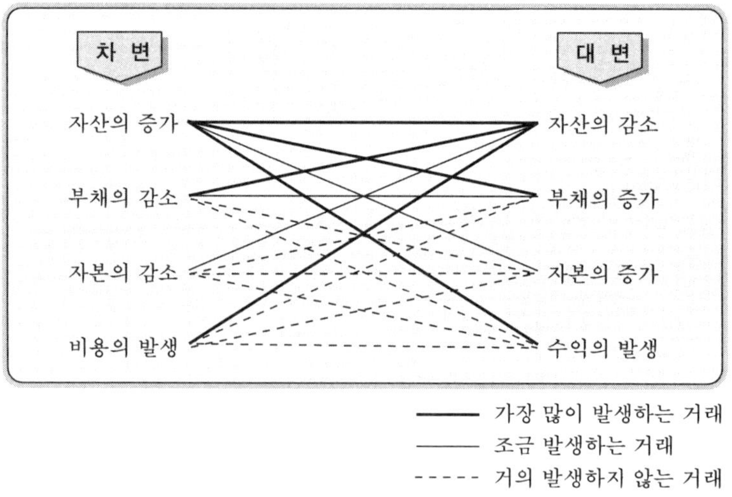

〈그림 3-1〉 거래의 8요소

거래의 결합관계를 분해하여 설명하면 다음과 같다.

자산의 증가
- ① 자산의 감소 (상품을 현금으로 매입)
- ② 부채의 증가 (상품을 외상으로 매입)
- ③ 자본의 증가 (현금을 출자하여 개업)
- ④ 수익의 발생 (이자를 현금으로 받음)

부채의 감소
- ① 자산의 감소 (외상매입금을 현금으로 지급)
- ② 부채의 증가 (외상매입금을 약속어음을 발행하여 지급)
- ③ 자본의 증가 (자본의 증자를 받아 차입금 상환)
- ④ 수익의 발생 (채권자로부터 채무를 면제받음)

자본의 감소
- ① 자산의 감소 (개인기업의 자본주가 현금을 인출)
- ② 부채의 증가 (개인기업의 자본주의 부채를 기업의 부채로 대체)
- ③ 자본의 증가 (甲출자금을 乙출자금으로 전환순이익을 자본금에 대체)
- ④ 수익의 발생 (사망으로 인계받을 사람이 없는 甲의 출자금을 잡수익으로 처리)

비용의 발생
- ① 자산의 감소 (급여를 현금으로 지급)
- ② 부채의 증가 (차입금의 이자를 원금에 가산)
- ③ 자본의 증가 (이자를 주식으로 교부하여 지급)
- ④ 수익의 발생 (이자비용과 이자수익을 상계)

[예제 3-1] 다음은 여주(주)의 200×년 중의 거래이다. 이들 거래를 결합관계로 표시하시오.

1) 현금 20,000,000원을 출자하여 영업을 개시하다.

2) 주택은행에서 현금 20,000,000원을 차입하다.

3) 사무실을 임차하고, 보증금 20,000,000원을 현금으로 지급하다.

4) 비품 10,000,000원을 매입하고, 대금은 현금으로 지급한다.

5) 이천상사의 상품을 수탁판매하고, 수수료 3,000,000원을 현금으로 받다.

6) 현금 20,000,000원을 은행에 예금하다.

7) 임차료 300,000원을 은행예금을 인출하여 지급하다.

8) 종업원의 급여 500,000원을 현금으로 지급하다.

9) 은행예금을 인출하여 차입금에 대한 이자 200,000원을 지급하다.

10) 차입금 중 10,000,000원을 은행예금을 인출하여 지급하다.

[풀이]

1) 자산(현금)의 증가 - 자본(자본금)의 증가
20,000,000원 20,000,000원

2) 자산(현금)의 증가 - 부채(차입금)의 증가
20,000,000원 20,000,000원

3) 자산(보증금)의 증가 - 자산(현금)의 감소
20,000,000원 20,000,000원

4) 자산(비품)의 증가 - 자산(현금)의 감소
10,000,000원 10,000,000원

5) 자산(현금)의 증가 - 수익(수수료수익)의 발생
3,000,000원 3,000,000원

6) 자산(예금)의 증가 - 자산(현금)의 감소

20,000,000원 20,000,000원

7) 비용(임차료)의 발생 - 자산(예금)의 감소

300,000원 300,000원

8) 비용(급여)의 발생 - 자산(현금)의 감소

500,000원 500,000원

9) 비용(이자비용)의 발생 - 자산(예금)의 감소

200,000원 200,000원

10) 부채(차입금)의 감소 - 자산(예금)의 감소

10,000,000원 10,000,000원

3. 거래의 종류

(1) 거래의 발생시기에 의한 분류

1) 개업거래

회사설립 후 영업을 개시해서 처음으로 회계장부에 기입을 하게 되는 거래이다. 예를 들면, 현금을 출자하여 개업하였을 경우에 이를 회계장부에 기입하는 것이 개업거래이다.

2) 개시거래

매 회계기간초에 행하는 자산 · 부채 · 자본의 전기이월을 위한 거래이다.

3) 영업거래

회계기간중에 영업활동을 통하여 발생하는 거래이다. 예를 들면, 상품의 매매, 급료, 보험료 등을 지급하는 거래가 영업거래에 해당된다.

4) 결산거래

회계기간말에 결산정리(수정) 및 장부마감을 위해 발생하는 거래이다. 예를 들면, 소유중인 유가증권의 평가, 감가상각비의 계상, 대손의 추정 등이 자산계정의 정리 및 수익 · 비용계정의 정리 등이 결산거래에 해당된다.

5) 폐쇄거래

영업을 폐쇄 또는 해산할 경우에 발생하는 거래이다. 예를 들면, 청산시에 주주에게 자본금을 환급하는 거래가 폐쇄거래에 해당된다.

(2) 손익의 발생여부에 의한 분류

1) 교환거래

기업의 당기순이익에 영향을 주지 않는 거래이다. 즉, 거래로 인하여 자산·부채 및 자본의 증감변동은 일어나지만, 수익이나 비용은 발생되지 않는 거래이다.

[예제 3-2] 다음 거래의 결합관계와 분개를 나타내시오.

1) 현금 200,000원을 차입하다.

2) 외상매출금 500,000원을 현금으로 회수하다.

[풀이]

1) 자산(현금)의 증가 200,000원 - 부채(차입금)의 증가 200,000원

2) 자산(현금)의 증가 500,000원 - 자산(매출채권)의 감소 500,000원

2) 손익거래

기업의 당기순이익에 영향을 주는 거래이다. 즉 수익이나 비용이 발생하는 거래로서, 이러한 거래는 거래요소의 결합이 한쪽은 자산·부채·자본에 속하고, 다른 한쪽은 수익이나 비용에 속한다.

[예제 3-3] 다음 거래의 결합관계와 분개를 나타내시오.

1) 수수료 400,000원을 현금으로 받다

2) 급여 700,000원을 현금으로 지급하다.

[풀이]

1) 자산(현금)의 증가 400,000원 - 수익(수수료수익)의 발생 400,000원

2) 비용(급여)의 발생 700,000원 - 자산(현금)의 감소 700,000원

3) 혼합거래

교환거래와 손익거래가 동시에 혼합되어 발생하는 거래이다.

[예제 3-4] 다음 거래의 결합관계와 분개를 나타내시오.

1) 대여금 700,000원과 그에 대한 이자 20,000원을 현금으로 회수하다.

2) 차입금 600,000원과 그에 대한 이자 10,000원을 현금으로 지급하다.

[풀이]

1) 자산(현금)의 증가 720,000원 ─┬ 자산(대여금)의 감소 700,000원
└ 수익(이자수익)의 발생 20,000원

2) 부채(차입금)의 감소 600,000원 ┐
비용(이자비용)의 발생 10,000원 ┘─ 자산(현금)의 감소 610,000원

(3) 현금의 수지여부에 의한 분류

1) 현금거래

거래의 발생으로 현금의 수입이나 지출이 발생되는 거래로서, 이는 다시 현금의 수입이 있는 ① 입금거래와 지출이 있는 ② 출금거래로 구분된다. 예를 들면, 상품을 현금으로 지급하고 매입하는 경우(출금거래)와 상품을 현금으로 받고 매출하는 경우(입금거래)는 현금거래에 해당된다.

2) 대체거래

현금의 수입과 지출이 발생되지 않는 거래로서, 이는 현금의 수입과 지출이 전혀 발생되지 않는 ① 전부대체거래와 현금의 수입과 지출이 일부 발생되는 ② 일부대체거래로 구분된다.

(4) 거래요소의 수에 의한 분류

1) 단순거래

거래요소 중 왼쪽 요소 하나와 오른쪽 요소 하나가 결합되어 발생하는 거래를 말한다.

2) 복합거래

거래요소 중 왼쪽요소와 오른쪽요소가 1:2이거나 2:1 또는 그 이상으로 결합되어 발생하는 거래를 말한다. 예를 들면 차입금 700,000원과 그에 대한 이자 20,000원을 현금으로 지급한 거래는 왼쪽요소 두 가지(부채의 감소, 비용의 발생)와 오른쪽요소 한 가지(자산의 감소)가 결합된 거래이므로 복합거래에 해당된다.

(5) 기업외부와의 관련여부에 의한 분류

1) 내부거래

내부거래는 기업내부에서만 발생하고 기업외부와의 관련이 없는 거래이다. 예를 들면, 제조기업에 있어서 원가계산이나 결산시에 있어서 대손의 추정, 감가상각비의 계상 등은 내부거래에 해당된다.

2) 외부거래

외부거래는 기업외부의 고객, 상품공급자, 종업원, 은행, 정부 등과 관련되어 자산・부채・자본의 증감변화를 가져오는 거래인데, 회계상의 거래는 대부분 외부거래에 해당된다.

3) 일방적인 거래

재화의 화폐적가치가 변동이 있으나 특정한 거래상대방이 없는 거래(화재로 인한 건물의 소실, 현금의 분실 등)

4. 거래의 이중성

자산・부채・자본의 증감변화와 수익과 비용의 발생・소멸에는 반드시 두 개 이상의 대립관계를 보인다. 즉, 모든 거래는 반드시 거래의 8요소에 의하여 차변과 대변 양쪽에 같은 금액으로 변동하는데 이것을 거래의 이중성이라 한다.

[예제 3-5] 다음 거래의 결합관계와 분개를 나타내시오.

1) 비품 40,000원을 외상으로 구입하다.
2) 현금 500,000원을 출자하여 영업을 시작하다.
3) 현금 400,000원을 차입하다.
4) 외상매입금 100,000원을 현금으로 지급하다.
5) 보험료 500,000원을 현금으로 지급하다.
6) 대여금에 대한 이자 200,000원을 현금으로 받다.

[풀이]

1) 비품(자산)의 증가 40,000원 - 미지급금(부채)의 증가 40,000원
2) 현금(자산)의 증가 500,000원 - 자본금(자본)의 증가 500,000원

3) 현금(자산)의 증가 400,000원 - 차입금(부채)의 증가 400,000원
4) 매입채무(부채)의 감소 100,000원 - 현금(자산)의 감소 100,000원
5) 보험료(비용)의 발생 500,000원 - 현금(자산)의 감소 500,000원
6) 현금(자산)의 증가 200,000원 - 이자수익(수익)의 발생 200,000원

제2절 계 정

1. 계정의 의의

기업의 경영활동을 나타내는 회계보고서는 자산·부채·자본과 비용·수익의 구성항목으로 작성된다. 따라서 동일한 성격이나 동일한 종류의 자산·부채·자본의 증감변화 및 수익·비용의 발생 또는 소멸을 명확히 기록·계산하기 위하여 설정된 계산단위를 계정(account : a/c)이라 한다. 그리고, 각 거래를 항목별·종류별로 각 계정에 부여한 구체적인 명칭을 계정과목(title of account)이라 하며 계정마다 장부상에 설정되는 계산 장소를 계정계좌 또는 계좌라 한다.

계정과목에 대하여 기업의 재무상태 및 손익발생의 원인과 결과를 종류별로 구체적으로 파악하기 위해서는 자산·부채·자본과 수익·비용 항목을 세분화해서 각각 종류별로 증감변화와 발생·소멸현황을 계산하여야 한다.

2. 계정양식

계정의 양식에는 표준식(standard form)과 잔액식(balance form)이 있으며, 잔액식은 실무에서 많이 사용하고 있으며, 표준식은 학습용으로 주로 사용한다. 표준식과 잔액식의 양식을 표시하면 다음과 같다.

〈표준식〉

○○ 계정

일자		적 요	분면	금액	일자		적 요	분면	금액

〈잔액식〉

○○ 계정

일자		적용	분면	차변	대변	차 또는 대	잔 액

계정계좌에 기입하는 방법은 다음과 같다.

(1) 일자란 : 거래의 발생일을 기입한다. 같은 달의 기입은 생략해도 된다.

(2) 적요란 : 분개의 상대계정과목을 기입하고 상대계정과목이 2 이상 있을 경우에는 「제좌」라 기입한다.

(3) 금액 : 차변과 대변의 금액란에는 거래금액을 기입한다.

(4) 분면란 : 분개장에 기입된 면수(page)를 기입하여, 기입누락 또는 이중전기를 조사하는데 활용한다.

학습목적으로 약식계정인 「T자형」 형식의 계정이 사용된다. 그리고 T자형 형식의 계정은 표준식의 형식을 간단하게 한 것이다.

○○ 계정

차 변	대 변

3. 계정의 분류

계정은 기업의 거래 규모가 크면 계정 과목의 수도 많아지고, 소규모일 경우에는 적어진다. 계정의 설정은 기업의 거래량·규모·중요성 등을 고려해서 그것에 적합하고 합리적인 것이 설정되어야 한다. 계정은 일반적으로 재무제표를 중심으로 재무상태표계정과 손익계산서계정으로 분류된다. 그리고 특수계정으로 평가계정 및 임시적가계정(=비망계정)이 있다.

평가계정이란 특정한 계정의 현재가치를 나타내기 위해 해당 계정으로부터 차감을 표시하는 계정을 말한다.

예를 들면, 매출채권의 미래 회수가능액에 해당하는 결산기준일 현재의 금액을 표시하기 위해 매출채권계정으로부터 차감하는 형식으로 표시되는 대손충당금계정이나 건물 등과 같은 유형자산의 장부잔액을 표시하기 위한 감가상각누계액 계정 등은 평가계정에 속한다.

임시적가계정은 비망적 기록을 위한 일시적 계정으로서 서로 관련되는 두 개의 계정이 왼쪽과 오른쪽의 쌍방에 동일금액으로 동시에 발생하였다가 동시에 소멸하고 독립해서는 존재할 수 없는 계정이다. 대조계정은 기업재산의 증감변동을 초래하지 않기 때문에 회계상의 거래가 아니다. 따라서 대조계정은 회계장부에 기입할 수 없고, 나아가 재무제표에 표시할 수도 없다.

예를 들면, 재무상태표계정은 자산·부채·자본계정으로 분류되고, 손익계산서계정은 수익·비용계정으로 분류된다. 계정을 분류 표시하면 다음과 같다.

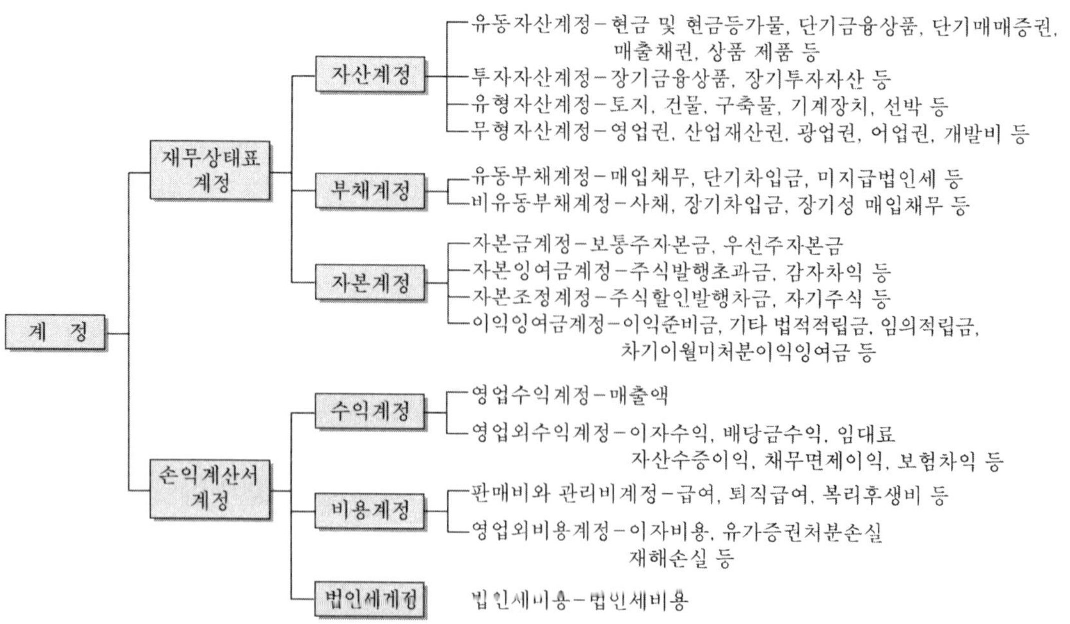

4. 계정기입

계정의 기입은 규칙적으로 거래의 8요소에 따라 일정한 기입법칙에 의하여 기입한다. 계정의 기입방법을 요약하면 다음과 같다.

(1) 재무상태표계정

자산은 "자산=부채+자본"의 대차대조표등식에서와 같이, 자산에 해당되는 계정의 증가는 차변에 기입하고, 감소는 그 반대인 대변에 기입해야 자산에 속하는 계정의 잔액이 차변에 생긴다. 부채와 자본에 속하는 계정의 증가는 대변에 기입하고, 감소는 차변에 기입해야 잔액이 대변에 생긴다. 이를 도시하면 다음과 같다.

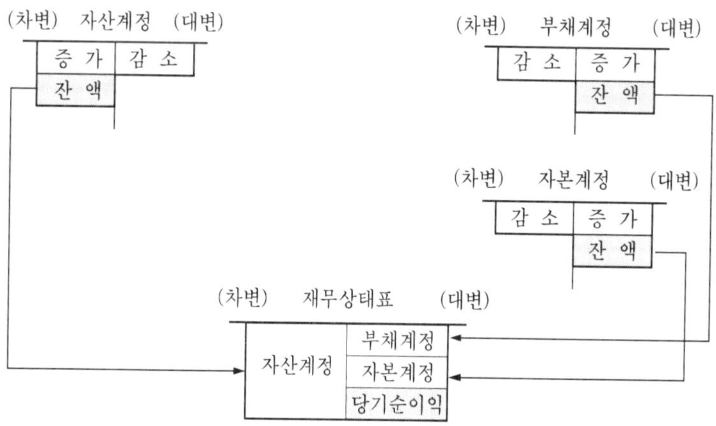

(2) 손익계산서계정

수익과 비용은 손익계산서를 구성하는데, 비용의 발생은 해당 계정의 차변에 기입하고, 소멸은 대변에 기입한다. 수익의 발생은 해당 계정의 대변에 기입하고, 소멸은 차변에 기입한다. 이를 도시하면 다음과 같다.

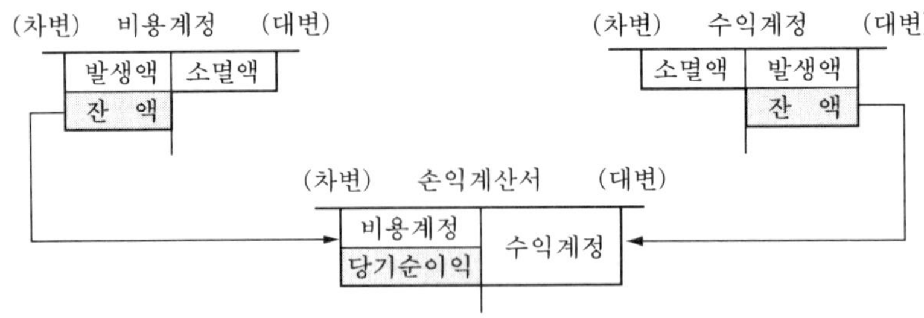

이상의 계정기입의 법칙을 요약하고 거래결합관계와 계정기입관계를 보면 다음과 같다.

〈계정기업의 법칙〉

재무상태표 계정
- 자산계정 : 증가를 차변에, 감소는 대변에 기입한다.
- 부채계정 : 증가를 대변에, 감소는 차변에 기입한다.
- 자본계정 : 증가를 대변에, 감소는 차변에 기입한다.

손익계산서 계정
- 수입계정 : 발생을 대변에, 소멸은 차변에 기입한다.
- 비용계정 : 발생을 차변에, 소멸은 대변에 기입한다.

제 3 절 분개와 전기

1. 분개

(1) 분개의 의의

거래는 거래의 8요소에 의한 계정의 기입요령에 의해서 각 계정에 기입된다. 그러나 매일 번잡하게 발생하는 거래를 직접 각 계정에 기입하면 오기 또는 누락될 가능성이 있다. 그래서 ① 어느 계정에 기입할 것인가, ② 어느 계정의 차변 또는 대변에 기입할 것인가, ③ 기입할 금액은 얼마인가를 결정하여야 한다. 이와 같은 절차를 분개(journalizing)라 한다.

(2) 분개의 법칙

분개는 구체적인 계정(거래의 인식) 및 금액(거래의 측정)을 정하는 것을 말하며, 모든 거래는 분개를 통해서 이루어지기 때문에 매우 중요하다. 분개는 일정한 법칙에 따라 이루어지는데 이를 분개의 법칙이라고 한다. 거래의 8요소에 의한 분개의 법칙을 분석하면 계정기입의 법칙과 같다.

① 자산의 증가는 차변에, 감소는 대변에 기입한다.
② 부채의 증가는 대변에, 감소는 차변에 기입한다.
③ 자본의 증가는 대변에, 감소는 차변에 기입한다.
④ 수익의 발생은 대변에, 소멸은 차변에 기입한다.
⑤ 비용의 발생은 차변에, 소멸은 대변에 기입한다.

분개는 차변에 기입할 계정과목과 금액을 왼쪽에 기입하고, 대변에 기입할 계정과목과 금액을 오른쪽에 기록한다.

[예제 3-6] 여주(주)의 다음 거래를 분개하시오.

3월 1일 현금 ₩200,000과 건물₩300,000을 출자하여 영업을 시작하다.
3월 2일 책상·의자 등 사무용 비품 ₩28,000을 현금으로 구입하다.
3월 3일 이천상사에서 상품 ₩50,000을 현금으로 매입하다.
3월 5일 수원상사에서 상품 ₩80,000을 외상으로 매입하다.
3월 6일 용인상사에서 원가 ₩60,000의 상품을 ₩70,000에 현금으로 매출하다.
3월 7일 국민은행에서 당좌거래를 개설하고, 현금 ₩40,000을 예금하다.
3월 9일 평택상사에서 원가 ₩36,000의 상품을 ₩40,000에 외상으로 매출하다.
3월 11일 3월 5일의 수원상사에 대한 외상매입금 ₩60,000을 현금으로 지급하다.
3월 13일 이삼주에게 현금 ₩40,000을 대여하여 주다.
3월 15일 3월 9일의 평택상사에 대한 외상매출금 중 ₩30,000을 현금으로 회수하다.
3월 18일 광주상사에서 상품 ₩30,000을 매입하고, 수표를 발행하여 지급하다.
3월 25일 3월분 급여 ₩12,000 집세 ₩1,000을 현금으로 지급하다.
3월 30일 안성상사로부터 배당금 ₩1,400을 현금으로 받다.

[풀이]

날짜		차변 계정	금액		대변 계정	금액
3월 1일	(차)	현금	200,000	(대)	자본금	500,000
		건물	300,000			
3월 2일	(차)	비품	28,000	(대)	현금	28,000
3월 3일	(차)	상품	50,000	(대)	현금	50,000
3월 5일	(차)	상품	80,000	(대)	외상매입금	80,000
3월 6일	(차)	현금	70,000	(대)	상품	60,000
					상품매출이익	10,000
3월 7일	(차)	당좌예금	40,000	(대)	현금	40,000
3월 9일	(차)	외상매출금	40,000	(대)	상품	36,000
					상품매출이익	4,000
3월 11일	(차)	외상매입금	60,000	(대)	현금	60,000
3월 13일	(차)	단기대여금	40,000	(대)	현금	40,000
3월 15일	(차)	현금	30,000	(대)	외상매출금	30,000
3월 18일	(차)	상품	30,000	(대)	당좌예금	30,000
3월 25일	(차)	급여	12,000	(대)	현금	13,000
		임차료	1,000			
3월 30일	(차)	현금	1,400	(대)	배당금수익	1,400

2. 전기

거래발생 후 분개를 한 다음 분개의 차변에 있는 계정은 해당 계정의 차변에 기입하고, 대변에 있는 계정은 해당 계정의 대변에 기입한다.

이와 같이 분개의 기록을 해당 (총계정)원장 상의 계정계좌에 옮겨 적는 것을 전기(posting)라 한다. 그리고 이들 계정이 설정된 장부를 원장(ledger) 또는 총계정원장(general ledger)이라고 한다. 총계정원장은 원장 상에 계정계좌를 설정해서 각 계정에 명칭을 부여하며, 기업의 재무상태와 경영성과를 계산하는 것이다. 그러므로 분개장과 마찬가지로 회계에서 꼭 필요한 장부이며 주요부라고 한다.

분개장에서 총계정원장 각 계정계좌에 전기할 때에는 원칙적으로 분개장에 기입한 후 즉시 전기한다. 이것을 개별전기(unit posting)라 한다. 실무에서는 하루의 업무 종료 후 일괄해서 전기하는 것이 편리하다. 또한, 특수한 장부(현금출납장 · 매입장 · 매출장) 등을 분개장으로 사용할 경우에는 동일 계정과목에 대해서 차변합계 또는 대변합계를 산출하여 일괄하여 전기하는 경우가 있다. 이와 같은 전기를 합계전기(summary posting)라 한다. 합계전기는 주말 또는 월말에 정기적으로 전기한다.

분개와 전기과정을 예시하면 다음과 같다.

① 거래 : 3월 1일에 현금 ₩100,00을 출자하여 영업을 시작하다.

〈결합요소〉	자산(현금)의 증가	자본(자본금)의 증가
	↓	↓
	차변기입	대변기입

② 분개 : 3/1 (차) 현금 100,000　　(대) 자본금 100,000

③ 전기 :

현금

3/1	자본금	100,000			
	↑ (상대계정과목)				

자본금

			3/1	현 금	100,000
				↑ (상대계정과목)	

[예제 3-7] 다음 거래를 분개하고, 각 계정에 전기하시오.

5/ 1 현금 ₩600,00을 출자하여 영업을 시작하다.

5/15 여주상사에서 상품 ₩300,000을 매입하고, 대금은 현금으로 지급하다.

5/25 수원상사에 원가 ₩50,000의 상품을 ₩65,000에 외상으로 매출하다.

5/26 비품 ₩100,000을 구입하고, 대금은 현금으로 지급하다.

[풀이]

1. 분개

5/ 1	(차)	현 금	600,000	(대)	자 본 금	600,000
5/15	(차)	상 품	300,000	(대)	현 금	300,000
5/25	(차)	외상매출금	65,000	(대)	상 품	50,000
					상품매출이익	15,000
5/26	(차)	비 품	100,000	(대)	현 금	100,000

2. 전기

현 금

5/1	자본금	600,000	5/15	상품	300,000
			5/26	비품	100,000

외상매출금

5/25	제좌	65,000			

상 품

5/15 현금 300,000	5/25 외상매출금 50,000

비 품

5/26 현금 100,000	

상품매출이익

	5/25 외상매출금 15,000

자 본 금

	5/1 현금 600,000

3. 대차평균의 원리

계정계좌에는 거래의 8요소에 따라서 일정한 법칙하에 기입되며, 모든 거래는 차변과 대변에 같은 금액이 기입된다. 즉, 거래의 이중성에 의해서 차변 금액과 대변 금액이 항상 일치한다.

어떤 거래이건 어느 계정의 차변에 기입된 금액은 반드시 다른 계정의 대변에 기입된다. 이것을 대차평균의 원리(principle of equilibrium)라 한다.

회계는 대차평균의 원리에 의해서 차변 또는 대변에 오류가 있을 경우에는 대차합계가 일치되지 않으므로, 자동적으로 오류가 발견되는 자체검증능력을 갖고 있는데, 이를 복식부기의 자기통제 또는 자기검증의 기능이라고 한다.

[예제 3-8] 다음의 거래의 거래요소의 결합관계로 표시하고, 계정의 기입방법에 따라 해당 계정에 날짜와 금액을 기입하시오.

3월 1일 현금 ₩2,000,000을 출자하여 영업을 개시하다.
3월 4일 상품 ₩50,000을 현금으로 매입하다.
3월 10일 업무용 컴퓨터 1대 ₩1,200,000을 현금으로 구입하다.
3월 14일 주택은행에서 현금 ₩150,000을 단기차입하다.
3월 18일 상품 ₩80,000을 외상으로 매입하다.
3월 20일 이달분 사무실 임차료 ₩50,000을 현금으로 지급하다.
3월 24일 원가₩90,000의 상품을 ₩180,000에 외상매출하다.
3월 28일 급여 ₩45,000을 현금으로 지급하다.

[풀이]

일자	차변	금액	대변	금액
3월 1일	현금(자산)의 증가	2,000,000	자본금(자본)의 증가	2,000,000
3월 4일	상품(자산)의 증가	50,000	현금(자산)의 감소	50,000
3월 10일	비품(자산)의 증가	1,200,000	현금(자산)의 감소	1,200,000
3월 14일	현금(자산)의 증가	150,000	단기차입금(부채)의 증가	150,000
3월 18일	상품(자산)의 증가	80,000	외상매입금(부채)의 증가	80,000
3월 20일	임차료(비용)의 발생	50,000	현금(자산)의 감소	50,000
3월 24일	외상매출금(자산)의 증가	180,000	상품(자산)의 감소	90,000
			상품매출이익(수익)의 발생	90,000
3월 28일	급여(비용)의 발생	45,000	현금(자산)의 감소	45,000

현 금

3/ 1	2,000,000	3/ 4	50,000
3/14	150,000	3/10	1,200,000
		3/20	50,000
		3/28	45,000

외상매출금

3/24	180,000		

상 품

3/ 4	50,000	3/24	90,000
3/18	80,000		

비 품

3/10	1,200,000		

외상매입금

		3/18	80,000

단기차입금

		3/14	150,000

자본금

		3/ 1	2,000,000

임차료

3/20	50,000		

급 여

3/28	45,000		

상품매출이익

		3/24	90,000

제 4 절 회계상 전표와 장부

1. 전표

(1) 전표의 의의 및 종류

전표는 거래가 발생할 때마다 그 내용을 발생부서에서 기록하고, 후일 기장상의 증거자료로써 보존하는 일정형식을 말한다.

전표는 분개장의 내용뿐만 아니라 총계정원장 또는 보조부를 대신할 수 있다. 회계실무에서는 분개장을 거의 사용하지 않고 전표로써 분개를 행함과 동시에 또한 그 전표를 개정과목별로 분류, 정리하여 편성한 집계표로 원장 대신 이용하기도 한다.

전표의 종류에는 ① 입금전표, ② 출금전표, ③ 대체전표 등이 있다. 이들 전표는 기업의 종류, 성질에 따라 사용하는 전표가 다르다. 그러나 일반적으로 입금전표, 출금전표, 대체전표가 가장 많이 이용된다.

이들의 전표는 분개의 법칙에 따라 작성되며, 거래가 발생한 부서에서 전표를 작성하고, 관련 부서의 보조부에 기입이 완료된 전표는 최종적으로 회계과로 돌아온다. 회계과는 1일분의 전표를 집계하여 일계표 또는 전표집계표를 작성하게 된다. 이와 같이 전표를 이용하는 경우의 장부조직을 표시하면 다음과 같다.

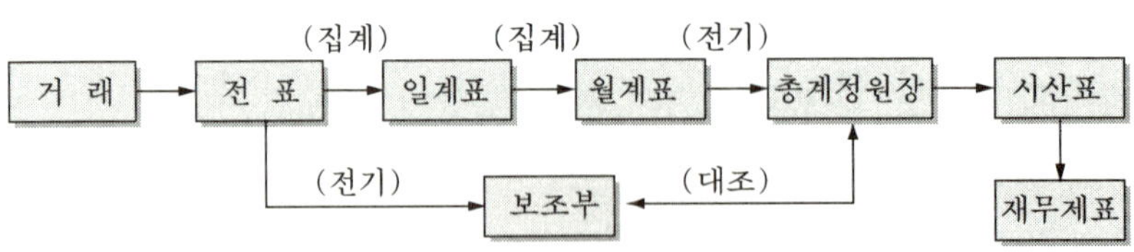

기업의 규모가 확대되고, 입금·출금거래가 빈번하게 발생하는 경우에는 수납계에서는 입금전표를, 출납계에서는 출금전표를 기입하는 전표회계의 분업화가 필요하게 된다.

모든 거래는 현금의 수입과 지출이 있느냐 없느냐에 따라 현금거래와 대체거래로 구분하고, 현금거래는 다시 현금을 수입하는 입금거래와 현금을 지출하는 출금거래로 구분한다. 이 때 입금거래는 입금전표(credit slip)를, 출금거래는 출금전표(debit slip)에 기입하고, 대체거래는 대체전표(cross slip)에 기입한다.

그리고 전표의 취급 및 기장상의 오류를 방지하기 위하여 일반적으로 입금전표는 적색, 출금전표는 청색, 대체전표는 흑색으로 인쇄하여 사용한다.

(2) 입금전표

현금으로 입금한 거래에 대하여 작성하는 전표로, 차변의 계정과목은 항상 현금으로, 입금전표에서는 현금계정의 기입은 생략된다. 따라서 과목란에는 입금의 원인을 표시하는 상대계정과목인 대변계정과목을 기입하고, 거래처란에는 거래 상대편의 상점이름을, 적요란에는 거래의 내용을 간단히 기입한다. 그러나 입금사유를 증빙하는 서류들이 입금전표에 첨부될 때에는 적요란의 기입을 생략할 수 있다.

[예제 3-9] 다음 거래를 분개하여 입금전표를 작성하시오.

6월 1일 여주(주)에 대한 외상매출금 중 ₩300,000을 국민은행 자기앞수표로 받다.

[풀이]

(차) 현 금 300,000 (대) 외상매출금 300,000

No. 11 입금전표

200×년 6월 1일	부장		과장		계	

과목	외상매출금	거래처	여주(주)
적요			금액
외상매출금 회수수표 #013			₩ 3 0 0 0 0 0
합계			₩ 3 0 0 0 0 0

(3) 출금전표

현금으로 지급한 거래에 대하여 작성하는 전표로, 대변의 계정과목은 항상 현금으로, 출금전표에서는 현금계정의 기입은 생략된다. 따라서 과목란에는 출금의 원인을 표시하는 상대계정과목인 차변 계정과목을 기입하고, 거래처란에는 거래 상대편의 상점이름을, 적요란에는 거래의 내용을 간단히 기입한다. 그러나 출금사유를 증빙하는 서류들이 출금전표에 첨부될 때에는 적요란의 기입을 생략할 수 있다.

[예제 3-10] 다음의 거래를 분개하고 출금전표를 작성하시오.

5월 1일 우리은행에 현금 ₩1,000,000을 당좌예금하다.

[풀이]

(차) 당 좌 예 금 1,000,000 (대) 현 금 1,000,000

No. 35 출금전표

200×년 6월 1일

부장		과장		계	

과목	당좌예금	거래처	우리은행								
적요			금액								
현금예입					₩	1	0	0	0	0	0	0
합계					₩	1	0	0	0	0	0	0

(4) 대체전표

입금거래와 출금거래 이외의 대체거래를 기입하는 전표로서, 과목란과 금액란의 기입은 분개와 같이 기입하며, 적요란에는 거래의 내용을 간단히 기입한다.

[예제 3-11] 다음 거래를 분개하고 대체전표에 기입하시오.

6월 1일 여주상사에 A상품 100개 @₩6,000 ₩600,000을 외상으로 매출하다.

[풀이]

(차) 외상매출금 600,000 (대) 상품(또는 매출) 600,000

No.42 대체전표

200×년 6월 1일

부장		과장		계	

계정과목	차변								계정과목	대변							
외상매출금		₩	6	0	0	0	0	0	상품(또는 매출)		₩	6	0	0	0	0	0
합 계		₩	6	0	0	0	0	0	합 계		₩	6	0	0	0	0	0
적요	여주상사에 갑상품 100개 @6,000을 외상매출																

대체거래에 대한 분개에서 2 이상의 계정과목이 차변 또는 대변에 발생하는 경우에는 한 장의 전표에서 기입하는 1거래 1전표제로 처리하기도 하나, 거래를 대·차 모두 1계정과목만 기입하여 처리하는 것이 보다 편리하다.

[예제 3-12] 다음의 거래를 분개하고 대체전표에 기입하라.

6월 1일 여주상사에 을상품 200개 @4,000 ₩800,000을 매출하고, 대금 중 반액은 여주상사 발행의 약속어음(#012)으로 받고, 잔액은 외상으로 하다.

[풀이]

(차) 받 을 어 음	400,000	(대) 상품(또는 매출)	800,000
외상매출금	400,000		

No.43 대체전표

200×년 6월 1일

부장		과장		계	

계정과목	차변								계정과목	대변							
받을어음		₩	4	0	0	0	0	0	상품(또는 매출)		₩	8	0	0	0	0	0
외상매출금		₩	4	0	0	0	0	0									
합 계		₩	8	0	0	0	0	0	합 계		₩	8	0	0	0	0	0
적요	여주상사에 A상품 200개 @₩4,000 매출, 반액은 약어(#011), 잔액외상																

(5) 전표집계 및 전기

회계실무에서는 거래의 발생유형별로 전표를 작성하여 번호 또는 날짜순으로 철하게 되는데, 이것은 분개장의 역할을 하게 되는 것이다. 거래마다 관련된 증빙서류는 전표후면이나 또는 별지에 부착하여 편철함으로써, 후일 장부검사나 회계감사 등에 대비하게 된다.

전표는 매일 또는 1주일 간격으로 계정과목별로 전표금액을 집계하게 된다. 이 집계표는 일계표 또는 전표집계표라고 한다.

거래의 발생을 작성한 전표는 ① 전표집계표를 작성하는 방법, ② 전표집계표와 일계표를 작성하는 방법이 있다.

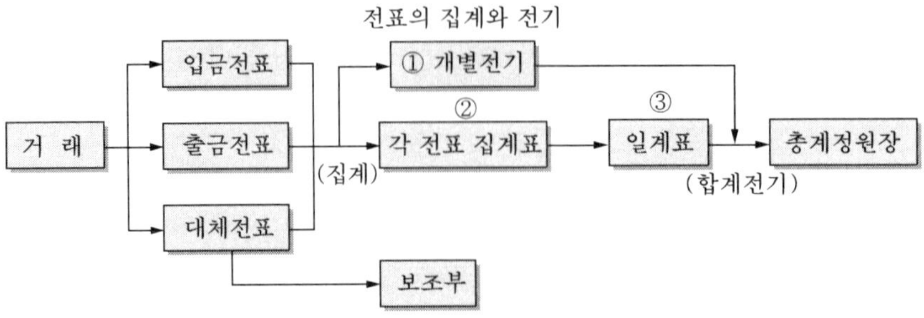

1) 일계표작성

전표의 매수가 적은 경우에는 전표에서 직접 총계정원장에 개별전기가 가능하다. 그러나 전표의 매수가 많은 경우에는 개별전기는 번잡할 뿐만 아니라 오류가 발생할 우려가 있다. 따라서 전표를 계정과목별, 대・차변별로 분류・집계하여 철한 전표 앞면에 전표집계표나 일계표를 작성하여 나타낸다.

전표집계표(일계표)를 작성하는 절차는 다음과 같다.

① 입금전표의 금액을 집계한 합계액을 일계표의 현금계정 차변에 기입한다.

② 출금전표의 금액을 집계한 합계액을 일계표의 현금계정 대변에 기입한다.

③ 대체전표의 차변전표와 출금전표 중 같은 계정과목별로 금액을 집계하여 일계표의 해당 계정차변에 기입한다.

④ 대체전표의 대변전표와 입금전표 중 같은 계정과목별로 금액을 집계하여 일계표의 해당 계정의 대변에 기입한다.

⑤ 일계표는 대차평균의 원리에 의하여 대차 금액이 일치한다.

일계표를 나타내면 다음과 같다.

일 계 표

200×년 6월 1일

차변	원면	계정과목	원면	대변
500,000	1	현 금	1	1,260,000
1,000,000	2	당 좌 예 금		
1,700,000	3	외 상 매 출 금	3	300,000
400,000	4	받 을 어 음		
1,260,000	5	상 품	5	2,300,000
		외 상 매 입 금	21	1,000,000
4,860,000				4,860,000

2) 전표집계표작성

기업의 거래량이 많고, 전표의 매수도 많은 경우에는 일계표에서 계정과목별로 집계하는 데는 한계가 있다. 따라서 각 전표는 대·차별, 계정과목별로 분류하여 전표집계표를 작성하게 된다.

① 입금전표의 집계

입금전표에 기입된 계정과목을 계정과목별로 분류·집계하여 전표집계표에 그 매수와 금액을 기입한다.

입금전표집계표

200×년 6월 1일

계 정 과 목	매수	원면	금액
외 상 매 출 금	1	4	300,000
상 품	1	31	200,000
합 계	2	1	500,000
전표번호 No.			

② 출금전표의 집계

출금전표에 기입된 계정과목을 계정과목별로 분류·집계하여, 차변 대체전표집계표와 대변 대체전표집계를 작성한다.

출금전표집계표

200×년 6월 1일

계 정 과 목	매수	원면	금액
당 좌 예 금	1	2	1,000,000
상 품	1	5	260,000
합 계	2	1	1,260,000
전표번호 No.			

③ 대체전표의 집계

대체전표는 대·차 계정과목별로 분류·집계하여, 차변대체전표집계표와 대변대체전표집계를 작성한다.

대체전표집계표

200×년 6월 1일 대변

계 정 과 목	매수	원면	금액
외 상 매 출 금	3	3	1,700,000
받 음 어 음	1	4	400,000
상 품	1	41	1,000,000
합 계	5		3,100,000
전표번호 No.			

대체전표집계표

200×년 6월 1일 대변

계 정 과 목	매수	원면	금액
외 상 매 입 금	1	21	1,000,000
상 품	4	31	2,100,000
합 계	5		3,100,000
전표번호 No.			

2. 장부

(1) 장부의 의의

기업의 여러 이해관계자들에게 재무상태와 경영성과에 대한 정보를 제공하기 위하여 기업은 영업활동과정에서 발생하는 거래를 조직적이고 계속적으로 기록·계산·정리할 필요가 있다. 이 경우에 기록·계산·정리하기 위한 수단으로서의 책자를 장부(books)라고 한다.

장부는 펀치카드시스템에서는 펀치카드가 되고, 컴퓨터시스템에서는 마그네틱디스크, 디스켓이 장부에 해당된다. 또한 장부는 회계내용이 기록·보고되는 장부이며, 일반적으로 재무제표의 작성에 관련된 모든 문서 및 보고서를 의미한다.

어떠한 장부를 설정할 것인지는 기업의 업종이나 규모에 따라 다소의 차이가 있을 수 있으

나. 회계업무를 원활하게 수행하기 위해서는 장부 상호간에 유기적인 관계를 갖도록 설정할 필요가 있다.

(2) 장부조직

회계상의 거래가 발생되면 분개를 통하여 우선 분개장(jpurnal)에 기입하게 되는데, 기업실무에서는 일반적으로 분개장의 역할을 전표(slip)가 대신하고 있으며, 그 본질적인 내용에 있어서는 분개장이나 전표나 동일하다.

분개장이나 전표에 거래가 기록된다고 해서 장부조직이 완성된 것이 아니며, 각 계정과목에 대한 정보를 입수하기 위하여 거래의 기록을 일정한 원칙에 의하여 각 계정별로 집계하여 두는 것이 필요한데 이러한 기능을 수행하는 것이 총계정원장(general ledger)이다.

총계정원장에는 해당 기업에서 사용하는 모든 계정들이 포함되어 있으며, 분개장에 기입된 거래내용들이 전기(posting)라는 절차를 통하여 이곳으로 옮겨져 기록된다.

그리고 특정 계정의 명세를 기입하기 위하여 보조원장(subsidiary ledger)이 필요하다.

또한 발생된 거래를 유형별로 기입함으로써 각 거래별 명세를 파악할 필요가 있는데, 이와 같이 보조원장과는 달리 특정 유형의 거래만을 기입하는 장부가 바로 보조기입장(subsidiary journal)이다.

이상에서 설명한 장부 중에서 분개장과 총계정원장은 기업이 필수적으로 갖추어야 할 장부이기 때문에 주요부(main books)라고 하며, 보조원장과 보조기입장은 주요부의 기능을 보충하기 위한 목적에서 사용되기 때문에 보조부(subsidiary books)라고 한다.

회계순환과정에 의한 각 장부의 관계를 표시하면 다음과 같다.

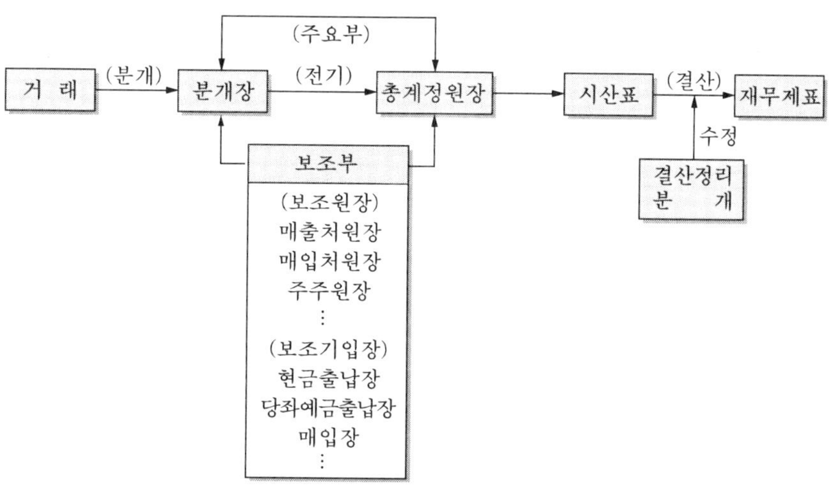

(3) 장부의 종류

1) 주요부

회계업무를 수행하기 위해 사용되는 장부는 회계적 기능에 따라 주요부와 보조부로 나누어진다. 주요부는 장부의 기본이 되는 것으로서 분개장과 총계정원장으로 구성된다.
분개장은 거래를 처음 기록하는 장부로서 원시기록이 된다는 점에서 중요하고, 총계정원장은 분개장에 기록된 거래를 계정과목별로 기록함으로써, 재무상태표 및 손익계산서 등의 재무제표를 작성하는 기초자료가 된다는 점에서 중요하다.

(가) 분개장

분개장은 거래를 발생순서에 따라 분개형식으로 기록하는 장부로서, 총계정원장과 함께 장부 중에서 주요부를 구성하는 장부이다. 거래가 발생하면 각 계정에 전기하기 위한 준비단계로서 분개를 하게 되는데, 분개한 내용을 간단히 거래의 요약과 함께 기록하는 장부가 바로 분개장이다.

분개장에는 모든 거래가 발생한 날짜순서로 기입되므로, 언제든지 특정한 날짜에 있어서의 영업활동의 전체내용을 파악할 수 있다.

분개장의 기능을 요약하면 다음과 같다.

① 각 거래를 발생한 순서대로 기록한다.

② 각 거래의 모든 경제적 효과를 한눈에 볼 수 있게 한다.

③ 거래의 기입에서 발생한 오류의 추적 및 검증자료가 된다.

④ 거래를 재분류·분석하는 데 있어서 기초자료가 된다.

분개장의 양식은 병립식과 분할식의 두 가지가 있는데 실무에서는 병립식이 많이 이용된다.

분개장

(병립식)

일자	적요	원면	차변	대변

분개장

(분할식)

차변	원면	적요	원면	대변

분개장의 기입방법은 다음과 같다.

① 일자란 - 거래가 발생한 일자를 기입한다.

② 적요란 - 분개한 계정과목은 ( )로 묶어서 기입한다. 차변에 기입하는 계정과목은 왼쪽에, 대변에 기입하는 계정과목은 다음 줄의 오른쪽에 기입한다. 차변 또는 대변에 계정과목이 둘 이상 있을 경우에는 맨 위에 '제좌'라고 기입한다. 그리고 계정과목을 기입한 다음 줄에 거래의 내용을 간단히 적어서 일기장을 겸하도록 한다.

③ 원면란 - 분개를 전기한 총계정원장의 쪽수(page) 또는 계정계좌의 번호를 기입한다.

④ 금액란 - 차변과 대변의 금액을 각각 해당 금액란에 기입한다.

⑤ 거래의 구분 - 한 거래의 분개기록이 끝나면, 적요란에서 붉은색 필기도구로 줄을 그어서 거래의 단위가 구분되도록 한 다음에 다음 거래의 분개기록을 한다. 그리고 한 거래의 분개기록을 두 면에 걸쳐서 기입해서는 안 된다.

⑥ 쪽의 이월 - 각 쪽(page) 마지막 줄의 금액란의 위쪽에 붉은색 필기도구로 한 줄을 긋고, 그 바로 밑에 차변과 대변의 합계금액을 각각 기입한다. 또한 적요란에는 '차면이월' 또는 '다음 쪽에'라고 기입한다. 그리고 다음 쪽의 첫째 줄의 적요란에는 '전면이월' 또는 '앞쪽에서'라고 기입하고, 금액란에는 앞쪽의 차변합계액과 대변합계액을 그대로 옮겨 적는다.

⑦ 장부마감 - 일정기간에 발생한 거래의 분개기록이 모두 끝났을 때에는 차변과 대변의 금액란에 합계액을 기입하고, 붉은색 필기도구로 해당 난의 위쪽에는 한 줄을 긋고, 아래쪽에는 두 줄을 긋는다.

(나) 총계정원장

분개장에 분개기입이 끝나면 자산, 부채, 자본 및 수익, 비용에 속하는 각 해당계정에 전기하여야 하는데, 이들 계정이 설정되어 있는 장부를 총계정원장(general ledger) 또는 원장(ledger)이라고 한다.

총계정원장에는 거래를 기록하는 데 필요한 모든 계정이 포함되어 있기 때문에 총계정원장을 보게 되면 각 계정의 증감변동 및 잔액을 파악할 수 있고, 또한 자산, 부채 및 자본계정의 잔액을 집계하면 재무상태표를 작성할 수 있으며, 수익 및 비용계정의 잔액을 집계하면 손익계산서를 작성할 수 있다.

총계정원장은 장부 중에서도 가장 중요한 장부이며, 다른 장부는 총계정원장을 위하여 도움을 주고 보충해 주는 보조장부라고 할 수 있다.

총계정원장은 표준식 총계정원장과 잔액식 총계정원장의 두 가지가 있다.

총계정원장

(표준식) ○○계정

일자		적요	분면	금액	일자		적요	분면	금액

총계정원장

(잔액식) ○○계정

일자		적요	분면	차변	대변	차 또는 대	잔액

1) 표준식 총계정원장의 기입방법

① 일자란 - 분개장의 일자란과 같은 요령으로 기입한다.

② 적요란 - 분개장에 분개한 것의 상대계정과목을 기입한다. 상대계정과목이 둘 이상이면 '제좌'라고 기입한다.

③ 분면란 - 당해 계정이 분개된 분개장의 쪽수(page)를 기입하여 기입누락 또는 이중전기 등의 오류조사에 활용한다.

④ 금액란 - 왼쪽의 금액란에는 차변금액을 기입하고, 오른쪽의 금액란에는 대변금액을 기입한다.

2) 잔액식 총계정원장의 기입방법

잔액식 총계정원장의 기입방법은 표준식의 경우와 거의 같지만, 하나의 전기가 끝나면 그때마다 잔액을 계산하여 잔액란에 기입하고, '차 또는 대'란에 차변금액이 대변금액보다 많을 경우(차변잔액)에는 '차'라고 기입하며, 대변금액이 차변금액보다 많은 경우(대변잔액)에는 '대'라고 기입한다.

한편 총계정원장에 기입시 주의할 사항을 나열하면 다음과 같다.

① 글자와 숫자의 크기는 줄과 줄 사이의 간격의 2분의 1 또는 3분의 1 정도로 하고, 아래줄

에 닿도록 기입한다.

② 줄에 여백이 생긴 경우에는 적요란에 다른 부정기입을 하지 못하게 빗금을 긋는다. 금액란에는 빗금을 쳐서는 안 된다.

③ 글자를 잘못 적었을 때에는 틀린 글자만을 정정해도 좋으나, 숫자를 잘못 적었을 때에는 그 숫자 전체를 정정한다. 잘못 적은 글자나 숫자를 정정할 경우에는 붉은색으로 두 줄을 긋고, 그 위에 바른 글자 또는 숫자를 기입하고 정정한 사람의 도장을 찍는다. 약품을 칠하거나 칼로 긁어 지워서는 아니된다.

④ 기입을 간단하게 하기 위하여 다음과 같은 기호를 사용한다.

₩ - 원, @ - 단가, # - (제X호)

" - 위와 같음, ∨ - 대조필(check mark), 전기필

a/c - 계정

2) 보조부

보조부(subsidiary books)는 주요부의 기록에 대하여 보다 상세한 내용의 기록과 각 계정의 기록내용을 상호 견제할 목적으로 기록·유지되는 보조적인 장부이다.

보조부는 경영관리상 각종의 분석적·통계적·참고적인 자료를 제공하는 장부로서 점차 중요시되고 있다. 보조부는 일반적으로 보조기입장과 보조원장으로 나눌 수 있다.

(가) 보조기입장

보조기입장(subsidiary register, subsidiary journal)은 특정한 거래의 명세를 알고자 할 경우에 설정되는 보조부이다. 거래의 발생건수는 많으나 그 유형이 많지 않을 경우에 거래를 유형별로 기입하는 장부를 준비해 두면 편리할 것이다. 이와 같이 각 계정과목을 기준으로 하나의 유형의 거래만을 기입하는 장부가 보조기입장이다.

보조기입장에 속하는 것으로는 외상매출거래만을 기입하는 매출장(sales books), 외상매입거래만을 기입하는 매입장(purchase books), 현금의 입금거래만을 기입하는 현금수입장(cash receipt books) 및 현금의 출금거래만을 기입하는 현금지출장(cash disbursement books) 등이 있다.

보조기입장은 분개장의 기능을 부분적으로 대체한다. 즉 보조기입장에 기입되는 거래는 분개장에 별도로 기입하지 않고 바로 보조원장과 총계정원장으로 전기할 수도 있다.

(나) 보조원장

보조원장(subsidiary ledger)은 총계정원장에 있는 특정한 계정의 명세를 기록하기 위한 보조부이다. 일정시점에 있어서 수많은 거래처들 중 특정한 거래처에 대하여 매출채권 또는 매입

채무의 잔액이 얼마인지를 알아야 할 필요가 있다. 이를 위해서는 거래의 기록을 각 계정뿐만 아니라 각 거래처별로 집계하여야 한다. 이러한 기능을 수행하는 것이 바로 보조원장이다.

보조원장은 거래가 빈번한 거래처들에 대해서만 설정하는 것이 합리적인데, 예를 들면 매출채권(외상매출금)계정에 대한 매출처별 명세를 기록하는 매출처원장과 매입채무(외상매입금)계정에 대한 매입처별 내역을 기록하는 매입처원장이 이에 해당된다.

그런데 매출처원장과 매입처원장에 설정되는 각 계정은 거래처의 이름(상호) 등을 기준으로 설정되는데, 이와 같이 상대 거래처의 상황을 계정으로 설정함으로써 상대거래처와의 채권 · 채무를 명백히 하는 데 사용되는 계정을 인명계정(personal account)이라고 한다.

보조원장은 총계정원장의 기능을 보조하는 것이므로 이를 통제계정(control account)이라고 한다.

[예제 3-13] 다음은 여주(주)의 7월중의 거래이다. 이들 거래를 분개장에 기입하고, 총계정원장의 각 계정에 전기하시오.

7월 1일 현금 1,500,000원을 출자하여 영업을 개시하다.

5일 상품 300,000원을 매입하고, 대금 중 225,000원은 현금으로 지급하고, 잔액은 외상으로 하다.

12일 을지은행에 현금 750,000원을 예입하다.

28일 급여 75,000원을 현금으로 지급하다.

30일 이자 7,500원을 현금으로 받다.

[풀이]

(병립식) 분개장 (1)

일자		적요	원면	차변	대변
7	1	(현금) (자본금) 현금출자하여 개업	1 5	1,500,000	 1,500,000
	5	(상품) 제좌 (현금) (외상매입금) 상품매입하고, 대금 중 일부는 현금지급, 잔액은 외상	3 1	300,000	 225,000 75,000
	12	(예금) (현금) 을지 은행에 예입	2 1	750,000	 750,000
	28	(급여) (현금) 종업원에게 급여지급	6 1	75,000	 75,000
	30	(현금) (이자수익) 이자를 현금으로 받다.	1 7	7,500	7,500
				2,632,500	2,632,500

총계정원장

현 금 (1)

일자		적요	분면	금액	일자		적요	분면	금액
7	1	자 본 금	1	1,500,000	7	5	상 품	1	225,000
	30	이자수익	1	7,500		12	은행예금	1	750,000
						28	급 여	1	75,000

예 금 (2)

일자		적요	분면	금액	일자		적요	분면	금액
7	12	현금	1	750,000					

상 품 (3)

일자		적요	분면	금액	일자		적요	분면	금액
7	5	제좌	1	300,000					

매입채무(외상매입금) (4)

일자		적요	분면	금액	일자		적요	분면	금액
					7	5	상품	1	75,000

자 본 금 (5)

일자		적요	분면	금액	일자		적요	분면	금액
					7	1	현금	1	1,500,000

급 여 (6)

일자		적요	분면	금액	일자		적요	분면	금액
7	28	현금	1	75,000					

이자수익 (7)

일자		적요	분면	금액	일자		적요	분면	금액
					7	30	현금	1	7,500

제5절 결 산

1. 결산의 의의와 절차

기업이 회계연도 말에 일정기간 동안에 발생한 거래를 총정리하여 비용과 수익을 비교·계산하여 경영성과나 일정시점의 재무상태를 파악하는 것을 결산(closing)이라고 한다. 이와 같이 결산을 하는 목적은 현금 입·출금 중심의 회계처리인 현금주의회계를 당기의 경제적효익에 따른 회계처리인 발생주의회계로 거래의 인식 및 측정을 조정하는 것이다. 결산은 그것을 행하는 시점과 목적에 따라 기말결산과 중간결산으로 구분하는데, 기말결산은 회계연도말에 하는 결산을 의미하며, 중간결산은 경영관리나 특정 목적을 위하여 회계연도 중간에 하는 결산이다.

우리나라 상법은 매년 1회 이상 일정한 시기에 정기적으로 결산할 것을 요구하고 있으므로 최소한 1년에 1회 이상 결산을 하여야 하며, 이를 회계연도 또는 회계기간(accounting period)이라고 한다.

결산절차(closing procedures)에는 예비절차, 본절차, 결산보고서를 작성하는 3단계가 있다.

(1) 결산의 예비절차

1) 수정전 시산표 작성
2) 보조부와 계정잔액의 대조
3) 회계기말재고조사표 작성
4) 원장 각 계정에 결산조정분개와 전기
5) 정산표(=수정후 시산표) 작성

(2) 결산의 본절차

1) 손익계정(집합계정)의 설정
2) 수익·비용에 속하는 모든 계정의 잔액을 손익계정에 대체
3) 손익계정에서 순손익을 계산하여 자본금계정(주식회사인 경우는 미처분이익잉여금계정)에 대체
4) 자산·부채·자본에 속하는 계정 마감
5) 분개장 및 기타 장부마감

(3) 결산보고서의 작성

1) 손익계산서의 작성
2) 이익잉여금처분계산서의 작성(또는 결손금처리계산서 작성)
3) 재무상태표의 작성
4) 현금흐름표의 작성
5) 부속명세서의 작성

위 결산절차를 그림으로 나타내면, 〈그림 3-2〉와 같다.

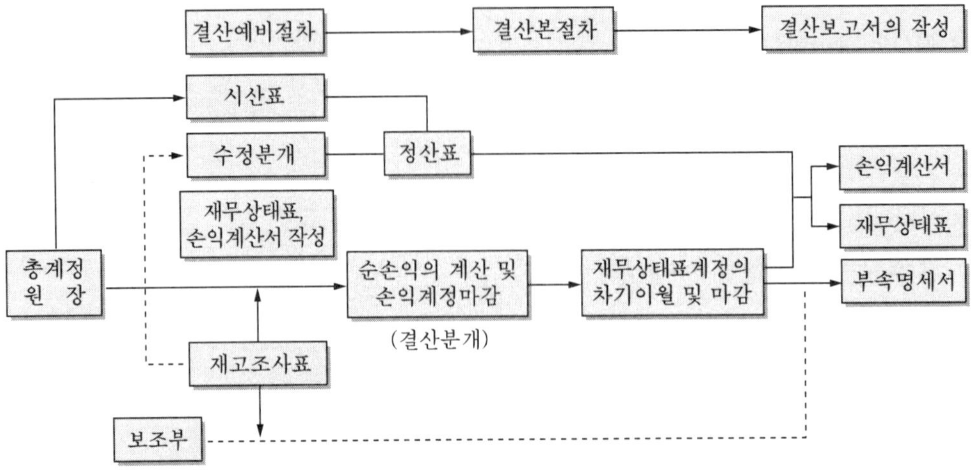

〈그림 3-2〉 결산절차

2. 결산의 예비절차

결산의 예비절차는 수정전 시산표의 작성, 재고조사표의 작성, 정산표(=수정후 시산표)의 작성 등을 의미한다.

(1) 시산표의 작성

1) 시산표의 의의

거래의 이중성과 대차평균의 원리에 의하여 모든 거래의 차변 합계와 대변 합계가 일치한다. 시산표(trial balance : T/B)란 한 회계기간 동안에 기록한 총계정원장의 차변합계액과 대변합계액 또는 잔액을 한곳에 모아 만든 집계표이다. 자산・부채・자본・수익・비용계정을 집계하여 재무상태표와 손익계산서를 작성하는 기초자료가 된다.

시산표는 차변에 자산과 비용을, 대변에 부채・자본・수익을 적어 다음과 같이 차변과 대변을 일치시키고 있다.

기말자산+총비용=기말부채+기초자본+총수익 (차변)　　　　(대변)

⇒ 시산표등식

2) 시산표의 종류

시산표는 작성시기에 따라 수정전시산표와 수정후시산표, 이월시산표로 분류되며, 그 양식에 따라 합계시산표, 잔액시산표, 합계잔액시산표로 나눌 수 있다.

① **합계시산표**(trial balance of totals)

각 계정의 차변금액의 합계와 대변금액의 합계를 산출하여 작성하는 것으로, 반드시 차변과 대변의 합계가 일치해야 하며, 위 금액이 일치하지 않으면 전기(posting)를 잘못하였다든지 계산의 착오가 있었다든지 하는 회계상의 오류가 있는 것이다. 또한 합계시산표의 합계금액은 회계기간 중의 거래총액이 되므로, 분개장의 합계총액과 반드시 일치해야 한다.

② **잔액시산표**(trial balance of balances)

각 계정의 차변합계와 대변합계와의 차액을 산출하여 작성하는 표로, 차변과 대변의 합계도 일치하여야 한다.

잔액시산표는 자산・부채・자본・수익・비용 등 각 계정의 잔액을 나타낸 것이므로, 원장전기의 정확 여부를 확인할 뿐만 아니라 기업의 재무상태와 경영성과를 개괄적으로 파악할 수 있는 장점이 있다.

③ **합계잔액시산표**(trial balance of total and balances)

합계시산표와 잔액시산표를 합한 시산표이며, 양자의 장점을 모두 지니고 있다.

〈표 3-1〉 시산표의 양식

합계시산표

차변	원면	계정과목	대변

잔액시산표

차변	원면	계정과목	대변

합계잔액시산표

차변		원면	계정과목	대변	
잔액	합계			합계	잔액

한편 시산표의 차변 합계액과 대변 합계액이 일치하지 않을 때에는 계산이나 기록 중 어딘가에 이상이 있으므로, 다음 순서에 의해 오류를 발견하여 수정한다.

① 시산표의 차변과 대변의 합계액을 검산한다.

② 원장의 각 계정 합계액이 시산표에 바르게 옮겨졌는지를 확인한다.

③ 원장 각 계정의 합계액 또는 잔액을 검산한다.

④ 분개장으로부터 원장에 이르기까지 전기가 정확히 이루어졌는지를 확인한다.

⑤ 분개장 기입에 오류가 있는지를 살펴본다.

이러한 절차 이외에 시산표상에서 발견할 수 없는 오류에는

① 거래 전체의 분개가 누락되거나 전기가 탈락된 경우

② 이중 분개나 대차 양쪽에 이중 전기의 경우

③ 어떤 거래에 대하여 잘못된 계정과목이나 금액으로 분개한 경우

④ 대차 양쪽에 틀린 금액을 동일하게 분개 또는 전기한 경우

⑤ 오류가 우연하게 상계된 경우 등이다.

이러한 회계오류는 시산표에 의해 발견이 불가능하기 때문에, 각 계정에 대한 재고조사를 하여 재고조사표를 작성하고, 이를 계정잔액과 대조함으로써 발견할 수 있다. 따라서 이러한 오류의 확인과 정정에는 많은 시간과 노력을 소모하기 때문에 거래를 분개하거나 기록할 때 특별한 주의를 해야 한다. 또한 전산회계시스템을 이용할 경우에는 회계자료를 입력할 때 관련 코드와 금액을 정확히 입력하였는가를 항상 체크할 수 있는 프로그램이 확보되어야 한다.

[예제 3-14] 다음 자료를 이용하여 여주상회의 합계시산표, 잔액시산표, 합계잔액시산표를 작성하시오.

〈자료〉

현금 및 현금성 자산 (1)	
52,000	30,000
64,000	

매출채권 (2)	
130,000	140,000
70,000	

상품 (3)	
180,000	120,000
170,000	90,000

비 품 (4)	
6,000	

매입채무 (5)	
30,000	84,000
	52,000

차입금 (6)	
60,000	150,000

자 본 금 (7)	
	93,000

임 대 료 (8)	
	32,000

이자수익 (9)	
	22,000

광고선전비 (10)	
36,000	

임차료 (11)	
14,000	

급 여 (12)	
1,000	

[풀이]

(1) 합계시산표

합 계 시 산 표

여주상회

차 변	원면	계 정 과 목	대 변
116,000	1	현금 및 현금성자산	30,0000
200,000	2	매 출 채 권	140,000
350,000	3	상 품	210,000
6,000	4	비 품	
30,000	5	매 입 채 무	136,000
60,000	6	차 입 금	150,000
	7	자 본 금	93,000
	8	임 대 료	32,000
	9	이 자 수 익	22,000
36,000	10	광 고 선 전 비	
14,000	11	임 차 료	
1,000	12	급 여	
813,000			813,000

(2) 잔액시산표

잔 액 시 산 표

여주상회

차 변	원면	계 정 과 목	대 변
86,000	1	현금 및 현금성자산	
60,000	2	매 출 채 권	
140,000	3	상 품	
6,000	4	비 품	
	5	매 입 채 무	106,000
	6	차 입 금	90,000
	7	자 본 금	93,000
	8	임 대 료	32,000
	9	이 자 수 익	22,000
36,000	10	광 고 선 전 비	
14,000	11	임 차 료	
1,000	12	급 여	
343,000			343,000

(3) 합계잔액시산표

합 계 잔 액 시 산 표

여주상회

차 변		원면	계 정 과 목	대 변	
잔 액	합 계			합 계	잔 액
86,000	116,000	1	현금 및 현금성자산	30,000	
60,000	200,000	2	매 출 채 권	140,000	
140,000	350,000	3	상 품	210,000	
6,000	6,000	4	비 품		
	30,000	5	매 입 채 무	136,000	106,000
	60,000	6	차 입 금	150,000	90,000
		7	자 본 금	93,000	93,000
		8	임 대 료	32,000	32,000
		9	이 자 수 익	22,000	22,000
36,000	36,000	10	광 고 선 전 비		
14,000	14,000	11	임 차 료		
1,000	1,000	12	급 여		
343,000	813,000			813,000	343,000

(2) 재고조사표의 작성과 수정기입

1) 재고조사표의 작성

시산표에 의해 각 계정의 기입이 정확하다고 하더라도 그 계정의 잔액 중에서 실제로 남아있는 현재액과 일치하지 않는 것이 있으므로, 자산·부채의 기간배분 및 공정가치(시가)를 조사하고 또 기간중의 수익·비용의 경제적 효익에 따른 기간손익을 조사하여 장부가액을 실제가액에 일치시키기 위하여 조사하는 것을 재고조사라 하며, 그 결과를 기재한 표를 재고조사표(inventory sheet)라고 한다.

재고조사표에 기재한 사항과 장부의 기재사항이 다른 경우에는 실제가치로 장부가치를 수정해야 하는데 이를 기말수정 또는 결산정리(closing adjustment)라 한다. 그 내용은 다음과 같다.

결산조정사항의 내용

(1) 기말상품재고액 : 기말상품재고액의 조사, 매출원가의 산정
(2) 대손충당금의 설정 : 매출채권 및 기타의 채권에 대해 회수불능액을 추정하여 대손충당금으로 처리
(3) 자산계정의 평가 : 유가증권의 평가손익계상, 재고자산의 평가손실계상 등
(4) 감가상각 : 유형자산의 가치감소분을 감가상각비로 계상
(5) 무형자산의 상각 : 무형자산의 장부가액으로 기간별로 비용배분
(6) 현금과부족 처리 : 실재액과 장부액의 차이를 처리
(7) 저장품·소모품의 정리 : 사용잔액을 자산으로 처리
(8) 미결산 항목의 정리 : 현금과부족, 가지급금, 가수금 등을 적정과목으로 대체표시
(9) 수익과 비용의 이연 : 선급비용·미수수익의 계상
(10) 수익과 비용의 예상 : 미지급비용·미수수익의 계상
(11) 부채성 충당금(예 : 퇴직급여충당부채)의 설정
(12) 법인세 비용의 처리 : 기간순이익에 대한 법인세비용의 추정
(13) 기타 오류의 발견 및 수정
(14) 외환차손익 및 외화환산차손익의 계상
(15) 이익잉여금처분내역의 반영

[예제 3-15] 여주(주)의 기말정리사항에 의해 재고조사표를 작성하시오.

(1) 갑상품 기말 재고액 2,000개 @₩70

(2) 비품에 대해 취득원가의 5% 감가상각(취득가액 ₩6,000)

(3) 외상매출금 잔액 ₩60,000에 대해 3% 대손예상

[풀이]

재고조사표

계정과목	적 요		금액
상 품	갑상품 2,000개 @₩70		140,000
비 품	취득원가	6,000	
	차감 : 감가상각액(5%)(정액법)	(-)300	5,700
외상매출금	장부가액	60,000	
	차감 : 대손충당금예상액 3%	(-)1,800	58,200
			203,900

2) 결산조정분개

재고조사표상의 각 계정의 실제잔액과 총계정원장상의 각 계정잔액을 대조하여 그 금액이 일치할 경우에는 수정기입(adjusting entry)을 하지 않으나, 일치하지 않을 경우에는 원장상의 금액을 실제액에 일치하도록 수정기입해 주어야 한다.

수정기입을 하기 위한 수정분개와 수정기입이 이루어진 후의 총계정원장상의 기입내용을 [예제 3-15]를 이용하여 표시하면 다음과 같다.

〈수정분개〉

(1) 상품계정은 계정상의 잔액과 실제재고액이 일치하므로 수정기입할 필요가 없음.

(2) (차) 감가상각비 300 (대) 비품감가상각누계액 300

(3) (차) 대손상각비 1,800 (대) 외상매출금-대손충당금 1,800

따라서 추가로 감가상각비와 비품감가상각누계액, 대손상각비, 외상매출금-대손충당금 계좌를 신설하여 기록하면 된다.

감 가 상 각 비

(13)

일자		적 요	분면	차 변	대 변	차·대	잔 액
9	××	비품 : 감가상각누계액		300		차	300

비품-감가상각누계액

(14)

일자		적 요	분면	차 변	대 변	차·대	잔 액
9	××	감가상각비			300	대	300

대 손 상 각 비

(15)

일자		적 요	분면	차 변	대 변	차·대	잔 액
9	××	대손충당금		1,800		차	1,800

외상매출금-대손충당금

(16)

일자		적 요	분면	차 변	대 변	차·대	잔 액
9	××	대손상각비			1,800	대	1,800

[예제 3-16] 아래의 자료를 이용하여 (주)수원의 재고조사표를 작성하시오.

(1) 상품의 기말재고액 : A상품 400개 @₩500

B상품 240개 @₩600

(2) 기계취득원가 ₩1,000,000에 대해 10% 감가상각을 하다.

(3) 단기매매증권 취득원가는 ₩160,000인데 기말의 시가는 ₩170,000이다.

(4) 매출채권 잔액 ₩1,400,000에 대하여 10%의 대손충당금을 설정하다.

(5) 보험료 미지급분 ₩30,000

(6) 이자의 선급분 ₩20,000

(7) 대여금의 미수이자 ₩10,000

(8) 현금과잉분 ₩20,000을 잡이익으로 정리하다. 현재 장부상 현금잔액은 ₩200,000이다.

[풀이]

재 고 조 사 표

(주)수원 200×년 12월 31일

계정과목	적 요		금액
상 품	A상품 400개 @₩500	200,000	
	B상품 240개 @₩600	144,000	344,000
기 계	취득원가	1,000,000	
	10% 감가상각	(-)100,000	900,000
단기매매 증 권	취득원가	160,000	
	평가이익	10,000	170,000
매 출 채 권	장부잔액	1,400,000	
	대손충당금 10% 설정	(-)140,000	1,260,000
미지급보험료	보험료미지급분		30,000
선 급 이 자	이사선급분		20,000
미 수 이 자	대여금 이자미수분		10,000
현금 및 현금등가물	장부잔액	200,000	
	과잉분 잡이익으로 처리	20,000	220,000
			2,954,000

(3) 수정후시산표작성

수정후시산표는 수정전시산표에 기말수정분개에 따른 조정사항을 반영한 시산표로서 작성요령은 수정전시산표 작성요령과 같고, 단지 수정 후의 총계정원장 잔액을 가지고 작성한다.

[예제 3-14]와 [예제 3-15]의 자료를 이용하여 여주(주)의 수정후잔액시산표를 작성하면 다음과 같다.

수정후잔액시산표

여주(주)

차 변	원면	계 정 과 목	대 변
86,000	1	현금및현금성자산	
60,000	2	매출채권	
140,000	3	상품	
6,000	4	비품	
	5	매입채무	106,000
	6	차입금	90,000
	7	자본금	93,000
	8	임대료	32,000
	9	이자수익	22,000
36,000	10	광고선전비	
14,000	11	임차료	
1,000	12	급여	
300	13	감가상각비	
	14	비품-감가상각누계	300
1,800	15	대손상각비	
	16	매출채권-대손충당금	1,800
345,100			345,100

(4) 정산표(=수정후시산표)작성

기말에 실시해야 할 회계절차의 업무는 방대하고 세부적이기 때문에 회계절차상 오류가 발생할 가능성이 높으므로 이러한 불편을 덜기 위하여 수정전시산표의 작성에서부터 재무제표의 작성에 이르는 단계까지를 하나의 표를 사용하여 수행하게 되는데, 이때 사용되는 표를 정산표(working sheet :W/S)라 한다. 즉, 결산 본절차에 앞서 결산에 대한 제반사항을 한눈에 볼 수 있도록 작성한 표로서, 회계실무에서는 이 정산표를 이용하여 결산에 대한 모든 사항을 확정시킨 다음, 장부의 결산 본절차를 시행하는 것이 보통이다.

정산표를 작성하는 목적은 ① 원장결산의 정・오를 검증하기 위함이고, ② 결산의 모든 절차를 마치기 전에 경영성과와 재무상태에 대해 개괄적으로 파악하기 위해 작성한다.

기말자산 + 총비용+당기순이익 = 기말부채+기초자본+당기순이익 + 총수익	⇒ 정산표등식
(재무상태표 차변) (손익계산서 차변) (재무상태표 대변) (손익계산서 대변)	

정산표는 잔액시산표와 재고조사표를 기초로 하여 작성되며, 그 형식에는 6위식, 8위식, 10위식 정산표가 있으며, 일반적으로 매매업은 8위식을, 제조업은 10위식을 사용한다.

6위식 정산표 : 시산표, 손익계산서, 재무상태표

8위식 정산표 : 수정전시산표, 수정기입, 손익계산서, 재무상태표,

10위식 정산표 : 수정전시산표, 수정기입, 수정후잔액시산표, 손익계산서, 재무상태표,

[예제 3-17] 앞의 [예제 3-14], [예제 3-15]에 의해서 작성된 잔액시산표와 수정사항을 이용하여 8위식 정산표를 작성하시오.

[풀이]

정 산 표

계정과목	원면	잔액시산표		수정기입		손익계산서		재무상태표	
		차변	대변	차변	대변	차변	대변	차변	대변
현금및현금성자산	1	86,000						86,000	
매출채권	2	60,000						60,000	
상품	3	140,000						140,000	
비품	4	6,000						6,000	
매입채무	5		106,000						106,000
차입금	6		90,000						90,000
자본금	7		93,000						93,000
임대료	8		32,000				32,000		
이자수익	9		22,000				22,000		
광고선전비	10	36,000				36,000			
임차료	11	14,000				14,000			
급여	12	1,000				1,000			
감가상각비	13			① 300		300			
비품:감가상각누계액	14				① 300				300
대손상각비	15			② 1,800		1,800			
매출채권:대손충당금	16				② 1,800				1,800
당기순이익						900			900
		343,000	343,000	2,100	2,100	54,000	54,000	292,000	292,000

정산표를 작성하게 되면

① 손익계산서와 재무상태표의 작성을 쉽게 하며,

② 장부마감을 하지 않고 작성되는 가결산서로 사용 가능하고,

③ 결산의 절차를 한 지면에 표시함으로써, 정리분개의 내용과 계정 상호간의 연관성 등 결산에 필요한 사항을 쉽게 이해할 수 있다.

3. 결산의 본절차

결산 예비절차가 끝나면 원장을 중심으로 결산 본절차를 행하는데, 총계정원장의 모든 평균을 대차평균시켜 계정을 마감하기 위한 분개를 결산분개(closing entry)라고 한다.

결산의 본절차에서는 총계정원장을 중심으로 손익계정을 설정하고, 수익·비용계정을 집계하여 순손익을 산정한 후 마감한다. 그리고 자산·부채·자본계정의 잔액을 차기 회계연도에 이월함과 동시에 마감한다.

결산분개는 한 회계기간 동안에 발생한 모든 거래의 기록을 종결시키고 장부를 마감함으로써, 그 기간의 손익과 기말의 재무상태를 정확히 계산해 준다.

(1) 손익계산서계정의 마감

1) 수익과 비용계정을 손익계정에 대체 마감

회계기간이 끝나면 그 기간에 발생한 수익과 비용에 의하여 당기순손익을 계산하고, 기말에 수익과 비용에 속하는 각 계정을 집합시키는 계정을 손익계정(profit and loss a/c) 또는 집합손익계정이라고 하는데, 즉 수익에 속하는 계정의 잔액을 당해 계정의 차변에 기입하여 마감함과 동시에 손익계정의 대변에 집합시키고, 비용에 속하는 계정의 잔액을 당해 계정의 대변에 기입함과 동시에 손익계정의 차변에 집합시킨다.

이와 같이 한 계정에서 다른 계정으로 금액을 변동없이 옮기는 절차를 대체(transfer)라고 하며, 이는 분개를 통하여 이루어지므로 대체분개라 한다.

수익계정 :	(차) (수익계정)	×××	(대)	손 익	×××
비용계정 :	(차) 손 익	×××	(대)	(비용계정)	×××

수익과 비용에 속하는 모든 계정을 분개하면, 이들 계정은 대차평균이 되어 마감되며, (집합)손익계정에서는 순손익이 산출된다.

[예제 3-18] 다음 계정을 손익계정에 대체하는 분개를 하고 마감하시오.

소모품비	
60,000	

수수료수익	
	100,000

[풀이]

〈비용 · 수익계정의 집합손익대체분개〉

(차) 손 익 60,000 (대) 소모품비 60,000

(차) 수수료수익 100,000 (대) 손 익 100,000

소모품비			
	60,000	손익	60,000

수수료수익			
손익	100,000		100,000

(집합)손익			
소 모 품 비	60,000	수수료수익	100,000
자본금으로 대체	40,000		

2) 손익계정에서 당기순손익을 계산하여 자본금 계정에 대체

손익계정에서 계산된 수익과 비용의 차액인 당기순손익을 자본금계정에 대체하는데, 순이익의 경우는 자본금계정의 대변에, 순손실의 경우는 차변에 대체한다.

① 순이익의 경우

(차) 손 익 ××× (대) 자본금 ×××

② 순손실의 경우

(차) 자본금 ××× (대) 손 익 ×××

[예제 3-19] 다음 (집합)손익계정의 잔액을 구하여, 자본금계정에 대체하는 분개를 하고, 손익계정을 마감하시오.

(집합)손 익			
광고선전비	100,000	상품매출이익	160,000
임 차 료	20,000		
잡 비	10,000		

자 본 금			
		(기초)자본금	200,000

[풀이]

〈대체분개〉

(차) 손익 30,000 (대) 자본금 30,000

자 본 금

차변		대변	
차기이월	230,000	(기초)자본금	200,000
		손 익	30,000
	230,000		230,000
		전기이월	230,000

(집합)손 익

차변		대변	
광고선전비	100,000	상품매출이익	160,000
임 차 료	20,000		
잡 비	10,000		
자 본 금	30,000		
	160,000		160,000

위의 경우는 개인회사의 예이다. 주식회사는 자본금계정에 법정자본금이 표시되므로, 손익계정의 잔액이 자본금계정에 대체되는 것이 인정되지 않으므로, 미처분이익잉여금(또는 미처리결손금계정)계정으로 대체하여 이월시킨다.

이익의 경우 : (차) 손익 ××× (대) 미처분이익잉여금 ×××

손실의 경우 : (차) 미처리결손금 ××× (대) 손 익 ×××

[예제 3-20] (주) 여주의 수익·비용계정을 이용하여 마감에 필요한 분개와 손익계정에서 당기순손익을 자본금계정에 대체하는 분개를 하시오.

계정	차변	대변
상품매출이익		3,000,000
수수료 수익		240,000
이자수익		260,000
급 여	1,400,000	
임 차 료	900,000	
보 험 료	300,000	
여비교통비	200,000	
자 본 금		6,000,000

[풀이]

자본금

차변		대변	
		(기초)자본금	6,000,000
		손 익	700,000

(집합)손 익

차변		대변	
급 여	1,400,000	상품매출이익	3,000,000
임 차 료	900,000	수수료수익	240,000
보 험 료	300,000	이 자 수 익	260,000
여비교통비	200,000		
자 본 금	700,000		
	3,500,000		3,500,000

〈대체분개〉

① 수 익 :	(차)	상품매출이익	3,000,000	(대)	손 익	3,500,000
		수수료수익	240,000			
		이 자 수 익	260,000			
② 비 용 :	(차)	손 익	2,800,000	(대)	급 여	1,400,000
					임 차 료	900,000
					보 험 료	300,000
					여비교통비	200,000
③ 순이익 :	(차)	손 익	700,000	(대)	자 본 금	700,000

(2) 재무상태표계정의 마감

수정분개에 의하여 원장 각 계정의 정리기입이 끝나고, 수익과 비용 잔액을 손익계정에 대체 기입한 다음 손익계정에서 산출된 순이익(또는 순손실)을 자본금계정에 대체 기입하고, 자산·부채·자본에 속하는 각 계정을 마감하여야 한다. 재무상태표 계정의 마감방법은 영미식 마감법(English closing account method)와 대륙식 마감법(Continental closing account method)이 있으며, 복잡성 때문에 일반적으로 영미식 마감법을 사용한다.

자산·부채·자본계정의 대·차 잔액을 계산하여 그 차액을 금액이 적은 편에 "차(월)기이월"이라 적색으로 기입하고, 대차를 일치시켜 각 계정을 마감하고, 차(월)기이월이라 쓴 반대쪽에 다음 회계연도의 개시일자를 "전(월)기이월"이라고 기입한다. 그리고 차(월)기이월액을 모아 이월시산표를 작성하여 이월기입의 정확성을 검토한다.

[예제 3-21] 다음 재무상태표 각 계정들을 영미식으로 마감하시오. 단, 7월 31일을 마감일자로 하시오.

현금 및 현금성 자산 (1)

차변	대변
7/2 매출 390,000	

매출채권 (2)

차변	대변
7/5 매출 140,000	

차입금 (3)

차변	대변
	7/10 현금및현금성자산 100,000

매입채무 (4)

차변	대변
	7/15 매입 60,000

비 품 (5)

차변	대변
7/7 현금및현금성자산 30,000	

자본금 (6)

차변	대변
	7/1 현금및현금성자산 400,000

[풀이]

자산계정은 대변에, 부채와 자본계정은 차변에 차기이월로 기입한 후 마감한다.

현금및현금성자산 (1)

7/2	매 출	390,000	7/31	차월이월	390,000
		390,000			390,000
8/1	전월이월	390,000			

매출채권 (2)

7/5	매 출	140,000	7/31	차월이월	140,000
		140,000			140,000
8/1	전월이월	140,000			

차 입 금 (3)

7/31	차월이월	100,000	7/10	현금및현금성자산	100,000
		100,000			100,000
			8/1	전월이월	100,000

매입채무 (4)

7/31	차월이월	60,000	7/15	매 입	60,000
		60,000			60,000
			8/1	전월이월	60,000

비 품 (5)

7/7	현금및현금성자산	30,000	7/31	차월이월	30,000
		30,000			30,000
8/1	전월이월	30,000			

자 본 금 (6)

7/31	차월이월	400,000	7/1	현금및현금성자산	400,000
		400,000			400,000
			8/1	전월이월	400,000

(3) 이월시산표의 작성

영미식 마감절차에 의해 자산 · 부채 · 자본에 속하는 각 계정은 각각 대차가 일치되므로 차기로 이월된다.

그러나 모든 계정 마감 후 대차평균의 원리에 따라 올바른 이월을 확인할 수 없으므로, 자산 · 부채 · 자본의 각 계정 잔액을 모아 표를 만들어 대차평균이 되는지를 확인하는 표를 이월시산표(post-closing trial balance)라고 한다. [예제 3-21]의 각 계정을 이용하여 이월시산표를 작성하면 다음과 같다.

이 월 시 산 표

200×년 7월 31일

차 변	원면	계 정 과 목	대 변
390,000	1	현금및현금성자산	
140,000	2	매 출 채 권	
	3	차 입 금	100,000
	4	매 입 채 무	60,000
30,000	5	비 품	
	6	자 본 금	400,000
560,000			560,000

(4) 기타 장부의 마감

1) 분개장의 마감

원장의 각 계정을 마감한 후에 분개장의 마감을 행한다.

① 분개장의 대 · 차 합계액을 일치시킨 후 마감한다.

② 결산에 관한 분개의 대・차 합계액을 일치시킨 후 다시 마감한다.

③ 다음 회계연도 최초의 날짜로 이월시산표 합계액을 차변과 대변에 기입한다.

2) 보조부의 마감

분개장과 원장 이외에 보조부인 현금출납장, 매입장, 매출장, 상품재고장 등을 그 특성에 따라 마감한다. 분개장과 보조부의 마감은 재무상태표장부 각계정의 마감방법과 같다.

4. 재무제표의 작성

분개장과 원장 및 기타 장부의 마감이 끝나면, 기업에 대한 일정기간의 영업결과인 경영성과와 일정시점의 재무상태를 명백히 하기 위하여 손익계산서와 재무상태표를 작성하는데, 이러한 결산보고서를 재무제표(financial statement)라고 한다.

K-GAAP에서의 재무제표는 ① 재무상태표, ② 손익계산서, ③ 이익잉여금처분계산서(또는 결손금처리계산서), ④ 자본변동표, ⑤ 현금흐름표, ⑥ 주석이다.

(1) 재무상태표

재무상태표(statement of financial position)는 일정시점의 재무상태를 표시하기 위하여 작성하는 것으로, 기말의 자산・부채 및 자본이 하나의 표에 나타나 있어 기업의 재무상태를 한눈에 알 수 있다. 재무상태표의 차변에는 자산, 대변에는 부채와 자본을 표시하는데, 이때 차변에 잔액이 생기면 대변에 당기순이익이 발생하며, 반대로 대변에 잔액이 생기면 차변에 당기순손실이 발생한다.

재무상태표

여주(주) 200×년 12월 31일 현재 (단위 : 원)

자 산	금 액	부채 및 자본	금 액
현금 및 현금성자산	2,000,000	차 입 금	1,400,000
매 출 채 권	600,000	매 입 채 무	200,000
상 품	400,000	자 본 금	2,000,000
건 물	1,000,000	당기 순이익	400,000
	4,000,000		4,000,000

(2) 손익계산서

손익계산서(statement of recognized income and expense)는 일정기간에 있어서의 경영성과를 알기 위하여 작성하는 것으로, 한 회계기간 중의 수익 및 비용을 하나의 표에 나타낸 것이다. 이는 손익계산 등식(총수익-총비용=순이익)에 의하여 작성되며, 비용을 차변에, 수익을 대변에 기입하여, 대변에 잔액이 생기면 차변에 순이익이 발생하고, 차변에 잔액이 생기면 대변에 순손실이 발생한다.

손익계산서

여주(주) 200×년 12월 31일 현재 (단위 : 원)

비 용	금 액	수 익	금 액
급여	300,000	상품매출이익	600,000
수도광열비	60,000	이자수익	200,000
광고선전비	200,000	수수료수익	200,000
이자비용	40,000		
당기순이익	400,000		
	1,000,000		1,000,000

(3) 자본변동표

자본변동표(a statement of change in equity)는 한 회계기간 동안 발생한 자본의 변동에 관한 정보를 제공하는 재무보고서로서, 자본을 구성하고 있는 자본금, 자본잉여금, 자본조정, 기타포괄손익누계액 그리고 이익잉여금의 변동에 대한 포괄적인 정보를 제공한다. 자본변동표에는 자본금, 자본잉여금, 자본조정, 기타포괄손익누계액, 이익잉여금의 각 항목별로 기초잔액, 변동사항, 기말잔액을 표시한다.

자본변동표

여주주식회사 200×년 1월 1일~200×년 12월 31일 (단위 : 원)

	자본금	자본잉여금	자본조정	기타포괄손익누계액	이익잉여금	총 계
기초잔액	₩100,000	₩0	₩0	₩0	₩208,000	₩308,000
유상증자	250,000					250,000
당기순이익						
배당금						
⋮						
기말잔액	350,000	0	0	0	210,000	560,000

(4) 현금흐름표

현금흐름표(statement of cash flows)는 회사가 사업연도 중 영업활동을 수행하면서 자금을 어디에서 조달하여 어떻게 사용하였는지를 보여주는 보고서로서, 주주나 투자자 및 채권자 등의 이해관계자들에게 기업의 채무상환능력이나 배당금 지급능력을 평가하는 정보를 제공해 준다. 또한 경영자에게도 투자활동이나 재무활동에 대한 계획 등 여러 가지 경영계획을 수립하기 위하여 현금흐름에 대한 정보를 필요로 하지만, 손익계산서에 나타나는 정보만으로는 미래의 현금흐름을 예측하고 계획을 세우는데 한계가 있기 때문에 현금흐름표는 현금에 대한 중요한 회계정보를 제공하는 자금흐름보고서 이다.

(5) 이익잉여금처분계산서

이익잉여금처분계산서(statement of appropriations of eamings)는 경영활동의 결과 남는 이익을 배당할 계획인지 또는 사내에 유보할 계획인지 등 주주들에게 지급할 배당의 원천인 이익잉여금의 변동내용을 보고하는 보고서이다.

즉, 일정기간에 획득한 처분전이익잉여금은 주주총회의 결의에 따라 일부는 배당금이나 상여금 등으로 사외 유출되고, 또 일부는 적립금으로 사내유보되며 나머지 잔액은 미처분상태로 차기로 이월되는데 이러한 변동내역을 이익잉여금처분계산서에 기록한다.

(6) 주석

주석은 재무제표상의 해당 과목 또는 금액에 기호를 붙이고 난외 별지에 동일한 기호를 표시하여 그 내용을 간결명료하게 기재하는 방법으로 한다.

연 습 문 제

1. 다음 사항 중 회계상 거래에는 ○표, 회계상 거래가 아닌 것은 ×표를 하시오
   (1) 서광상회에서 상품 ₩400,000을 외상으로 매입하다.------( )
   (2) 현금 ₩3,000,000을 출자하여 영업을 시작하다.-----------( )
   (3) 거래처 대동상회에서 상품 ₩300,000을 주문받다.--------( )
   (4) 화재로 인하여 건물 ₩3,000,000이 소실되다.-------------( )
   (5) 조흥은행에서 현금 ₩2,000,000을 차입하기로 약속하다.---( )
   (6) 월급 ₩500,000의 조건으로 종업원을 채용하다.----------( )
   (7) 건물이 낡아서 가치가 감소되다.--------------------------------------( )
   (8) 매월 ₩300,000의 집세를 지급하기로 하고, 점포의 임대차계약을 맺다.----( )
   (9) 현금 ₩50,000을 분실하다.--( )
   (10) 거래처 파산으로 외상매출금 ₩2,000,000을 받지 못하게 되다.---------- ( )

2. 다음 ( ) 속에 맞는 말을 기입하시오.
   (1) 자산의 증가는 (   )에, 자산의 감소는 (   )에 기입한다.
   (2) 부채의 감소는 (   )에, 부채의 증가는 (   )에 기입한다.
   (3) 자본의 감소는 (   )에, 자본의 증가는 (   )에 기입한다.
   (4) 비용의 발생은 (   )에, 수익의 발생은 (   )에 기입한다.

3. 다음 거래의 결합관계를 표시하시오.
   (1) 현금 ₩400,000을 출자하여 영업을 시작하다.
   (2) 상품 ₩20,000을 매입하고, 현금으로 지급하다.
   (3) 상품 ₩20,000을 외상으로 매입하다.
   (4) 외상대금 ₩30,000을 현금으로 지급하다.
   (5) 은행으로부터 현금 ₩200,000을 차입하다.
   (6) 상품원가 ₩50,000을 ₩55,000에 외상매출하다.
   (7) 이자 ₩4,000을 현금지급하다.
   (8) 종업원급여 ₩600,000을 현금으로 지급하다.
   (9) 현금 ₩2,000,000을 대여하다.
   (10) 대여금 ₩500,000과 그 이자 ₩5,000을 현금으로 받다.

4. 다음 거래 중에서 교환거래는(교), 손익거래는(손), 혼합거래는 (혼)자를 ( )에 적으시오.

① 현금 ₩2,000,000을 출자하여 영업을 개시하다. ( )

② 상품 매매 중개수수료 ₩20,000을 현금으로 받다. ( )

③ 대여금 ₩600,000과 그 이자 ₩6,000을 현금으로 받다. ( )

④ 상품 ₩540,000을 외상으로 매입하다. ( )

⑤ 원가 ₩800,000의 상품을 ₩880,000에 외상매출하다. ( )

5. 계정기업법칙에 의해 ( )안에 증가, 감소, 또는 발생을 적으시오.

① 현금과 예금	
( )	( )

② 단기대여금	
( )	( )

③ 외상매입금	
( )	( )

④ 단기차입금	
( )	( )

⑤ 외상매출금	
( )	( )

⑥ 급 여	
( )	( )

6. 다음 계정은 어느 변에서 발생 또는 증가하는지를 기입하시오.

① 상 품 ( )	② 단기차입금 ( )	③ 토 지 ( )
④ 단기대여금 ( )	⑤ 건 물 ( )	⑥ 비 품 ( )
⑦ 수 선 비 ( )	⑧ 현 금 ( )	⑨ 자 본 금 ( )
⑩ 광고선전비 ( )	⑪ 수수료수익 ( )	⑫ 급 여 ( )
⑬ 단기매매증권 ( )	⑭ 통 신 비 ( )	⑮ 수수료비용 ( )
⑯ 잡 비 ( )	⑰ 매 입 채 무 ( )	⑱ 매 출 채 권 ( )

7. 다음 거래에 대하여 계정계좌에 기입하라. 단, 번호와 금액만을 기입할 것.

① 현금 ₩400,000으로 영업을 개시하다.

② 비품 ₩340,000을 현금으로 구입하다.

③ 상품 ₩220,000을 외상으로 매입하다.

④ 원가 ₩200,000의 상품을 ₩250,000에 외상매출하다.

⑤ 외상매입금 ₩50,000을 현금으로 지급하다.

⑥ 외상매출금 ₩160,000을 현금으로 받다.

⑦ 현금 ₩120,000을 차입하다.

⑧ 집세 ₩170,000을 현금으로 지급하다.

현 금	

자본금	

비 품	

상 품	

외상매입금	

상품매출이익	

외상매출금	

임 차 료	

차 입 금	

8. 다음 거래를 분개하시오.
   (1) 현금 ₩2,500,000을 출자하여 매매업을 개시하다.
   (2) 현금 ₩1,500,000을 한빛은행에 당좌예입하다.
   (3) 사무용 컴퓨터 ₩500,000을 구입하고, 대금은 현금으로 지급하다.
   (4) 여주상회의 외상매입금 ₩100,000을 현금으로 지급하다.
   (5) 이천상회에서 현금 ₩120,000을 차입하다.
   (6) 비품에 대한 미지급금 ₩15,000을 현금으로 지급하다.
   (7) 이천상회의 상품매매를 주선하고, 수수료 ₩3,000을 현금으로 받다.
   (8) 안성상회의 대여금 ₩100,000과 이자 ₩1,500을 현금으로 받다.
   (9) 전화요금 ₩5,000과 신문구독료 ₩5,000을 현금으로 지급하다.
   (10) 현금 ₩200,000을 빌려주다.
   (11) 현금 ₩100,000을 차입하다.
   (12) 상품 ₩200,000을 외상으로 매입하다.
   (13) 영업용 책상과 의자 ₩60,000을 외상으로 구입하다.
   (14) 원가 ₩100,000의 상품을 ₩150,000에 외상매출하다.
   (15) 원가 ₩200,000의 사무용 책상과 의자를 ₩250,000에 매각처분하고, 대금은 월말에 받기로 하다.
   (16) 대여금 ₩10,000과 그에 대한 이자 ₩1,500을 현금으로 받다.
   (17) 차입금 ₩100,000과 그에 대한 이자 ₩2,000을 현금으로 지급하다.
   (18) 집세 ₩200,000을 현금으로 받다.
   (19) 집세 ₩200,000을 현금으로 지급하다.

9. 다음 거래를 분개장에 기입하고, 총계정원장에 전기하라.
   9월 1일 : 현금 ₩250,000을 출자하여 영업을 개시하다.
   3일 : 사무용 책상, 의자 ₩250,000을 구입하고, 현금으로 지급하다.
   5일 : 상품 ₩150,000을 매입하고, 대금은 외상으로 하다.

8일 : 상품 ₩100,000(원가 ₩80,000)을 외상매출하다.
10일 : 외상매출금 ₩50,000을 현금으로 회수하다.
13일 : 집세 ₩10,000을 현금으로 지급하다.

10. 다음의 총계정원장을 자료로 6위식 정산표를 작성하시오.

현금및현금성자산	( )	대 여 금	60,000	외상매출금	120,000
상 품	140,000	건 물	150,000	비 품	120,000
외 상 매 입 금	960,000	차 입 금	40,000	자 본 금	496,000
상 품 매 출 이 익	86,000	수수료수익	20,000	영 업 비	40,000
급 여	10,000	이 자 비 용	8,000		

11. 다음 총계정 원장에 의하여 합계시산표를 작성하시오.

총 계 정 원 장

현 금 (1) 차변	대변	단기매매증권 (2) 차변	대변	외상매출금 (3) 차변	대변
1,600,000	500,000	500,000	100,000	800,000	600,000

단기대여금 (4) 차변	대변	상 품 (2) 차변	대변	비 품 (6) 차변	대변
300,000		1,200,000	400,000	400,000	

외상매입금 (7) 차변	대변	단기차입금 (8) 차변	대변	자 본 금 (9) 차변	대변
200,000	600,000	500,000	800,000		( )

상품매출이익 (10) 차변	대변	급 여 (11) 차변	대변	이자비용 (12) 차변	대변
	800,000	440,000		60,000	

12. 다음 자료로 영미식으로 결산을 하고 재무상태표와 손익계산서를 작성하시오(결산분개도 할 것).

현 금 (1) 차변	대변	매출채권(외상매출금) (2) 차변	대변	매출채권(받을어음) (3) 차변	대변
940,000	160,000	573,000	312,000	584,000	275,000

단기대여금 (4)	
140,000	110,000

상 품 (5)	
846,000	512,000

비 품 (6)	
56,000	

건 물 (7)	
1,500,000	

매입채무(외상매입금) (8)	
135,000	423,000

단기차입금 (9)	
80,000	120,000

자 본 금 (10)	
	2,867,600

통 신 비 (11)	
2,700	

광고선전비 (12)	
6,400	

급 여 (13)	
80,000	

잡 이 익 (14)	
	3,500

상품매출이익 (15)	
	160,000

13. 다음 총계정원장에 의하여 영미식으로 마감하고 수익과 비용에 속하는 계정은 손익계정에 대체하고 이월시산표를 작성하고, 재무상태표와 손익계산서도 작성하시오.

총 계 정 원 장

현 금 (1)	
1,148,000	794,000

외상매출금 (2)	
440,000	390,000

상 품 (3)	
616,000	550,000

비 품 (4)	
140,000	

외상매출금 (5)	
306,000	364,000

자 본 금 (6)	
	500,000

상품매출이익 (7)	
	142,000

외상매입금 (8)	
	6,000

급 여 (9)	
80,000	

여비교통비 (10)	
12,000	

잡 비 (11)	
4,000	

14. 다음 손익에 속하는 계정을 손익계정에 대체하고, 당기순손익을 자본금계정에 대체한 후 분개를 표시하고 마감(자본금계정 제외)하시오.

자 본 금 (10)	
	1,000,000

상품매출이익 (11)	
	80,000

수수료 수익 (12)	
	14,000

잡 이 익 (13)	
	6,000

급 여 (14)	
44,000	

임 차 료 (15)	
	1,000,000

잡 비 (16)	

손 익 (17)	

15. 다음의 수익과 비용에 속하는 계정을 손익계정에 대체분개하고, 손익계정에 대체한 후 순손익을 계산하여 자본금계정에 대체하시오. 그리고 자본금 계정을 제외한 모든 계정을 마감하시오.

상품매출이익	
	272,000

임 대 료	
	52,000

급 여	
236,000	

잡 비	
16,000	

세금과공과	
48,000	

자 본 금	
	2,000,000

손 익	

16. 200×년 12월 31일 여주상회의 총계정원장은 다음과 같다. 이에 의하여 원장을 마감하고, 이월 시산표, 손익계산서, 재무상태표를 작성하고 필요한 분개를 표시하시오.

<u>총 계 정 원 장</u>

현 금 (1)	
480,000	385,000

외상매출금 (2)	
714,000	487,500

받을어음 (3)	
330,000	

상 품 (4)	
413,000	131,500

비 품 (5)	
317,500	

외상매입금 (6)	
167,500	499,000

단기차입금 (7)	
	250,000

자 본 금 (8)	
	667,500

상품매출이익 (9)	
	150,000

이자수익 (10)	
	45,000

잡 이 익 (11)	
	5,000

급 여 (12)	
140,000	

여비교통비 (13)	
27,000	

임 차 료 (14)	
3,000	

보 험 료 (15)	
8,000	

이자비용 (16)	
2,000	

손 익 (17)	

17. 다음 자료에 의하여 손익계정과 이월시산표를 작성하시오. 단, 당좌예금은 ₩240,000 매출채권은 전액 외상매출금 매입채무는 전액 외상매입금이다.

손 익 계 산 서

여주상회 200×년 1월 1일~200×년 6월 30일 (단위 : 원)

과 목	금 액	과 목	금 액
급 여	300,000	상품매출이익	600,000
임 차 료	160,000	수수료 수익	40,000
잡 비	60,000		
당기순이익	120,000		
	640,000		640,000

재 무 상 태 표

여주상회 200×년 6월 30일 현재 (단위 : 원)

과 목	금 액	과 목	금 액
현금과 예금	360,000	매 입 채 무	480,000
매출채권	500,000	단기차입금	200,000
상 품	700,000	자 본 금	1,120,000
비 품	240,000	(당기순이익 ₩120,000)	
	1,800,000		1,800,000

손 익	

이월시산표	

제 4 장

현금 및 현금성 자산 · 단기금융상품 · 단기매매증권회계

제 1 절 현금 및 현금성 자산

1. 현금계정

현금계정(cash account)은 현금의 수입과 지출을 처리하는 계정으로서, 현금의 수입은 현금계정 차변에, 지출은 현금계정의 대변에 기입한다. 따라서 잔액은 항상 차변에 있게 되며, 현금 시재액을 표시한다. 현금은 유동성이 가장 큰 자산으로서 재화나 서비스를 취득하거나 채무를 상환하기 위한 경제수단으로 법적으로 인정된 통화를 뜻한다.

회계에서는 통화(currency)는 물론이고 교환이 빠르고 통화와 대등하게 쓰일 수 있는 통화대용증권도 현금으로 취급한다. 통화대용증권은 타인발생수표, 가계수표, 송금수표, 여행자수표, 우편환증서, 대체저금지급증서, 국 · 공채의 만기이자표, 배당금영수증, 일람출금환어음, 관청의 지급 통지서 등이 있다.

현금의 범위

- 현금
  - 통화 —— 지폐, 주화
  - 통화대용증권 —— 타행발행수표, 가계수표, 송금수표, 여행자수표, 우편환증서, 대체저금지급증서, 국 · 공채만기이자표, 배당금영수증, 일람출급환어음, 관청의 지급통지서 등
  - 요구불예금 —— 보통예금, 당좌예금 등

또한 저축예금이나 보통예금과 같은 언제나 인출이 자유로운 예금도 현금의 범위에 들어간다. 그러나 이것은 어디까지나 재무제표에 표시할 때 포함해서 공시[1]를 하는 것이고, 실무에서 회계처리를 할 때에는 보통예금 혹은 예금 등으로 구분하여 기장을 하여야 한다.

[예제 4-1] 다음 거래를 분개하여라.

(1) 여주(주)에서 상품 ₩200,000을 현금으로 매입하다.

(2) 이천(주)에 상품 ₩1,000,000을 매출하고, 대금은 동점발행의 수표로 받다.

(3) 단기매매증권 1,000,000원을 매입하고, 대금은 현금으로 지급하다.

[풀이]

(1)	(차)	상품	200,000	(대)	현금	200,000
(2)	(차)	현금	1,000,000	(대)	상품	1,000,000
(3)	(차)	단기매매증권	1,000,000	(대)	현금	1,000,000

기업경영을 하다보면 현금의 수지거래가 많이 발생하므로, 현금의 취급에는 오류나 부정이 개재될 우려가 있으므로 정확하고 안전하게 관리하여야 한다. 정확한 점검과 내부통제구조를 확립하고, 현금출납의 명세를 기록하는 현금출납장(cash book)이란 보조기입장을 사용한다.

[예제 4-2] 다음 서울주식회사의 7월중 거래를 분개하고, 현금출납장에 기입하시오.

7월 1일 현금 ₩35,000,000으로 영업을 시작하다.

7월 2일 우리은행에 현금 ₩3,000,000을 보통예금하다.

7월 4일 이천(주)에서 상품 ₩2,500,000을 매입하고 그 대금 중 반액은 현금으로 지급하고, 잔액은 외상으로 하다.

7월 5일 용인(주)에 상품 ₩4,000,000을 매출하고, 대금 중 ₩2,000,000은 동점발행의 수표로 받고, 잔액은 외상으로 하다.

7월 7일 용인(주)의 수표 ₩2,000,000을 우리은행에 보통예금하다.

1) 공시(公示)란 공적으로 표시하는 것으로, 회계에서는 상법의 규정에 의해 1회계기간의 재무상태표를 신문에 공고하는 것이다. 따라서 우리나라의 경우 재무상태표 외 각 재정표 회계기준(한국채택국제회계기준 또는 일반기업회계기준)에 따라 공적으로 표시(공시) 하여야 한다.

[풀이]

7월 1일	(차)	현 금	35,000,000	(대)	자 본 금	35,000,000
2일	(차)	보 통 예 금	3,000,000	(대)	현 금	3,000,000
4일	(차)	상 품	2,500,000	(대)	현 금	1,250,000
					외상매입금	1,250,000
5일	(차)	현 금	2,000,000	(대)	상 품	4,000,000
		외상매출금	2,000,000			
7일	(차)	보 통 예 금	2,000,000	(대)	현 금	2,000,000

<u>현 금 출 납 장</u>

일자		적 요	수 입	지 출	잔 액
7	1	현금출자하여 개업하다.	35,000,000		35,000,000
	2	우리은행에 예금하다.		3,000,000	32,000,000
	4	이천(주)에서 매입한 상품대금 일부 현금으로 지급하다.		1,250,000	30,750,000
	5	용인(주)에 매출한 상품대금 일부를 수표로 받다.	2,000,000		32,750,000
	7	용인(주) 발행수표 우리은행에 보통예금하다.		2,000,000	30,750,000
	31	**차월이월**		30,750,000	
		합 계	30,750,000	30,750,000	
8	1	전월이월	30,750,000		30,750,000

2. 현금성 자산

현금성 자산(cash equivalent)은 큰 거래비용 없이 현금으로 전환하기 용이하고 이자율의 변동에 따른 가치변동의 위험이 중요하지 않은 유가증권 및 단기금융상품으로서 취득당시 만기 또는 상환기일이 3개월 이내에 도래하는 것을 말한다.

유가증권과 단기금융상품 중에서는 취득 당시에 만기가 3개월 이내에 도래하는 국 · 공채, 사채, 상환우선주, 양도성예금증서, 환매체 등이 있는데, 이를 현금성자산 계정에서 별도로 처리한다.

현금성 자산 : 취득시점에서 만기일이 3개월 이내의 국 · 공채, 사채, 상환우선주, 양도성예금증서, 환매채 등

[예제 4-3] 여주(주)가 200×년 4월 5일에 동년 6월 5일이 만기인 회사채를 수수료를 포함한 금액 ₩2,000,000을 현금으로 지급하고, 구입하였다.

[풀이]

(차) 현금성자산 2,000,000 (대) 현금 2,000,000

3. 현금관리

현금관리(cash management)는 다시 현금의 관리와 통제가 있는데, 현금은 유동성이 강하여 부정이나 오류가 발생하기 쉬우므로, 이를 미연에 방지하기 위해서는 내부통제제도를 만들어 운영해야 한다. 즉 현금이나 당좌예금의 수납 · 지출은 담당자간의 권한과 책임이 분리되어야 하고, 정기적인 은행계정조정표의 작성은 일정액 이상에 대해서는 책임자의 승인을 얻어 수표를 발행하여 지급하도록 하는 것이다. 그리고 현금잔액(cash balances)은 항상 일정한 수준에서 유지하도록 하여, 일정 시점에서 지나치게 많이 보유하거나 적게 보유하여 경영에 지장을 가져오지 않도록 한다.

(1) 소액현금

현금의 취급에는 계산상의 착오 · 도난 · 분실의 염려가 있을 뿐만 아니라 보관에도 불편하다. 그러므로 현금은 당좌예금에 예입을 하고, 지급은 수표를 발행하는 것이 편리할 뿐만 아니라 지출의 통제도 용이하다.

그러나 일상의 소액현금을 지급하는 데까지도 수표를 발행한다는 것은 오히려 복잡하고 비능률적이다. 그래서 일정금액은 소액현금 담당자에게 전도하여 주고, 소액의 경비지급에 충당하도록 한다. 이 현금은 소액현금계정(petty cash account)에서 처리하고, 전도한 때에는 전도액을 이 계정 차변에, 일정기간의 지급보고가 있을 때에 일괄하여 대변에 기입한다.

소액현금의 전도는 ① 정액자금전도법(imprest system)과 ② 부정액자금전도법의 두 가지로 나눌 수 있다.

정액자금전도법은 일반적으로 널리 이용되고 있는 방법으로 보통 1개월을 기간으로 하여 기간중의 소요액을 예정하여 용도계에 수표로 전도하고, 월말에 지급보고를 받아 동액을 수표로 보충하여 주는 방법이다.

부정액자금전도법은 필요에 따라 금액에 제한 없이 수시로 전도하여 주는 방법이다.

[예제 4-4] 여주 주식회사의 다음과 같은 거래를 분개하시오.

(1) 7월 1일 경리과는 소액현금담당자에게 소액현금으로 ₩1,000,000을 수표발행 지급하다.

(2) 7월 30일 소액현금담당자로부터 다음과 같은 소액현금지급보고서를 받고, 지급액 ₩840,000을 수표로 발행하여 보충하여 주다.

소액현금지급보고서

20××년 7월 31일

전 도 액			₩1,000,000
지 급 액			
통 신 비	₩100,000		
여비교통비	200,000		
소 모 품 비	400,000		
잡 비	140,000	840,000	
잔 액		₩160,000	

용 도 계 김 갑 돌 (인)

[풀이]

(1)	(차)	소 액 현 금	1,000,000	(대)	당 좌 예 금	1,000,000
(2)	(차)	통 신 비	100,000	(대)	소 액 현 금	840,000
		여 비 교 통 비	200,000			
		소 모 품 비	400,000			
		잡 비	140,000			
	(차)	소 액 현 금	840,000	(대)	당 좌 예 금	840,000

[예제 4-4] 소액현금담당자는 보조부인 소액현금출납장을 두어 소액현금을 기록하는데, 그 양식은 다음과 같다.

소 액 현 금 출 납 장

수입액	20××년		적 요	지급액	지 급 세 목				
					여비교통비	통신비	소모품비	잡 비	보관비
1,000,000	7	1	자금수입(수표#20)						
		2	용 지	400,000			400,000		
		5	우 표	100,000		100,000			
		8	여비교통비	150,000	150,000				
		11	여비교통비	50,000	50,000				
		18	잡 비	140,000				140,000	
		"	본월분지급액	840,000	200,000	100,000	400,000	140,000	
160,000		"	보급액(수표#50)						
		"	차월이월	1,000,000					
1,160,000				1,840,000					
1,000,000	8	1	전월이월						

전도금액을 정하지 않고 필요에 따라 보충하는 부정액자금전도법에 의한 분개는 다음과 같다.

[예제 4-5] 다음 거래를 분개하시오.

(1) 부정액자금전도를 하는 (주)서울은 소액현금담당자에게 소액현금으로 수표(#2) ₩100,000을 발행하여 주다.

(2) 소액현금담당자로부터 다음과 같은 지급보고가 있다.

① 소모품비 ₩20,000　　② 여비교통비 ₩15,000

③ 통신비 ₩10,000　　③ 잡비 ₩5,000

(3) 소액현금담당자에게 소액현금으로 ₩50,000을 국민은행 수표(#2)를 발행하여 보충하여 주다.

[풀이]

(1)	(차)	소 액 현 금	100,000	(대)	당 좌 예 금	100,000
(2)	(차)	소 모 품 비	20,000	(대)	소 액 현 금	50,000
		여 비 교 통 비	15,000			
		통 신 비	10,000			
		잡 비	5,000			
(3)	(차)	소 액 현 금	50,000	(대)	당 좌 예 금	50,000

(2) 현금과부족계정

현금출납계는 매일 영업종료 후 현금의 실제액을 조사하여 현금출납장의 잔액과 대조하여 일치 여부를 확인한다. 즉 원장의 현금잔액과 현금출납장의 현금시재액을 조회해서 기입된 장부를 검증한다. 그런데 오기 · 부정 · 누락 등의 원인으로 일치하지 않는 경우가 있다.

이와 같이 부족액이나 초과액은 현금과부족계정(cash over or short account)이란 임시가계정으로 처리한다.

실제액이 장부액보다 부족하면 부족액을 차변에, 과대액을 대변에 기입하며 1차적으로 장부액을 실제액에 일치시킨다. 또한 후일 그 원인이 판명되면 해당 계정에 대체하고, 만일 결산시까지 원인이 판명되지 않으면, 현금초과는 잡이익으로, 현금부족은 잡손실로 처리한다.

[예제 4-6] 여주주식회사의 다음 거래를 분개하시오.

(1) 현금실제액이 장부잔액보다 ₩30,000 부족하다.

(2) 위의 부족원인을 조사하였던 바, 출장사원의 여비지급액 ₩20,000이 기장누락하였음이 판명되었다.

(3) 결산일까지 위의 나머지 부족액은 판명되지 않았으므로, 잡손실로 처리하다.

[풀이]

	차변	금액	대변	금액
(1)	(차) 현금과부족	30,000	(대) 현 금	30,000
(2)	(차) 여비교통비	20,000	(대) 현금과부족	20,000
(3)	(차) 잡 손 실	10,000	(대) 현금과부족	10,000

[예제 4-7] (주)서울의 다음 거래를 분개하시오.

(1) 현금실제액이 장부잔액보다 ₩10,000이 많다.

(2) 위의 과대원인을 여러모로 조사하였으나 결산시까지도 판명되지 않아 잡이익으로 처리하다.

[풀이]

	차변	금액	대변	금액
(1)	(차) 현 금	10,000	(대) 현금과부족	10,000
(2)	(차) 현금과부족	10,000	(대) 잡 이 익	10,000

4. 당좌예금 및 당좌차월계정

당좌예금(current deposit)은 은행과의 당좌거래의 약정에 의하여 개설하고 예금은 현금이나 수표 · 만기된 어음 등으로 할 수 있고 인출시는 반드시 수표를 발행하여야 한다. 이 예금은 이자를 계산하지 않으며, 예금 잔액이 있을 경우에만 수표 발행이 가능하다.

따라서 예금잔액을 초과하여 수표를 발행하면 부도가 발생되므로 은행으로부터 지급거절될 뿐만 아니라 형사상의 범법행위가 된다. 당좌거래의 약정시 당좌차월 계약을 체결하면, 약정된 금액 한도 내에서는 수표를 발행하여도 부도수표(dishonored check)로 처리하지 않는다. 이와 같이 당좌차월계약을 체결한 후 당좌예금잔액을 초과하여 수표를 발행할 수 있는데 이것을 당좌차월(bank overdraft)이라고 한다.

당좌차월의 회계처리는 제 1방법과 제2방법이 있다.

제 1방법은 당좌예금계정과 당좌차월계정을 구분하고 제 2방법은 당좌예금계정만으로 회계처리하는 방법이다.

[예제 4-8] 여주주식회사의 다음 거래를 분개하여라.

12월 10일 갑상점에서 상품 ₩200,000을 매입하고, 대금은 수표를 발행하여 지급하다. 단 당좌예금 잔액은 ₩60,000이 있고, 당좌차월 한도액은 ₩140,000이다.

12월 15일 을상점에서 상품 ₩80,000을 매출하고, 대금은 현금으로 받아 즉시 당좌예금하다.

12월 31일 여주주식회사의 결산일 분개

[풀이]

〈제1방법 : 계정과목으로 당좌차월을 설정하는 경우〉

	(차)		(대)	
12. 10.	상 품	200,000	당좌예금	60,000
			당좌차월	140,000
12. 15.	당좌차월	80,000	상 품	80,000

12. 31. 분개없음(기말에 재무제표 작성시 당좌차월을 단기차입금으로 보고함)

〈제 2 방법 : 계정과목으로 당좌차월을 설정하지 않는 경우〉

	(차)		(대)	
12. 10.	상 품	200,000	당좌예금	200,000
12. 15.	당좌예금	80,000	상 품	80,000
12. 31.	당좌예금	60,000	당좌차월	60,000

* 2방법 12. 31. 당좌차월액 계산

12. 10. 당좌차월액 140,000(유동부채증가)-당좌차월 상환액 80,000(유동부채감소)=12. 31. 기말현재 당좌차월액 60,000(단기차입금으로 대체)

당좌예금에의 입금과 수표의 발행은 빈번히 발생하게 되므로, 그 명세를 당좌예금출납장이란 보조부에 기록한다. 또는 현금과 당좌예금의 출납명세는 현금과 당좌예금을 하나로 묶은 현금 · 당좌예금출납장이란 하나의 보조부에 기입할 수도 있다.

[예제 4-9] 다음 거래를 위의 제2방법으로 분개하고, 당좌예금출납장에 기입하고 마감하시오.

6월 1일 여주주식회사에 상품을 매출하고, 국민은행에 현금₩700,000을 당좌예입하다.

6월 2일 용인상사에서 상품 ₩200,000을 매입하고, 대금은 수표 #4를 발행하여 지급하다.

6월 4일 이천상사에 상품 ₩50,000을 매출하고, 대금은 동점발행의 수표 #8을 받아 당좌예입하다.

6월 7일 수원상사에서 상품 ₩1,500,000을 매입하고, 대금 중 ₩400,000은 수표 #6을 발행하여 지급하고, 잔액은 외상으로 하다.

6월 15일 현금 ₩400,000을 당좌예입하다.

[풀이]

〈분개〉

6/1	(차)	당 좌 예 금	700,000	(대)	상 품	700,000
6/2	(차)	상 품	200,000	(대)	당 좌 예 금	200,000
6/4	(차)	당 좌 예 금	50,000	(대)	상 품	50,000
6/7	(차)	상 품	1,500,000	(대)	당 좌 예 금	4,000,000
					외상매입금	1,100,000
6/15	(차)	당 좌 예 금	400,000	(대)	현 금	400,000

당 좌 예 금 출 납 장

일	자	적 요	예 입	인 출	대차	잔 액
6	1	현금예입	700,000		차	700,000
	2	상품매입대금(용인상사)(#4)		200,000	대	500,000
	4	상품매출대금 입금	50,000		차	550,000
	7	상품매입대금(수원상사)(#6)		400,000	대	150,000
	15	현금예입	400,000		차	550,000
	30	차월이월		550,000		
		합 계	1,150,000	1,150,000		
7	1	전월이월	550,000			550,000

5. 은행계정조정표

은행계정조정표(bank reconciliation statement)는 당좌예금기장의 정확성을 기하기 위해서 회사의 당좌예금잔액과 은행의 당좌예금잔액을 대조하여야 한다. 그리고 양자가 일치하는가를 확인하며, 이런 경우 회사의 당좌예금 계정잔액은 은행장부잔액과 일치하여야 한다. 그러나 양자 중의 기장착오 또는 예입한 수표(타인 발행)가 아직 추심되지 않았다든가, 발행한 수표가 아직 은행에서 지급되지 않고 있기 때문에 일치하지 않을 경우가 있다. 이렇게 불일치가 있을 경우에 당좌예금잔액을 일치하도록 조정하는 표를 말한다.

당좌예금 잔액이 서로 일치하지 않는 주원인은 당좌예금의 입금과 출금 날짜가 은행과 은행 간에 서로 다르게 되는 원인을 유형별로 분류하면 다음과 같다.

① 미인출(미결제) 수표

회사에서는 대금지급을 위하여 이미 발행한 수표로서 아직 은행에 지급청구되지 않은 수표를 말하며, 이 경우에는 은행장부에 아직 반영되지 않았다.

② 은행미기록예금

회사에서 은행에 예치시키기 위하여 우송하였거나 혹은 거래은행이 없는 지역에서 타행환입금 등을 통하여 입금시켰으나, 아직 은행장부에 반영되지 않았다.

③ 미통지입금

거래처 등으로부터 회사의 당좌예금구좌에 온라인(또는 무통장 입금) 등의 방법으로 입금하였으나, 회사장부에 아직 반영되지 않았다.

④ 은행수수료

은행이 당좌거래, 타은행대체 또는 기타 용역을 제공한 대가로 회사에 일정 수수료를 직접 당좌예금구좌에서 인출하였으나, 회사장부에 아직 반영되지 않았다.

⑤ 이자비용 및 이자수익

은행은 기말이 되면 회사의 예금 또는 차입금(당좌차월 포함)에 대하여 이자를 계산하고, 이를 즉시 회사의 은행구좌에 입금시키거나 인출하였으나 회사장부에 아직 반영되지 않았다.

⑥ 부도수표

부도수표란 타인으로부터 받은 수표를 회사의 당좌예금구좌에 입금시켰으나, 발행인의 당좌예금잔액이 부족하여 수표가 반송되어 온 경우로서, 결국 그 금액만큼이 입금되지 않은 결과가 된다

⑦ 기장오류

은행측에서 오류가 발생하였을 경우에는 은행측에 통보하여 은행장부를 수정하게 하고, 회사에서 오류가 발생하였을 경우에는 회사장부를 수정한다.

회사와 은행간에 당좌예금을 조정할 때에 사용하는 은행계정조정표는 일정한 형식이 없이, 당좌예금잔액의 불일치 원인을 명확히 알아볼 수 있도록 작성하되, 그 작성방법은 다음과 같다.

① 회사의 당좌예금계정잔액을 은행장부잔액에 일치시키는 방법

② 회사의 당좌예금계정잔액에 은행장부잔액을 일치시키는 방법

③ 회사의 당좌예금계정잔액과 은행장부잔액을 각각 별도로 조정해서 서로 일치시키는 방법 등이다.

[예제 4-10] 200×년 12월 31일 현재 갑회사의 당좌예금 잔액은 ₩4,010,000이고, 은행에서 발행한 당좌예금 잔액증명서의 잔액은 ₩6,308,000이었다. 그 원인을 조사하여 다음과 같은 사실을 발견하고, 은행과 회사의 각 계정을 조정하고, 은행계정조정표를 작성하시오.

(1) 갑회사에서 수표를 발행하였으나, 은행측에서 매입처 을회사의 인도분 ₩800,000과 병회사의 인도분 ₩680,000을 미지급하였다.

(2) 갑회사는 ₩600,000을 당좌예금 하였으나, 은행측에서 입금절차를 취하지 않았다.

(3) 이천상회로부터 상품매출대금 ₩1,450,000이 당좌예금에 대체되었으나, 당점에 통지가 미달되다.

(4) 갑회사가 당좌예금한 수표 ₩124,000이 장부상에서는 ₩156,000으로 기장되었다.

[풀이]

은 행 계 정 조 정 표

갑회사 당좌예금 잔액	₩4,010,000	은행예금잔액증명서	₩6,308,000
차감 : 당좌예금오기	32,000(4)	차감 : 수표발행수표 미지급금	1,480,000(1)
가산 : 당좌이체통지미달	1,450,000(3)	가산 : 당좌예금 미기입	600,000(2)
	5,428,000		5,428,000

제 2 절 단기금융상품

단기금융상품(short-term financial merchandise)이란 금융기관이 취급하는 정기예금 · 정기적금 · 사용이 제한된 예금 및 기타 정형화된 금융상품으로서 단기적 자금운용목적으로 투자하

거나 장기 투자하여 보유중인 것으로 기간이 3개월 이상 1년 이내에 만기가 도래하는 것을 처리하는 계정이다. 단기금융상품으로 대표적인 예를 들면 다음과 같다.

1) 양도성예금증서(certificates of deposit : CD)

은행에 고객이 맡긴 정기예금에 이자를 합하여 만기에 일정한 금액을 지급한다는 것을 약속하는 무기명 예금증서로서, 발행시는 이자를 미리 차감하여 발행되고, 무기명식이므로 양도가 자유로운 이익률이 높은 금융상품이며 최저금액은 1,000만원 이상이다.

2) 기업어음(commercial paper : CP)

신용이 우수한 우량기업들이 자금조달을 위하여 종합금융회사(종금사)에 발행하는 융통어음인데, 이를 종금사가 할인하여 매입한 후 다시 고객들에게 판매하는 금융상품이다. 최저금액은 1,000만원이며, 어음은 종금사가 보관하고, 통장을 고객에게 발행한다.

3) 환매채(repuchase agreement : RP)

증권회사에서 취급하는 금융상품으로 일정기간 후에 다시 일정한 이자를 가산한 가격으로 매수할 것을 조건으로, 고객에게 채권을 판매하는 형태의 금융상품이다. 최저금액은 1,000만원 이상이다. 환매채는 자금의 운용기간을 자유로이 정할 수 있고, 이익률도 높아 단기투자에 많이 이용된다.

4) 어음관리구좌(cash management accounts : CMA)

예탁금을 국공채 · 정기예금 등에 투자하고 관리하여 고객에게 실적배당을 하는 금융상품으로서, 만기가 180일 이내이고, 입출금이 자유로우며, 이자는 후일에 지급된다.

5) 수익증권(money market fund : MMF)

증권회사에 예탁하는 것으로 예탁금액은 제한이 없으며, 수시로 인출이 가능한 금융상품이다. MMF는 별다른 명칭이 없으며, 증권사는 고객의 예탁금으로 채권 또는 유동성 단기금융상품에 투자하고 발생한 수익을 고객에게 돌려주는 형태를 말한다.

[예제 4-11] 다음 거래를 분개하시오.

(1) 한국외환은행에서 양도성예금증서 액면 ₩20,000,000을 매입하고, 선이자 ₩400,000을 차감한 ₩19,600,000을 현금으로 지급하다.

(2) 한불종합금융에 어음관리구좌(CMA)를 개설하고, 현금 ₩6,000,000을 예탁하다.

(3) 국민은행에 가입한 정기적금 ₩1,000,000(기간 : 3년)이 만기 5개월 남게 되었다.

(4) 서울종합금융에 개설한 어음관리구좌 ₩8,000,000이 만기가 되어 이자 ₩500,000과 함께 찾아서 거래은행에 당좌예금하다.

[풀이]

(1)	(차)	단기금융상품	20,000,000	(대)	현 금	19,600,000
					이 자 수 익	400,000
(2)	(차)	단기금융상품	6,000,000	(대)	현 금	6,000,000
(3)	(차)	단기금융상품	1,000,000	(대)	장기금융상품	1,000,000
(4)	(차)	당 좌 예 금	8,500,000	(대)	단기금융상품	8,000,000
					이 자 수 익	500,000

제 3 절 단기매매증권

1. 단기매매증권의 의의

현금은 기업이 영업활동을 하기 위하여 항상 적정량을 보유하고 있어야 하는 자산이지만, 그 자체로서는 아무런 수익을 얻을 수 없기 때문에 보다 효율적인 관리가 요구된다. 기업이 일시적으로 예상되는 현금소요액보다 더 많은 현금을 보유하고 있는 경우에는 이 초과현금을 주식이나 국채, 공채, 사채 등의 유가증권에 투자하여 단기투자수익을 얻을 수 있다.

유가증권이란 재산적 가치를 포함하고 있는 증권으로서 보통주나 우선주 등의 ① 지분증권(equity securities)과 국 · 공채나 회사채 등의 ② 채무증권(debt securities)으로 분류된다.

유가증권 중 지분증권에 투자한 경우에는 배당수익을, 채무증권에 투자한 경우에는 이자수익을 얻을 수 있으며, 이들 증권들의 취득원가보다 시가가 높을 경우에는 유가증권을 처분함으로써 매매차익을 얻을 수 있다.

기업은 일시적인 유휴자금을 활용하기 위하여 유가증권에 단기적인 투자를 하는데, 유가증권이 유동자산의 단기매매증권으로 분류되기 위해서는 다음의 두 가지 조건을 충족시켜야 한다.

① 시장성(marketability)이 있어야 한다. 시장성이란 주식 등이 비교적 용이하게 안정된 가격으로 판매가 가능하여 현금으로 전환하고자 할 때 언제든지 현금으로 전환이 가능함을 의미한다.

② 단기적 시세차익을 목적으로 투자한 것이어야 한다. 이는 단기적인 이익을 획득할 목적으로 매수와 매도가 적극적이고 빈번하게 이루어져야 한다는 의미이다. 그러나 K-GAAP에

의하면 단기적 시세차익의 목적 또는 단기간에 처분할 목적으로 보유하는 경우라도 비상장주식과 특수관계자가 발행한 주식은 단기매매증권으로 분류할 수 없도록 규정하고 있다. 만약, 위의 조건에 하나라도 위배되면 단기매매증권으로 분류할 수 없다.

2. 단기매매증권의 취득 및 보유

자산의 취득원가는 그 자산의 취득을 위하여 지출한 모든 현금 또는 현금성자산이어야 한다. 따라서 단기매매증권의 취득원가는 매입가액뿐만 아니라 취득하는 과정에서 발생하는 모든 부대비용(매입수수료, 이전비용 등)도 취득원가에 포함되어야 한다.

[예제 4-13] 다음을 거래일자별로 분개하시오.

(주)여주는 20××년에 단기적 시세차익을 목적으로 유가증권을 취득하였다.

(1) 2월 3일 : 대신증권을 통하여 주당 액면 ₩5,000인 A회사의 주식 10주를 주당 ₩12,000에 매입하고, 대신증권에 매입수수료 ₩3,000을 현금으로, 주식대금은 수표를 발행하여 지급하다.

(2) 7월 1일 : B회사의 사채 100좌를 1좌당 ₩9,700에 매입하고 대금은 수표를 발행하여 지급하다. 매입수수료 ₩10,000도 수표를 발행하여 지급하다.

[풀이]

1. 20××년 2월 3일

(차) 단기매매증권	123,000	(대) 당좌예금	120,000
		현 금	3,000

* 주식매입대금(10주×@12,000)+매입수수료(3,000)=123,000

2. 20××년 7월 1일

(차) 단기매매증권	980,000	(대) 당좌예금	980,000

* 사채매입대금(100좌×@9,700)+매입수수료(10,000)=980,000

보통주나 우선주 등의 지분증권에 투자한 경우에는 취득일 이후에 배당수익을 얻을 수 있으며, 사채나 국·공채 등 채무증권에 투자한 경우에는 이자수익을 얻게 되는데, 배당금이나 이자를 받았을 때에는 이를 각각 배당금수익계정과 이자수익계정으로 처리한다.

위의 [예제 4-13]에서 2월 3일에 취득한 A회사의 주식에 대하여 주당 ₩1,000의 배당금을 지급받았다면 회계처리는 다음과 같다.

(차) 현 금 10,000 (대) 배당금수익 10,000

그리고 7월 1일에 취득한 B회사의 사채에 대하여 1좌당 ₩600의 이자를 수령하였다면 다음과 같이 회계처리하여야 한다.

(차) 현 금 60,000 (대) 이 자 수 익 60,000

배당금수익과 이자수익은 영업외수익으로 분류된다.

3. 단기매매증권의 기말평가

단기매매증권은 단시일(3개월~1년) 내에 처분할 목적으로 보유하고 있는 자산이므로, 외부에 판매함으로써 기업에 효익을 제공한다. 따라서 기말 현재 보유하고 있는 단기매매증권에 대해서는 시장가치가 변동함에 따라 이를 평가할 필요가 있다.

자산의 평가방법에는 원가법, 시가법, 저가법이 있다.

- 원 가 법 : 시가의 변동과 관계없이 취득원가를 재무상태표가액으로 하는 방법
- 시 가 법 : 단기매매증권의 시가를 재무상태표가액으로 하는 방법
- 저 가 법 : 원가와 시가를 비교하여 낮은 가액을 재무상태표가액으로 하는 방법

이론적인 관점에서 볼 때, 단기매매증권은 단기적 시세차익을 목적으로 보유하는 자산이므로 시가법을 적용하는 것이 정보이용자들에게 보다 유용한 정보가 될 것이다. K-GAAP에서도 단기매매증권을 공정가액(시가법)으로 평가하도록 규정하고 있다. 여기에서 시가법의 적용시 시가는 재무상태표일 현재 종가로 하며, 만약 재무상태표일 현재 종가가 없는 경우에는 직전거래일의 종가에 의한다.

[예제 4-14] 단기매매증권의 기말평가금액을 나타내시오.

20××년 3월 1일에 (주)이천은 단기적 시세차익을 목적으로 A, B, D회사의 주식과 C회사의 사채를 구입하였다. 각 주식과 사채의 취득원가와 20××년 12월 31일의 종가는 다음과 같다.

종　목	취득원가	시　가
A사 주식	₩750,000	₩600,000
B사 주식	1,400,000	1,500,000
C사 사채	900,000	950,000
D사 주식	6,000,000	5,800,000
계	₩9,050,000	₩8,850,000

[풀이]

(차) 단기투자자산평가손실 200,000 (대) 단기매매증권 200,000

*A사 주식 :	₩600,000 - ₩750,000 =	₩(150,000)	평가손실
B사 주식 :	₩1,500,000 - ₩1,400,000 =	100,000	평가이익
C사 사채 :	₩950,000 - ₩900,000 =	50,000	평가이익
D사 주식 :	₩5,800,000 - ₩6,000,000 =	(200,000)	평가손실
계		₩(200,000)	평가손실

단기매매증권을 시가로 평가하는 경우에 발생하는 평가손익은 영업외손익으로 분류되며, 평가이익과 평가손실이 동시에 발생하는 경우에는 이를 서로 상계하여 순액으로 보고하도록 K-GAAP에 규정하고 있다.

4. 단기매매증권의 처분

기업은 단기매매증권을 보유함에 따라 지분증권(주식)인 경우에는 배당수익을, 채무증권(국·공채, 사채)의 경우에는 이자수익을 얻을 수 있으며, 상황에 따라서는 단기매매증권을 처분함으로써 시세차익을 얻을 수도 있다. 단기매매증권을 처분한 경우에는 단기매매증권의 장부가액과 처분가액과의 차액을 단기투자자산처분이익 또는 단기투자자산처분손실로 계상한다. 예컨대, 앞의 [예제 4-14]에서 20××년에 B사 주식을 ₩1,600,000에 처분하고, 매각수수료 ₩20,000을 차감한 잔액 ₩1,580,000을 현금으로 수취한 경우에 회계처리를 예시하여 보면, 다음과 같다.

(차) 현　금	1,580,000	(대) 단기매매증권(B)	1,500,000
		단기투자자산처분이익	80,000

위의 회계처리에서 단기매매증권처분가액은 단기매매증권의 매각대금에서 매각과 관련된 수수료를 차감한 금액이어야 하며, 처분시 발생한 단기투자자산처분이익이나 손실은 영업외수익과 영업외비용으로 분류된다.

연 습 문 제

1. 다음 거래를 분개하시오.
   (1) 여주상회에서 상품 ₩450,000을 매입하고, 대금 중 ₩150,000은 소유하고 있던 국민은행 발행 자기앞수표로, ₩100,000은 송금수표로, 잔액은 현금으로 지급하다.
   (2) 수원상회에 상품 ₩400,000을 매출하고, 대금 중 ₩250,000은 동점발행 당좌수표로 받고, 잔액은 동점발행 일람출금어음으로 받다.
   (3) 안성상회에서 상품 ₩300,000을 매입하고, 대금 중 ₩250,000은 수표를 발행하여 지급하고, 잔액은 소유하고 있는 타인 발행 수표로 지급하다. 단, 당좌예금 잔액은 ₩100,000이고, ₩500,000 한도의 당좌차월계약이 있으며, 당좌차월은 2계정제로 처리한다.
   (4) 동성상회의 외상매출금 ₩200,000을 매출하고, 대금 중 ₩150,000은 동점발행 수표로 받고, 잔액은 전에 당점이 발행한 수표로 받다.
   (5) 오성상회에 상품 ₩250,000을 매출하고, 대금 중 ₩150,000은 동점발행 수표로 받고, 잔액은 전에 당점이 발행한 수표로 받다.
   (6) 현대상회에 상품 ₩350,000을 매출하고, 대금은 동점 발행 40일 후 지급의 선일자수표로 받다.
   (7) 상기 (6)의 선일자수표를 약속일에 당좌예입 하였으나, 부도가 되어 당좌예금에서 차감되었다는 통지를 받다.
   (8) 위의 부도수표에 대해 현대상회에 청구하여 법정이자 ₩7,500과 함께 현금으로 받다.
   (9) 이천상회에 상품 ₩250,000을 매입하고, 대금은 45일 후 지급의 선일자수표를 발생하여 지급하다.
   (10) 상기(9)의 수표 약속일에 당좌예금에서 지급되었음을 통지받다.
   (11) 청계상회는 경주안성상회에 상품 ₩300,000을 매출하고, 안성상회 발행당좌수표를 송부받다.

2. 다음 거래를 분개하시오.
   (1) 여주상회에 상품 ₩150,000을 매출하고, 대금 중 ₩75,000은 당점이 발행한 수표로 받고, 잔액은 동점 발행의 수표로 받다.
   (2) 가나다증권으로부터 수원상사(주)의 주식 ₩100,000을 취득하고, 대금은 수표를 발행하여 지급하다.
   (3) 안산상회에 상품 ₩400,000을 매출하고, 대금은 다음과 같이 받다.
      ① 현대상회 발행수표 ₩100,000
      ② 당점발행약속어음 ₩750,000
      ③ 만기의 국채 증서 ₩75,000

④ 동점 발행의 일람출급어음 ₩50,000
⑤ 선수표 ₩25,000
⑥ 우리은행발행 자기앞수표 ₩25,000
⑦ 가계수표 ₩50,000

3. 200×년 3월 31일 여주상회의 당좌예금출납장 잔액은 ₩766,000인데 은행의 잔액증명서는 ₩826,000이었다. 불일치의 원인을 조사한 결과 다음과 같은 사실들이 판명되었다. 은행계정조정표를 작성하고, 정정에 필요한 분개를 하시오.
(1) 당좌차월에 대한 이자 ₩10,000이 차감되었으나 당점에 통지 미달
(2) 금성상회에 외상매입금을 지급하기 위하여 발행한 수표 ₩70,000이 지급되지 않았다.
(3) 신라운송회사에 상품 발송 운임으로 발행한 수표 ₩40,000이 교부되지 않고, 금고에 보관되어 있다.
(4) 3월 31일에 현금 ₩200,000을 당좌예입하였으나. 은행에는 4월 1일에 예입한 것으로 기입하였다.
(5) 거래처 이천상회로부터 외상매출금 ₩160,000이 은행에 대체입금되었으나, 당점에 통지 미달

① 은행잔액증명서 금액을 수정하는 방법

은행 계정 조정표
200X년 3월 31일
당좌예금출납장 잔액 ₩766,000

② 당좌예금출납장 잔액을 수정하는 방법

은행 계정 조정표
200×년 3월 31일
은행잔액증명서의 금액 ₩826,000

③ 은행잔액증명서와 당좌예금출납장을 동시에 수정하는 방법

은행 계정 조정표 200×년 3월 31일	
은행잔액증명서 잔액 ₩826,000	당좌예금출납장 잔액 ₩766,000

4. 다음 거래를 분개하시오.
   (1) 국민은행에 6개월 만기의 정기예금으로 현금 ₩250,000을 예입하다.
   (2) 위의 정기예금 기일이 되어 이자 ₩12,500과 함께 현금으로 받다.
   (3) 양도성예금증서 ₩150,000을 취득하고, 대금은 수표를 발행하여 지급하다. 단, 만기는 8개월이다.
   (4) 한불종합금융에 어음관리구좌를 개설하고, 현금 ₩500,000을 예탁하다.
   (5) 한불종합금융에 개설한 어음관리구좌 ₩500,000이 만기가 되어 이자 ₩50,000과 함께 현금으로 받아 은행에 곧 당좌예입하다.
   (6) 소유하고 있는 양도성예금증서 ₩500,000을 여주상회에 양도하고, 할인료 ₩25,000을 차감한 실수금은 우리은행에 당좌예입하다.

5. 다음 거래를 분개하시오.

(주)여주는 2010년에 일시적인 유휴자금의 운용목적으로 단기매매증권을 취득하였다.
   (1) 2010년 4월 6일 : 현대증권을 통하여 액면 5,000원인 A사 주식 100주를 주당 36,000원에 매입하고 매입수수료 30,000원을 포함하여 현금으로 지급하다.
   (2) 2010년 5월 2일 : 현대증권을 통하여 B회사의 사채 50좌를 1좌당 20,000원에 매입하고, 매입수수료 10,000원을 포함하여 수표를 발행하여 지급하다.
   (3) 2010년 11월 30일 : 취득한 B회사의 사채에 대하여 1좌당 2,400원의 이자를 수령하다.
   (4) 2010년 12월 11일 : 취득한 A회사 주식에 대하여 주당 1,000원의 배당금을 지급받다.

6. 다음 거래를 분개하시오.

• 단기매매증권의 기말평가 및 처분
   (1) 2010년 2월 1일에 (주)여주는 단기투자목적으로 A, B, C회사의 주식과 D회사의 사채를 구입하였다. 각 주식 및 사채의 취득원가와 2010년 12월 31일의 시가는 다음과 같다.

종 목	취득원가	시 가
A사 주식	4,000,000원	3,800,000원
B사 주식	3,000,000원	3,600,000원
C사 주식	1,400,000원	1,000,000원
D사 사채	1,600,000원	1,800,000원
계	10,000,000원	10,200,000원

   (2) 2010년 2월 11일 보유하고 있던 B사 주식을 2011년 4월 1일 3,300,000원에 처분하고, 매각수수료 100,000원을 차감한 3,200,000원을 현금으로 수취하였다.

7. (주)여주의 2010년도 단기매매증권처분손익을 구하라.

• 단기매매증권의 처분

12월말 법인인 (주)여주의 2010년, 2011년 단기매매증권과 관련된 거래내역은 다음과 같다.

> 2010년 4월 6일 : A주식 50주와 B주식 30주를 각각 240,000원과 480,000원에 매입하였다.
> 2010년 9월 10일 : C주식 60주를 144,000원에 매입하였다.
> 2010년 12월 31일 : A, B, C주식의 시가는 각각 주당 4,000원, 16,080원, 2,320원이다.
> 2011년 4월 18일 : A주식 25주를 주당 5,200원에 처분하였다.

제 5 장

수취채권과 지급채무 회계

수취채권(receivables)이란 기업의 주된 영업활동을 수행하는 과정에서 재화나 용역을 외상으로 판매하고 그 대가로 미래에 현금을 수취할 권리를 획득하는 경우, 또는 다른 기업에 자금을 대여하고 그 대가로 차용증서나 어음을 수취하는 경우 등에서 발생하는 채권을 말한다.

그리고 지급채무(payables)란 기업의 주된 영업활동을 수행하는 과정에서 재화나 용역을 외상으로 매입하거나, 다른 기업으로부터 자금을 차입한 경우에 발생한 채무를 말한다.

수취채권이나 지급채무 중 기업의 주된 영업활동과 관련하여 상품이나 제품을 매출하거나 용역을 제공하는 과정, 즉 상거래에서 발생한 채권과 채무를 매출채권과 매입채무라고 하며, 주된 영업활동 외에서 발생한 채권과 채무를 기타채권과 기타채무라고 한다.

- 수취채권
  - 매출채권 : 외상매출금, 받을어음 등 주된 영업활동에서 발생한 채권
  - 기타채권 : 미수금, 대여금 등 주된 영업활동 이외의 거래에서 발생한 채권
- 지급채무
  - 매입채무 : 외상매입금, 지급어음 등 주된 영업활동에서 발생한 채무
  - 기타채무 : 미지급금, 차입금 등 주된 영업활동 이외의 거래에서 발생한 채무

외상매출금과 외상매입금은 주된 영업활동의 상거래에서 발생한 채권·채무로서 어음상의 채권·채무가 아닌 것을 말하며, 받을어음과 지급어음은 주된 영업활동의 상거래에서 발생한 어음상의 채권·채무를 말한다.

그리고 미수금이나 미지급금은 토지, 건물, 비품 등 상품이나 제품 이외의 자산을 매각하거나 취득하는 과정에서 발생한 채권·채무를 말하며, 대여금이나 차입금은 자금을 대여하거나 차입하고 그 대가로 차용증서나 어음을 주고받는 경우에 발생하는 채권·채무를 말한다.

K-GAAP에서는 수취채권과 지급채무 중 만기가 재무상태표일로부터 1년 이내에 도래하는

것은 유동자산의 당좌자산과 유동부채로, 재무상태표일로부터 1년 이후에 도래하는 것은 비유동자산과 비유동부채로 공시하도록 하고 있다. 또한 외상매출금과 받을어음 등 주된 영업활동에서 발생한 채권은 이를 구분하지 않고, 매출채권이라는 계정과목으로 공시하도록 하고 있으며, 외상매입금과 지급어음 등 주된 영업활동에서 발생한 채무도 이를 구분하지 않고 매입채무라는 계정과목으로 공시하도록 규정하고 있음에 주의하여야 한다.

제 1 절 매출채권과 매입채무

1. 외상매출금과 외상매입금

(1) 외상매출금과 외상매입금의 회계처리

1) 외상매출금

외상매출금(accounts receivable trade)이란 기업의 주된 영업활동과 관련된 상품매출에 대한 외상거래에서 발생하는 것으로, 유동자산의 당좌자산이다. 발생은 차변에 기입하고, 회수는 대변에 기입한다. 잔액은 항상 차변에 발생하며 외상매출금의 미회수액을 표시한다.

외 상 매 출 금

(채권의 증가)	(채권의 감소)
전 기 이 월 액	회 수 액
외 상 매 출 액	매 출 환 입 액
	매 출 에 누 리 액
	매 출 할 인 액
	외 상 매 출 금 대 손 액

2) 외상매입금

외상매입금(accounts payable trade)이란 외상채무의 발생과 그 지급을 총괄적으로 처리하는 유동부채계정이다. 발생은 대변에 기입하고, 그 지급은 차변에 기입한다. 따라서 잔액은 대변에 발생하며, 외상매입금의 미지급액을 표시한다.

외 상 매 입 금

(채무의 감소)	(채무의 증가)
지 급 액	전 기 이 월 액
매 입 환 출 액	외 상 매 입 액
매 입 에 누 리 액	
매 입 할 인 액	

K-GAAP는 공표용 재무제표를 작성하는 경우에 주된 영업활동에서 발생한 외상매출금과 외상매입금 그리고 받을어음과 지급어음으로 각각 표시하지 않고, 외상매출금과 받을어음을 통합하여 매출채권으로, 외상매입금과 지급어음을 매입채무로, 재무제표에 표시하도록 하고 있다. 그러나 기업의 내부에서는 외상매출금계정과 받을어음계정 그리고 외상매입금계정과 지급어음계정을 구분하여 사용하고 있다.

2. 인명계정 및 통제계정

외상거래란 주된 영업활동에서 상품의 판매 또는 매입이 이루어지고, 일정기간이 경과한 후에 대금이 이루어지는 거래를 말한다. 그러므로 한 기업이 상품을 판매하거나 매입하면, 대금의 수취·지급이 결재될 때까지는 매출처 또는 매입처 간에 채권·채무관계가 생긴다.

외상거래로서 거래처와의 채권·채무를 처리하는 방법에는 인명계정과 통제계정이 있다.

(1) 인명계정

인명계정(personal account)이란 거래처의 상점명 또는 회사명을 계정과목으로 설정하여 거래처와의 채권, 채무관계의 발생·소멸을 기입함으로써, 거래처별로 채권, 채무관계를 명백히 하는 방법이다. 거래처의 수가 적거나 거래횟수가 적을 경우에 좋은 회계처리방법이며, 외상매출로 인한 매출채권이 발생하면, 인명계정 차변에 기입하고, 회수액은 대변에 기입한다.

인명계정을 사용할 경우, 매출처에 상품을 외상으로 매출한 경우에는 상호나 개인 이름을 붙인 매출처의 인명계정이 차변에 기입되고, 외상매출대금으로 회수한 때는 인명계정의 대변에 기입한다. 이와 반대로 매입처에서 상품을 외상으로 매입한 경우에는 매입처의 인명계정이 대변에 기입되고, 외상매입대금을 지급하였을 때는 인명계정의 차변에 기입한다.

그러므로 인명계정의 차변에 잔액이 있으면, 외상매출금의 미회수액, 즉 외상매출대금이 남아 있는 채권액을 의미하고, 대변에 잔액이 있으면 외상매입금의 미지금액, 즉 채무액이 남아 있음을 의미한다.

인 명 계 정

(채권의 발생)	(채무의 발생)
외상매출액	외상매입액
외상매입금의 지급액	외상매출금의 회수액
매입환출 및 매입에누리액	대손금
	매출환입 및 매출에누리액

[예제 5-1] 다음 거래를 분개하고 인명계정에 전기하시오.

10월 1일 여주상사로부터 상품 ₩200,000을 외상으로 매입하다.

7일 이천상사에 상품 ₩60,000을 외상으로 매출하다.

15일 여주상사의 외상매입금 중 ₩160,000을 수표를 발행하여 지급하다.

23일 이천상사에 대한 외상매출금 중 ₩40,000을 동점발행수표로 받다.

[풀이]

10/ 1	(차)	상품	200,000	(대)	여주상사	200,000
10/ 7	(차)	이천상사	60,000	(대)	상품	60,000
10/15	(차)	여주상사	160,000	(대)	당좌예금	160,000
10/23	(차)	현금	40,000	(대)	이천상사	40,000

여주상사

10/15	당좌예금	160,000	10/1	상품	200,000
10/30	차월이월	40,000			
		200,000			200,000
			11/1	전월이월	40,000

이천상사

10/7	상품	60,000	10/23	현금	40,000
			10/30	차월이월	20,000
		60,000			60,000
10/7	전월이월	20,000			

(2) 통제계정

상품의 외상거래가 자주 발생하는 경우에 거래처마다 인명계정을 사용하면 총계정원장의 계정과목수가 많아져서 외상총액을 계산하기 어렵고 오류를 발견하기 어렵다. 따라서 총계정원장에는 매출채권인 외상매출금계정과 매입채무인 외상매입금계정을 설정하여 총괄적으로 처리하고, 외상매출에 대한 명세는 매출처원장에, 외상매입에 대한 명세는 매입처원장에 기입한다.

이와 같이 외상매출금계정(receivable trade account)과 외상매입금계정(payable trade account)과 같이 하나의 계정에 보조원장을 두고 많은 인명계정을 통제할 수 있도록 한 계정을 통제계정(controling account)이라고 한다.

기업의 외상거래에 있어서 통제계정을 사용함으로써 다음과 같은 효과를 거둘 수 있다.

(1) 총계정원장의 계정과목수가 적어지므로, 시산표를 작성하는 데 편리하다.

(2) 재무제표를 신속하게 작성할 수 있다.

(3) 기장사무를 여러 사람에게 분담할 수가 있다.

(4) 총계정원장의 기장과 보조원장의 기장을 서로 대조할 수 있다.

(3) 통제계정과 인명계정의 장부 관계

외상으로 상거래를 하였을 때 매출채권과 매입채무계정을 사용하여 회계처리를 하는데, 이렇게만 회계처리를 할 경우 각 거래처별로 얼마의 채권이나 채무가 있는지 파악하기 어렵다. 따라서 각 거래처별로 채권·채무를 관리하기 위해 외상매출금과 외상매입금의 보조장부인 매출처원장(customers ledger) 또는 매입처원장(bought ledger)을 사용한다.

외상매출금을 (통제)계정과 인명계정(매출처원장·매입처원장)에서 처리하는 방법은 다음과 같다.

즉 외상거래가 발생하여 외상으로 상품을 매출할 때에는 외상매출금계정의 차변에 기입하는 동시에 그 내용을 보조원장인 매출처원장에 인명계정의 차변에 기입한다. 또한 외상으로 상품을 매입한 때는 외상매입금계정의 대변에 기입하는 동시에 매입처원장에 인명계정의 대변에 기입한다. 그러므로 외상매출금계정과 외상매입금계정의 대차의 합계액은 매출처원장, 매입처원장, 각 계정의 대차합계액과 일치한다.

통제계정인 외상매출금계정·외상매입금계정과 거래처원장과의 관계를 그림으로 표시하면 다음과 같다.

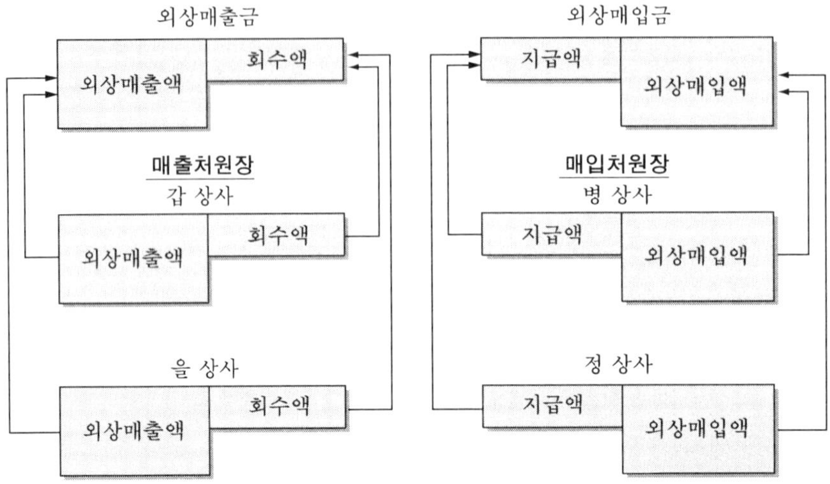

[예제 5-2] 다음 거래를 분개하고, 외상매출금계정 및 외상매입금계정 과 매출처원장 및 매입처원장에 전기하고 마감하시오.

11월 1일 외상매출금 전기이월액 - 여주상사 ₩120,000

외상매입금 전기이월액 - 이천상사 ₩100,000

3일 이천상사로부터 상품 ₩180,000을 외상으로 매입하다.

6일 여주상사에 상품 ₩96,000을 외상으로 매출하다.

12일 수원상사로부터 상품 ₩300,000을 외상으로 매입하다.

13일 수원상사에서 매입상품 중 ₩40,000을 반품하다.

18일 광주상사에 상품₩108,000을 외상으로 매출하다.

20일 이천상사에 외상매입금 ₩280,000을 수표를 발행하여 지급하다.

25일 여주상사의 외상매출금 중 ₩60,000을 동점발행수표로 받다.

[풀이]

11/1 분개없음

11/3	(차)	상 품	180,000	(대)	외상매입금	180,000	(이천상사)
11/6	(차)	외상매출금	96,000	(대)	상 품	96,000	(여주상사)
11/12	(차)	상 품	300,000	(대)	외상매입금	300,000	(수원상사)
11/13	(차)	외상매입금	40,000	(대)	상 품	40,000	(수원상사)
11/18	(차)	외상매출금	108,000	(대)	상 품	108,000	(광주상사)
11/20	(차)	외상매입금	280,000	(대)	당좌예금	280,000	(이천상사)
11/25	(차)	현 금	60,000	(대)	외상매출금	60,000	(여주상사)

총 계 정 원 장

외상매출금

날짜	적요	금액	날짜	적요	금액
11/1	전월이월	120,000	11/25	현 금	60,000
6	상 품	96,000	30	차월이월	264,000
18	상 품	108,000			
		324,000			324,000
12/1	전월이월	264,000			

외상매입금

날짜	적요	금액	날짜	적요	금액
11/13	상 품	40,000	11/1	전월이월	100,000
20	당좌예금	280,000	3	상 품	180,000
30	차월이월	260,000	12	상 품	300,000
		580,000			580,000
			12/1	전월이월	260,000

매 출 처 원 장

여 주 상 사

날짜	적요	금액	날짜	적요	금액
11/1	전월이월	120,000	11/25	현 금	60,000
6	상 품	96,000	30	차월이월	156,000
		216,000			216,000
12/1	전월이월	156,000			

광 주 상 사

날짜	적요	금액	날짜	적요	금액
11/18	상 품	108,000	10/30	차월이월	108,000
		108,000			108,000
12/ 1	전월이월	108,000			

매 입 처 원 장

이 천 상 사

날짜	적요	금액	날짜	적요	금액
11/20	당좌예금	280,000	11/1	전월이월	100,000
			3	상 품	180,000
		280,000			280,000

수 원 상 사

날짜	적요	금액	날짜	적요	금액
11/13	상 품	40,000	11/12	상 품	300,000
30	차월이월	260,000			
		300,000			300,000
			12/1	전월이월	260,000

3. 수취채권의 기말평가(대손)

수취채권을 회수할 수 없게 되는 것을 대손(貸損 : bad debt)이라 하고, 회수할 수 없는 수취채권을 재고자산에서 차감하는 것을 대손상각이라고 한다. 대손상각은 수취채권이 대가없이 제거되는 것이므로, 이를 대손상각비라는 비용(판매비와 관리비)계정으로 처리한다.

(1) 직접상각법

직접상각법은 특정채권이 실제로 회수불가능하게 되었을 때, 동 회수불가능한 금액을 당기의 비용으로 인식하고, 동시에 수취채권에서 직접 차감하는 방법이다.

이러한 직접상각법은 다음과 같은 논리적 결함을 가지고 있어, 실무에서는 사용하지 않고 있다.

① 당해연도에 계상한 대손상각비는 신용판매가 이루어진 회계연도의 매출과 관련된 것이므로, 신용판매가 이루어진 회계연도의 비용으로 인식해야 함에도 불구하고, 직접상각법은 실제 대손이 발생한 시점에서 비용처리하기 때문에 부적절한 수익·비용의 대응을 가져온다.

② 회계연도말의 수취채권금액이 순실현가능가액을 나타내지 못한다.

직접상각법의 회계처리를 나타내면 다음과 같다.

(차) 대손상각비 ××× (대) 수취채권 ×××

(2) 충당금설정법

충당금설정법은 수취채권이 계상되는 연도에 회수불능채권액을 추정하여 대손충당금을 설정하고, 동시에 이를 동 기간의 비용으로 회계처리하는 방법이다. 이러한 충당금설정법은 손익계산서접근법과 재무상태표접근법이 있다.

1) 손익계산서접근법

손익계산서접근법은 신용매출액의 일정비율에 상당하는 금액을 대손상각비로 계상하는 방법이다. 따라서 손익계산서접근법은 당기의 대손상각비가 먼저 결정되고, 이에 따라 대손충당금 잔액은 사후적으로 결정된다.

한편, 실제로 대손이 발생한 경우에는 대손충당금잔액과 관계없이 대손충당금을 차변에 기입하고, 대손처리한 채권을 회수한 경우에는 대손충당금을 대변에 기입한다. 즉, 기중의 대손에 관한 모든 회계처리는 대손충당금으로 소정하며, 기말 결산시에만 신용매출액의 일정비율만큼

을 당기 대손비용으로 계상하는 것이다.

이러한 손익계산서접근법은 손익계산서 항목인 신용매출액을 근거로 하여 비용을 계상함으로써 재무상태표접근법에 비해 상대적으로 수익·비용대응의 원칙에 부합되는 장점이 있지만, 재무상태표상 기말 매출채권의 순실현가치를 적절하게 반영하지 못하는 단점이 있다.

[예제 5-3] 다음은 (주)여주의 대손에 관한 자료이다. 손익계산서접근법에 따른 회계처리를 나타내시오.

1월 1일 대손충당금의 대변잔액은 10,000원이다.

1월 21일 전기에 매출한 7,000원의 외상매출금이 회수불가능한 것으로 판명되었다.

3월 9일 당기에 매출한 15,000원의 외상매출금이 회수불가능한 것으로 판명되었다.

6월 7일 전기에 대손처리한 외상매출금 5,000원이 회수되었다.

7월 8일 당기 3월 9일 대손처리한 외상매출금 중 10,000원이 회수되었다.

12월 31일 기말 현재의 외상매출금 잔액은 600,000원이며 당기의 외상매출액은 4,000,000원이다. 과거의 경험에 의하면 외상매출액의 1%가 대손으로 예상된다.

[풀이]

1/21	(차)	대손충당금	7,000	(대)	외상매출금	7,000
3/ 9	(차)	대손충당금	15,000	(대)	외상매출금	15,000
6/ 7	(차)	현 금	5,000	(대)	대손충당금	5,000
7/ 8	(차)	현 금	10,000	(대)	대손충당금	10,000
12/31	(차)	대손상각비	40,000	(대)	대손충당금	40,000

2) 재무상태표접근법

재무상태표접근법은 재무상태표상의 기말 매출채권잔액에 대한 대손예상액을 추정하여, 기말 대손충당금잔액을 먼저 확정하고, 이에 따라 당기 대손상각비를 사후적으로 결정하는 방법이다.

재무상태표접근법에 의한 회계처리를 살펴보면 다음과 같다.

① 결산시점에서는 재무상태표상의 기말 매출채권잔액에 대한 대손예상액을 추정하여 기말 대손충당금잔액을 먼저 확정하고 결산정리전 대손충당금잔액과 비교하여 부족분은 추가설정하고, 반대의 경우에는 차액을 환입한다.

· 기말 대손충당금 확정액 〉 결산정리전 대손충당금 잔액

(차) 대손상각비 ××× (대) 대손충당금 ×××

· 기말 대손충당금 확정액 〈결산정리전 대손충당금 잔액

(차) 대손충당금 ××× (대) 대손충당금환입 ×××

② 기중에 대손이 발생한 경우에는 대손충당금과 상계한다. 만일 대손충당금 잔액이 부족한 경우에는 동 부족액은 대손상각비로 처리한다.

(차) 대손충당금 ××× (대) 매출채권 ×××

또는

(차) 대손충당금 ××× (대) 매출채권 ×××
대손상각비 ×××

③ 만일 당기 이전에 대손처리한 채권을 회수한 경우에는 다음과 같이 회계처리한다.

(차) 현 금 ××× (대) 대손충당금 ×××

(주) 위의 분개는 전기에 대손처리했던 외상매출금의 취소분개와 외상매출금의 회수분개가 합쳐진 것이다.

〈대손처리의 취소분개〉

(차) 매출채권 ××× (대) 대손충당금 ×××

〈외상매출금의 회수분개〉

(차) 현 금 ××× (대) 매 출 채 권 ×××

이러한 재무상태표접근법을 손익계산서접근법에 비해 상대적으로 수익 · 비용대응의 원칙에는 부합되지 않는 단점이 있지만, 재무상태표상 기말 매출채권을 순실현가치로 평가하는 장점이 있다.

그리고 재무상태표접근법에 의한 대손충당금은 재무상태표에 공시할 때에는 다음과 같이 표시한다.

재무상태표

자 산	금 액		부채와 자본
: 매출채권 대손충당금 :	×××1) ×××2)	×××3)	:

1) 기말매출채권잔액
2) 당기말까지의 대손누적액
3) 기말매출채권-대손충당금

(3) 대손의 추산방법

기말채권잔액에 대한 대손예상액을 추정하는 방법에는 매출채권기말잔액법과 연령분석법(경과기간분석법)이 있다. 매출채권잔액비례법은 기말채권잔액 전체에 대해서 대손추산비율을 회수불능채권예상액으로 추정하고, 이를 기말 대손충당금잔액으로 하는 방법이다. 그리고 연령분석법은 기말채권잔액을 경과기간별로 구분하여 상이한 대손추정률을 적용하여 대손예상액을 추산하는 방법이다.

연령분석법은 채권의 경과일수에 따라 상이한 대손추정률을 적용하므로 채권의 연령과는 관계없이 동일한 대손추정률을 적용하는 채권잔액비례법보다는 체계적이고 합리적인 방법이라고 할 수 있다.

[예제 5-4] 충당금설정법(재무상태표 접근법 : 매출채권기말잔액법)

다음 (주)여주의 대손에 관한 회계처리를 재무상태표 접근법 및 매출채권기말잔액법에 의하여 하시오.

2009. 12. 31. 결산기준일 현재의 외상매출금 ₩100,000,000에 대하여 3%의 대손충당금을 설정하였다.

2010. 3. 31. 이천상사(주)가 부도가 나 외상매출금 ₩2,000,000이 회수불능되었다.

2010. 8. 31. (주)수원이 부도가 나 외상매출금 ₩3,000,000이 회수불능되었다.

2010. 12. 31. 결산기준일 현재의 외상매출금 ₩300,000,000에 대하여 5%의 대손충당금을 설정하였다.

2011. 4. 20. 광주(주)가 부도가 나 외상매출금 ₩5,000,000이 회수불능되다.

2011. 6. 30. 전년도 3. 31. 대손처리하였던 이천상사(주)의 외상매출금 2,000,000이 현금으로 회수되었다.

2011. 12. 31. 결산기준일 현재의 외상매출금 ₩200,000,000에 대하여 2%의 대손충당금을 설정하였다.

[풀이]

2009. 12/31 (차) 대손상각비(판매비와관리비) 3,000,000 (대) 대손충당금 3,000,000
 * 기말 대손충당금 추산설정액 : 100,000,000 × 3% = 3,000,000

2010. 3/31 (차) 대손충당금 2,000,000 (대) 매출채권(외상매출금) 2,000,000
 * 전년도말 대손충당금 3,000,000에서 2,000,000 차감

2010. 8/31 (차) 대손충당금 1,000,000 (대) 매출채권(외상매출금) 3,000,000

대손상각비 2,000,000
* ① 전년도말 대손충당금 잔액 1,000,000 차감
② 대손충당금 부족액 당기의 대손상각비(판매비와 관리비)로 회계처리
2010. 12/31 (차) 대손상각비 15,000,000 (대) 대손충당금 15,000,000
* 기말 대손충당금 추산설정액 : 300,000,000 × 5% = 15,000,000
2011. 4/20 (차) 대손충당금 5,000,000 (대) 매출채권 5,000,000
* 전년도말 대손충당금 15,000,000에서 5,000,000 차감
2011. 6/30 (차) 현 금 2,000,000 (대) 대손충당금 2,000,000
* 6/30 현재의 대손충당금 : 전년도말 대손충당금 15,000,000 - 4/20 대손충당금 5,000,000 차감 + 6/30 전년도 외상매출금 회수 대손충당금 2,000,000 = 12,000,000
2011. 12/31 (차) 대손충당금 8,000,000 (대) 대손충당금 환입 8,000,000
* ① 당기말 대손충당금 잔액 12,000,000
② 당기말 대손충당금 추산설정액 4,000,000
③ 당기말 대손충당금 환입액 (8,000,000) = 당기말 대손충당금 잔액 (12,000,000) - 당기말 대손충당금 추산 설정액 (4,000,000)

K-GAAP에 의한 대손회계처리방법은 재무상태표접근법에 의하여 하도록 하고 있다.

그리고 매출채권뿐만 아니라 기타의 채권에 대해서도 대손충당금을 설정하여야 하는데, 주된 영업활동에서 발생한 매출채권에 대한 대손비용은 판매비와 관리비로, 기타의 채권에 대한 대손비용은 기타의 대손상각비로 하여 영업외비용으로 회계처리하여야 한다.

제 2 절 외화표시 채권 · 채무

외화표시 채권 · 채무란 외국에 재화나 용역을 수출하거나 수입하는 경우 또는 자금을 대여하거나 차입하는 경우이며, 이 경우에는 원화(₩)가 아닌 미화($)를 기준으로 거래가 이루어진다. 이와 같이 미화로 거래가 이루어지므로, 거래가 이루어지는 시점에 따라 미화로 표시된 금액을 원화로 바꾸어 재무제표에 표시하여야 한다. 수출이나 대여의 경우는 수출 · 대여 시점, 결산시점, 회수시점에 따른 원화와 미화의 환율차이를 조정하여야 하며, 수입이나 차입의 경우는 수입 · 차입 시점, 결산시점, 상환시점에 따라 원화와 미화의 환율차이를 조정하여야 한다.

회계기말에 환율변동에 따른 회계처리는 외화환산이익(영업외수익) 또는 외화환산손실(영업외비용)로 회계처리하여야 하고, 회수나 상환시에는 외환차익(영업외수익) 또는 외환차손(영업외비용)으로 회계처리하여야 한다. 이를 정리하면 다음과 같다.

결산시	외화환산이익(영업외수익)	결산시 화폐성 외화자산 또는 외화부채 평가시 환율변동에 따른 차익
	외화환산손실(영업외비용)	결산시 화폐성 외화자산 또는 외화부채 평가시 환율변동에 따른 차손
회수 · 상환시	외환차익(영업외수익)	외화자산 회수 또는 외화부채 상환시의 환율변동에 따른 차익
	외환차손(영업외비용)	외화자산 회수 또는 외화부채 상환시의 환율변동에 따른 차손

[예제 5-5] 다음의 외화표시 채무에 대하여 분개하시오.

(1) 2009년 9월 30일 미국으로부터 1년 만기의 외화차관 $500,000을 도입하다(9/30 환율 :₩1,000/1$).

(2) 2009년 12월 31일 위의 외화차입금을 기말이 되어 평가하다(12/31 환율 :₩1,200/1$).

(3) 2010년 9월 30일 위의 외화차입금을 상환하다(9/30 환율 : ₩1,050/1$).

[풀이]

(1) 2009. 9/30 (차) 현 금 500,000,000 (대) 외화차입금 500,000,000
　* $500,000 × ₩1,000 = 500,000,000
(2) 2009.12/31 (차) 외화환산손실 100,000,000 (대) 외화차입금 100,000,000
　* $500,000 × (₩1,000 -₩1,200) = (-) 100,000,000
(3) 2010.9/30 (차) 외화차입금 600,000,000 (대) 현 금 525,000,000
　외환차익 75,000,000
　* $500,000 × (₩1,200 - ₩1,050) = 75,000,000

제3절 어 음

(1) 어음의 의의

어음에는 약속어음과 환어음이 있다. 약속어음(promis-sory note)은 채권자와 채무자의 관계에서 채권·채무를 변제하기 위하여, 발행인이 일정한 시기에 일정한 장소에서 수취인에게 일정한 금액을 지급할 것을 직접 약속하는 증서이다.

환어음(bill or exchange)은 발행인이 지급인에게 일정한 금액을 일정한 기일에 수취인에게 지급하여 줄 것을 위탁하는 증서이다. 환어음을 받은 수취인은 지급인에게 제시하여 지급 여부를 확인하여야 한다. 이 때 환어음의 지급인이 지급승낙을 하고 어음의 인수란에 기명날인하는 행위를 어음의 인수(acceptance)라 하고 인수인이 곧 지급인이 된다. 그러나 실제적으로는 발행인이 지급인에게 제시하여 인수절차가 끝난 후에 수취인에게 인도하는 것이 일반적이다. 그리고 어음상의 채권과 채무를 처리하는 계정은 어음의 종류에 의하여 구분되는 것이 아니라, 어음상의 채권은 받을어음계정으로, 채무는 지급어음계정으로 분류하여 처리한다.

즉 약속어음과 환어음은 법률상의 구별일 뿐, 회계처리에 있어서는 어음상의 채권을 받을어음계정(bills or notes receivable account)으로, 채무를 지급어음계정(bills or notes payable account)으로 처리한다. 그리고 어음거래에 대한 상세한 내용은 보조부인 받을어음기입장(notes receivable book)과 지급어음기입장(notes payable book)에 기입한다. 환어음과 약속어음과의 관계와 발행절차를 표시하면 다음과 같다.

약속어음
- 발행인……… 어음금액의 지급인(채무자) → 지급어음
- 수취인……… 어음금액의 수취인(채권자) → 받을어음

환 어 음
- 발행인……… 어음작성자로서 직접적으로 어음금액을 지급하거나 수취하지 않는다.
- 지급인……… 어음금액의 지급인(채무자)
- 수취인……… 어음금액의 수취인(채권자)

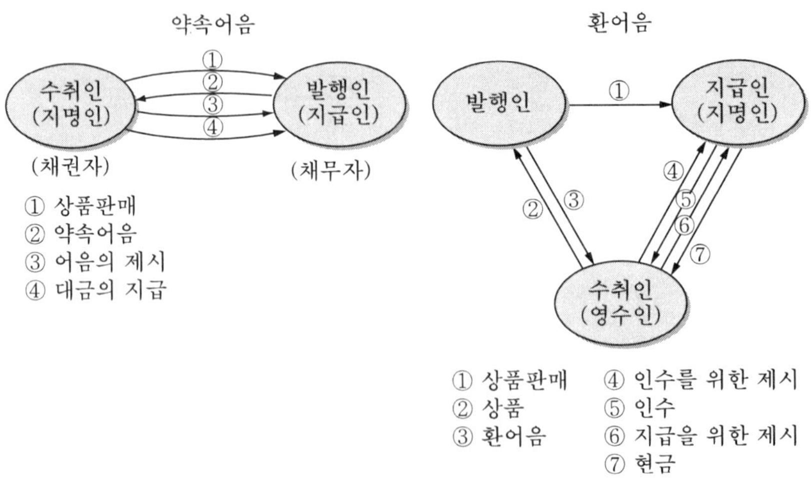

〈그림 5-1〉 어음의 발행과 결제절차

그런데 어음거래는 반드시 일반적 상거래와 관련해서만 발생하는 것은 아니고, 자금대차 또는 토지 · 건물 등의 매매와 관련해서도 발생한다. 즉 자금을 대여하거나 토지 또는 건물을 매각하고 그 대금을 어음으로 받는 경우도 있고, 자금을 차입하거나 토지 또는 건물을 구입할 경우에는 그 대금을 어음을 발행하여 지급할 수가 있다.

K-GAAP에서는 어음상의 채권·채무를 기간에 따라 구분하고 있는데, 그 내용을 보면, 1년 이내의 만기를 가진 받을어음은 유동자산이고, 1년 이상의 장기성받을어음은 투자자산(장기매출채권)으로 분류한다. 또한 만기가 1년 이내인 지급어음은 유동부채로, 만기가 1년을 초과하는 장기성지급어음은 비유동부채(장기성매입채무)로 분류한다. 즉 단기성받을어음은 채권으로 유동자산에, 장기성어음은 장기성채권으로 투자자산에 속하고, 단기지급어음은 채무로 유동부채에, 장기성지급어음은 장기성채무로 비유동부채에 속한다.

(2) 어음의 종류별 회계처리

1) 받을어음계정

받을어음계정(bills or notes receivable account)은 약속어음이나 환어음을 불문하고, 어음채권의 발생은 차변에 기입하고, 소멸은 대변에 기입하여 처리하는 계정으로서, 주된 영업활동에서 발생한 받을어음은 유동자산으로, 결산시 재무제표에는 외상매출과 함께 매출채권으로 표시한다.

받 을 어 음

(어음채권의 증가)	(어음채권의 감소)
(1) 타인발행 약속어음의 수입	(1) 어음 대금의 회수
(2) 타인지급 환어음의 수입	(2) 어음의 배서양도
(3) 자기지시 환어음의 발행	(3) 어음의 할인
(4) 약속어음 환어음의 양수	(4) 어음개서에 의한 구어음의 반환
(5) 어음개서에 대한 신어음의 수입	(5) 어음의 부도

[예제 5-6] 다음 거래를 분개하시오.

(1) 여주(주)에 상품 ₩3,000,000을 매출하고, 그 대금은 동점 발행의 약속어음으로 받다.

(2) 이천(주)의 외상매출금 ₩5,000,000에 대하여 동점발행 광주상회 앞 당점영수의 환어음을 받고 즉시 인수하다.

(3) 여주(주) 발행의 약속어음이 금일 만기일이 되어 은행에 추심의뢰 후 당사의 보통예금계좌에 입금되었다.

[풀이]

(1)	(차)	받을어음	3,000,000	(대)	상 품	3,000,000
(2)	(차)	받을어음	5,000,000	(대)	외상매출금	5,000,000
(3)	(차)	보통예금	3,000,000	(대)	받 을 어 음	3,000,000

2) 지급어음계정

지급어음계정(bills or notes payable account)은 약속어음의 발행 또는 환어음의 인수 등 어음채무의 발생을 처리하는 부채계정으로, 결산시 재무제표에는 외상매입금과 함께 매입채무계정으로 표시한다. 어음채무가 발생하였을 때에는 이 계정의 대변에, 어음대금을 지급할 경우에는 이 계정의 차변에 기입한다. 대변잔액은 어음채무의 미지급액을 표시하며, 자기지급 환어음의 발행은 약속어음과 같은 것이므로, 이 계정대변에 기입한다.

지 급 어 음

(어음채무의 감소)	(어음채무의 발생)
(1) 어음금액의 지급	(1) 약속어음의 발행
(2) 자기발행의 약속어음의 수입	(2) 환어음의 인수
(3) 어음개서에 의한 환어음의 수입	(3) 자기지급 환어음의 발행
	(4) 어음개서에 의한 신어음의 발행 또는 인수

[예제 5-7] 다음 거래를 분개하시오.

(1) 여주(주)에서 상품 ₩3,500,000을 매입하고, 약속어음을 발행하여 지급하다.

(2) 이천(주)이 발행한 환어음 액면 ₩450,000을 금일 용인상회의 제시가 있어 이를 인수하다. 다만 이천 상회에 대한 외상매입금은 ₩7,500,000이 있다.

(3) 위 여주(주)에 대하여 발행한 약속어음이 오늘 만기가 되어 현금으로 지급하다.

[풀이]

(1)	(차)	상 품	3,500,000	(대)	지 급 어 음	3,500,000
(2)	(차)	외 상 매 입 금	450,000	(대)	지 급 어 음	450,000
(3)	(차)	지 급 어 음	3,500,000	(대)	현 금	3,500,000

3) 어음기입장

어음상의 채권·채무를 기입하기 위한 보조부를 어음기입장이라하고, 받을어음기입장과 지급어음기입장이 있다. 어음기입장을 사용하면 어음상의 채권·채무에 대한 명세를 통하여 어음관리가 편리하다.

[예제 5-8] 다음 거래를 분개하고, 어음기입장에 기입하시오.

8월 1일 여주(주)에 상품을 매출하고, 그 대금 ₩5,000,000을 동점발행 당점앞 약속어음(발행일 8월1일, 만기일 8월 10일, 지급장소 우리은행 종로지점) #7을 받다.

8월 5일 수원상회에 상품 ₩1,500,000을 매출하고, 대금은 동점발행 이천상사 앞 당점영수의 환어음(발행일 8월 5일, 만기일 10월 5일, 지급장소 제일은행 강남지점) #9를 받고, 곧 이천상사의 인수를 받다.

8월 8일 용인상회의 외상매출금 회수하기 위하여 동점앞 당점영수의 환어음 ₩1,750,000(발행일 8월 8일, 만기일 9월 8일, 지급장소 우리은행본점) #7을 발행하고 인수를 받다.

8월 10일 여주상사 발행의 약속어음 ₩5,000,000을 현금으로 받다.

8월 13일 오산상회로부터 상품을 매입하고, 그 대금 ₩3,000,000에 대하여 약속어음(발행일 8월 13일, 만기일 8월 30일, 지급장소 서울은행 종로지점) #10을 발행하다.

8월 17일 을지상사 발행 당점앞 광주상사 영수 액면 ₩2,750,000의 환어음(발행일 8월 17일, 만기일 10월 17일, 지급장소 하나은행 청운지점) #9의 제시를 받아 인수를 하다. 을지상사에는 동액의 외상매입금이 있다.

8월 20일 평택상회로부터 상품을 매입하고, 그 대금 ₩1,500,000은 당점발행 당점앞 환어음(발행일 8월 20일, 만기일 9월 20일, 지급장소 하나은행 종로지점) #8을 발행하다.

8월 30일 용인상회에 발행한 약속어음 ₩3,000,000의 만기가 되어 당점의 당좌예금에서 지급하였다는 종로지점의 연락을 받다.

[풀이]

8/1	(차) 받을어음	5,000,000	(대) 상품	5,000,000
5	(차) 받을어음	1,500,000	(대) 상품	1,500,000
8	(차) 받을어음	1,750,000	(대) 외상매출금	1,750,000
10	(차) 현금	5,000,000	(대) 받을어음	5,000,000
13	(차) 상품	3,000,000	(대) 지급어음	3,000,000
17	(차) 외상매입금	2,750,000	(대) 지급어음	2,750,000
20	(차) 상품	1,500,000	(대) 지급어음	1,500,000
30	(차) 지급어음	3,000,000	(대) 당좌예금	3,000,000

<u>받 을 어 음 기 입 장</u>

연 월	일	적요	금 액	어음종류	어음번호	지급인	발행인또는배서인	발행일		만기일		지급장소	전말 월일		전말 적요
8	1	상품매출	5,000,000	약	7	여주상사	금성상사	8	1	8	10	한빛은행 종로지점	8	10	입금
	5	상품매출	1,500,000	환	9	이천상사	부산상회		5	10	5	제일은행 강남지점			
	8	외 상 매출금	1,750,000	환	7	용인상사	당 점		8	9	8	한빛은행 본 점			

<u>지 급 어 음 기 입 장</u>

연 월	일	적요	금 액	어음종류	어음번호	영수인	발행인또는배서인	발행일		만기일		지급장소	전말 월일		전말 적요
8	13	상품매입	3,000,000	약	10	오산상사	당점	8	13	8	30	하나은행 명동지점	8	30	지급
	17	외상매입금	2,750,000	환	9	광주상사	을지		17	10	17	하나은행 청운지점			
	20	상품매입	1,500,000	환	8	평택상사	당점		20	9	20	하나은행 종로지점			

(3) 어음의 배서와 할인

어음의 소지인은 만기일 전에 타인에게 소지한 어음을 자유로이 양도할 수 있다. 이러한 경우 어음 소지인은 어음 뒷면에 어음권리양도의 의사표시로서 서명・날인을 하여야 한다. 이것을 어음배서(endorsement)라 하며, 어음 양도인을 배서인, 어음 양수인을 피배서인이라고 한다. 어음배서에는 ① 배서양도, ② 추심위임배서, ③ 받을어음 할인의 3가지 경우가 있다.

1) 어음배서양도(거래상대방)

거래상대방(매입처)에게 어음을 배서양도하는 경우는 타인(받을어음)이 어음을 발행하고, 당사가 소지하고 있던 어음을 대금결제를 위하여 매입처에게 양도하는 경우이다. 거래상대방에 어음을 배서양도 할 때의 회계처리는 매각거래와 차입거래의 2가지가 있으며, K-GAAP에서는 차입거래로 회계처리하도록 하고 있다.

① 매각거래

매각거래에서는 상품을 매입하고 어음 배서양도시 차변에 상품 ×××, 대변에 받을어음 ×××으로 회계처리하였다가, 어음 만기일에 어음대금이 무사히 결제되었다는 통지를 받으므로서 회계처리가 종료된다.

② 차입거래

차입거래에서는 상품을 매입하고, 어음 배서양도시 어음만기일까지 채무가 당사에 있는 것으로 하여, 다음과 같이 회계처리한다.

〈상품을 매입하고 어음을 배서양도시〉

(차) 상　　품 ×××　　(대) 단기차입금(당좌자산) ×××

〈만기일에 어음대금이 무사히 결제시〉

(차) 현　　금 ×××　　(대) 받을어음 ×××

단기차입금 ×××

[예제 5-10] 다음 연속된 거래를 분개하시오.

(1) 5월 1일 (주)이천상사에 상품 ₩1,000,000을 매출하고, 이천상사 발행 (만기일 : 7월 31일) 약속어음을 수령하였다.

(2) 6월 30일 위의 (주)이천상사로부터 받은 약속어음을 매입처 수원상사(주)의 대금결제를 위하여 배서양도하였다.

(3) 7월 31일 위의 (주)이천상사 발행 약속어음이 은행에서 대금결재되었다고, 수원상사(주)로부터 통지를 받았다.

[풀이]

(1)	5/1	(차)	받 을 어 음	1,000,000	(대)	상　　품	1,000,000
(2)	6/30	(차)	외상 매입금	1,000,000	(대)	단기 차입금	1,000,000
(3)	7/31	(차)	단기 차입금	1,000,000	(대)	받 을 어 음	1,000,000

2) 어음의 추심위임배서(어음 만기시 은행에 추심위임)

타인으로 받은 어음이 만기가 되어 은행에 추심을 의뢰(일반적으로 어음 만기일 7일~10일 이전)하였을 경우의 회계처리이다. 이를 추심위임배서라 하며, 이때에는 채권의 소멸이 아니므로, 추심의뢰에 대한 회계처리만을 하고, 은행으로부터 추심 완료되었다는 통지를 받았을 때 받을어음 계정의 대변에서 회계처리한다. 또한 추심위임배서를 위해 추심료를 지급할 때에는 지급수수료(판매비와 관리비)에서 회계처리한다.

[예제 5-10] 다음의 연속된 거래를 분개하시오.

(1) 5월 1일 (주)이천상사에 상품 ₩1,000,000을 매출하고, 이천상사 발행(만기일 : 7월 31일) 약속어음을 수령하였다.

(2) 7월 24일 위의 (주)이천상사로부터 받은 어음이 만기일이 다가와 당사의 주거래은행인 우리은행에 추심의뢰하고, 추심의뢰비용 ₩50,000을 현금으로 지급하였다.

(3) 7월 31일 추심의뢰한 (주)이천상사의 어음이 결재되어, 당사의 보통예금 통장에 입금되었다고, 우리은행으로부터 통지를 받다.

[풀이]

(1)	5/1	(차)	받 을 어 음	1,000,000	(대)	상 품	1,000,000
(2)	7/24	(차)	지급 수수료	50,000	(대)	현 금	50,000
(3)	7/31	(차)	보 통 예 금	1,000,000	(대)	받 을 어 음	1,000,000

3) 받을어음의 할인

타인으로 받은 약속어음을 당사의 자금융통을 위하여 은행에서 할인받는 경우를 어음의 할인(discount)라 한다. 이때에는 할인일로부터 만기일까지 어음금액에 대한 이자(할인료)를 차감한 금액으로 배서양도하고, 현금화할 수 있다. 이와 같이 어음을 할인할 경우의 회계처리도 어음의 배서양도와 같이 ① 매각거래와 ② 차입거래의 2가지가 있으며, ①의 경우는 어음의 권리와 의무가 양도인으로부터 분리되어 금융기관으로 실질적으로 이전되는 경우이며, ②의 경우는 어음의 권리와 의무가 양도인으로부터 분리되지 않아 금융기관으로 이전되지 않는 경우이다.

① 매각거래

[예제 5-11] 다음 연속된 거래를 어음의 매각거래로 분개하시오.

(1) 5월 1일 (주)이천상사에 상품 ₩10,000,000-을 매출하고, 이천상사 발행 (만기일 : 7월 31일) 약속어음을 수령하였다.

(2) 5월 31일 위의 (주)이천상사로부터 받은 약속어음을 자금융통을 위하여 우리은행에서 할인하고, 차액은 당사의 당좌예금에 입금하였다. 할인일로부터 만기일까지의 할인료는 ₩325,000이었다.

(3) 7월 31일 5월 31일 할인한 (주)이천상사 발행 약속어음이 대금결재되었다고, 우리은행으로부터 통지를 받았다.

[풀이]

(1)	5/1	(차)	받 을 어 음	1,000,000	(대)	상 품	1,000,000
(2)	7/24	(차)	당 좌 예 금	9,675,000	(대)	받 을 어 음	1,000,000
			매출채권처분손실 (영업외비용)	325,000			
(3)	7/31	(차)	분 개 없 음				

② 차입거래

어음할인시의 차입거래에서는 어음만기일까지 채무가 당사에 있는 것으로 하여, 다음과 같이 회계처리한다.

〈거래은행에 어음할인시〉

(차) 당 좌 예 금 ××× (대) 단기차입금/(유동부채) ×××
이 자 비 용 ×××

〈만기일에 어음대금이 무사히 결제시〉

(차) 현 금 ××× (대) 받 을 어 음 ×××
단기차입금 ×××

[예제 5-12] 위의 어음 매각거래의 문제를 어음 차입거래로 분개하시오.

(1) 5월 1일 (주)이천상사에 상품 ₩10,000,000-을 매출하고, 이천상사 발행 (만기일 : 7월 31일) 약속어음을 수령하였다.

(2) 5월 31일 위의 (주)이천상사로부터 받은 약속어음을 자금융통을 위하여 우리은행에서 할인하고, 차액은 당사의 당좌예금에 입금하였다. 할인일로부터 만기일까지의 할인료는 ₩325,000이었다.

(3) 7월 31일 5월 31일 할인한 (주)이천상사 발행 약속어음이 대금결재되었다고, 우리은행으로부터 통지를 받았다.

[풀이]

(1)	5/1	(차)	받 을 어 음	1,000,000	(대)	상 품	1,000,000
(2)	5/31	(차)	당 좌 예 금	9,675,000	(대)	단 기 차 입 금	1,000,000
			이 자 비 용 (영업외 비용)	325,000			
(3)	7/31	(차)	단기 차입금	10,000,000	(대)	받 을 어 음	10,000,000

일반적으로 ① 매각거래는 주된 영업활동에서 발생한 어음에 대한 할인에서 사용하고, ② 차입거래는 일시적 자금융통 목적으로 당사가 발행한 어음(융통어음)의 할인을 위한 회계처리에서 사용한다.

K-GAAP에서도 주된 영업활동에서 발생한 어음의 할인은 매각거래로 회계처리하며, 일시적 자금융통 목적 융통어음의 할인은 차입거래로 회계처리하도록 요구하고 있다.

(4) 부도어음

부도어음(dishonoured bills)은 어음소지인이 만기일에 은행에 현금수취를 요청하였으나, 지급인으로부터 지급이 거절된 어음을 말한다. 이 때에 부도어음의 소지인은 지급거절의 사실을 증명하는 지급거절증서를 공증인으로부터 작성하여 증서작성비 · 법정이자 등의 제비용과 함께 배서인 또는 어음발행인에게 상환청구를 하여야 한다.

어음이 부도가 발생되면 대손으로 처리하여야 하지만, 회수가능성 있는 받을어음은 부도어음계정에 대체시킨다. 그리고 부도어음계정은 상환청구를 하였을 때에는 부도어음계정 차변(기타 비유동자산)에 기입하고, 상환받았을 때에는 이 계정의 대변에 기입한다.

1) 자기소유어음의 부도

[예제 5-13] 다음 거래를 분개하시오.

(1) 여주상회에서 받은 약속어음 ₩10,000,000 만기일에 지급을 요청하였으나, 지급거절을 당하여 즉시 상환청구하다. 지급거절증서작성비 ₩75,000 기타비용 ₩50,000을 현금으로 지급하다.

(2) 여주상회에서 어음금액과 지급거절증서작성비 · 기타제비용 및 이자 ₩100,000을 현금으로 받다.

[풀이]

(1)	(차) 부 도 어 음	10,125,000	(대)	받 을 어 음	10,000,000
				현 금	125,000
(2)	(차) 현 금	10,255,000	(대)	부 도 어 음	10,125,000
				이 자 수 익	100,000

2) 배서양도한 어음의 부도

[예제 5-14] 다음 거래를 분개하시오.

(1) 광수상점에서 배서양도한 약속어음 ₩25,000,000이 부도가 되어, 동점에서 지급거절증서

작성비 ₩75,000 제비용 ₩50,000과 함께 상환청구가 있어, 현금을 지급하여 주고, 발행인 이천상점에 상환청구를 하다.

(2) 위 (1)의 청구금액을 회수하지 못하여 대손으로 처리하다. 단 대손충당금잔액은 ₩3,500,000이 설정되어 있다.

[풀이]

(1)	(차) 부 도 어 음	25,125,000	(대) 현 금	25,125,000
(2)	(차) 대손충당금	3,500,000	(대) 부 도 어 음	25,125,000
	대손상각비	21,625,000		

(5) 어음개서

어음의 개서는 어음의 만기일에 지급인이 자금부족으로 지급을 연기하고자 할 경우, 어음소지인은 지급기일을 연기해 줄 수 있다. 이 때 새로운 어음을 발행하여 과거의 어음과 교환하여 주는 것을 어음개서(renewal of bill)라 한다. 어음을 개서할 때 본래 어음의 채권·채무를 소멸하고 새 어음에 의한 채권·채무가 발생하는데, 이에 따른 이자추가액은 어음금액에 가산하거나 현금으로 결제한다.

[예제 5-15] 다음을 분개하시오.

이천상사에 발행하여 교부한 약속어음(#5) ₩800,000이 금일 만기일이나 당사의 자금사정이 어려워 이천상사와 협의하여 지급기일을 연기하고, 어음을 개서하였다. 신어음의 기일(期日)까지의 이자 ₩20,000을 현금으로 지급하다.

[풀이]

(차) 지급어음	800,000(구어음)	(대) 지 급 어 음	800,000(신어음)
지급이자	20,000	현 금	20,000

(6) 화환어음

원격지(외국)에 상품을 매출하고, 매입회사의 대금을 기다리지 않고, 미리 상품대금을 회수하기 위하여 운송중의 화물을 대표하는 선하증권 또는 화물대표증권과 기타 서류를 담보로 제공하고 자기를 수취인, 수화인을 지급인으로 하여 발행한 환어음을 은행에서 할인받아 대금을 미리 회수하는 금융절차를 화환취결이라 하고, 이 때 발행되는 환어음을 화환어음(documentary draft)이라 한다. 원격지에 상품을 매출할 때 자금을 속히 회전시키기 위하여 발행하는 것으로, 무역거래에서 많이 이용되고 있으며, 화환어음의 금액 중 미리 회수할 수 있는 융통금액은 발송화물의 대금전액으로 하는 수도 있으나, 보통은 70~80% 정도로 하고 잔액은 매출채권 · 매입채무로 처리한다.

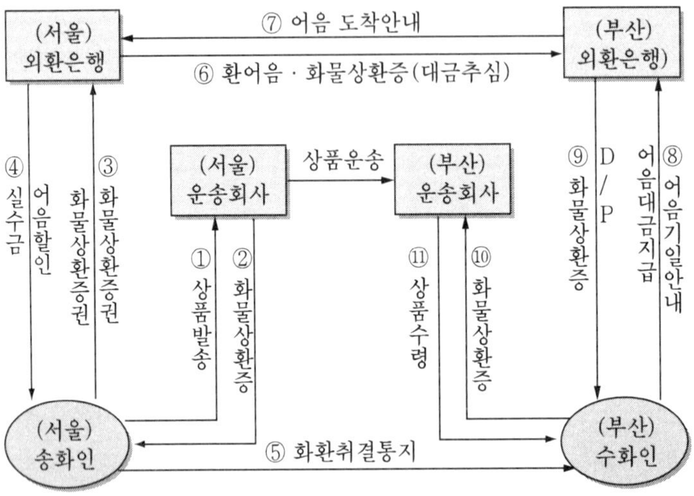

〈그림 5-2〉 화환의 취결

화물을 찾을 때 화물이 도착하여 지급인이 화환어음의 인수만으로 화물을 인수하게 되는 인수인도조건(documnets against acceptance; D/A)과 어음대금을 지급하여야 화물을 인수하는 지급인도조건(documents against payment; D/P)이 있다.

[예제 5-16] 다음 거래를 분개하시오.

(1) 한국의 갑회사는 미국의 A회사로부터 주문을 받아 상품 ₩3,000,000을 발송하고, 한국의 외환은행에서 ₩2,400,000의 환어음을 발행하여 화환을 취결하고, 할인료 ₩60,000을 차감한 실수금은 당좌예금하다.

(2) 미국의 A회사는 위의 화환어음을 제시받아 이를 인수하고 선하증권을 받다.

(3) 미국의 A회사는 화물이 도착되어 선하증권으로 화물을 교부받다.

[풀이]

(1) (차)	당 좌 예 금	2,340,000	(대)	상 품	3,000,000
	이 자 비 용	600,000			
	외 상 매 출 금	60,000			
(2) (차)	미 착 상 품	3,000,000	(대)	지 급 어 음	2,400,000
				외 상 매 입 금	600,000
(3) (차)	상 품	3,000,000	(대)	미 착 상 품	3,000,000

제 4 절 기타의 수취채권과 지급채무

1. 단기대여금 · 단기차입금

단기대여금계정(short-term loan receivable account)은 주된 영업활동 외에서 1년 이내에 회수기한이 도래하는 금전을 타인에게 대여한 채권을 처리하는 계정이다. 타인에게 대여하였을 때에는 차변에, 회수할 때에는 대변에 기입한다. 따라서 잔액은 차변에 남게 되어 대여금의 미회수액을 표시한다.

단기차입금계정(short-term loan payable account)은 금융기관이나 제3자로부터 차입하여 1년 이내에 상환될 차입금 또는 기업이 금융기관과 당좌차월계약을 체결하여 일정금액 한도내에서 당좌예금잔액을 초과하여 어음이나 수표를 발행하여도 결재하여 주는 당좌차월을 처리하는 계정이다. 차입액은 대변에, 상환액은 차변에 기입한다. 따라서 잔액은 대변에 남게 되고 상환하지 못한 금액은 부채로 표시한다.

단기대여금은 유동자산의 당좌자산에, 단기차입금은 유동부채에 속한다.

단기대여금	
대여금	회수액

단기차입금	
상환액	차입액

[예제 5-17] 다음 거래를 분개하시오.

(1) 김갑돌로부터 차용증서를 받고, 현금 ₩2,000,000을 단기대여하다.

(2) 위의 단기대여금을 이자 ₩10,000과 함께 현금으로 회수하다.

(3) 이상철로부터 ₩1,000,000을 현금으로 단기차입하다.

(4) 위 (3)의 단기차입금을 이자 ₩5,000과 함께 수표를 발행하여 지급하다.

[풀이]

(1)	(차)	단기대여금	2,000,000	(대)	현 금	2,000,000
(2)	(차)	현 금	2,010,000	(대)	단기대여금	2,000,000
					이 자 수 익	10,000
(3)	(차)	현 금	1,000,000	(대)	단기차입금	1,000,000
(4)	(차)	단기차입금	1,000,000	(대)	당 좌 예 금	1,005,000
		이 자 비 용	5,000			

그리고, 단기대여금에 대한 대손의 처리는 기타의 대손상각비(영업외 비용)로 회계처리하여, 매출채권에 의한 대손처리인 대손상각비(판매비와 관리비)와 구별한다.

[예제 5-18] 다음 거래를 분개하시오.

(1) 단기대여금 ₩600,000이 회수불능으로 판명되다. 단기대여금에 대한 대손충당금 ₩400,000이 설정되어 있다.

(2) 단기대여금 ₩20,000,000에 대한 1%의 대손을 예상하다. 다만 이에 대한 대손충당금잔액은 없다.

[풀이]

(1)	(차)	대 손 충 당 금	400,000	(대)	단기대여금	600,000
		기타의 대손상각비	200,000			
(2)	(차)	기타의 대손상각비	200,000	(대)	대손충당금	200,000

2. 미수금 · 미지급금

주된 영업활동에서 발생한 채권은 외상매출금계정으로, 채무는 외상매입금계정으로 처리한다. 그러나 주된 영업활동 외에서 발생한 일시적인 채권은 미수금계정(receivable other account)으로 채무는 미지급금계정(payable other account)으로 처리한다.

미수금계정은 주된 영업활동 외의 수취채권에 대한 미수액을 처리하며, 유동자산 : 당좌자산에 속하고, 미지급금계정은 주된 영업활동 외의 지급채무에 대한 미지급액을 처리하고, 유동부채에 속한다.

미수금과 관련된 대손의 회계처리는 단기대여금과 같이 기타의 대손상각비(영업비용)로 처리하여야 한다.

[예제 5-19] 다음 거래를 분개하시오.

(1) 불필요한 업무용 토지를 ₩400,000에 매각하고, 그 대금은 월말에 받기로 하다.

(2) 영업용건물을 ₩900,000에 구입하고, 대금은 월말에 지급키로 하다.

[풀이]

	차변	금액	대변	금액
(1)	(차) 미 수 금	400,000	(대) 토 지	400,000
(2)	(차) 건 물	900,000	(대) 미 지 급 금	900,000

3. 선급금 · 선수금

선급금계정(Advance payments account)은 영업활동에 있어서 상품을 인수하기 전에 거래대금의 일부를 지급하는 경우에 처리하는 계정으로 유동자산 : 당좌자산에 속한다. 선수금계정(advance receipts account)은 영업활동에서 상품을 인도하기 전에 거래대금의 일부를 미리 영수하였을 경우에 처리하는 유동부채에 속한다. 두 계정은 상품의 인수와 인도가 끝나면, 선급금은 매입계정에, 선수금은 매출계정에 대체시킨다.

[예제 5-20] 다음 거래를 분개하시오.

(1) 이천상회에 상품 ₩1,100,000을 주문하고, 그 대금 중 ₩300,000을 현금으로 선급하다.

(2) 위의 상품이 도착하여, 잔액을 현금으로 지급하다.

(3) 여주상회에서 상품 ₩300,000을 주문받고, 계약금 ₩200,000을 동점발행수표로 받다.

(4) 위 상품을 인도하고, 잔액은 동점발행수표로 받다.

[풀이]

	차변	금액	대변	금액
(1)	(차) 선 급 금	300,000	(대) 현 금	300,000
(2)	(차) 상 품	1,100,000	(대) 현 금	800,000
			선 급 금	300,000
(3)	(차) 현 금	200,000	(대) 선 수 금	200,000
(4)	(차) 현 금	100,000	(대) 상 품	300,000
	선 수 금	200,000		

4. 가지급금 · 가수금

가지급금계정(suspense payments account)과 가수금계정(suspense trceipt account)은 현금의 지급 또는 수입은 있었으나, 계정과목이 확정되지 않았거나 금액을 확정하지 못한 경우에 사용되는데, 금액 및 과목이 확정될 때까지 일시적으로 처리하는 가계정(=비망계정)을 말한다. 과목 및 금액이 확정되면, 확정된 계정에 대체하여야 한다. 전자는 자산계정이고, 후자는 부채계정이다. 가지급금과 가수금계정은 재무제표에는 표시하지 않고, 결산기말에 이들의 성격에 따라 적절한 계정과목에 대체하여야 한다.

[예제 5-21] 다음 거래를 분개하시오.

(1) 대구로 출장 가는 사원 남일준에게 여비명목으로 ₩600,000을 현금으로 지급하다.

(2) 출장사원 남일준으로부터 ₩10,000,000이 온라인으로 입금되다.

(3) 출장 갔던 남일준은 대구에서 귀사하여, 여비를 정산하고, 잔액 ₩100,000을 반환하다.

(4) 온라인으로 입금된 금액 ₩10,000,000은 대구상사에 대한 외상매출금 회수액으로 판명되었다.

[풀이]

	차변	금액	대변	금액
(1)	(차) 가 지 급 금	600,000	(대) 현 금	600,000
(2)	(차) 현 금	10,000,000	(대) 가 수 금	10,000,000
(3)	(차) 여 비 교 통 비	500,000	(대) 가 지 급 금	600,000
	현 금	100,000		
(4)	(차) 가 수 금	10,000,000	(대) 외 상 매 출 금	10,000,000

5. 주 · 임 · 종 단기대여금과 예수금

주주 · 임원 · 종업원에게 일시적으로 금전을 대여한 경우에는 단기대여금 성격의 유동자산 : 당좌자산인 주 · 임 · 종 단기대여금 계정을 설정하여 그 차변에 기입한다. 또한 종업원으로부터 받아 일시적으로 보관하고 있는 종업원 부담분인 근로소득세, 건강보험료, 고용보험료, 국민연금, 부가가치세예수금 등은 유동부채 계정인 예수금계정을 설정하여 그 대변에 기입한다. 주 · 임 · 종 단기대여금은 가불금이라고도 하며, 급여를 지급할 때 차감하여 처리하고, 예수금은 관련기관에 납부할 때에 대체 처리하여야 한다. 또한 예수금은 종류가 많으므로, 실무에서는 구체적인 관리항목을 구분하여 처리하는 것이 좋다.

[예제 5-22] 다음 거래를 분개하시오.

(1) 종업원 갑에게 ₩300,000을 현금으로 가불하여 주다.

(2) 종업원 갑에게 급여 ₩1,000,000을 지급하면서, 가불금과 근로소득세 ₩20,000, 건강보험료 9,000, 국민연금 ₩25,000을 차감하고, 잔액을 현금으로 지급하였다.

(3) 위의 근로소득세는 세무서에, 건강보험료는 건강보험공단에, 국민연금은 국민연금관리공단에 각각 납부하였다.

[풀이]

	차변	금액	대변	금액
(1)	(차) 주·임·종 단기대여금	300,000	(대) 현 금	300,000
(2)	(차) 급 여	1,000,000	(대) 주·임·종 단기대여금	300,000
			근로소득세 예수금	20,000
			건강보험료 예수금	9,000
			국민연금 예수금	25,000
			현 금	646,000
(3)	(차) 근로소득세 예수금	20,000	(대) 현 금	54,000
	건강보험료 예수금	9,000		
	국민연금 예수금	25,000		

[예제 5-23]

① 여주(주)는 상품 ₩44,000,000(부가가치세 ₩4,000,000 포함)을 외상으로 매입하다.

② 여주(주)는 상품 ₩66,000,000(부가가치세 ₩6,000,000 포함)을 외상으로 매출하다.

③ 여주(주)는 부가가치세 예정신고기간에 매출세액 ₩37,000,000과 매입세액 ₩25,000,000을 신고하고, 차액을 현금으로 납부하다.

[풀이]

	차변	금액	대변	금액
①	(차) 매 입	40,000,000	(대) 매 입 채 무	44,000,000
	부가가치세대급금	4,000,000		
②	(차) 매 출 채 권	66,000,000	(대) 매 출	60,000,000
			부가가치세예수금	6,000,000
③	(차) 부가가치세예수금	37,000,000	(대) 부가가치세대급금	25,000,000
			현 금	12,000,000

6. (법인)신용카드와 직불카드에 의한 상품매매

신용카드란 은행과의 약정에 의하여 일정액의 금액을 카드로 물건을 구입하거나 판매가 가능하게 하여 일정기간 사용한 금액(보통 1개월)을 일정한 일자에 갚거나 변제하는 제도이다. 이의 회계처리는 재화 구입시에는 미지급금 또는 카드미지급금계정으로 처리하고, 재화를 판매시에는 미수금계정으로 처리한다.

또한 직불카드는 은행과의 약정에 의하여 구매자의 통장에 잔고가 있는 경우 재화를 구입하면 통장 잔고만큼 은행에서 즉시 결재하여 주는 제도이다. 이 경우의 회계처리는 매입자의 경우는 보통예금 계정의 대변으로 처리하고, 매출자의 경우는 보통예금 계정 차변으로 처리한다.

[문 5-24] 다음 거래를 구매자의 입장과 판매자의 입장에서 분개하시오.

(1) 9월 10일 홍길동은 카드 가맹점인 GS 25시에서 소모품 ₩300,000을 구입하고, BC 신용카드로 결재하였다. (홍길동은 BC카드사와 신용카드로 물품 ₩600,000/월을 구매 가능하도록 약정되어 있고, GS 25시는 BC카드사와 가맹점 계약을 맺고 있다.)

(2) 10월 25일 홍길동은 9/10 구매한 신용카드 대금이 신용카드 결재통장에서 인출되었고, GS 25시는 9/10 판매한 신용카드 대금을 카드회사인 BC 카드사로부터 수수료 ₩5,000을 제외한 나머지를 보통예금 통장으로 입금받았다.

[풀이]

〈홍길동의 분개〉

(1) 9/10	(차)	소 모 품 비	300,000	(대)	(카드)미지급금	300,000
(2) 10/25	(차)	(카드)미지급금	300,000	(대)	보 통 예 금	300,000

〈GS 25시의 분개〉

(1) 9/10	(차)	미 수 금	300,000	(대)	소 모 품	300,000
(2) 10/25	(차)	보 통 예 금	295,000	(대)	미 수 금	300,000
		지 급 수 수 료	5,000			

[문 5-25] 다음 거래를 구매자의 입장과 판매자의 입장에서 분개하시오.

(1) 9월 10일 홍길동은 카드 가맹점인 GS 25시에서 소모품 ₩300,000을 구입하고, BC 직불카드로 결재하였다(홍길동은 BC카드사와 직불카드로 물품을 구매 가능하도록

약정되어 있고, 통장잔액은 ₩500,000이 있었다. 그리고 GS 25시는 BC카드사와 가맹점 계약을 맺고 있고, 직불카드 수수료는 거래금액의 1%이다).

[풀이]

〈홍길동의 분개〉

(차)	소 모 품 비	300,000	(대)	보 통 예 금	300,000

〈GS 25시의 분개〉

(차)	보 통 예 금	297,000	(대)	소 모 품	300,000
	지급수수료	3,000			

7. 장기매출채권과 장기매입채무

장기매출채권은 재무상태표일을 기준으로 1년 이후에 회수할 수 있는 매출채권으로 유동자산 : 기타유동자산에 속하며, 장기성 매입채무는 상품이나 원재료를 매입하고, 지급기일이 1년 이후에 도래하는 외상매입금 및 약속어음을 발행한 경우로서 비유동부채에 속한다.

8. 미결산

미결산계정(suspense account)은 재산의 증감사유에 영향을 미치는 경제적 사건이 발생하였으나 내용의 미확정 또는 현금의 수지가 확정되지 않은 거래를 일시적으로 처리하는 계정을 말한다. 화재보험에 가입한 건물이 화재로 소실되어 화재보험회사에 보험금을 청구하였으나, 그러나 보험회사의 배상금액이 미확정된 경우, 또는 소송중인 채권・채무의 판결이 나지 않은 경우 일시적으로 처리하는 계정이다. 이 계정은 거래의 성격에 따라서 채권적 성격과 채무적 성격을 동시에 지니고 있으며, 결산시 재무제표를 작성할 때에는 적절한 과목을 정하여 기재하여야 한다.

[예제 5-26] 다음 거래를 분개하시오.

(1) 화재로 건물이 소실되어 보험회사에 보험금을 청구하다. 건물의 장부가액 ₩2,000,000 보험금액 ₩2,000,000이다.

(2) 보험회사로부터 손실보조금이 ₩1,600,000으로 결정되었다는 토지를 받다.

[풀이]

(1)	(차) 미 결 산	2,000,000	(대) 건 물	2,000,000
(2)	(차) 미 수 금	1,600,000	(대) 미 결 산	2,000,000
	재 해 손 실	400,000		

연 습 문 제

1. 다음 거래를 분개하시오.
   (1) A상사에 상품 ₩700,000을 매출하고, 대금 중 ₩200,000은 6월 30일 지급기일의 약속어음으로 받고 잔액은 A상사발행의 당좌수표로 받다.
   (2) 여주상사에 상환청구하였던 부도어음 ₩900,000 전액이 회수될 가망이 없으므로, 대손으로 처리한다. 다만, ₩600,000의 대손충당금이 설정되어 있다.
   (3) 이천상사로부터 받은 약속어음 ₩300,000을 추심하기 위하여 거래은행에 배서양도하고, 추심수수료 ₩6,000을 현금으로 지급하다.
   (4) 전일 추심하였던 이천상사발행의 어음이 만기일에 추심완료되어 당사의 당좌예금계정에 입금되었다는 통지를 받다.
   (5) 수원상사 앞으로 발행한 약속어음 ₩260,000이 만기일이 되어서 당사가 다시 이자 ₩12,000을 가산한 금액으로 어음을 개서하여 주다.
   (6) (주)안성에서 받은 약속어음 ₩100,000은 재무상태를 이유로 지급연기를 신청해 왔으므로, 이자 ₩3,000과 원금 ₩40,000을 현금으로 받고 잔액은 약속어음을 개서하여 받다.

2. 계속되는 일련의 거래를 분개하시오.
   (1) 사원의 출장으로 여비 ₩200,000을 개산하여 현금으로 지급하다.
   (2) 출장중인 사원으로부터 내용불명의 ₩1,000,000이 송금되어 오다.
   (3) 출장간 사원이 돌아와 앞서 송금액의 명세는 다음과 같다.
      ① (주)이천에 대한 매출채권 회수액 ₩500,000
      ② 수원상사에 대한 매출채권 회수액 ₩200,000
      ③ (주)대구로부터 상품주문대금 ₩300,000
   (4) 여비를 정산하고, 부족액 ₩40,000을 현금으로 지급하다.

3. 다음 거래를 분개하시오.
   (1) 영업용 비품 ₩300,000을 구입하고, 대금 중 ₩200,000은 수표를 발행하여 지급하고, 잔액은 외상으로 하다.
   (2) 외상매각한 불용비품의 대금 ₩100,000을 자기앞수표로 받다.
   (3) 화재로 건물 1동 ₩20,000,000과 상품 ₩4,000,000이 소실되어 화재보험회사에 보험금 ₩20,000,000을 청구하다.
   (4) 은행으로부터 ₩10,000,000을 단기차입하여 당좌예금에 예입하다.
   (5) 이수돌에게 대여한 원금 ₩1,000,000과 그 이자 ₩100,000과 함께 현금으로 받아 당좌예금

하다.

4. 다음 거래를 분개하시오.
 (1) 여비개산액 ₩200,000을 가지고 출장 갔던 사원이 돌아와서 여비를 정산하였는데 ₩3,000이 부족하여 현금으로 지급하다.
 (2) 본월분 급여 ₩520,000중 소득세 ₩6,000을 차감한 잔액을 현금으로 지급하다.
 (3) 급여에서 공제하였던 소득세 ₩6,000을 세무서에 현금으로 납부하다.
 (4) 상품 ₩700,000을 외상으로 매출하고 운임 ₩14,000을 현금으로 지급하다. 단 상품대금에 대한 선수금 ₩100,000이 있다.
 (5) 상품 ₩140,000을 평택상사에 주문하고 대금 중 ₩40,000을 수표로 발행하여 송금하다.
 (6) 평택상사에 주문하였던 상품 ₩140,000이 금일 도착하여 인수운임 ₩4,000은 현금으로 지급하고 잔액은 추후 송금할 예정이다.
 (7) 전일 출장사원으로부터 송금되었던 160,000은 외상매출금 ₩100,000과 대여금 ₩60,000의 회수임이 판명되다.
 (8) 건물 1동 ₩1,000,000을 구입하고 약속어음을 발행하여 교부하다.
 (9) 사원이 거래처 광주상사로부터 외상매출금 ₩1,600,000을 회수하여 행방불명이 되었으므로 신고와 동시에 사원의 신원보증인에게 배상청구를 하였다.

5. 다음의 대손에 관한 거래를 분개하시오. 단, 6월 말인 및 12월말에 결산일로 한다.

[제1기]

4/15 명동상사의 파산으로, 동점에 대한 매출채권 ₩12,000이 회수불능 되다.

6/30 매출채권잔액 ₩600,000에 대하여 4%의 대손충당금을 설정하다.

[제2기]

8/25 인천상사에 대한 매출채권 ₩22,000(전기분)이 회수불능으로 되다.

12/31 매출채권잔액 ₩800,000에 대하여 5%의 대손충당금을 설정하다.

[제3기]

2/8 (주)갑을에 대한 매출채권 ₩20,000이 회수불능으로 되다.

6/30 매출채권잔액 ₩600,000에 대하여 2%의 대손충당금을 설정하다.

6. 다음 일련의 거래를 분개하시오.

3월 31일 제1기 결산에 있어 매출채권잔액 ₩10,000,000에 대하여 2%의 대손충당금을 설정하다.

5월 10일 안성상사의 파산으로 매출채권 ₩150,000이 대손되다.

9월 30일 제2기 결산에 있어 매출채권 ₩9,000,000에 대하여 2%의 대손충당금을 설정하다.

제 6 장

재고자산(상품매매업) 회계

제 1 절 재고자산의 개념

1. 재고자산의 의의

재고자산(inventories)이란 기업의 주된 영업활동 과정에서 판매를 목적으로 보유하고 있거나 또는 판매될 제품의 제조과정에 사용할 목적으로 보유하고 있는 유형의 자산을 말한다. 재고자산은 유동자산 중에서 차지하는 비중이 매우 크기 때문에 재고자산의 비능률적인 관리는 기업에게 커다란 손실을 가져다 줄 수 있다.

재고자산은 평가하는 방법에 따라 기업의 재무상태나 경영성과에 큰 차이가 발생하게 된다. 따라서 재고자산의 평가방법은 법인세비용에도 영향을 미치기 때문에, 기업의 현금흐름에 관한 의사결정에 중요한 고려사항이 된다.

재고자산의 중요성 때문에, 재고자산은 다음과 같은 특징을 가지고 있어야 한다.

첫째, 재고자산은 정상적인 영업활동이어야 한다. 정상적인 영업활동이라 함은 같은 유형의 재화라도 사업자 등록증 상의 업종(업태+종목)에 따른 구분이므로, 이에 따라 재고자산은 달라 질수 있다.

둘째, 재고자산은 판매목적으로 보유하여야 한다.

셋째, 재고자산은 법적 소유권이 있어야 한다.

넷째, 재고자산은 판매할 재화나 용역의 생산에 소비되어야 한다.

2. 재고자산의 종류

재고자산의 분류는 그 기업의 주된 영업활동목적이 무엇이냐에 따라 달라진다. 예를 들어, 동일한 토지라 하더라도, 기업이 공장을 건설하기 위하여 매입하였다면 유형자산으로 분류되지만, 부동산매매업의 경우 판매목적으로 취득한 경우에는 재고자산으로 분류된다. 또한 제조기업이 보유하고 있는 주식은 유가증권이나 투자유가증권으로 분류되지만, 증권회사가 보유하고 있는 주식은 재고자산으로 분류된다.

K-GAAP에서 분류하고 있는 재고자산의 유형별 정의를 살펴보면 다음과 같다.

상　품 : 판매를 목적으로 구입한 상품 · 미착상품 · 적송품 등으로 하며, 부동산 매매업에 있어서 판매를 목적으로 소유하는 토지 · 건물 기타 이와 유사한 부동산은 이를 상품에 포함하는 것으로 한다.

제　품 : 판매를 목적으로 제조한 생산품으로 한다.

반제품 : 자가제조한 중간제품과 부분품 등으로 한다.

재공품 : 제품 또는 반제품의 제조를 위하여 재공과정에 있는 것으로 한다.

원재료 : 제품제조를 목적으로 외부로부터 구입한 원료, 재료 등으로 한다.

저장품 : 소모성 자산(소모품 · 소모공구기구비품 · 수선용 부분품)으로 미사용 재화를 말한다.

본 교재는 회계원리이므로, 상품을 중심으로 설명한다.

제2절 상 품 계 정

기업이 주된 영업활동의 영리를 목적으로 전매하기 위하여 매입한 상품을 상품이라고 하며, 상품의 매매를 처리하는 계정을 상품계정이라 한다.

상품계정의 처리방법은 크게 다음과 같이 두 가지로 구분할 수 있다.

① 상품계정을 순수한 자산계정으로 처리하는 방법

② 상품계정을 혼합계정으로 처리하는 방법

1. 순수상품 계정(분기법)

상품을 매입하였을 때에 상품계정(goods or merchandise account)의 차변에 매입제비용을 포함한 매입원가를 기입하고, 매출하였을 때에는 매입원가의 대변에 기입하여 거래마다 상품매출이익 또는 상품매출손실을 계산한다. 따라서 잔액은 언제나 차변에 생기게 되며, 상품의 현재액을 표시하게 된다.

이와 같이 상품을 매출할 때마다 매입원가와 매매손익을 분리하여 기장하는 방법을 분기법이라 하며, 이때의 상품계정을 순수계정이라 한다. 이러한 순수계정인 상품계정에 기입되는 상태를 나타내면 다음과 같다.

상 품

전 기 이 월	(매입원가)	매 출	(매입원가)
당 기 매 입	(매입원가)	차 기 이 월	(매입원가)
	×××		×××

그러나 상품의 종류가 많고 거래가 빈번할 때에는 매출할 때마다 매출가격을 원가와 매출이익으로 구분한다는 것은 불가능하므로, 실용성이 없는 결함을 가지고 있다.

[예제 6-1] 다음 거래를 분개하고, 전기하시오.

(1) 8월 5일 상품 ₩100,000을 매입하고, 대금은 수표를 발행하여 지급하고, 인수운임 ₩5,000은 현금 지급하였다. 다만 상품의 전월이월액은 ₩20,000이었다.

(2) 8월 8일 위의 상품 ₩60,000(원가 ₩50,000)을 외상으로 매출하다.

(3) 8월 31일 상품매출이익 ₩10,000을 손익계정에 대체하다.

[풀이]

(1) 8/5	(차)	상 품	105,000	(대)	당 좌 예 금	100,000
					현 금	5,000
(2) 8/8	(차)	외상매출금	60,000	(대)	상 품	50,000
					상품매출이익	10,000
(3) 8/31	(차)	상품매출이익	10,000	(대)	손 익	10,000

상 품

날짜	적요	금액	날짜	적요	금액
8/1	전월여월	20,000	8/8	외상매출금	50,000
8/5	제 좌	105,000	8/31	차월이월	75,000
		125,000			125,000
9/1	차월이월	75,000			

상품매출이익

날짜	적요	금액	날짜	적요	금액
8/31	손 익	10,000	8/8	외상매출금	10,000
		10,000			10,000

손 익

날짜	적요	금액	날짜	적요	금액
			8/31	상품매출이익	10,000

2. 혼합상품 계정(총기법)

상품계정의 차변은 매입원가로 기입하고, 대변에는 매출액으로 기입되어 매출액은 원가와 매매이익으로 구성되어 있으므로, 자산과 손익이 혼합 기입된다. 이와 같이 자산으로서의 상품 증감과 매매손익을 동시에 기입하는 총기법의 경우의 상품계정을 혼합계정이라 한다.

따라서 기말 결산시에는 상품계정에서 상품에 해당하는 금액과 매매손익에 해당하는 금액을 분할하지 않으면 안 된다.

혼합상품 계정에서 상품액과 매매손익을 분할하는 방법은 상품액과 실제로 상품의 재고액을 조사하고, 이런 실제재고액을 혼합상품 계정 대변에 주기(朱記)하여 차・대변 합계액을 일치시킨다.

상 품

차변		대변	
전기이월	(매입원가)	매 출	(매출액으로)
당기매입	(매입원가)	차기이월	(매입원가)
매매이익	(매출가격-매입원가)		
	×××		×××

이 경우 대변합계액이 차변합계액보다 크면 그 차액은 매매이익으로 차변에 표시하며, 차변 합계액이 대변합계액보다 크면 그 차액은 매매손실로 대변에 표시하게 된다.

상품계정을 혼합계정으로 처리할 경우에 차변에는 이월상품과 당기총매입액을 기입할 뿐 아니라, 매출에누리와 매출환입액도 기입하게 된다. 또한 대변에는 당기총매출액만 기입하는 것이 아니고, 매입에누리와 매입환출액도 기입하게 된다. 상품매출 대변에는 상품매매이익까지 포함되어 있기 때문에 기말 결산시에 상품재고액을 조사하여, 다음과 같이 계산한다.

기초상품재고액 + 당기상품순매입액 = 판매가능상품
판매가능상품액 - 기말상품재고액 = 상품매출원가
상품 순매출액 - 상품매출원가 = 상품매매이익

[예제 6-2] 앞의 [예제 6-1]을 총기법으로 분개와 전기하시오.
(상품기말재고액의 실제 조사액 ₩75,000)

[풀이]

(1)	8/5	(차) 상 품	105,000	(대)	당 좌 예 금	100,000
					현 금	5,000
(2)	8/8	(차) 외상매출금	60,000	(대)	상 품	60,000
(3)	8/31	(차) 상 품	10,000	(대)	손 익	10,000

상 품

8/1	전기이월	20,000	8/8	외상매출금	50,000
8/5	제 좌	105,000	8/31	차기이월	75,000
8/31	손 익	10,000			
		135,000			135,000
9/1	전기이월	75,000			

손 익

			8/31	상 품	10,000

* 분기법과 총기법의 차이점을 확실히 알고 갑시다.

3. 상품거래에 관련된 조정사항

상품을 매입하거나 매출할 때에는 이에 따르는 비용이 발생하게 되며, 매입이나 매출한 상품 중에서 반품이 생기거나 에누리를 하지 않으면 안 될 사항들이 발생한다. 이에 대하여 살펴보기로 한다.

(1) 매입제비용

상품을 매입하는데 따르는 모든 비용으로, 매입제비용 또는 매입부대비용이라고 하는데, 상품이 도달할 때까지의 인수운임 · 보험료 · 매입수수료 · 수입관세 · 창고료 · 하역비 등을 말하며, 그 비용은 매입원가에 포함한다.

(2) 매입환출과 에누리

매입한 상품 중에서 품질불량, 파손 또는 견본과 같지 않은 경우 매입처에 반품하거나 에누리를 요구할 수 있다.

상품을 반품한 것을 매입환출(purchase return)이라 하고, 에누리를 받는 것을 매입에누리(purchase allowances)라 한다. 이는 매입원가(매입가액+매입부대비용)의 차감항목으로 상품계정의 대변에 기입한다.

(3) 매출제비용

상품매출에 수반하여 발생한 운임 · 판매수수료 등으로 원칙적으로 판매비와관리비에서 처리한다. 다만, 상품매출협약에서 상대방이 부담하기로 된 것은 외상매출금 계정으로 처리한다.

(4) 매출환입과 에누리

매출한 상품 중에는 품질불량 · 파손 등의 이유로 반품되어 오거나 에누리를 요구할 수 있다.

상품이 반품되어 오는 경우를 매출환입(sales return)이라 하고, 에누리를 해 준 것을 매출에누리(sales allowances)라 한다. 총매출액에서 매출환입 및 에누리 금액을 차감하여 순매출액을 계산한다.

(5) 매입할인과 매출할인

신용거래로 이루어진 외상매출금이나 외상매입금의 결재를 약속기일 이전에 행함으로서 외상매출금이나 외상매입금의 일부를 면제하여 주는 현금 할인액으로, 매입시의 할인액은 매입할인(purchases discount), 매출시의 할인액은 매출할인(sales discount)이라 한다.

(2) 매입환출과 에누리, (4) 매출환입과 에누리, (5) 매입할인과 매출할인에 대한 총계정원장의 전기에 대하여는 제5장 제1절 외상매출금과 외상매입금으로 가서 확인하기 바란다.

제 3 절 상품계정의 분할

상품매매를 하나의 상품계정만을 사용하여 처리하면, 이 계정의 차변, 대변에는 다음과 같은 여러 항목을 기입하게 된다. 즉, 상품의 반품, 환입·환출 또는 에누리가 있으면, 실제의 매입액 또는 매출액이 그만큼 감소되는 것이므로, 상품계정에서 매입 또는 매출의 반대쪽에 기입하게 된다.

상 품

차변			대변		
① 기초재고액(전기이월)	(원 가)	×××	① 총 매 출 액	(판매가)	×××
② 매 입 액	(원 가)	×××	② 매입환출액	(원 가)	×××
③ 매 입 제 비 용	(원 가)	×××	③ 매입에누리액	(원 가)	×××
④ 매 출 환 입 액	(판매가)	×××	④ 차기이월액	(원 가)	×××
⑤ 매 출 에 누 리 액	(판매가)	×××	(기말 재고액)		×××
(매 매 이 익)		×××	(매매손실)		×××

따라서 총기법에 의한 혼합상품계정의 잔액은 상품의 현재금액을 나타내지 못하고, 차변·대변의 금액도 순수한 매입액이나 매출액을 나타내고 있지 않다. 특히 상품계정은 상품이라는 자산과 상품매매이익이라는 손익이 한 계정에서 처리되고 있으므로, 소규모의 기업을 제외하고는 하나의 상품 계정을 몇 개의 계정으로 분할하여 기장하는 것이 필요하므로, 상품계정을 분할하고 있다.

일반적으로 기업에서 사용하는 상품계정의 분할은 다음과 같으며, 실무에서는 주로 3분법을 사용하므로, 이를 중심으로 설명한다.

2분법	매입	매출					
3분법	매입	매출	이월상품				
5분법	매입	매출	이월상품	매출에누리와 환입	매입에누리와 환출		
7분법	매입	매출	이월상품	환입	환출	매입 에누리	매출 에누리
7분법	매입	매출	이월상품	매출에누리와 환입	매입에누리와 환출	재고자산 감모손실	재고자산 평가손실

* 매출할인은 총매출액에서 차감하며, 매입할인은 총매입액에서 차감한다.

1. 3분법

상품매매와 관련하여 나타나는 거래에 대한 상품계정의 회계처리를 (이월)상품계정, 매입계정, 매출계정으로 3구분하여 처리한다.

매입계정의 차변에는 총매입액(매입부대비용 포함), 대변에는 매입에누리, 매입환출액 및 매입할인이 기입되어, 잔액은 차변에 남아 순매입액을 나타낸다.

매출계정의 차변에는 총매출액, 대변에는 매출에누리, 매출환입액 및 매출할인이 기입되어 잔액은 대변에 남아 순매출액을 나타낸다.

(이월)상품계정은 차변에 전기이월액이 기입되며, 기초상품재고액(상품계정의 전기이월)을, 대변에는 기말상품재고액(상품계정의 차기이월)이 기입되어 차기에 이월된다.

각 계정에 기입되는 내용을 나타내면 다음과 같다.

(이월) 상 품

전 기 이 월 액 (기초 상품재고액)	차 기 이 월 액 (기말 상품재고액)

매 입

매 입 액 매 입 제 비 용	매입환출및에누리액 매 입 할 인 출 액

매 출

매출환입및에누리액 매 출 할 인 액	총 매 출 액

3분법의 경우 상품매매손익을 계산하는 방법에는 총액법과 순액법이 있고, 총액법이 실무에서는 많이 이용하고 있다.

(1) 총액법

총액법은 손익계정에서 상품매출이익을 계산하는 방법인데, 먼저 기초상품재고액을 (이월)상품계정 대변으로부터 매입계정 차변에 대체 전기하고, 기말상품재고액을 매입계정 차변으로부터 (이월)상품계정 차변에 대체 전기함으로서 매입계정에 매출원가(기초상품재고액 + 당기순매입액 - 기말상품재고액 = 매출원가)를 계산한다. 다음으로 매입계정으로부터 산출한 매출원가를 손익계정에 대체 전기하고, 매출계정으로부터 산출한 순매출액을 손익계정에 대체 전기하여 매출원가와 매출액을 대응시킨다. (이월)상품계정은 자산계정으로 차기이월액(기말상품재고액)이 기입된다. 이를 총계정원장 전기와 분개를 중심으로 나타내면 다음과 같으며, 번호별 대체관계로 대체분개를 이해하기 바란다.

3분법(총액법)에 의한 매매총이익계산

(이월)상 품

차변	대변
기 초 재 고 액	① (기말조정분개) 기초 재고액
② 기 말 재 고 액	

① (차) 매입 ××× (대) (이월)상품 ×××

매 입

차변	대변
당 기 순 매 입 액	②(기말조정분개) 기말 재고액
① (기말조정분개) 기 초 재 고 액	③ 매출원가*

② (차) (이월)상품 ××× (대) 매입 ×××
③ (차) 손익 ××× (대) 매입 ×××

* ③ 매출원가 = 당기순매입액 + ① 기초재고액 - ② 기말재고액

매 출

차변	대변
	④ 당 기 순 매 출 액

④ (차) 매출 ××× (대) 손익 ×××

손 익

차변	대변
③ 매 출 원 가	④ 당 기 순 매 출 액
매 매 순 이 익	

[예제 6-3] 다음 거래를 3분법(총액법)에 의하여 분개하고, 전기하고, 계정을 마감하시오.

(1) 9월 1일 전기이월액 A상품 60개 @500 ₩30,000

(2) 9월 5일 상품을 외상매입하고, 매입제비용 ₩2,000을 현금 지급하다.

B상품 100개 @530 ₩53,000

(3) 9월 10일 매입상품 중 불량품이 있어 ₩5,000 에누리 받다.

(4) 9월 20일 상품을 외상매출하다.

100개 @650 ₩65,000

(5) 9월 25일 매출상품 중 일부 반품되다.

10개 @650 ₩6,500

(6) 9월 30일 기말재고액

A상품 60개 @500 ₩30,000, B상품 10개 @650 ₩6,500

[풀이]

〈분개〉

(1) 9/5 (차) 매 입 55,000 (대) 외상매입금 53,000
　　　　　　　　　　　　　　　　현 금 2,000
(2) 9/10 (차) 외상매입금 5,000 (대) 매 입 5,000
(3) 9/20 (차) 외상매출금 65,000 (대) 매 출 65,000
(4) 9/25 (차) 매 출 6,500 (대) 외상매출금 6,500

〈기말에 상품매출손익을 구하고, 계정을 마감하는 분개〉

9/30 ① 전기(이월)상품을 매입계정의 차변에 대체한다.
(차) 매 입 30,000 (대) (이월)상품 30,000
9/30 ② 기말재고자산(차기이월액)을 매입계정에서 차감(매입계정의 대변에 기입)하여, (이월)상품계정에 대체한다.
(차) (이월)상 품 36,500 (대) 매 입 36,500
9/30 ③ 매입계정의 대변잔액(매출원가)을 손익계정에 대체한다.
(차) 손 익 43,500 (대) 매 입 43,500
9/30 ④ 매출계정의 대변잔액(순매출액)을 손익계정에 대체한다.
(차) 매 출 58,500 (대) 손 익 58,500

〈전기〉

(이월)상 품

9/1	전월이월	30,000	9/30	① 매 입	30,000
9/30	② 매 입	36,500	9/30	차월이월	36,500
		66,500			66,500
10/1	전월이월	36,500			

매 입

9/5	제 좌	55,000	9/10	외 상 매 입 금	5,000
9/30	① 이월상품	30,000	9/30	② (이월)상품	36,500
			9/30	③ 손 익	43,500
		85,000			85,000

매 출

9/25	외상매출금	6,500	9/20	외상매출금	65,000
9/30	④ 손 익	58,500			
		65,000			65,000

손 익

9/30	③ 매 입	43,500	9/30	④ 매 출	58,500
	(매매이익)	15,000			

(2) 순액법

순액법은 매출계정에서 매매손익을 계산하는 방법인데, 그 절차는 총액법과 비슷하나, 다만 매입계정의 대변잔액인 매출원가를 매출계정의 차변에 대체하여 매매손익을 계산하여 손익계정에 대체한다.

3분법(순액법)에 의한 매매총이익계산

(이월)상 품

차변	대변
기 초 재 고 액	① (기말조정분개) 기초 재고액
② 기 말 재 고 액	

① (차) 매입 ××× (대) (이월)상품 ×××

매 입

차변	대변
당 기 순 매 입 액	②(기말조정분개) 기말 재고액
① (기말조정분개) 기 초 재 고 액	③ 매출원가

② (차) 이월상품 ××× (대) 매입 ×××
③ (차) 매 출 ××× (대) 매입 ×××

* ③ 매출원가 = 당기순매입액 + ① 기초재고액 - ② 기말재고액

매 출

차변	대변
③ 매 출 원 가	당 기 순 매 출 액
④ 매 매 총 이 익	

④ (차) 매출 ××× (대) 손익 ×××

손 익

차변	대변
	④ 매 매 총 이 익

[예제 6-4] 앞의 [예제 6-3]총액법의 문제를 순액법에 의하여 분개하고, 전기하고, 계정을 마감하시오.

[풀이]

〈기말에 상품매출손익을 구하고, 계정을 마감하는 분개〉

9/30 ① 전기이월상품을 매입계정의 차변에 대체한다.
(차) 매 입 30,000 (대) (이월)상품 30,000

9/30 ② 기말재고자산(차기이월액)을 매입계정에서 차감하여 이월상품계정에 대체한다.
(차) (이월) 상 품 36,500 (대) 매 입 36,500

9/30 ③ 매입계정의 대변잔액(매출원가)을 매출계정에 대체한다.
(차) 매 출 43,500 (대) 매 입 43,500

9/30 ④ 매출계정의 대변잔액(매매이익)을 손익계정에 대체한다.
(차) 매 출 15,000 (대) 손 익 15,000

〈전기〉

(이월)상 품

9/1 전월이월	30,000	9/30 ① 매 입	30,000
9/30 ② 매 입	36,500	9/30 차월이월	36,500
	66,500		66,500
10/1 전월이월	36,500		

매 입

9/5 제 좌	55,000	9/10 외상매입률	65,000
9/30 ① (이월)상품	30,000	9/30 ② (이월)상품	36,500
		9/30 ③매 출	43,500
	85,000		85,000

매 출

9/25 외상매출금	6,500	9/20 외상매출금	65,000
9/30 ③ 매 입	43,500		
9/30 ④ 손 익	15,000		
	65,000		65,000

손 익

		9/30 ④매 출	15,000

2. 상품 거래의 보조장부

상품의 매매거래가 발생하면 분개장에 분개하고, 총계정원장상의 매입계정과 매출계정 등에 전기 한다. 그리고 거래처 · 품명 · 수량 · 단가 대금결제 조건등과 같은 구체적인 거래 내용을 기록해 둘 필요가 있을 때에는 매입장 · 매출장 · 상품재고장등의 보조장부를 만들어 사용한다.

(1) 매입장

매입장(purchases account)에는 상품에 대한 매입거래에 관한 명세를 발생순으로 기록하는 보조기입장이다. 매입장은 상품을 매입하면 매입장의 송품장 번호란에 송품장의 번호를 기입하고, 적요란에는 매입처명, 상품명, 대금의 지급방법, 수량 · 단가 · 금액 등을 기입한다. 이 때 매입제비용은 매입장에 기입하고, 매입된 상품에 매입에누리 및 매입에 대한 환출이 발생한 경우에는 매입액에서 차감하는 의미로 주기(朱記)한다. 장부를 마감할 때는 총매입액에서 매입에누리 및 환출액은 차감하는 형식으로 기장하여 순매입액을 산출한다.

[예제 6-5] 다음 거래를 매입장에 기입하고, 이를 마감하시오.

7월 5일 여주상회에서 상품을 매입하고, 대금은 외상으로 하다. (송품장번호 #15)
갑상품 800개 @₩200 ₩160,000

10일 이천상회에서 상품을 매입하고, 대금은 외상으로 하다. (송품장번호 #25)
을상품 800개 @₩150 ₩120,000

15일 이천상회에서 매입한 을상품 중 40개가 파손되어, 이를 반품하다.

18일 수원상회에서 상품을 매입하고, 인수비용 ₩12,000을 현금으로 지급하다.
(송품장번호 #20)
병상품 1,200개 @₩200 ₩240,000(수표)
갑상품 1,200개 @₩200 ₩240,000(외상)

[풀이]

매 입 장

(단위 : 원)

일자		송품장번호	적 요			금 액
7	5	#15	(여주상회)	외상		
			갑상품	800개@₩200		160,000
	10	#25	(이천상회)	외상		
			을상품	800개@₩150		120,000
	15	반1	(이천상회)	외상		
			B상품	40개@₩150		(-)6,000
	18	#20	(수원상회)	수표 및 외상		
			병상품	1200개@₩200	240,000	
			갑상품	1200개@₩200	240,000	
			인수비용현금지급		12,000	492,000
				총매입액		772,000
				환출 및 에누리		(-)6,000
				순매입액		766,000

(2) 매출장

매출장(sales book)에는 상품에 대한 매출거래에 관한 명세를 발생순으로 기입하는 보조기입장이다. 매출장은 상품을 매출하면, 매출장의 송품장번호란에는 송품장번호를 기입하고, 적요란에는 매출처명, 품명, 수량, 매출대금의 회수방법, 상품명, 수량, 단가, 금액을 기입한다.

매출한 상품에 매출에누리 및 매출환입이 발생한 경우에는 주기(朱記)한다. 월말 또는 기말에 장부를 마감할 때는 총매출액에서 매출에누리 및 환입액을 차감하는 형식으로 기장하고, 순매출액을 산출한다.

[예제 6-6] 다음 거래를 매출장에 기입하고, 마감하시오.

9월 3일　여주상회에 상품을 매출하고 대금을 현금으로 받다.(송품장 No.4).
　　갑상품　400개　@₩300　₩120,000
　8일　이천상회에서 상품을 매출하고 대금은 외상으로 하다.(송품장 No.6)
　　을상품　600개　@₩200　₩120,000
　13일　이천상회상품의 일부가 품질불량으로 ₩12,000을 에누리하다.(1개당 ₩20씩 외상매출금에서 차감함)
　20일　수원상회에 상품을 매출하다.(송품장번호 No.8)
　　갑상품　200개　@₩300　₩60,000(수표)
　　을상품　80개　@₩200　₩16,000(외상)

[풀이]

매 출 장

(단위 : 원)

일 자		송품장번호	적 요			
9	3	#4	(일광상회)	현금		
			갑상품	400개@₩300		120,000
	8	#6	이천상회	외상		
			을상품	600개@₩200		120,000
	13	에누리1	이천상회	외상		
			을상품	600개@₩20		(-)12,000
	20	#8	수원상회	수표 및 외상		
			갑상품	200개@₩300	60,000	
			을상품	80개@₩200	16,000	76,000
				총매출액		316,000
				환입 및 에누리		(-)12,000
				순매출액		304,000

(3) 상품재고장

판매가능액(기초재고액+당기순매입액)은 기간손익을 결정하기 위하여 판매된 부분(매출원가)과 미판매된 부분(기말재고)으로 배분되어야 한다. 재고자산의 원가를 매출원가와 기말재고에 배분하기 위해서 기업은 보조장부인 상품재고장을 사용한다. 상품재고장이란 상품의 재고관리를 위하여 상품의 입고와 출고를 계속적으로 기록하는 보조원장으로서, 상품의 종류별로 작성된다. 상품재고장의 양식을 나타내면 다음과 같으며, 다음 절의 재고자산의 단가결정에서 자세히 설명하기로 한다.

<u>상 품 재 고 장</u>

××상품

일 자		적 요	입 고			출 고			잔 액		
			수량	단가	금액	수량	단가	금액	수량	단가	금액

제 4 절 기말상품재고의 수량과 단가결정

기말에 정확한 상품매매이익을 계산하려면 상품재고액을 조사함과 동시에 정확한 평가를 하여 기말상품재고액을 확정하여야 한다.

상품 전기이월액과 상품 당기매입액은 이미 확정되어 있으므로, 상품 기말재고액을 어떻게 평가하느냐에 따라 상품의 매출원가가 달라지게 된다. 또한 당기의 기말상품재고액은 차기에 전기 이월상품이 되므로, 그 평가의 결과는 차기의 매출원가에 영향을 미치게 된다. 따라서 기말상품 재고평가에 따라 당기순손익을 조작할 수 있다.

이렇게 중요한 기말상품 재고금액을 재무상태표에 공시하기 위해서는 기본적으로 기말상품재고수량에 기말상품재고단가를 곱하여 계산한다. 이에 대하여 수량계산을 먼저 살펴보고, 그 다음 단가 결정방법에 대하여 살펴본다.

1. 기말재고상품의 수량 계산방법

(1) 계속기록법

계속기록법(perpetual method)은 상품의 입·출고시마다 수량을 계속적으로 기록하는 방법으로, 장부상에 남아 있는 수량을 기말재고수량으로 결정하는 방법이다. 즉 기말재고수량은 당기판매가능수량에서 당기판매수량을 차감하여 계산한다.

$$\text{기말재고수량} = \underbrace{(\text{기초재고수량} + \text{당기매입수량})}_{\text{판매가능수량}} - \text{당기판매수량}$$

계속기록법은 기초재고수량, 당기매입수량 및 당기판매수량이 모두 기록되므로, 항시 장부상의 재고수량을 파악할 수 있으므로, 장부재고조사법(book inventory method)이라고도 한다.

계속기록법에서는 매출수량이나 사용된 재고량이 기록에 의하여 확정되기 때문에 판매되지 않은 상품은 기말에 재고로 남아 있는 것으로 간주한다. 그러므로 계속기록법에 의한 장부상의 기말재고량에서 실지재고조사법에 의한 실지재고량을 차감하면 당기의 감손량이 계산된다. 그리고 미착품과 적송품이 있는 경우에는 기말재고액에 포함시켜야 한다.

이러한 계속기록법은 상품을 판매할 때마다 매출원가를 기록하는 방법이므로, 매출원가는 상품재고장을 이용하여 산출한다. 계속기록법은 상품과 매출의 2분법을 전제로 한다. 그러므로 상품계정은 상품계정과 매출계정이 설정되며, 상품계정에는 기초상품·기말상품·매입액을 기록하고, 매출시에는 매출계정에 기록과 동시에 매출원가를 계산하여 상품계정에서 차감한다.

계속기록법에서 상품계정의 차변에는 기초상품 원가 및 당기 중에 매입한 상품의 원가가 기록되고, 대변에는 매출된 상품의 원가가 계속적으로 기록되기 때문에 상품계정의 차변잔액은 곧 기말시점의 상품재고액을 나타낸다. 그리고 계속기록법을 사용하면 매출원가계정이 존재하기 때문에 기말에 이 계정의 차변 금액을 합계하여 당기 매출원가를 계산할 수 있다.

그리고 결산시에는 상품이 그대로 차기이월로 기록되므로 결산정리에 따른 분개는 할 필요가 없다. 다만, 재고자산의 감모손실이 발생된 경우에는 상품계정에서 차감한다. 계속기록법에서의 분개는 다음과 같다.

〈매입시〉

(차) 매입 ×××(매입가액) (대) 외상매입금 ×××(매입가액)

〈매출시〉

(차) 외상매출금 ×××(매출가액) (대) 매출 ×××(매출가액)

매출원가 ×××(매입가액) 매입 ×××(매입가액)

〈결산시〉

기초상품, 기말상품에 대하여는 분개할 필요가 없다. 다만 재고감모손실이 발생된 경우에 재고자산감모손실에 대하여만 분개하며, 이는 영업외비용에 해당된다.

(차) 재고자산감모손실 ××× (대) 매입 ×××

(장부수량〉실지재고수량)

[예제 6-7] 다음 거래를 계속기록법으로 분개하시오.

(1) 상품 ₩400,000(400개, @1,000)을 외상으로 매입하다.

(2) 위의 상품 중 300개@2,000으로 매출하다.

(3) 기말에 위의 상품에 대하여 재고조사를 한 결과 재고수량은 90개이었다.

[풀이]

		차변	금액		대변	금액
(1)	(차)	매입	400,000	(대)	외상매입금	400,000
(2)	(차)	외상매출금	600,000	(대)	매출	600,000
		매출원가	300,000		매입	300,000
(3)	(차)	재고자산감모손실	10,000	(대)	매입	10,000

(2) 실지재고조사법

실지재고조사법(physical inventory method)은 실사법이라고도 하며, 정기적으로 회계기말에 재고자산의 실사를 통하여 수량을 파악하는 방법으로, 상품재고장에 입고 때만 기록하고, 출고 기록은 하지 않기 때문에 당기에 판매된 수량은 당기판매가능수량(기초재고수량+당기매입수량)에서 기말실지재고수량을 차감하여 계산된다.

$$\text{당기판매수량} = \underbrace{(\text{기초재고수량} + \text{당기매입수량})}_{\text{판매가능수량}} - \text{기말실지재고수량}$$

당기판매수랼 × 단가 = 매출원가

실지재고조사법은 기초재고수량과 당기매입수량만을 기록하고, 당기판매수량은 회계기말에 실지재고조사를 한 후, 일괄적으로 파악하는 방법으로, 도난, 변질, 감모 등으로 없어진 상품도 매출된 것으로 간주되어 매출원가를 그 만큼 증가시키는 결점이 있다.

이러한 실지재고조사법은 매입액과 매출액을 기입하는 방법이며, 기말결산시 매입계정에서 매출원가를 산출하게 하는 방법이다. 실지재고조사법은 상품계정이 3분법을 전제로 하며, 매입계정, 이월상품계정, 매출계정에 의하여 기록된다. 즉, 기초상품과 기말상품을 이월상품계정에서, 매입은 매입계정에서, 매출은 매출계정에서 기록하고 결산시에는 매출원가를 산정하기 위하여 기초이월상품은 매입계정에 대체하고, 기말상품은 매입계정에서 이월상품계정에 대체한다. 즉, 상품의 매입을 자산증가로 보지 않고 비용발생으로 보기 때문에 매입계정 차변에 분개한다.

실지재고조사법으로 기중의 상품매매거래를 분개하면, 원장에는 기초재고액이 기록된 이월상품계정, 당기 중에 매입한 상품의 원가를 기록하는 매입계정, 그리고 판매가격으로 기록되는 매출계정이 존재한다. 따라서 회계기말에 기말상품재고액과 매출원가를 파악하기 위한 결산정리분개가 필요하다.

〈매입시〉

(차)	매 입	×××	(대) 외상매입금	×××

〈매출시〉

(차)	외상매출금	×××	(대) 매 출	×××

〈결산시〉

기초상품 ⇒ (차)	매 입	×××	(대) (이월)상품	×××
기말상품 ⇒ (차)	(이월)상품	×××	(대) 매 입	×××

[예제 6-8] 다음 거래를 실지재고조사법으로 분개하시고, T계정에 전기하시오.

(1) 상품 ₩200,000을 외상으로 매입하다.

(2) 위의 상품을 ₩300,000에 매출하다.

(3) 기말에 수정전시산표를 확인한 결과 이월상품 ₩100,000이 계상되어있고, 상품재고를 실사한 결과 ₩50,000의 재고가 존재하였다.

[풀이]

(1)	(차) 매　　　입	200,000(매입가액)	(대) 외상매입금	200,000(매입가액)
(2)	(차) 외상매출금	300,000(매출가액)	(대) 매　　　출	300,000(매출가액)
(3)	(차) 매　　　입	100,000(기초재고액)	(대) (이월)상품	100,000(기초재고액)
	(이월)상품	50,000(기말재고액)	매　　　입	50,000(기말재고액)

기업에서 일반적으로 많이 사용하는 방법은 계속기록법에 의해 장부를 기장하고, 기말에 실지재고조사를 하는 방법을 많이 사용한다. 이와 같이 하는 이유는 제5절의 재고자산감모손실(수량차이)와 재고자산평가손실(단가차이)을 재무제표에 반영하기 위해서다.

2. 기말재고상품의 단가결정방법

상품의 기말재고에서의 단가 결정은 취득원가를 기준으로 결정된다. 취득원가(acqusition cost)는 상품을 매입하기 위하여 지출된 여러 가지 원가를 포함할 뿐만 아니라 판매 가능한 장소에 이동시키는 데까지 소요되는 모든 부대비용을 가산(+)하여 결정한다. 따라서 취득원가에는 매입가격뿐만 아니라 매입상품과 관련된 운반·취급·보관을 위한 지출비용 및 보험료와 제반세금도 포함되어야 한다.

상품의 취득원가는 기간손익을 결정하기 위하여 판매된 부분(매출원가)과 미판매된 부분을 기말재고로 배분하여야 한다.

기초재고액
\+ 당기매입액
판매가능액
┌ 판매된 부분(매출원가) : 손익계산서에 반영
└ 미판매된 부분(기말재고) : 재무상태표에 반영

재고자산인 상품재고를 기록하는 보조부로서는 상품재고장이 있다. 상품재고장(stock ledger)은 상품의 입·출고시마다 그 증감내용을 상품별로 기입하여 각 상품의 현재액을 알 수 있게 하는 보조부이다. 상품재고장은 상품의 종류별로 입고·출고 및 잔액란을 설정하여, 수량, 단가, 금액란에 각각 기입한다. 상품의 종류마다 입고 출고액을 원가로 기입하므로, 장부상 상품의 현재 금액은 원가이다.

그러나 같은 상품일지라도 다른 단가로 매입하는 수가 있기 때문에 그 상품의 출고단가를 결정하지 않으면 안 된다. 이러한 방법에는 개별법, 선입선출법, 후입선출법 이동평균법, 총평균법 등이 있다.

(1) 개별법

개별법(specific identification method)이란 개별상품에 대하여 단가를 파악하여 매출된 상품과 재고로 남은 것을 파악하는 방법이다. 즉 모든 상품에 그 매입단가에 해당하는 단가표를 붙인 것처럼 판매된 상품과 기말재고상품을 개별적으로 추적하여 그 금액을 계산하는 방법이다. 개별법은 원가흐름과 실제물량흐름이 일치하며, 수익과 비용이 정확하게 대응되어 손익에 반영된다는 장점이 있으나, 상품의 종류와 수량이 많고 거래가 빈번한 경우에는 실무적으로 사용하기가 어렵다는 단점이 있다.

(2) 선입선출법

선입선출법(first in first out method : FIFO)은 매입순법이라고도 하며, 먼저 매입한 상품부터 먼저 판매(출고)한 것으로 기장하는 방법이다.

선입선출법에서 재무상태표에 보고되는 기말상품재고액은 최근에 매입한 시중단가에 가까운 원가로 나타나며, 손익계산서에 보고되는 매출원가는 가장 먼저 매입한 상품부터 판매되는 것으로 가정하므로, 매출액에 대응되는 매출원가가 낮은 단가가 된다. 물가가 상승할 경우 기말상품재고액은 시가에 접근한 가액으로 결정되고, 매출원가는 먼저 구입한 낮은 단가로 계산되기 때문에 기업의 이익이 과대계상되는 단점이 있다.

[예제 6-9] 7월 중의 A상품의 입·출고는 다음과 같다. 이를 선입선출법에 의하여 상품재고장에 기입하고 상품재고자산을 평가하시오.

7월 1일 입고 1,000개 @₩14 ₩14,000
7월 3일 입고 2,000개 @₩15 ₩30,000
7월 8일 출고 1,600개
7월 9일 출고 800개
7월 14일 입고 1,000개 @₩16 ₩16,000
7월 17일 출고 600개
7월 19일 출고 800개
7월 25일 입고 1,600개 @₩15 ₩24,000

[풀이]

<u>상품재고장</u>

〈선입선출법〉

갑상품

일 자		적 요	입 고			출 고			잔 액		
			수량	단가	금액	수량	단가	금액	수량	단가	금액
7	1	입 고	1,000	14	14,000				1,000	14	14,000
	3	입 고	2,000	15	30,000				{1,000	14	14,000
									2,000	15	30,000
	8	출 고				{1,000	14	14,000			
						600	15	9,000	1,400	15	21,000
	9	출 고				800	15	12,000	600	15	9,000
	14	입 고	1,000	16	16,000				{600	15	9,000
									1,000	16	16,000
	17	출 고				600	15	9,000	1,000	16	16,000
	19	출 고				800	16	12,800	200	16	3,200
	25	입 고	1,600	15	24,000				{200	16	3,200
									1,600	15	24,000
	30	차월이월				{200	16	3,200			
						1,600	15	24,000			
			5,600		84,000	5,600		84,000			
8	1	전월이월	{200	16	3,200				{200	16	3,200
			1600	15	24,000				1,600	15	24,000

1. 계속기록법
   ① 매출원가 : ₩56,800(상품재고장 출고의 차기이월 전까지의 금액)
   ② 기말재고액 : ₩84,000(판매가능액)-₩56,800(판매부분)=₩27,200
2. 재고조사법
   ① 기말재고액 : 200개×@₩16= ₩3,200
   1,600개×@₩15= ₩24,000
   1,800개 ₩27,200
   ② 매출원가 : ₩84,000-₩27,200=56,800

(3) 후입선출법

후입선출법(last in first out method : LIFO)은 매입역법이라고도 하며, 나중에 매입한 상품부터 먼저 출고한 것으로 기장하는 방법이다.

후입선출법에서 기말상품재고액은 가장 먼저 매입한 과거의 상품이 원가가 되며, 매출원가는 최근의 매입원가가 된다. 후입선출법은 상품매출원가와 기말상품재고액은 두 방법에 따라 서로 다르게 계산된다. 후입선출법에 이러한 현상이 나타나는 것을 실지재고조사법의 경우 총매입량으로부터 총판매량을 차감하여 남은 수량에 대한 매입량과 그 단가를 고려하여 계산하

나. 계속기록법의 경우에는 판매시마다 직전의 입고량을 고려하여 단가를 적용하기 때문이다.

후입선출법으로 기말재고상품의 단가를 평가하면 인플레시에는 기말상품재고액이 가장 오래 전에 구입한 낮은 가격으로 표시되며, 매출원가는 시가에 가까운 단가로 계산되므로 매매이익이 적게 계상된다.

[예제 6-10] [예제 6-9]를 후입선출법으로 상품재고자산을 평가하시오.

[풀이]

상품재고장

〈후입선출법〉 갑상품

일 자		적 요	입 고			출 고			잔 액		
			수량	단가	금액	수량	단가	금액	수량	단가	금액
7	1	입 고	1,000	14	14,000				1,000	14	14,000
	3	입 고	2,000	15	30,000				1,000	14	14,000
									2,000	15	30,000
	8	출 고				1,600	15	24,000	1,000	14	14,000
									400	15	6,000
	9	출 고				400	15	6,000			
						400	14	5,600	600	14	8,400
	14	입 고	1,000	16	16,000				600	14	8,400
									1,000	16	16,000
	17	출 고				600	16	9,600	600	14	8,400
									400	16	6,400
	19	출 고				400	16	6,400			
						400	14	5,600	200	14	2,800
	25	입 고	1,600	15	24,000				200	14	2,800
									1,600	15	24,000
	30	차월이월				200	14	2,800			
						1,600	15	24,000			
			5,600		84,000	5,600		84,000			
8	1	전월이월	200	14	2,800				200	14	2,800
			1600	15	24,000				1,600	15	24,000

1. 계속기록법 :

① 매출원가 : ₩57,200(상품재고장 출고의 차기이월 전까지의 금액)

② 기말재고액 : ₩84,000(판매가능액)-₩57,200(판매부분) =₩26,800

2. 재고조사법

① 기말재고조사법 200개×@₩14 =₩2,800

1,600개×@₩15=₩24,000

1,800개 ₩26,800

② 매출원가 : ₩84,000-₩26,800=₩57,200

(4) 평균법

평균법(average cost method)에는 이동평균법과 총평균법이 있는데, 계속기록법하에서는 이동평균법을 의미하고 실지재고조사법하에서는 총평균법을 의미한다.

1) 이동평균법

이동평균법(moving average method)은 장부를 계속 기록하면서 매입할 때마다 그 수량과 금액을 앞의 잔액(수량 · 금액)에 가산해서 새로운 평균단가를 산출하고 이것에 의해서 출고단가를 기장하는 방법이다. 이는 재고상품의 가액이 평균화되기 때문에 매출원가는 매입가액이 달라짐에 따라 받는 영향은 적으나, 평균단가의 산출이 복잡하다. 이동평균법에 사용하는 등식을 표시하면 다음과 같다.

$$출고\ 단가 = \frac{잔액란금액 + 매입금액}{잔액란수량 + 매입수량}$$

[예제 6-11] [예제 6-9]를 이동평균법으로 상품재고자산을 평가하시오. 단, 소수 셋째자리에서 반올림하여라.

[풀이]

상품재고장

〈이동평균법〉

갑상품

일	자	적 요	입고 수량	입고 단가	입고 금액	출고 수량	출고 단가	출고 금액	잔액 수량	잔액 단가	잔액 금액
7	1	입 고	1,000	14	14,000				1,000	14	14,000
	3	입 고	2,000	15	30,000				3,000	14.67	44,000
	8	출 고				1,600	14.67	23,472	1,400	14.67	20,528
	9	출 고				800	14.67	11,736	600	14.67	8,802
	14	입 고	1,000	16	16,000				1,600	15.50	24,802
	17	출 고				600	15.50	9,300	1,000	15.50	15,500
	19	출 고				800	15.50	12,400	200	15.50	3,100
	25	입 고	1,600	15	24,000				1,800	15.05	27,100
	30	차월이월				1,800	15.05	27,100			
			5,600		84,000	5,600		84,000			
8	1	전월이월	1,800	15.05	27,100				1,800	15.05	27,100

〈계속기록법〉

① 매출원가 ₩56,900(상품재고장 출고의 차기이월 전까지의 금액)

② 기말재고액 ₩84,000-₩56,900=₩27,100

2) 총평균법

총평균법(gross average method)은 기초재고액에 일정기간(월말 또는 기말)에 대입한 순매입액을 합계하여 판매가능한 총원가를 산출하고, 판매가능한 총원가를 기초재고량과 순매입수량으로 나누어 새로운 단가를 산출하여, 출고란에 단가와 기말단가를 적용하는 방법이다. 이를 등식으로 표시하면 다음과 같다.

$$\text{출고 단가} = \frac{\text{기초재고액} + \text{당기순매입액}}{\text{기초재고수량} + \text{당기순매입수량}}$$

총평균법은 일정기간(1개월 또는 1회계연도)마다 평균단가를 계산하므로, 실무적으로 편리한 장점이 있으나, 매출원가와 기말재고액을 산출하기 위하여 매출수량과 기말재고량을 확인해야 하고, 기말에 가서야 상품단가를 결정해야 하는 단점이 있다. 그리고 총평균법은 그 단가와 금액을 계속하여 기장할 필요가 없으므로, 계속기록법에서는 사용할 수 없고, 실지재고조사법에서 적용될 수 있다.

[예제 6-12] [예제 6-9]를 총평균법으로 상품재고자산을 평가하시오.

[풀이]

상품재고장

〈총평균법〉 갑상품

일	자	적 요	입 고			출 고			잔 액		
			수량	단가	금액	수량	단가	금액	수량	단가	금액
7	1	입 고	1,000	14	14,000				1,000		
	3	입 고	2,000	15	30,000				3,000		
	8	출 고				1,600	15	24,000	1,400		
	9	출 고				800	15	12,000	600		
	14	입 고	1,000	16	16,000				1,600		
	17	출 고				600	15	9,000	1,000		
	19	출 고				800	15	12,000	200		
	25	입 고	1,600	15	24,000				1,800	15	27,000
	30	차월이월				1,800	15	27,000			
			5,600		84,000	5,600		84,000			
8	1	전월이월	1,800	15	27,000				1,800		27,000

〈재고조사법〉

① 기말재고액 : 1,800개×@₩15=₩27,000

② 매출원가 : 3,800개×@₩15=₩57,000
(또는 ₩84,000-₩27,000=₩57,000)

※ 평균단가 : 입고액 ₩84,000÷입고량 5,600개=₩15

제 5 절 기말상품재고자산의 평가

상품재고자산은 수량과 단가의 결정으로 금액이 평가된다. 이때 상품재고자산의 수량과 단가는 모두 장부상의 수치로 나타내고, 이는 실제수량과 실제단가와는 다를 수 있다. 실제수량이 장부수량과 비교하여 부족할 경우에 장부상 단가를 곱한 금액이 재고자산감모손실이며, 실제단가가 장부상의 단가보다 낮은 경우에 실제수량을 곱한 금액이 재고자산평가손실이다.

1. 재고자산감모손실

재고자산감모손실은 장부상의 상품수량에 비하여 실제수량이 부족한 경우 수량부족으로 인한 상품재고자산의 가치감소액을 말하는데, 파손·도난·분실 등의 사유로 인하여 발생한다. 재고자산감모손실은 실지재고조사법을 사용하는 경우에는 파악할 수 없고, 계속기록법과 실지재고조사법을 병행하는 경우에 파악될 수 있다. 즉, 계속기록법을 사용할 경우 장부상에서 파악된 기말상품재고수량과 기말에 실지재고조사를 통하여 파악된 실지기말재고수량과의 차이가 발생하는 경우에 확인할 수 있다.

이때 재고자산감모손실은 재고자산에서 직접 차감하게 되며, 원가성의 유무에 따라 보고방법이 다르다. 원가성이 있는 재고자산감모손실은 매출원가에 포함되고, 원가성이 없는 재고자산감모손실(영업외비용)로 재무제표에 공시한다.

재고자산감모손실=(장부재고수량-실제재고수량)×단위당 가격

[예제 6-13] 다음 자료로서 상품매매손익(순액법)과 재고자산(상품)감모손실을 산출하는데 필요한 분개를 표시하고, 전기하시오(단, 상품재고감모손실은 원가성이 없는 것으로 하시오).

기 초 재 고 액 : ₩ 350,000

당 기 매 입 액 : ₩ 1,200,000

매입품 환출액 : ₩ 100,000

당 기 매 출 액 : ₩ 1,500,000

기 말 재 고 액
- 장부재고액 : 120개 @2,000 ₩240,000
- 실지재고액 : 100개 @2,000 ₩200,000

〈분개〉 (a) 상품매매손익의 산출 (장부재고액으로 분개)

① (차) 매 입 350,000 (대) (이월)상품 350,000
② (차) (이월)상품 240,000 (대) 매 입 240,000
③ (차) 매 출 1,210,000 (대) 매 입 1,210,000
④ (차) 매 출 290,000 (대) 손 익 290,000

(b) 상품재고감모손실의 산출

⑤ (차) 재고자산(상품)감모손실 40,000 (대) (이 월)상 품 40,000
⑥ (차) 손 익 40,000 (대) 재고자산(상품)감모손실 40,000

〈전기〉

(이월) 상 품

차변	금액	대변	금액
전 기 이 월 액	350,000	① 매 입	350,000
② 매 입	240,000	⑤ 상품감모손실	40,000
		차 기 이 월	200,000
	590,000		590,000
전 기 이 월 액	200,000		

매 입

차변	금액	대변	금액
당 기 매 입 액	1,200,000	환 출 액	100,000
① (이 월) 상 품	350,000	② (이 월) 상 품	240,000
		③ 매 출	1,210,000
	1,550,000		1,550,000

매 출

차변	금액	대변	금액
③ 매 입	1,210,000	매 출 액	1,500,000
④ 손 익	290,000		
	1,500,000		1,500,000

재고자산(상품)감모손실

차변	금액	대변	금액
⑤ (이 월) 상 품	40,000	⑥ 손 익	40,000
	40,000		40,000

손 익

차변	금액	대변	금액
⑥ 상품감모손실	40,000	④ 매 출	290,000

2. 재고자산평가손실

판매를 목적으로 보유하고 있는 상품재고자산이 품질저하 · 진부화 · 손상 등의 이유로 시가가 하락하는 경우가 있는데, 이때 원가보다 하락한 금액을 재고자산평가손실이라고 한다.

재고자산평가손실 = 실제재고수량×(단위당 구입원가-단위당 기말 순실현 가능가액)

K-GAAP에서는 상품재고자산의 기말순실현가능가액(시가)이 취득원가보다 하락한 경우에는 순실현가능가액을 재무상태표가액으로 하도록 규정하고 있다. 이를 저가법이라고 한다.

상품재고자산의 기말시가가 취득원가보다 하락한 경우에는 시가를 재무상태표가액으로 하여야 하는데, 이 때 기말시가란 공정가액(순실현가능가액)을 의미한다.

또한 상품재고자산을 저가법으로 평가하는 경우에 발생하는 재고자산평가손실은 상품재고자산에서 매출원가로 간접 차감한다.

이러한 상품재고자산에 대하여 저가법을 적용하는 경우에 사용할 수 있는 방법에는 종목별기준과 총계기준이 있다.

종목별기준이란 가장 보수적인 방법으로 상품재고자산의 개별 항목별로 저가법을 적용하는 방법이고, 총계기준이란 모든 재고자산을 통합하여 저가법을 적용하는 방법이다.

[예제 6-14] 다음 자료로서 상품매매손익(총액법)과 재고자산(상품)평가손실을 산출하는데 필요한 분개를 표시하고, 전기하시오(단, 상품재고평가손실은 원가성이 없는 것으로 하시오).

기 초 재 고 액 : ₩ 700,000
당 기 매 입 액 : ₩ 2,000,000
당 기 매 출 액 : ₩ 2,600,000
매출품 환입액 : ₩ 50,000

기 말 재 고 액
- 장부재고액 : 500개 @2,000 ₩1,000,000
- 실지재고액 : 500개 @1,900 ₩900,000

[풀이]

〈분개〉 (a) 상품매매손익의 산출 (장부재고액으로 분개)

① (차) 매 입 700,000 (대) (이월)상품 700,000
② (차) (이월)상품 1,000,000 (대) 매 입 1,000,000
③ (차) 손 익 1,700,000 (대) 매 입 1,700,000
④ (차) 매 출 2,550,000 (대) 손 익 2,550,000

(b) 상품재고평가손실의 산출

⑤ (차) 재고자산(상품)평가손실 100,000 (대) (이 월)상 품 100,000
⑥ (차) 손 익 100,000 (대) 재고자산(상품)평가손실 100,000

〈전기〉

(이월) 상 품

차변	금액	대변	금액
전 기 이 월 액	700,000	① 매 입	700,000
② 매 입	1,000,000	② 상품평가손실	100,000
		차 기 이 월	900,000
	1,700,000		1,700,000
전 기 이 월 액	900,000		

매 입

차변	금액	대변	금액
당 기 매 입 액	2,000,000	② 이 월 상 품	1,000,000
① 이 월 상 품	700,000	③ 손 익	1,700,000
	2,700,000		2,700,000

매 출

차변	금액	대변	금액
환 입 액	50,000	당 기 매 출 액	2,600,000
④ 손 익	2,550,000		
	2,600,000		2,600,000

재고자산(상품)평가손실

차변	금액	대변	금액
⑤ (이월) 상 품	100,000	⑥ 손 익	100,000
	100,000		100,000

손 익

차변	금액	대변	금액
③ 매 입	1,700,000	④ 매 출	2,550,000
⑥ 상품평가손실	100,000		

제 6 절 특수한 매매거래

1. 미착상품

미착상품(goods in transit)이라 함은 회계연도말 현재 아직 운송중에 있어 도착하지 않은 상품을 말한다. 미착상품이 누구의 재고자산에 포함되느냐의 여부는 매매계약조건(선적지 인도기준, 도착지 인도기준)에 따라 다르다.

선적지 인도기준에서는 선적시점에 소유권이 매입자에게 이전되므로, 미착품은 매입자의 재고자산에 포함되어야 하나, 도착지 인도기준에서는 목적지 도착시점에 소유권이 매입자에게 이전되므로, 미착품은 판매자의 재고자산에 포함되어야 한다.

외국이나 국내 먼 곳에서 상품을 매입하였을 경우, 현지도착 이전에는 자기점포나 창고에 있는 상품과 구별하기 위하여 미착상품계정(goods to arrive account)을 설정하여 처리한다. 운송중의 상품은 선하증권이나 화물상환증으로 상품을 대표한다. 그러므로 이 증서를 소유하게 되면 미착상품계정 차변에 기입한다. 화물대표증권(선화증권 · 화물상환증 · 창고증권)은 자유로이 전매할 수 있으며, 이 증권으로 상품을 인수하였을 때에는 미착상품계정 대변에 기입하는 동시에 매입계정의 차변에 대체한다.

[예제 6-15] 다음 거래를 분개하시오.

(1) 여주상사로부터 월말도착예정의 상품 ₩8,000,000에 대한 화물상환증을 현금으로 매입하다.

(2) 위의 상품이 금일 도착하여 운임 ₩10,000을 현금으로 지급하고 인수하다.

(3) 월말도착예정인 상품 ₩2,000,000을 외상매입하다.

(4) (3)의 미착상품의 일부(원가 ₩1,000,000)를 ₩1,400,000에 현금매출하다.

(5) (3)의 미착상품의 나머지가 도착하여 인수비용 ₩60,000 현금지급하다.

[풀이]

(1)	(차)	미착상품	8,000,000	(대)	현금	8,000,000
(2)	(차)	매입	8,010,000	(대)	미착상품	8,000,000
					현금	10,000
(3)	(차)	미착상품	2,000,000	(대)	외상매입금	2,000,000
(4)	(차)	현금	1,400,000	(대)	미착상품	1,000,000
					미착상품매출이익	400,000
또는	(차)	현금	1,400,000	(대)	미착상품매출	1,400,000
	(차)	매입	1,000,000	(대)	미착상품	1,000,000
(5)	(차)	매입	1,060,000	(대)	미착상품	1,000,000
					현금	60,000

2. 위탁매출

위탁매출이란 타인에게 수수료를 지급하는 조건으로, 상품을 위탁하여 판매하는 것을 말한다. 이러한 목적으로 발송한 상품을 재고상품과 구분하기 위하여 적송품(consigned goods)이라고 하며, 적송시 운임 등 비용을 적송품원가에 가산하다.

이러한 위탁매출을 위한 적송품을 발송하였을 경우에는 기업 내의 상품과 구별하여 매입계정에서 적송품계정의 차변에 대체하고, 적송품 판매를 부탁한 자(위탁자)는 실제로 적송품을 판매한 자(수탁자)로부터 적송품 판매에 관한 매출계산서를 받았을 경우에 적송품 판매에 따른 수익을 인식하고 회계처리를 한다.

[예제 6-16] 다음 거래를 분개하시오.

(1) 여주상회는 강릉상회에 위탁판매를 위한 상품 300개(@₩1,000)를 적송하고, 적송할 때의 제비용 ₩20,000은 현금으로 지급하다.

(2) 강릉상회로부터 다음과 같은 매출계산서를 송부받고, 매출 대금을 은행에 입금시켰다.

[풀이]

(1) 상품 매출 위탁시

(차)	위탁상품 (적송품)	320,000	(대)	매 입	300,000
				현 금	20,000

(2) 적송품의 판매통지

(차)	보통예금	30,000	(대)	위 탁 상 품	320,000
				위탁상품매출이익	10,000

3. 시용매출

시용매출(approval sales)은 판매촉진의 한 방법으로 현품 또는 견본을 보내어, 일정기간 시험적으로 사용하게 한 다음 매입의사를 표시하면 판매가 성립되는 것이다. 그러므로 시용품을 발송하였을 때에는 매출이 성립된 것이 아니므로, 매출계정으로 처리할 수 없다. 시용매출의 기장방법은 차변에는 시용품계정, 대변에 시용가매출계정을 설정하여 기입하였다가, 상대방에서 매입의사를 표시해 왔을 때에 매출계정으로 대체한다. 그리고 매출수익의 실현을 K-GAAP에서는 고객의 매입의사를 받은 날에 수익을 인식하도록 규정하고 있다. 그러므로 기말까지 매입의사 통보가 없을 경우에는 시용품을 기말상품재고액으로 포함시켜 회계처리하여야 한다.

[예제 6-17] 다음 거래를 분개하시오.

(1) 여주상사에 상품 ₩10,000,000을 시용품으로 발송하다.

(2) 여주상사에서 상기 상품의 매입승낙이 있었다.

[풀이]

(1)	(차)	시 용 품	10,000,000	(대)	시용가매출	10,000,000
(2)	(차)	시용가매출	10,000,000	(대)	시 용 품	10,000,000
		외상매출금	10,000,000		매 출	10,000,000

4. 장기공사수익

건설업이나 조선업과 같은 장기의 도급공사(long-term contract)를 하는 경우의 수익인식방법으로는 공사완성기준(completed contract method)과 공사진행기준(percentage of completion method)이 있다.

공사완성기준이란 건설공사가 완성되어 상대방에게 인도하는 시점에서 매출수익을 인식하는 방법이다. 공사진행기준은 생산기준이라고도 하는데, 기간손익을 적정하게 배분하기 위하여 공사진행률에 의해서 공사가 완료되기 이전에도 수익을 계상하는 방법이다. 여기서 공사진행률은 공사예정원가에 대한 실제 공사비 발생액의 비율로 계산한다. 당기공사원가는 진행기준을 적용하는 경우 당기 총공사비용에 공사손실 충당금전입액(또는 환입액)을 가산(차감)하고, 타계정대체액을 차감하여 계산하며, 완성기준을 적용하는 경우 당기 총공사비용에 공사손실충당금전입액(또는 환입액)과 기초미성공사를 가산(차감)하고, 기말미성공사와 타계정대체액을 차감하여 계산한다.

총공사비용은 공사와 직접 또는 간접으로 관련하여 발생한 재료비, 노무비, 외주비 및 경비의 총액으로 한다. 다만 공사가 종료되는 회계 연도의 당기 총공사비용에는 하자 보수비를 포함한다.

공사손익의 인식은 공사기간이 장기익 도급공사 및 예약매출은 진행기준을 적용하며, 공사기간이 단기인 도급공사 및 예약매출은 완성기준을 적용한다.

진행기준은 ① 도급금액, 공사진행률 및 공사예정원가에 대하여 합리적인 예측이 가능한 경우, ② 계약조항에 계약당사자간에 수수될 재화 또는 용역의 내용과 이에 대한 대가의 지급방식에 관하여 쌍방을 구속시키는 권리의무가 명백히 규정되어 있는 경우, ③ 계약 당사자가 각기 계약상 의무를 이행할 능력이 있다고 충분히 인정되는 경우에 적용한다. 수익실현을 기업회계기준은 장기간이 소요되는 용역의 매출액 및 공사기간 또는 제조기간이 장기인 예약매출액은 진행기준에 따라 실현되는 것으로 한다.

[예제 6-18] 다음 거래를 공사진행기준에 의하여 분개하여라.

(1) 주된 영업활동이 건설업인 국민건설(주)는 3년 정도의 건설기간이 예상되는 건물공사를 도급가액 ₩600,000으로 계약하고, 계약금으로 ₩120,000을 받다.

(2) 첫 해에 발생한 원가는 ₩180,000이다.

(3) 첫 해의 공사진행률은 40%이다.

[풀이]

(1)	(차) 현 금	120,000		(대) 선 수 금	120,000
(2)	(차) 미 성 공 사	180,000		(대) 현 금	180,000
(3)	(차) 매 출 원 가	180,000		(대) 미 성 공 사	180,000
	(차) 선 수 금	120,000		(대) 매 출	240,000
	공사미수금	120,000			

※ 수익총액 ₩600,000×0.4 = ₩240,000

연 습 문 제

1. 다음 자료에 의하여 아래 물음에 답하고 결산정리분개도 하시오.

(1) 경주상회의 기말현재 장부상의 상품재고액은 ₩31,000(수량 : 310개 @₩100)이나 기말현재 창고에 보관중인 실제 상품수량은 297개이고, 기말현재 상품의 단위당 순실현 가능가액은 @₩90이다. 그리고 상품의 기초재고액이 ₩110,000 당기상품매입액이 ₩560,000이고, 당기매출액이 ₩720,000인 경우 재고감모손실액, 평가손실액, 매출총이익을 산출하고, 결산시의 정리분개를 총액주의로 하시오(단, 상품감모손실과 평가손실은 원가성이 없는 것으로 하고, 상품계정은 3분법으로 한다).

① 상품감모손실 = (　　　)

② 상품평가손실 = (　　　)

③ 매출총이익 = (　　　)

④ (결산정리분개)

2. 여주상회의 다음 상품매매에 관한 자료에 의하여 이월상품, 매입, 매출, 매입에누리 및 환출품, 매출에누리 및 환입품계정에 기입하여 상품매출이익 계산에 필요한 분개를 표시하고, 각 계정을 마감(손익계정 제외)하시오.

[자료]

기초상품재고액 420,000	당기상품외상매입액 1,475,000
인수운임현금지급액 30,000	환출액 45,000
매입에누리액 75,000	당기상품외상매출액 1,950,000
환입액 60,000	매출에누리액 30,000
기말상품재고액 480,000	

3. 여주상회의 다음 상품에 관한 사항을 각 계정에 기입하여 마감하시오. 그리고 손익계정에 대체하는 분개도 표시하시오.

[자료]

기초상품재고액 60,000	당기매입액(외상) 324,000
환출액 17,500	당기매출액(외상) 430,000
환입액 20,000	인수운임(현금) 5,000

기말상품재고액 : 장부재고수량 280개, 실지재고수량 250개, 단위원가 @₩300, 단위당순실현가능액 @₩270, 단 감모수량 중 10개는 원가성이 있는 것으로 한다.

4. 다음은 상품거래를 아래 계정에 기입하여 마감하시오. 그리고 대체분개도 표시하시오. 단, 모든 거래는 외상거래이며 총액법에 의한다.

기초상품재고액 ₩90,000 당기매입액 ₩340,000

당기매출액 ₩460,000

기말상품재고액 : 장부재고액 ₩140,000 실재고액 ₩125,000 순실현가능액 ₩100,000 단, 저가주의에 의하여 상품감모손실은 전액영업외비용으로 한다.

5. 다음 상품에 관한 거래를 총평균법에 의하여 상품재고장에 기입하고, 마감하시오.

6월 1일 : 전기이월 600개 @500

6월 5일 : 매입 400개 @₩470

7일 : 매출 500개 @₩600

14일 : 매입 300개 @₩480

18일 : 매출 400개 @₩650

20일 : 매입 200개 @₩470

25일 : 매출 200개 @₩650

6. 다음 거래를 위탁자와 수탁자의 입장에서 각각 분개하시오.

3월 1일 : 수원상회는 이천상회에 위탁판매를 위하여 상품 ₩2,900,000을 적송하고, 적송 제비용 ₩100,000을 현금으로 지급하다. 그리고 적송품에 대하여 ₩2,000,000의 화환을 취결하고, 할인료 ₩50,000을 차감한 잔액을 당좌예금하다.

3월 5일 : 이천상회는 화환어음을 인수하고 화물상환증을 교부받아 상품을 인수하고, 인수에 따른 제비용 ₩60,000은 현금으로 지급하다.

3월 10일 : 이천상회는 주안상회에 상품 ₩3,800,000을 현금 판매하고, 아래의 매출계산서를 작성하여 수원상회에 송부함과 동시에 실수금은 수표를 발행하여 송금하다.

매 출 계 산 서

총매출액			₩3,800,000
제비용 :	인 수 비 용	₩60,000	
	보관료	10,000	
	판매수수료	370,000	440,000
실수금			₩3,360,000
화환대금			2,000,000
차감실수금			1,360,000

3월 11일 : 수원상회는 매출계산서와 송금수표를 받다.

7. 다음 거래를 분개하시오. 단, 총액주의에 의할 것

(1) 광주상회로부터 운송중인 상품 ₩300,000을 외상으로 매입하고, 선화증권을 받다.

(2) 상기 (1) 상품이 도착되어 선환증권과 상환으로 상품을 인수하다. 상품인수비 ₩7,500은 현금으로 지급하다.

(3) 이천상회로부터 운송중의 상품 ₩450,000을 외상으로 매입하고, 화물상환증을 입수하다.

(4) 상기 (3)의 상품이 도착 전이나 종로상회에 ₩500,000에 매출하고, 대금 중 ₩300,000은 동점발행 수표로 받고, 잔액은 외상으로 하다.

(5) 묵호상회에 상품 ₩250,000을 주문하고, 계약금 ₩25,000을 현금으로 송금하다.

(6) 상기(5)의 상품을 선편으로 발송하였다는 통지를 받고, 동점에서 취결한 화환어음 ₩175,000을 인수하고 선화증권을 받다.

8. 다음 거래를 날짜순으로 분개하시오. 단, 총액주의에 의할 것.

7월 1일 : 광주상회는 위탁판매를 위하여 상품 ₩450,000을 종로상회에 적송하고, 적송운임 ₩5,000은 현금으로 지급하다.

2일 : 광주상회는 적송품에 대하여 ₩315,000의 화환을 취결하고, 할인료 ₩7,500을 차감한 실수금은 은행에 당좌예입하다.

6일 : 종로상회는 광주상회로부터 판매위탁을 받고, 화환어음 ₩315,000의 제시가 있어 이를 인수하고, 수탁품 ₩450,000을 찾다. 인수비 ₩5,000은 현금으로 지급하다.

10일 : 상기 수탁품 전부를 서울 상회에 ₩550,000에 외상으로 매출하다.

13일 : 종로상회는 다음의 매출계산서를 작성하고, 실수금은 수표를 발행하여 송금하다.

매 출 계 산 서

매 출 액			₩550,000
제 비 용 :	인수운임	₩5,000	
	보관료	7,500	
	잡비	6,000	
	수수료	16,500	35,000
차감실수금			₩515,000
화환어음대금			315,000
순실수금			200,000

18일 : 광주상회는 종로상회로부터 상기의 매출계산서와 송금수표를 받다.

9. 다음 거래를 날짜순으로 분개하시오.

7월 3일 : 서울상회는 경주상회에 사과 100상자를 매입위탁하고, 착수금 ₩400,000을 수표발행 송금수표로 송부하다.

6일 : 경주상회는 서울상회로부터 사과 100상자의 매입위탁을 받고, 착수금 ₩400,000을

송금수표로 송부받다.

14일 : 경주상회는 부산상회로부터 사과 100상자 @₩20,000, ₩2,000,000을 매입하고, 대금 중 ₩1,000,000은 수표를 발행하여 지급하고, 잔액은 외상으로 하다.

19일 : 경주상회는 다음의 매입계산서와 함께 상품을 발송하고, 발송운임 ₩20,000은 현금으로 지급한 후, 대신 지급금을 청구하다.

매 입 계 산 서

매 입 대 금	사과 100상자	@₩20,000	₩2,000,000
제 비 용 :	발송운임	₩20,000	
	보관료	10,000	
	잡비	7,000	
	수수료	100,000	137,000
대신지급금	합계		₩2,137,000
착수금			400,000
대신지급금	잔액		1,737,000

23일 : 서울상회는 경주상회로부터 상기의 매입계산서와 함께 선화증권을 받다.

25일 : 서울상회는 상품이 도착되어 선화증권과 상환으로 상품을 인수하다. 상품인수비 ₩10,000은 현금으로 지급하다.

27일 : 서울상회는 상기 대신지급금 잔액을 수표를 발행하여 송금하다.

30일 : 경주상회는 서울상회로부터 대신 지급금 잔액 ₩1,737,000을 송금수표로 받아 곧 은행에 당좌예입하다.

제 7 장

비유동자산회계

제 1 절 비유동자산의 의의 및 분류

1. 비유동자산의 의의

비유동자산(non-currunt assets)은 장기간 계속하여 영업활동에 사용할 목적으로 보유하는 자산으로서, 비유동자산이 되기 위해서는 다음과 같은 속성을 가져야 한다.

첫째, 판매목적이 아니라 투자목적 또는 영업목적을 위해서 보유하여야 한다. 그러므로 동일한 종류의 자산이라 할지라도, 영업목적이 아니고, 판매의 목적으로 보유하는 자산은 재고자산이 된다.

둘째, 단기간 보유하는 것이 아니라, 장기간 계속적으로 사용하기 위해서 보유하여야 한다.

셋째, 기업에 소유권이 있는 자산이어야 한다.

따라서 비유동자산은 기업이 영업목적을 위해서 정상적 영업활동과 관련하여 장기간 사용할 목적으로 소유하는 자산이라고 할 수 있다

2. 비유동자산의 분류

형태의 유무와 성격에 따라 투자자산, 유형자산, 무형자산 및 기타 비유동자산으로 분류된다. 투자자산(investments)은 다른 기업을 지배·통제할 목적이나 여유자금을 증식시킬 목적으로

장기간 예금, 유가증권 및 부동산에 투자된 자산을 말한다.

유형자산(tangible assets)은 기업이 1년 이상 영업활동에 사용할 목적으로 보유하는 유형의 자산을 말한다. 즉, 유형자산은 장기간 영업활동에 계속적으로 사용되는 구체적 형태를 가지는 자산이다.

무형자산(intangible assets)은 구체적인 형태를 가지지 않는 비유동자산으로서, 장기간에 걸쳐 기업에 경제적 이익을 제공해 준다. 무형자산은 법률이나 계약에 의하여 인정받은 권리이거나, 사회적으로 보아 사실상 권리로서 인정받는 것 등으로 구성된다.

기타 비유동자산(other non-curreet asset)은 비유동자산 중 투자자산, 유형자산, 무형자산에 속하지 않는 자산으로, 각종 보증금, 이연법인세자산, 장기매출채권, 장기미수금을 들 수 있다.

제 2 절 화폐의 시간가치

화폐는 동일한 금액이라 할지라도 시점에 따라 그 가치가 다르다. 즉, 1년 후의 ₩10,000보다는 현재의 ₩10,000의 가치가 더 클 것이라고 생각된다. 이는 인플레이션이나 위험 및 화폐의 사용에 따른 이자 등으로 인하여 미래의 현금보다는 현재의 현금을 더 선호하기 때문이다.

회계는 기업실체에 영향을 미치는 거래들을 모두 화폐라는 공통분모로 측정하므로, 화폐의 가치가 그 시점에 따라 다르다면, 이를 고려하여야 한다. 특히, 미래에 현금을 수취하거나 지급하여야 할 채권·채무의 경우에는 화폐의 시간가치를 고려하여 측정해야 할 필요가 있다. 따라서 장기투자증권(매도가능증권·만기보유증권) 및 사채(제8장 제4절)에 관한 회계처리를 설명하기에 앞서, 본 절에서는 화폐의 시간가치에 대하여 살펴보도록 하겠다.

화폐의 시간가치는 화폐를 사용하는 대가로 지급해야 하는 이자(interest)와 밀접한 관계가 있으므로, 이자계산방법인 단순이자와 복리이자 개념에 대하여 알아야 한다.

단순이자란 이자계산이 원금에 대해서만 이루어지는 것을 말하며, 복리이자란 원금뿐만 아니라 이미 계상된 이자에 대해서도 이자계산이 되는 것을 말한다. 예컨대, 지금 ₩10,000을 연 10% 이자율로 3년간 예입하였다면, 이자계산을 단순이자와 복리이자로 할 경우 각각에 따른 3년 후에 상환받을 금액을 구해 보면 다음과 같다.

단 순 이 자			복 리 이 자		
원금		₩10,000	원금		₩10,000
이자			이자		
20×1년:	₩10,000×10% =	1,000	20×1년:	₩10,000×10% =	1,000
20×2년:	10,000×10% =	1,000	20×2년:	11,000×10% =	1,100
20×3년:	10,000×10% =	1,000	20×3년:	12,100×10% =	1,210
	계	₩13,000		계	₩13,310

위에서 보듯이, 단순이자 계산방법은 원금에 대해서만 이자가 계산되지만, 복리이자 계산방법은 원금뿐만 아니라 이미 계상된 이자까지 포함해서 이자를 계산하기 때문에 시간이 경과함에 따라 기간별 이자가 증가한다.

금융기관에서 이자계산을 할 때나 기업에서 의사결정을 할 때에는 복리계산방법을 사용한다. 따라서 화폐의 시간가치는 복리계산방법을 중심으로 설명하도록 하겠다.

1. 미래가치

(1) 목돈의 미래가치

미래가치(compound or future value)란 현재의 일정금액을 미래의 시점에서 계산한 가치를 말한다. 예컨대, 지금 ₩10,000을 연 10% 이자율로 은행에 예입한다면 1년 후의 가치는 원금 ₩10,000에 이자 ₩1,000(₩10,000×10%)을 합한 ₩11,000이 될 것이다. 즉, 현재의 ₩10,000은 이자율이 연 10%일 경우 1년 후의 미래가치는 ₩11,000인 것이다.

현재의 원금을 P_0, 기간당 이자율을 r, 이자액을 I, n기간의 미래가치는 P_n이라고 한다면, 1기간 후의 미래가치 P_1은 다음과 같다.

$$P_1 = P_0 + I = P_0 + P_0 \cdot r$$
$$= P_0(1 + r)$$

또한 2기간 후의 미래가치 P_2는 다음과 같다.

$$P_2 = P_1(1 + r) = P_0(1 + r)(1 + r)$$
$$= P_0(1 + r)^2$$

따라서 n기간 후의 미래가치 P_n은 다음과 같이 계산할 수 있다.

$$P_n = P_0(1 + r)^n$$

[예제 7-1] 목돈의 미래가치

원금 ₩10,000 연이자율 10%로 정기예금하였을 때 3년 후의 미래가치는 얼마인가?

[풀이]

$$P^3 = ₩10{,}000 \times (1+0.1)^3 = ₩13{,}310$$

앞의 미래가치 공식을 기초로 하여 원금 ₩1에 대한 이자율과 기간에 따른 미래가치를 미리 계산한 표가 이 책의 부록에 수록되어 있다. 다음의 표는 부록의 일부인데, 이자율이 1%에서 10%까지, 기간이 1기간으로부터 10기간까지의 ₩1의 미래가치를 나타내고 있다.

〈부표 3〉 종가표(₩1의 미래가치)

기간/이자율 (n) (r)	2%	21/2%	3%	4%	5%	6%	7%	8%	9%	10%
1	1.02000	1.02500	1.03000	1.04000	1.05000	1.06000	1.07000	1.08000	1.09000	1.10000
2	1.04040	1.05063	1.06090	1.08160	1.10250	1.12360	1.14490	1.16640	1.18810	1.21000
3	1.06121	1.07689	1.09273	1.12486	1.15763	1.19102	1.22504	1.25971	1.29503	1.33100
4	1.08243	1.10381	1.12551	1.16986	1.21551	1.26248	1.31080	1.36049	1.41158	1.46410
5	1.10408	1.13141	1.15927	1.21665	1.27628	1.33823	1.40255	1.46933	1.53862	1.61051
6	1.12616	1.15969	1.19405	1.26532	1.34010	1.41852	1.50073	1.58687	1.67710	1.77156
7	1.14869	1.18869	1.22987	1.31593	1.40710	1.50363	1.60578	1.71382	1.82804	1.94872
8	1.17166	1.21840	1.26677	1.36857	1.47746	1.59385	1.17819	1.85093	1.99256	2.14359
9	1.19509	1.24886	1.30477	1.42331	1.55133	1.68948	1.83846	1.99900	2.17189	2.35795
10	1.21899	1.28008	1.34392	1.48024	1.62889	1.79085	1.96715	2.15892	2.36736	2.59374

위의 표를 이용하면 보다 쉽게 미래가치를 구할 수 있다. 예컨대, 기간 3년, 연이자율 10%일 경우 3년 후의 ₩1의 미래가치는 ₩1.3310일 것이므로 ₩10,000의 연이자율 10%일 경우 3년 후의 미래가치는 ₩13,310일 것이다. 또한 ₩50,000의 연이자율 6%일 경우 4년 후의 미래가치는 ₩63,124(₩50,000×1.26248)일 것이다.

(2) 연금의 미래가치

연금(annuity)이란 일정기간 동안 일정금액을 계속적으로 지불하는 것을 말한다. 연금의 미래가치는 매기말에 일정금액을 지불할 때 연금최종기말에서의 미래가치 총액을 말한다. 예컨대, 3년 동안 매년말에 ₩10,000을 연 10%의 이자율로 예금한 경우 3년 후의 연금의 미래가치는 다음과 같이 계산할 수 있다.

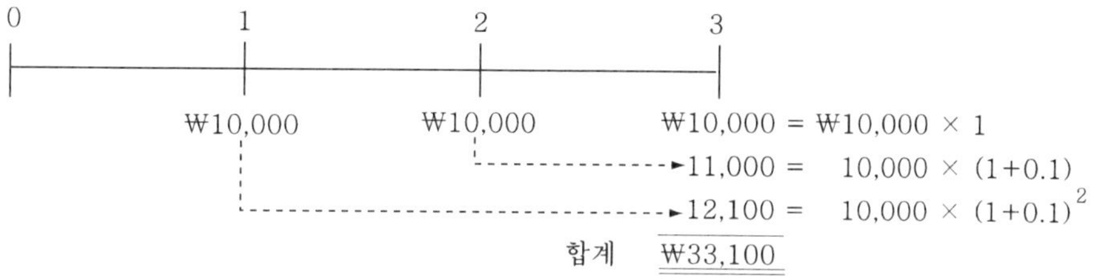

연금의 미래가치는 위에서 보듯이 결국 목돈의 미래가치로 구성되어 있음을 알 수 있다. 첫 번째 기간에 적립한 금액의 연금최종기말의 가치는 2년 후의 미래가치이며, 두 번째 기간에 적립한 연금의 연금최종기말의 가치는 1년 후의 미래가치이다.

이 책의 부록은 정상연금의 미래가치를 쉽게 구할 수 있도록 원금의 ₩1에 대한 이자율과 기간에 따른 정상연금의 미래가치를 나타내고 있다. 다음의 표는 부록의 일부인데, 이자율이 1%에서 10%까지, 기간이 1기간으로부터 10기간까지의 ₩1의 연금 미래가치를 나타내고 있다.

〈부표 4〉 연금의 종가표(정상연금 ₩1의 미래가치)

기간/이자율 (n) (r)	2%	21/2%	3%	4%	5%	6%	7%	8%	9%	10%
1	1.00000	1.00000	1.00000	1.00000	1.00000	1.00000	1.00000	1.00000	1.00000	1.00000
2	2.02000	2.02500	2.03000	2.04000	2.05000	2.06000	2.07000	2.08000	2.09000	2.10000
3	3.06040	3.07563	3.09090	3.12160	3.15250	3.18360	3.21490	3.24640	3.27810	3.31000
4	4.12161	4.15252	4.18363	4.24646	4.31013	4.37462	4.43994	4.50611	4.57313	4.64100
5	5.20404	5.25633	5.30914	5.41632	5.52563	5.63709	5.75074	5.86660	5.98471	6.10510
6	6.30812	6.38774	6.46841	6.63298	6.80191	6.97532	7.15329	7.33593	7.52333	7.71560
7	7.43428	7.54753	7.66246	7.89829	8.14201	8.39384	8.65402	8.92280	9.20043	9.48720
8	8.58297	8.73612	8.89234	9.21423	9.54911	9.89747	10.25980	10.63663	11.02847	11.43600
9	9.75463	9.95452	10.15911	10.58280	11.02656	11.49132	11.97799	12.48756	13.02104	13.57900
10	10.94972	11.20338	11.46388	12.00611	12.57789	13.18079	13.81645	14.48656	15.19293	15.93700

3년 동안 매년말에 ₩10,000을 연 10%이자율로 예금할 경우 앞의 표를 이용한다면 3년 후의 연금의 미래가치는 ₩33,100(₩10,000×3.3100)임을 쉽게 알 수 있다.

2. 현재가치

(1) 목돈의 현재가치

현재가치(present value)란 미래에 발생하게 될 현금흐름을 현재시점에서 평가한 가치를 말한다. 예를 들어, 연이자율이 10%일 경우 현재의 ₩10,000은 1년 후의 ₩11,000과 동일할 것이므로 1년 후의 ₩11,000은 현재의 ₩10,000의 가치에 상당할 것이다.

현재가치를 구하는 공식은 미래가치 공식을 변경시키면 쉽게 도출할 수가 있다. 즉, 미래가치 계산에서는 현재의 현금흐름(P_0)을 알고 n기간 후의 미래가치(P_n)를 계산하는 데 반하여, 현재가치 계산에서는 미래의 현금흐름(P_n)을 알고 있을 경우 그것의 현재가치(P_0)를 계산하고자 한 것이므로 현재가치를 계산하는 공식은 다음과 같이 도출된다.

$$P_n = P_0(1 + r)^n$$

$$P_0 = \frac{P_n}{(1 + r)^n}$$

[예제 7-2] 목돈의 현재가치

3년 후 ₩100,000을 받을 수 있는 채권의 현재가치는 얼마인가? 기간 중 이자지급은 없으며, 이자율은 연 10%라고 가정한다.

[풀이]

$$P_0 = \frac{₩100,000}{(1+0.1)^3} = ₩75,131$$

위의 현재가치 공식을 기초로 원금 ₩1에 대한 이자율과 기간에 따른 현재가치를 미리 계산한 표가 이 책의 부록에 수록되어 있다. 다음의 표가 그 일부인데, 이자율이 1%에서 10%까지, 기간이 1기간으로부터 10기간까지의 ₩1의 현재가치를 나타내고 있다.

〈부표 1〉 현가표(₩1의 현재가치)

기간/이자율 (n) (r)	2%	2½%	3%	4%	5%	6%	7%	8%	9%	10%
1	.98039	.97561	.97087	.96154	.95238	.94340	.93458	.92593	.91743	.90909
2	.96117	.95181	.94260	.92456	.90703	.89000	.87344	.85734	.84168	.82645
3	.94232	.92860	.91514	.88900	.86384	.83962	.81630	.79383	.77218	.75131
4	.92385	.90595	.88849	.85480	.82270	.79209	.76290	.73503	.70843	.68301
5	.90573	.88385	.86261	.82193	.78353	.74726	.71299	.68058	.64993	.62092
6	.88797	.86230	.83748	.79031	.74622	.70496	.66634	.63017	.59627	.56447
7	.87056	.84127	.81309	.75992	.71068	.66506	.62275	.58349	.54703	.51316
8	.85349	.82075	.78941	.73069	.67684	.62741	.58201	.54027	.50187	.46651
9	.83676	.80073	.76642	.70259	.64461	.59190	.54393	.50025	.46043	.42410
10	.82035	.78120	.74409	.67556	.61391	.55839	.50835	.46319	.42241	.38554

위의 표를 이용하면 보다 쉽게 현재가치를 구할 수 있다. 예컨대, 기간 3년, 연이자율 10%일 경우 3년 후 ₩1의 현재가치는 ₩0.75131이므로 이자율이 10%일 때 3년 후 ₩100,000의 현재가치는 ₩75,131일 것이다.

(2) 연금의 현재가치

연금의 현재가치란 매년 일정금액의 현금흐름액을 현재가치로 환산한 금액의 합계이다. 예를 들어, 매년말 ₩10,000씩 3년간 받을 금액을 연 이자율 10%를 할인하여 현재시점에서 일시불로 받을 경우 이 연금의 현재가치는 다음과 같이 계산할 수 있다. 즉, 이 연금의 현재가치는 매년말에 받을 ₩10,000의 현재가치의 합계인 ₩24,869이다.

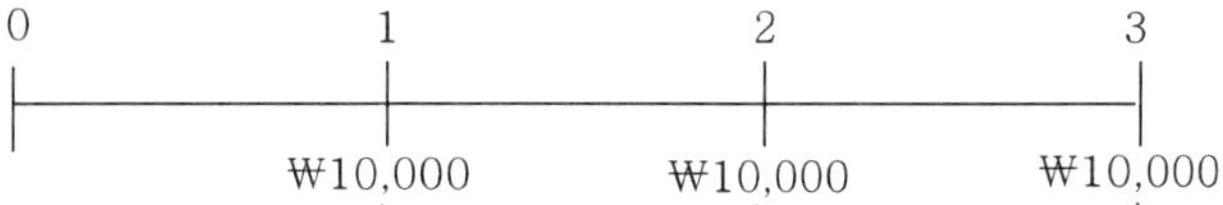

$$₩9,091 = \frac{₩10,000}{(1+0.1)}$$

$$8,265 = \frac{₩10,000}{(1+0.1)^2}$$

$$7,513 = \frac{₩10,000}{(1+0.1)^3}$$

합계 ₩24,869

이 책의 부록은 정상연금의 현재가치를 쉽게 구할 수 있도록, 원금 ₩1에 대한 이자율과 기간에 따른 정상연금의 현재가치를 나타내고 있다. 다음의 표는 부록의 일부인데 이자율이 1%에서 10%까지, 기간이 1기간으로부터 10기간까지 ₩1의 연금의 현재가치를 나타내고 있다.

〈부표 2〉 연금의 현가표(정상연금 ₩1의 현재가치)

기간/이자율 (n) (r)	2%	21/2%	3%	4%	5%	6%	7%	8%	9%	10%
1	.98039	.97561	.97087	.96154	.95238	.94340	.93458	.92593	.91743	.90909
2	1.94156	1.92742	1.91347	1.88609	1.85941	1.83339	1.80802	1.78326	1.75911	1.73554
3	2.88388	2.85602	2.82861	2.77509	2.72325	2.67301	2.62432	2.57710	2.53129	2.48685
4	3.80773	3.76197	3.71710	3.62990	3.54595	3.46511	3.38721	3.31213	3.23972	3.16987
5	4.71346	4.64583	4.57971	4.45182	4.32948	4.21236	4.10020	3.99271	3.88965	3.79079
6	5.60143	5.50813	5.41719	5.24214	5.07569	4.91732	4.76654	4.62288	4.48592	4.35526
7	6.47199	6.34939	6.23028	6.00205	5.78637	5.58238	5.38929	5.20637	5.03295	4.86842
8	7.32548	7.17014	7.01969	6.73274	6.46321	6.20979	5.97130	5.74664	5.53482	5.33493
9	8.16224	7.97087	7.78611	7.43533	7.10782	6.80169	6.51523	6.24689	5.99525	5.75902
10	8.98259	8.75206	8.53020	8.11090	7.72173	7.36009	7.02358	6.71008	6.41766	6.14457

3년 동안 매년말에 ₩10,000을 수취할 경우 이자율이 10%라면, 앞의 표를 이용할 경우 원금 ₩30,000의 현재가치는 ₩24,869(₩10,000×2.48685)임을 쉽게 알 수 있다.

[예제 7-3] 현재가치

연이자율이 10%인 경우 아래와 같은 각각의 현금흐름에 대한 현재가치를 구하시오.

〈사례 1〉 3년 동안 매년 말에 ₩10,000의 이자와 3년말에 ₩100,000의 원금을 수취할 경우

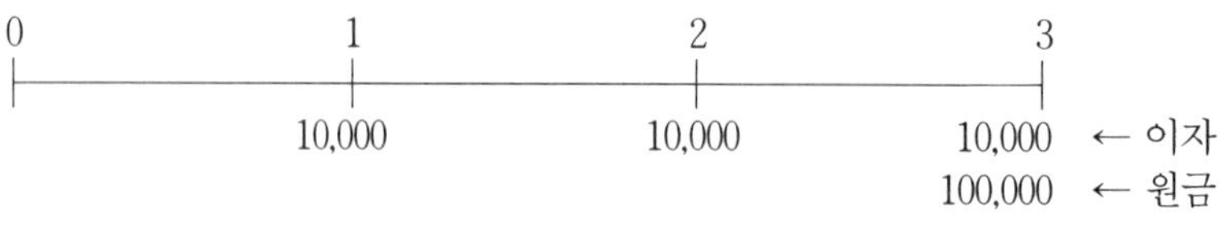

〈방법 1〉	₩10,000 × 0.90909(10%, 1년, 현가) =	₩9,091
	10,000×0.82645(10%, 2년, 현가) =	8,265
	110,000×0.75131(10%, 3년, 현가) =	82,644
	현금흐름의 현재가치	₩100,000
〈방법 2〉	₩10,000×2.48685(10%, 3년, 연금현가) =	₩24,869
	100,000×0.75131(10%, 3년, 현가) =	75,131
	현금흐름의 현재가치	₩100,000

〈사례 2〉 3년 동안 매년 말에 ₩8,000의 이자와 3년말에 ₩100,000의 원금을 수취할 경우

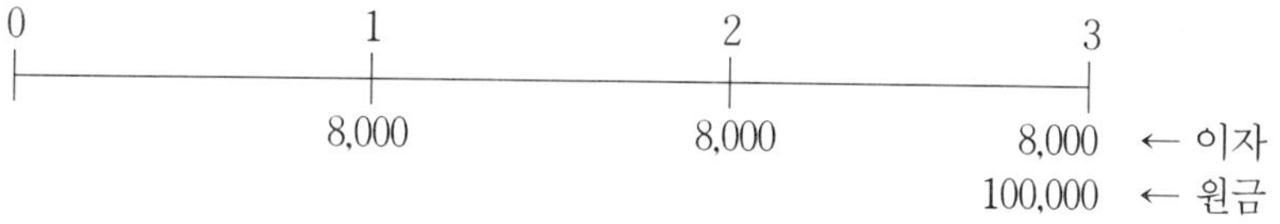

〈방법 1〉 ₩8,000 × 0.90909(10%, 1년, 현가) = ₩7,273
8,000×0.82645(10%, 2년, 현가) = 6,612
108,000×0.75131(10%, 3년, 현가) = 81,141
현금흐름의 현재가치 ₩95,026

〈방법 2〉 ₩8,000×2.48685(10%, 3년, 연금현가) = ₩19,895
100,000×0.75131(10%, 3년, 현가) = 75,131
현금흐름의 현재가치 ₩95,026

〈사례 3〉 3년 동안 매년말에 ₩12,000의 이자와 3년말에 ₩100,000의 원금을 수취할 경우

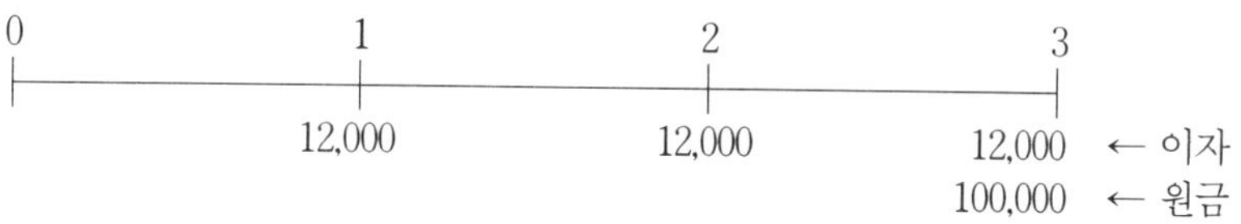

〈방법 1〉 ₩12,000 × 0.90909(10%, 1년, 현가) = ₩10,909
12,000×0.82645(10%, 2년, 현가) = 9,917
112,000×0.75131(10%, 3년, 현가) = 84,147
현금흐름의 현재가치 ₩104,973

〈방법 2〉 ₩12,000×2.48685(10%, 3년, 연금현가) = ₩29,842
100,000×0.75131(10%, 3년, 현가) = 75,131
현금흐름의 현재가치 ₩104,973

제 3 절 투자자산

1. 투자자산의 의의

투자자산이라 함은 타회사를 지배하거나 통제할 목적 또는 투자수익을 얻을 목적으로 보유하는 자산을 말한다. GAAP에서는 투자자산을 다음과 같이 분류하고 있다.

구 분		내 용
장 기 투 자 증 권	매도가능증권	주식이나 채권 중 단기매매증권이나 만기보유증권 및 지분법적용투자주식으로 분류되지 않는 유가증권으로 한다.
	만기보유증권	만기가 확정된 채무증권(국・공채, 사채)으로서 상환금액이 확정되었거나 확정이 가능한 채무증권을 만기까지 보유할 적극적인 의도와 능력이 있는 유가증권으로 한다.
지분법적용투자주식	피투자회사에 중대한 영향력을 행사할 수 있는 유가증권으로 한다.	
장 기 대 여 금	당좌자산에 속하지 아니하는 장기의 대여금으로 한다.	
투 자 부 동 산	투자의 목적 또는 비영업용으로 소유하는 토지・건물 및 기타의 부동산으로 한다.	

2. 투자증권(유가증권)의 분류와 공시

유가증권(securities)이란 재산권을 나타내는 증권으로서, 그 권리의 발생・행사・이전의 전부 또는 일부를 증권에 의해서만 행사할 수 있는 것을 말한다. 넓은 의미의 유가증권에는 선하증권과 같은 물품증권, 수표・어음과 같은 화폐증권, 주식과 같은 자본증권이 모두 포함되나, 회계 상의 유가증권은 자본시장에서 자본조달수단인 주식, 국채・공채, 사채 등의 자본증권만을 의미한다. 유가증권은 증권의 종류에 따라 지분증권과 채무증권으로 분류할 수 있다.

1) 지분증권

지분증권(equity securities)이란 다른 회사에 대해 소유권과 지분권을 나타내는 소유권주식으로 보통주식, 우선주식이 여기에 속한다. 지분증권 중 시장성지분증권은 지분증권이라고 하더라도, 다른 회사에 대해 소유권・지배권을 행사하기보다는 일시적으로 소유하여 주식매매에 의한 주가차익이나 분배금을 얻기 위해 투자되는 것이다.

2) 채무증권

채무증권(debt securities)이란 발행자에 대하여 금전을 청구할 수 있는 권리를 표시하는 유가증권 및 이와 유사한 유가증권을 말한다. 채무증권에는 국채, 공채, 사채, 전환사채, 신주인수권부사채 등이 있다.

3) K-GAAP에서의 유가증권의 분류

K-GAAP에서는 유가증권의 실제 보유의도와 보유능력에 따라 단기매매증권, 매도가능증권, 만기보유증권, 지분법적용투지주식으로 분류하고 있다. 단기매매증권에 대해서는 제4장 제3질

에서 살펴보았으므로 여기서는 단기매매증권을 제외한 유가증권(이하에서는 투자유가증권이라 한다.)에 대해서 살펴보고자 한다.

(가) 만기보유증권

만기보유증권이란 만기가 확정된 채무금융자산으로서 상환금액이 확정되었거나 확정가능하고, 만기까지 보유할 적극적인 의도와 능력이 있는 것을 말한다. 주의할 점은 채무증권(사채, 국·공채)만이 만기보유증권으로 분류될 수 있다는 것이다. 따라서 관계기업에 투자한 지분증권(주식 등)은 만기보유증권이 될 수 없다. 왜냐하면 일반적으로 지분증권은 상환의무가 없기 때문에 채무증권처럼 만기가 존재하지 않기 때문이다.

(나) 매도가능증권

매도가능증권이란 중도에 매각을 목적으로 취득하는 유가증권(주식, 사채, 국 · 공채를 말한다. 즉, 단기매매증권이나 만기보유증권으로 분류되지 아니하는 유가증권이면 모두 매도가능증권으로 보는 것이다. 다만, 재무상태표 일로부터 1년 내에 매도 등에 의하여 처분할 것이 확실한 매도가능증권은 단기매매증권(유동자산)으로 분류한다.

(다) 지분법적용투자주식

지분법적용투자주식이란 투자자가 피투자회사에 대하여 일정비율 이상의 지분을 취득하거나 의사결정 과정에 참여하여 중대한 영향력을 행사할 수 있는 경우의 당해 지분증권을 말한다. K-GAAP에서는 투자회사가 직접·간접적으로 피투자회사의 의결권이 있는 주식의 20% 이상을 보유하고 있는 경우에는 중대한 영향력이 있는 것으로 보고, 지분법을 적용하도록 규정하고 있다.

투자주식 취득시에는 취득원가로 평가하여 자산으로 계상하지만, 취득 후에는 피투자회사의 순자산 변동에 따라 투자주식가액을 조정하는데, 이때의 평가방법을 지분법이라 한다.

구 분	지분증권	채무증권
단기매매금융자산	○	○
매도가능금융자산	○	○
만기보유금융자산	×	○
지분법적용투자주식	○	×

3. 지분증권의 회계처리

(1) 매도가능증권 취득시 회계처리

일반적으로 모든 자산의 취득가액은 매입가액에 매입수수료 등 부대비용을 가산한 금액으로 한다.

(차) 매도가능증권 ××× (대) 현 금 ×××

(2) 매도가능금융자산 보유기간 중 배당금수령시 회계처리

(차) 현 금 ××× (대) 배당금수익 ×××

(3) 기말평가시 회계처리

지분증권을 장기보유목적으로 취득한 경우 기말 재무상태표일 현재 공정가액을 알 수 있는 경우에는 공정가액으로 평가를 하고, 공정가액을 알 수 없는 경우에는 원가법으로 평가한다. 공정가액의 판단은 지분증권이 증권거래소에 상장되어 있는지, 상장되어 있지 않는지에 따라 판단하여야 한다. 증권거래소에서 주식, 사채, 국·공채가 거래되는 경우에는 공정가액으로, 증권거래소에서 주식, 사채, 국·공채가 거래되지 않는 경우에는 원가법으로 회계처리하여야 한다. 왜냐하면 매도가능증권은 자본시장상황이 호재인 경우 투자이익을 실현하기 위하여 공정가액으로 시장에 처분하기 위하여 취득한 자산이므로, 공정가액으로 평가하여 재무상태표에 보고하는 것이 타당하기 때문이다. 하지만 취득한 주식이 비상장주식인 경우 시장이 형성되지 않아 공정가액을 파악하기 힘들므로 원가법으로 평가하는 것이다.

만약 공정가액으로 평가하였다면 장부가액과 공정가액과의 차이를 매도가능증권평가이익(자본 - 기타포괄손익누계액) 또는 매도가능증권평가손실(자본 - 기타포괄손익누계액)로 반영하되, 이미 매도가능증권평가손실 또는 매도가능증권평가이익이 발생하는 경우 상계한 뒤 잔액을 매도가능증권평가이익 또는 매도가능증권평가손실로 반영한다.

(4) 매도가능증권 처분시의 회계처리

매도가능증권을 처분하는 경우 장부가액과 처분가액을 비교하여, 매도가능증권처분손익[2]

2) K-GAAP에서는 매도가능증권처분손익 및 만기보유증권처분손익을 투자자산처분손익으로 표시하여

(영업외수익 또는 영업외비용)으로 보고한다. 다만, 매도가능증권처분손익에는 매도가능증권평가손익이 있다면 상계한 후 계산된다.

[예제 7-4] 다음 거래를 여주(주)입장에서 분개하시오.

(1) 2010년 1월 1일 여주(주)는 장기적인 자금운용목적으로 (주)이천이 발행한 주식 1,000주를 주당 ₩11,000(액면가액 ₩10,000)에 매입하고, 대금은 당좌수표를 발행하여 지급하였다.

(2) 2010년 11월 30일 여주(주)는 (주)이천으로부터 배당금 ₩5,000을 현금수취하다.

(3) 2010년 12월 31일 (주)이천 주식의 공정가액이 ₩15,000이다.

(4) 2011년 12월 31일 (주)이천 주식의 공정가액이 ₩9,000이다.

(5) 2012년 9월 30일 (주)이천상 주식을 ₩18,000에 처분하였다.

[풀이]

1. 2010년 1월 1일 취득시

	차변	금액		대변	금액
(차)	매도가능증권	11,000,000	(대)	당좌예금	11,000,000

2. 2010년 11월 30일 배당금수령시

	차변	금액		대변	금액
(차)	현금	5,000	(대)	배당금수익	5,000

3. 2010년 12월 31일 공정가액평가

	차변	금액		대변	금액
(차)	매도가능증권	4,000,000	(대)	매도가능증권평가이익	4,000,000

4. 2011년 12월 31일 공정가액평가

	차변	금액		대변	금액
(차)	매도가능증권평가이익	4,000,000	(대)	매도가능증권	6,000,000
	매도가능증권평가손실	2,000,000			

5. 2012년 9월 30일

	차변	금액		대변	금액
(차)	현금	18,000,000	(대)	매도가능증권평가손실	2,000,000
				매도가능증권	9,000,000
				매도가능증권처분이익	7,000,000

4. 채무증권의 취득시 회계처리

(1) 취득시 회계처리

1) 취득가액결정

일반적으로 모든 자산의 취득가액은 매입가액에 매입수수료 등 부대비용을 가산한 금액으로

재무제표에 공시하도록 하고 있다. 본 교재에서는 학습 목적상 구분한다.

한다.

2) 채무증권의 취득가액결정

장기투자유가증권을 자본시장에서 취득하는 경우에는 매매 당자사들은 미래현금흐름(유가증권처분액, 이자 또는 배당)의 현재가치를 교환가액으로 하고자 할 것이다. 채무증권의 경우 만기원금과 기중에는 확정된 이자수익을 현금으로 수취할 수 있으므로, 만기에 돌려받는 원금과 기중이자수령액의 현재가치가 채무증권의 매입가액이 된다. 여기에 취득수수료 등과 같은 매입부대비용을 추가하여 취득원가가 결정된다. 이에 대한 회계처리를 나타내면 다음과 같다.

(차) 만기보유증권 또는 매도가능증권 × × ×[3] (대) 현 금 × × ×

만약, 기중에 채무증권을 취득한 경우에는 발생한 이자에 대하여 미수이자로 처리한다.

(2) 이자수령시 회계처리

채무증권을 보유하게 되는 경우에는 이자수익이 발생하므로, 이자 수령시 차변에는 현금 등 그 대가를 계상하고, 대변에는 이자수익(영업외수익)으로 계상한다.

(차) 현 금 × × × (대) 이 자 수 익 × × ×

[예제 7-5] 여주는(주) 만기보유목적으로 (주)이천이 발행한 사채를 현금으로 취득하였다.

액 면 가 액 :	₩1,000,000	액 면 이 자 율 :	연10%
이 자 지 급 일 :	매년 12월31일	시 장 이 자 율 :	연12%
만 기 :	2011년 12월 31일	발 행 일 :	2009년 1월 1일

(1) 2010년 1월 1일 채권 취득시점 및 12월 31일 이자수령일의 분개를 하시오.

(2) 2010년 4월 1일 채권 취득시점 및 12월 31일 이자수령일의 분개를 하시오.

---

3) 원금과 이자의 현재가치

[풀이]

1. 2010년 1월 1일 취득시

(차)	만 기 보 유 증 권	951,963*	(대) 현 금	951,963

2010년 12월 31일 이자수령시

(차)	현 금	100,000	(대) 이 자 수 익	114,236**
	만 기 보 유 증 권	14,236		

* 원금의 현가 1,000,000×0.71178(시장이자율 12%, 1원의 현재가치) + 이자의 현가 1,000,000×10%×2.40183 (시장이자율 12%, 1원의 연금현재가치) = 951,963

** 이자수익 = 기초장부가액×시장이자율 = 951,963×0.12 = 114,236

2. 2010년 4월 1일 취득시

(차)	만 기 보 유 증 권	955,522*	(대) 현 금	980,522
	미 수 이 자	25,000		

2010년 12월 31일 이자수령시

(차)	현 금	100,000	(대) 미 수 이 자	25,000
	만 기 보 유 증 권	10,677***	이 자 수 익	85,677**

* 951,963+1/1~3/31까지의 가치증가분 (951,963×0.12-100,000)×3/12 = 955,522

** 951,963×0.12×9/12 = 85,677

*** 9개월간 이자수익 85,677-9개월간 액면이자 75,000 = 10,677

(3) 기말평가시 회계처리

채무증권중 만기보유증권은 취득원가에 현재가치할인차금상각액 또는 현재가치할증차금상각액을 가감한 상각후 원가법으로 계상한다. 주의할 것은 만기보유증권은 만기까지 보유할 의도로 취득한 것이므로 재무상태표일 현재 자본시장에서 거래되는 교환가액인 공정가액으로 보고하지 않는다는 것이다. 이에 비해 매도목적으로 취득한 채무증권인 매도가능증권은 만기보유증권처럼 상각후 원가를 계산한 뒤, 재무상태표일 현재 공정가액으로 평가를 하여야 한다. 매도가능증권평가손익은 재무상태표의 자본항목의 일종인 기타포괄손익누계액으로 보고된다.

(4) 상환시 회계처리

만기보유증권의 경우 상환일이 만기일이 되므로, 사채의 원금을 회수하고 사채를 상환한다. 매도가능증권의 경우 사채만기일이전에 상환하는 경우에는 매도가능증권평가손익을 고려하여 매도가능증권처분손익(손익계산서의 영업외수익 또는 영업외비용)을 계산한다.

(차)	현 금	×××	(대) 만기보유증권	×××

[예제 7-6] 매도가능증권(채무증권)

2010년 1월 1일 (주) 여주는 만기보유목적으로 (주)이천이 발행한 사채를 현금으로 취득하였다.

액 면 가 액 :	₩100,000	액면이자율 :	연10%
이자지급일 :	매년 12월31일	시장이자율 :	연12%
만 기 :	2011년 12월 31일	발 행 일 :	2009년 1월 1일

(1) 2010년 12월 31일, 2011년 12월 31일, 2012년 12월 31일의 회계처리를 제시하라.

(2) 매도가능증권인 경우 2010년 12월 31일, 2011년 12월 31일, 2012년 7월 1일의 회계처리를 제시하라.

- 2010. 12/31 채권의 공정가액은 ₩96,000으로 산정되다.
- 2011. 12/31 채권의 공정가액은 ₩98,000으로 산정되다.
- 2011. 7/1 (주)여주는 채권을 발생이자를 포함하여 현금 ₩105,000에 처분하였다.

[풀이]

1. 만기보유증권인 경우

2010. 1. 1.	(차) 만기보유증권	95,196*	(대) 현금	95,196
2010.12.31.	(차) 만기보유증권	1,423**	(대) 이자수익	11,423
	현금	10,000		
2011.12.31.	(차) 만기보유증권	1,594	(대) 이자수익	11,594
	현금	10,000		
2012.12.31.	(차) 만기보유증권	1,786***	(대) 이자수익	11,786
	미수이자	10,000		
	(차) 현금	100,000	(대) 매도가능증권	100,000

* 원금의 현재가치(100,000 × 0.71178 + 100,000 × 10% × 2.40183 = 95,196

** 현재가치할인차금상각표

연도	기초장부가액	이자수익	현금수령액	현재가치할인차금상각액	기말장부가액
2009	95,196	11,423	10,000	1,423	96,620
2010	96,620	11,594	10,000	1,594	98,214
2011	98,214	11,786	10,000	1,786	100,000

** 단수조정

2. 매도가능증권인 경우

일자	차변 계정	금액	대변 계정	금액
2010. 1. 1.	(차) 매도가능증권	95,196	(대) 현금	95,196
2010.12.31.	(차) 매도가능증권	1,423	(대) 이자수익	11,423
	현금	10,000		
	(차) 매도가능증권평가손실	619	(대) 매도가능증권	619
2011.12.31	(차) 매도가능증권	1,594	(대) 이자수익	11,594
	현금	10,000		
	(차) 매도가능증권	406	(대) 매도가능증권평가손실	406
2012. 7. 1.	(차) 매도가능증권	892	(대) 이자수익	5,892
	미수이자	5,000		
	(차) 현금	105,000	(대) 매도가능증권	98,892
			미수이자	5,000
			매도가능증권평가손실	213
			매도가능증권처분이익	895

5. 지분법적용투자주식의 회계처리

지분증권은 취득목적에 따라 단기매매증권, 매도가능증권 지분법적용투자주식으로 분류되며 회계처리방법은 단기매매증권은 제4장 제3절, 매도가능증권은 본장에서 이미 설명하였다. 여기에서는 피투자회사의 경영정책에 중대한 영향력을 실질적으로 행사할 목적으로 취득하는 지분증권인 지분법적용투자주식과 관련된 회계처리를 알아본다. 지분증권은 공정가액을 알 수 있는 경우에는 공정가액으로, 공정가액을 알 수 없는 경우에는 원가법으로 기말결산시 평가한다. 하지만 지분법적용투자주식은 취득목적이 피투자회사를 지배할 목적으로 취득한 경우로서, 공정가액평가보다는 피투자회사의 순자산의 증가를 사용하여 평가하며, 이를 지분법이라 한다.

(1) 취득시 회계처리

지분법 적용투자주식을 취득한 경우에도 매입가액에 부대비용을 가산한 금액을 취득원가로 계상하여야 한다.

(차) 지분법적용투자주식 ××× (대) 현 금 ×××

(2) 배당금 수령시 회계처리

차변에 현금 등 받은 대가를 계상하지만, 대변에는 단기매매증권, 매도가능증권과 달리 지분법적용투자주식은 지분법적용투자주식을 감소시킨다. 즉, 피투자회사에게 배당금으로 현금을 수령하였다면, 이는 투자한 지분증권의 반환으로 간주하기 때문이다.

(차) 현 금 ××× (대) 지분법적용투자주식 ×××

(3) 기말결산시 회계처리

회계기말에 피투자회사의 당기순이익이 발생한 경우에는 당기순이익 지분비율을 적용한 금액만큼 투자회사의 주식가치가 상승한 것으로 보아, 지분법적용투자주식을 증가시켜야 한다. 이와 반대로 당기순손실이 발생한 경우에는 당기순손실에 지분비율을 적용한 금액만큼 주식가치가 하락한 것으로 보아, 지분법적용투자주식을 감소시켜야 한다. 또한 지분법적용투자주식이 증가 또는 감소하는 만큼 지분법이익(영업외수익) 또는 지분법손실(영업외비용)로 하여 손익계산서에 반영하여야 한다.

① 피투자회사 당기순이익을 보고한 경우

(차) 지분법적용투자주식 ××× (대) 지 분 법 이 익 ×××
(영 업 외 수 익)

② 피투자회사 당기순손실을 보고한 경우

(차) 지 분 법 손 실 ××× (대) 지분법적용투자주식 ×××
(영 업 외 비 용)

[예제 7-7] 지분법적용투자주식

다음은 (주)여주의 유가증권에 관한 거래이다.

(1) 2010년 2월 15일 (주)여주는 (주)이천의 보통주 1,200주(액면가액 ₩5)를 ₩6,000에 취득하였다. (주)여주가 취득한 주식은 발행주식 총수의 30%이며, 중대한 영향력을 행사할 수 있는 주식이다. 단, 두 회사 모두 결산일은 12월 31일이다.

(2) 2010년 12월 31일 (주)이천은 당기순이익 ₩500임을 보고하다.

(3) 2011년 2월 23일 (주)이천으로부터 현금배당 ₩30을 받았다.

[풀이]

(1) 2010년 2월 15일 취득시

(차) 지분법적용투자주식	6,000	(대) 현 금	6,000

(2) 2010년 12월 31일 피투자회사 당기순이익 보고

(차) 지분법적용투자주식	150	(대) 지분법평가이익	150

(3) 2011 2월 23일 배당금수령

(차) 현 금	30	(대) 지분법적용투자주식	30

6. 장기투자증권의 손상차손

(1) 손상차손의 인식 – 객관적인 증거

장기투자증권을 발행한 회사가 파산 등과 같이 재무적 어려움을 받고 있거나, 채무증권의 경우 이자지급, 원금상환의 불이행이나 지연과 같은 계약위반, 기타 재무구조조정의 가능성이 높은 경우에는 장기투자증권에 대하여 손상이 발생하였다는 객관적인 증거가 있는 것으로 판단하고, 장기투자증권에 대하여 손상차손(영업외비용)을 반영하여야 한다.

손상차손 = 투자유가증권의 추정미래현금흐름 - 투자유가증권의 장부가액*

* 매도가능증권의 경우 기타포괄손익누계액을 가감한다. 그러므로 지분증권의 경우 취득원가가 되며 채무증권의 경우 상각 후 원가가 된다.

① 매도가능증권

(차) 장기투자증권손상차손 (영업외손익)	× × ×	(대) 매도가능증권평가손실 (기타포괄손익누계액)	× × ×
		매도가능증권	× × ×

② 만기보유증권

(차) 장기투자증권손상차손 (영업외손익)	× × ×	(대) 만기보유증권	× × × (=상각후원가)

[예제 7-8] 2011년 1월 1일 (주)여주는 (주)이천이 재무적 어려움을 겪고 있다라는 객관적 사실을 알게되었고, 2010년 12월 31일 현재 채무증권의 현금흐름의 현재가치는 ₩50,000으로 추정하고 있다(예제 7-6을 참고하라).

(1) 만기보유증권인 경우 회계처리를 하라.

(2) 매도가능증권인 경우 회계처리를 하라.

[풀이]

1. 만기보유증권인 경우

2010.12.31.	(차)	만 기 보 유 증 권	1,423	(대)	이 자 수 익	11,423
		현 금	10,000			
2011. 1. 1.	(차)	만기보유증권손상차손	46,620	(대)	만 기 보 유 증 권	46,620

2. 매도가능증권인 경우

2010.12.31.	(차)	매 도 가 능 증 권	1,423	(대)	이 자 수 익	11,423
		현 금	10,000			
	(차)	매도가능증권평가손실	619	(대)	매 도 가 능 증 권	619
2011. 1. 1.	(차)	매도가능증권손상차손	46,619	(대)	매 도 가 능 증 권	46,000
					매도가능증권평가손실	619

(2) 손상차손의 회복

장기투자증권의 손상차손을 인식한 차기 이후에 공정가액이 상승한 경우에는 장기투자증권손상차손환입(영업외수익)으로 계상하여야 한다.

손상차손환입 = 투자유가증권의 추정미래현금흐름 - 투자유가증권의 감액후 장부가액*

① 매도가능증권

(차) 매도가능증권 ××× (대) 장기투자증권손상차손환입 ×××

② 만기보유증권

(차) 만기보유증권 ××× (대) 만기보유증권손상차손환입 ×××

투자유가증권의 평가방법

투자유가증권	지분증권		채무증권
	시장성있는 주식	시장성없는 주식	
단기매매증권	원가법	공정가액법	공정가액법
매도가능증권	원가법	공정가액법	상각후원가법 +공정가액법
만기보유증권	해당사항없음		상각후원가법
지분법적용투자주식	지분법		해당사항없음

* 손상차손이 발생한 객관적인 증거가 있으면 손상차손을 인식한다.

7. 기타의 투자자산

(1) 투자부동산

투자부동산이란 기업이 가격상승 등을 기대하며 장기적인 투자목적으로 보유하고 있는 토지나 설비자산 등을 말한다. 기업의 고유 영업 혹은 생산활동 목적으로 사용하기 위하여 보유하고 있는 부동산은 물론 유형자산으로 분류되어야 한다. 그러나 흔히 이야기하는 비업무용 부동산은 투자부동산계정으로 기록된다. 투자부동산은 원칙적으로 정규적인 감가상각대상이 되지 아니하며, 가격이 하락할 경우 필요하다면 이를 투자자산감액손실로 당기손익에 반영하여야 한다.

그리고, 투자부동산의 보유기간 중에 지출한 비용(재산세 · 종합부동세 등)의 지출이 발생한 경우 당기의 비용으로 회계처리하지 않고, 투자부동산계정차변에 기록하였다가, 투자부동산 원가에 포함시켜야 한다. 이는 투자부동산을 처분할 때 처분손익으로 계산되게 함으로써, 수익 · 비용 대응원칙에 충실하게 회계처리하기 위함이다.

(2) 장기대여금

장기대여금은 기업의 특수관계자인 임직원 · 주주 · 관계회사 등에 장기간 대여된 자금으로서 상환기간이 재무상태표 작성기준일로부터 1년 이상인 대여금을 말한다. 만일 상환기간이 1년 이내에 도래하는 대여금이라면 단기대여금계정으로 하여 유동자산으로 분류하여야 한다.

장기대여금은 유효이자율을 적용하여 현재가치로 평가하여야 하는데, 대여금 자체가 현재가치이므로 대여금액을 장기대여금계정에 기록하면 된다.

[예제 7-9] 장기금융상품과 투자부동산

다음 거래를 분개하라.

(1) 정기적인 자금운용목적으로 비업무용토지 ₩800,000을 취득하고, 대금은 수표를 발행하여 지급하다.

(2) 회사 임직원에게 현금 ₩300,000을 장기간 대여하다.

(3) 하나은행에 정기적금(만기 3년)으로 현금 ₩500,000을 예입하다.

[풀이]

(1)	(차) 투자부동산	800,000	(대) 당좌예금	800,000
(2)	(차) 장기대여금	300,000	(대) 현 금	300,000
(3)	(차) 장기금융상품	500,000	(대) 현 금	500,000

제 4 절 유형자산

1. 유형자산의 의의

유형자산(tangible assets)은 기업의 주된 영업활동에 사용할 것을 목적으로 보유하고 있는 자산으로, 사용기간이 1년 이상이며, 물리적 형태를 가진 자산을 말한다. 구체적으로 토지 · 건물 · 구축물 · 기계장치 · 선박 · 차량운반구 · 건설중인자산 · 기타의 유형자산 등이 있다. 유형자산을 사용함에 따라서 마모되거나 낡아지고 훼손되는 물리적 감가의 원인과 기술적 · 기능적 진부화에 따른 감가요인이 있다. 그러나 토지는 계속 사용하여도 가치가 감소하지 않기 때문에 비상각자산이라고 한다.

유형자산은 다음과 같은 특징을 갖고 있다.

첫째, 유형자산은 주된 영업활동에 사용할 목적으로 취득한 자산이다. 따라서 투자목적으로 취득한 투자자산과 판매목적으로 취득한 재고자산과 구별하여야 한다.

둘째, 유형자산은 장기간 기업에 효익을 제공하는 용역잠재력을 지닌 자산이다. 따라서 유형자산은 비유동자산으로 분류되며, 수익 · 비용대응의 원칙에 의거 내용연수동안 감가상각을 통하여 비용으로 배분된다.

셋째, 유형자산은 물리적 실체가 있는 자산이다. 따라서 물리적 실체가 없는 무형자산과 구별되어야 한다.

2. 유형자산의 종류

(1) 토지

토지는 대지 · 임야 · 전답 · 잡종지 등을 말하며, 기업의 주된 영업활동이 도 · 소매, 제조인 경우 일시소유 · 투자목적으로 보유하는 토지와 비업무용 토지는 투자자산으로서 여기에 포함되지 않는다. 토지의 취득원가에는 매입부대비용이 가산되며, 토지만을 이용할 목적으로 당해 토지에 정착된 건물을 포함하여 취득하고, 건물신축목적으로 구건물을 철거한 경우의 동 철거비용은 토지의 취득원가에 포함한다.

[예제 7-10]
(주)여주는 영업용 토지 1,000평을 평당 ₩400,000씩에 매입하다. 매입수수료 ₩2,500,000, 소유권 이전 등기료 ₩2,400,000, 구건물 철거비용 ₩7,500,000, 등록세 ₩1,200,000과 함께 수표를 발행하여 지급하다.

[풀이]
(차) 토 지 413,600,000 (대) 당좌예금 413,600,000

(2) 건물(buildings)

건물은 건물과 냉난방. 조명. 통풍 및 기타의 건물부속설비 등을 말한다.

[예제 7-11]
(주)여주는 점포로 사용할 목적으로 건물을 ₩300,000,000에 매입하고, 매입수수료, 등기료 등 기타 부대비용 ₩15,000,000과 함께 수표를 발행하여 지급하다.

[풀이]
(차) 건 물 315,000,000 (대) 당좌예금 315,000,000

(3) 구축물(structures)

구축물은 교량 · 안벽 · 부교 · 궤도 · 저수지 · 갱도 · 굴뚝 · 정원설비 및 기타의 토목설비 또는 공작물 등을 말한다. 구축물은 토지에 부착된 토목설비 또는 공작물을 포함하여 회계처리한다.

[예제 7-12]

(주)여주는 구입한 토지에 교량을 건설하기로 하였다. 교량건설비로 ₩20,000,000 수표를 발행하여 지급하였다.

[풀이]

(차) 구 축 물	20,000,000	(대) 당좌예금	20,000,000

(4) 기계장치(machinery and equipment)

기계장치는 기계와 공장내부에 고정되어 있는 운송설비(컨베이어 · 호이스트 · 기중기 등)와 기타의 부속설비(환기시설과 같은 부속설비 등) 등을 말한다.

[예제 7-13]

(1) (주)여주는 공장에서 제품을 만들기 위한 기계장치를 자체 제작하였다. 이 기계장치의 제작과 관련하여 직접재료비 ₩ 6,500,000 직접노무비 ₩8,500,000 제조간접비 ₩3,250,000이 소비되었다.

[풀이]

(차) 건설중인자산	18,250,000	(대) 직 접 재 료 비	6,500,000
		직 접 노 무 비	8,500,000
		제 조 간 접 비	3,250,000

(2) 기계장치의 제작과 관련하여 직접재료비 ₩1,500,000, 직접노무비 ₩2,000,000, 제조간접비 ₩1,250,000을 소비하여 상기1)의 기계장치 제작이 완료되었다.

[풀이]

(차) 건설중인자산	4,750,000	(대)	직접재료비	1,500,000
			직접노무비	2,000,000
			제조간접비	1,250,000
(차) 기 계 장 치	23,000,000	(대)	건설중인자산	23,000,000

(5) 선박(ships)

선박은 선박(객선 · 어선 · 화물선 · 부선 · 보트 등 수상운반구)과 기타의 수상운반구 등을 말한다.

[예제 7-14]

여주(주)는 해상운송용 보트 1대를 구입하였다. 보트의 구입대가는 ₩14,000,000이며, 구입과 관련하여 부수적 비용으로서 ₩1,600,000원이 추가적으로 지출되었다.

[풀이]

(차) 선 박	15,600,000	(대) 현 금	15,600,000

(6) 차량운반구(vehicles and transportation equipment)

차량운반구는 철도차량(전차 · 화차 등) · 자동차 및 기타의 육상운반구 등을 말한다.

[예제 7-15]

(주)여주는 상품 운반용 트럭 1대를 구입하고, 대금은 ₩10,000,000중 ₩5,000,000은 수표를 발행하여 지급하고, 잔액은 월말에 지급하기로 하였다.

[풀이]

(차) 차량운반구	10,000,000	(대)	당 좌 예 금	5,000,000
			미 지 급 금	5,000,000

(7) 건설중인자산(construction in-progress)

건설중인자산은 일종의 가계정으로서 미완성 유형자산을 말하며, 유형자산의 건설을 위한 재료비. 노무비 및 경비로 하되, 건설을 위하여 지출한 도급금액 또는 취득한 기계 등을 기재한다.

유형자산을 취득하기 위하여 지급한 계약금, 중도금을 건설중인자산으로 처리하고, 잔금청산일 또는 소유권이전등기일에 본 과목에 대체하여야 한다. 토지와 함께 감가상각이 되지 않는 유형자산이다.

[예제 7-16]

(1) (주)여주는 건물신축을 위한 공사계약이 체결되어 동 공사도급금액 ₩400,000,000 중 ₩100,000,000을 착수금으로 수표를 발행하여 지급하고, 설계사에게 설계료 ₩20,000,000을 별도로 수표를 발행하여 지급하다.

(2) 상기 공사도급금액 중 중도금으로서 ₩100,000,000을 수표를 발행하여 지급하다.

(3) 상기의 공사가 완공되어 신축된 건물을 인도받고, 공사도급금액의 잔액 ₩200,000,000을 모두 수표를 발행하여 지급하다.

[풀이]

	차변	금액	대변	금액
(1)	(차) 건설중인자산	120,000,000	(대) 당좌예금	120,000,000
(2)	(차) 건설중인자산	100,000,000	(대) 당좌예금	100,000,000
(3)	(차) 건물	420,000,000	(대) 건설중인자산	220,000,000
			당좌예금	200,000,000

(8) 기타의 유형자산(other tangible assets)

기타의 유형자산은 위의 유형자산에 속하지 아니하는 유형자산으로서 예컨대, 공구와 기구, 비품 등이 여기에 포함된다.

3. 유형자산의 취득원가

일반적으로 자산의 취득원가는 당해 자산을 취득하여 기업의 주된 영업활동에 사용하기까지 소요된 모든 지출액으로 한다. 그러나 취득원가의 결정은 당해 자산의 취득유형에 따라 다소 차이가 있는 바, 본 절에서는 유형자산의 취득유형에 따른 취득원가의 결정에 대하여 살펴보기로 한다.

(1) 매입의 경우

1) 일반적인 매입

유형자산을 매입하는 경우에는 매입대금에 당해 자산이 영업활동에 사용할 수 있게 될 때까지 발생된 부대비용(매입수수료, 운송비, 하역비, 설치비, 시운전비, 취득세, 등록세, 토지정지비용, 토지구획정리비, 배수로설치비 등)을 가산하여 취득원가를 산정한다.

2) 이연지급계약

이연지급계약이라 함은 자산의 매입대가로 장기성지급어음이나 사채를 발행하여 줌으로써 자산에 대한 대금지급을 이연시키는 자산매입방법을 말한다. 이 경우 자산의 취득원가는 취득한 자산의 공정가치나 지급할 채무의 현재가치로 평가하여야 한다.

3) 일괄구입

일괄구입이라 함은 둘 이상의 자산을 동시에 취득하는 것을 말한다. 이러한 경우에는 일괄구입가격을 각 자산의 상대적 시장가치(또는 공정가액)에 의하여 개별자산에 배분하여야 한다.

(2) 자가건설의 경우

기업이 유형자산을 자가건설에 의하여 취득하는 경우에는 당해 건설에 소요된 재료비, 노무비, 제조간접비를 건설중인자산계정에 계상하였다가, 건설완료시 본 계정에 대체하게 된다. 그런데 자가건설과 관련하여 발생한 원가 중 재료비, 노무비를 취득원가에 포함시키는 것에 대해서는 이론의 여지가 없지만, 제조간접비와 건설기간 중에 발생한 이자비용의 처리문제에 대해서는 많은 견해가 있다.

1) 제조간접비

제조간접비에 대해서는 크게 다음과 같은 네 가지의 견해가 대립되어 있다.

(가) 제조간접비를 배분하지 않는 방법

제조간접비는 자가건설원가에 배분하지 말아야 한다. 그 이유는 제조간접비는 대부분 고정비이므로 자가건설활동에 영향을 받지 않고 발생한다.

(나) 변동제조간접비만을 배분하는 방법

제조간접비 중 변동제조간접비만을 자가건설원가에 배분해야 한다. 그 이유는 변동제조간접비는 자가건설여부의 의사결정시 관련원가에 해당하므로 자가건설원가에 배부하여야 한다.

(다) 모든 제조간접비를 배분하는 방법

제조간접비는 모두 자가건설원가에 배분해야 한다. 그 이유는 기업의 자가건설활동은 정상적인 제조활동이기 때문에 기업이 제품을 생산할 때 각 제품에 모든 제조간접비를 배부하는 것과 같이 자가건설자산에도 모든 제조간접비를 배분해야 한다.

(라) 기회비용법

제조간접비 중 감산품에 배분될 금액을 자가건설원가에 배분해야 한다. 그 이유는 회사에 유휴설비가 있어 자가건설활동을 한 경우에는 기회비용이 발생할 여지가 없으나, 유휴설비가 없는 경우에는 자가건설활동만큼 제품생산활동이 축소되므로 제품의 생산량이 감소하게 된다. 따라서 당해 감산품에 배분될 제조간접비를 자가건설원가에 배분한다.

2) 건설자금이자

자가건설과 관련하여 발생하는 차입금에 대한 이자비용을 회계처리하는 방법에는 다음과 같은 세 가지 견해가 있다.

(가) 이자비용을 취득원가에 산입하지 않는 방법

건설기간 중에 발생하는 모든 이자비용을 당기 비용으로 처리하는 방법이다. 이유는 이자비용은 자본의 사용에 따른 재무활동결과 발생한 비용으로서 기간비용이지 자산의 원가가 아니다. 즉, 건설기간 중에 발생하는 이자비용은 자산을 매입할 것인지 또는 자가건설을 할 것인지에 관한 의사결정과는 아무런 관계가 없고, 단지 자본조달에 관한 의사결정에서 비롯된 것이므로 자산의 원가가 아니다. 문제점은 건설기간 중에는 해당 유형자산으로부터 수익이 발생하지 않으므로 부적절한 수익 · 비용의 대응이 이루어진다.

(나) 이자비용을 취득원가에 산입하는 방법

건설기간 중에 실제로 발생한 이자비용만을 자가건설자산의 원가로 처리하는 방법이다.

이유는 건설기간 중에 발생한 이자비용은 재료비, 노무비와 마찬가지로 자산의 원가를 구성하는 자산의 일부이며, 실제로 발생한 타인자본에 대한 이자비용을 취득원가에 산입하는 것은 역사적 원가주의와도 일치한다. 문제점은 자산의 용역잠재력 혹은 공정가액은 자본의 조달방법과는 무관함에도 불구하고 자본조달방법의 선택이 자산의 원가결정에 영향을 미친다.

(다) 타인자본 및 자기자본의 이자비용을 모두 취득원가에 산입하는 방법

자가건설에 사용된 타인자본의 이자비용뿐만 아니라 자기자본에 대한 기회이자비용까지 자가건설자산의 원가로 처리하는 방법이다. 이유는 타인자본에 대한 이자비용 뿐만 아니라 자기자본에 대한 기회이자비용까지 취득원가에 산입함으로써 자산의 취득원가가 자본조달방법에 의해 영향을 받지 않게 된다. 문제점은 자기자본에 대한 기회이자비용산정시 주관이 개입될 수 있으며, 자기자본에 대한 기회이자비용을 자가건설원가에 가산한다면 자가건설과정에서 수익

을 인식하는 결과를 초래하여 수익인식기준에 위배된다.

(3) 주식발행에 의한 취득(현물출자)

주식을 발행하여 교부하고 자산을 취득한 경우 당해 자산의 취득원가는 취득한 자산의 공정가액과 발행된 주식의 공정가액 중에서 보다 명확한 것을 기준으로 결정하여야 한다.

(4) 교환거래에 의한 취득

교환거래라 함은 기업이 소유하고 있는 유형자산의 양도대가로 동종 또는 이종의 유형자산을 취득하는 거래를 말한다. 이러한 교환거래의 경우에도 취득한 자산의 취득원가는 당해 기업이 제공한 자산의 공정가액과 취득한 자산의 공정가액 중 보다 명확하게 결정될 수 있는 금액으로 기록하여야 한다. 즉, 교환거래의 경우에도 원칙적으로는 교환에 따른 이익이나 손실을 인식하여야 한다.

그러나 다음의 경우에는 위의 내용을 적용할 수 없음에 유의하여야 한다.

① 교환시에 제공한 자산의 공정가액과 취득한 자산의 공정가액 중 그 어느 것도 합리적으로 결정될 수 없을 때

② 동종자산 간의 교환으로서 그 교환을 수익획득과정의 완료로 볼 수 없을 때

즉, 위 '①' 및 '②'의 경우에는 교환으로 취득한 자산을 공정가액으로 기록하지 않고 제공한 자산의 장부가액으로 기록함으로써 교환에 따른 이익이나 손실을 인식하지 않는다.

(5) 무상취득

기업이 증여를 통하여 유형자산을 취득한 경우에 당해 유형자산은 증여를 받은 시점의 공정가액을 취득원가로 하여야 한다. 예컨대, 주주로부터 공정가액 100,000,000원의 토지를 증여받으면서 소유권이전비용으로 2,000,000원을 지출하였다면 회계처리는 다음과 같다.

(차) 토 지	102,000,000	(대)	자산수증이익	100,000,000
			현 금	2,000,000

4. 유형자산 보유기간 중의 지출

일반적으로 자산을 취득한 후 보유기간 중에 발생하는 지출에 대한 회계처리지침은 당해 지

출이 유형자산의 내용연수를 증가시키거나 용역잠재력을 증가시키는 것이면 자본적 지출로 처리하여 유형자산가액에 포함하여야 하고, 당해 지출이 유형자산의 원상회복이나 능률유지를 위한 것이면 수익적 지출로 당기의 비용으로 처리하여야 한다.

(1) 증설

증설이라 함은 건물의 증축, 설비의 용량확대 등과 같이 규모나 생산능력의 증대를 가져오는 지출을 말한다. 증설을 한 경우에는 당해 증설에 소요된 지출액을 자본적 지출로 처리하여야 한다.

(2) 개량 및 대체

개량이라 함은 유형자산의 일부를 구성하고 있는 기존 부품보다 효율성이 높은 부품으로 교체하는 것을 말하며, 대체란 기존 자산과 동일한 효율성을 갖는 자산으로 교체하는 것을 말하는데, 이러한 대체는 내용연수의 연장을 가능하게 한다.

개량과 대체는 기존자산의 용역잠재력을 증가시키거나, 내용연수를 연장시키므로 자본적 지출로 처리하여야 한다.

(3) 이전 및 재배치

때때로 기업은 보다 효율적인 생산을 위하여 설비 등을 동일지역 내(공장 내)로 이전하기도 하며, 기존 설비라인을 재배치하기도 한다. 이러한 이전이나 재배치를 하는 것은 종업원들의 작업능률을 증대시키거나, 제조원가 및 판매비와 관리비 등을 절감하기 위해서이다. 따라서 이전이나 재배치에 소요되는 지출액이 중요하고, 이전이나 재배치로 인하여 미래의 경제적 효익이 상당히 증대될 것으로 판단되는 경우에는 당해 지출비용을 자본화하고, 그 효익이 지속되는 기간 동안 상각한다. 그러나 이전이나 재배치에 소요되는 지출액이 소액이거나 미래효익이 증대될 것으로 예상되지 않는다면, 그 금액을 당기의 비용으로 처리하여야 한다.

(4) 수선

실제로 기업은 자산을 취득한 후에도 당해 자산의 효율을 지속적으로 유지하기 위하여 계속적으로 수선을 하고 있다. 이러한 지출들은 일반적으로 매년 반복적이고 경상적으로 발생하므로 당기비용으로 처리하는 것이 일반적이다. 그러나 그 금액이 중요하고 수년에 한번씩 대수선을 하는 경우에는 경제적 효익이 향후 수년에 걸쳐 발생하므로, 이러한 수선비는 자본화하여 경제적 효익이 계속되는 기간에 감가상각을 통하여 비용으로 인식하여야 한다.

이와 같이 유형자산은 장기간에 걸쳐 경제적 효익을 제공하므로 취득일 이후에도 계속 지출이 이루어진다. 유형자산을 보유하는 기간 중에 이루어지는 추가적 지출은 미래 경제적 효익을 증가시키는가의 여부에 따라 자본적 지출과 수익적지출로 구분한다.

자본적 지출이란 유형자산에 대한 특정지출의 효익이 당해 기간에 그치지 않고 미래 일정기간에 걸쳐 지속되는 지출을 말한다. 이러한 지출액은 자산의 정의에 부합하므로 유형자산으로 계상한 후, 감가상각을 통하여 비용(원가)화하여야 한다. 수익적 지출이란 특정 지출의 효과가 당해 연도에 한정되어 발생연도의 기간비용으로 처리하는 지출을 의미한다.

구 분	자본적 지출	수익적 지출
분류요건	· 자산의 능률향상을 가져오는 지출 · 내용연수를 연장시키는 지출	· 자산의 현상유지를 위한 지출 · 자산의 능률유지를 위한 지출
사 례	· 엘리베이터의 설치 · 냉 · 난방 장치의 설치 · 피난시설 등의 설치 · 개량 · 확장 · 증설 등	· 건물의 도장 · 파손된 유리의 대체 · 기계부속품의 대체 · 자동차의 타이어 대체 · 현재 상태의 유지, 관리 등

(1) 자본적 지출에 대한 회계처리

유형자산의 보유기간 중에 발생한 지출액이 자본적 지출에 해당하는 경우 유형자산의 취득원가에 가산한 후 감가상각을 통하여 여러기간 동안 비용(원가)화하는데, 이것은 수익 · 비용 · 대응 원칙에 충실한 방법이라 할 수 있다. 즉, 보유중의 지출을 당기 비용처리하는 것보다 유형자산의 수익 창출에 기여하는 동안에 비용을 나누어 인식하고자 하는 것이다. 회계처리는 차변에 해당 유형자산을 증가시키고, 대변에는 현금 등을 감소시킨다.

① 지출시

(차) 유 형 자 산 ××× (대) 현 금 ×××

② 결산시

(차) 감 가 상 각 비 ××× (대) 감가상각누계액 ×××

(2) 수익적 지출에 대한 회계처리

유형자산의 보유 중에 발생한 지출이 수익적 지출에 해당하는 경우에는 수선비용으로 하여 발생 즉시 비용처리한다.

① 지출시

(차)	수 선 비	×××	(대)	현 금	×××

② 결산시

회계처리없음

[예제 7-17] (주)여주는 2010년 1월 1일 건물에 대하여 다음과 같은 지출이 이루어졌다. 건물은 2002년에 취득하였다. 2010년 1월 1일 회계처리를 하시오.

· 사무실 에어컨 설치비용	₩700,000
· 건물 외벽의 도색비용	500,000
· 파손된 유리창 교체비용	300,000
· 사무실 확장 비용	400,000
· 엘리베이터 정기점검 비용	200,000

[풀이]

· 자본적 지출 = 에어콘설치비용 + 사무실 확 장비용 = 1,100,000
· 수익적 지출 = 도색비용 + 유리창 교체비용 + 정기점검비용 = 1,000,000

(차)	건 물	1,100,000	(대)	현 금	2,100,000
(차)	수선비(도색비)	500,000			
	수선비(교체비)	300,000			
	수선비(검사비)	200,000			

5. 유형자산의 비용(원가)화

(1) 감가상각의 의의

유형자산은 사용 또는 시간의 경과에 따라서 그 경제적 가치가 감소된다. 유형자산에 투하된 원가는 그 자산을 사용할 수 있는 기간에 할당하여 비용(원가)을 배분하지 않으면 안 된다. 이렇게 매 회계연도의 비용액을 결정하는 계산절차를 감가상각(depreciation)이라 하고, 감가상각에 의해서 계산되는 비용액을 감가상각비라 한다.

1) 감가의 원인

감가상각의 원인을 살펴보면, 유형자산의 가치를 감소시키는 것은 물리적 감가와 기능적 감가가 있다.

① 물리적 감가(physical depreciation)

얼마나 사용하였느냐 하는 문제와 시간의 흐름에 따라 마모. 손상에 따라 자산이 감소하는 것을 말한다.

② 기능적 감가(functional depreciation)

최근 산업이 급속도로 변화함에 따라 새로운 기술의 진보에 의하여 그 동안 사용해 오던 유형자산이 구식화되어 자산이 감소하는 현상이고, 부적응화는 시장상황의 변화 또는 생산방법의 변경에 따라 자산의 가치가 감소되는 것이다.

2) 감가상각의 계산 요소

감가상각비를 계산하는 요소는 다음과 같다.

① 취득원가(acquisition)

유형자산을 매입할 때의 가격과 매입 제비용을 가산한 가액이나 자가건설비를 말한다.

② 내용연수(service life)

유형자산의 사용가능한 연수를 말한다. 이 내용연수는 동일한 유형자산도 그 사용정도. 유지정책에 따라 상이하겠지만, 경험에 의한 평균사용연수에 의하여 결정되며, 법률이나 회계처리기준에 따라 상이한 내용연수를 적용하고 있다.

③ 잔존가액(residual value)

유형자산을 사용할 수 없을 경우의 잔액을 말한다. 다시 말하면 유형자산의 감가상각이 끝나서 제거할 때 받을 수 있는 처분가치를 말한다.

건물의 경우에는 사실상 잔존가액은 없고 오히려 그 건물을 철거하는 데 비용을 차감한 잔액을 감가대상가치(deperciable value)라 한다.

(2) 감가상각계산법

1) 정액법

정액법(straight line method)은 유형자산의 감가시간의 경과에 비례하여 발생하는 것으로 매년 동액을 감가상각하는 방법이며, 직선법이라고도 한다. 정액법에 의한 감가상각비는 다음 산식에 의해서 계산한다.

$$감가상각비(1년분) = \frac{취득가액 - 잔존가액}{내용연수}$$

[예제 7-18] 다음 자료로서 정액법에 의한 감가상각비를 계산하고 이를 표로 나타내시오.

기계취득가액 ₩200,000, 내용연수 5년, 잔존가액은 취득가액의 10%이다.

[풀이]

$$\frac{200,000 - 20,000}{5} = 36,000$$

정액법에 의한 상각액계산표

연수	상각액	상각누계	장부가액
1	36,000	36,000	164,000
2	36,000	72,000	128,000
3	36,000	108,000	92,000
4	36,000	144,000	56,000
5	36,000	180,000	20,000

2) 정률법

유형자산의 미상각잔액(장부가액)에 대해서 다음의 산식에서 산출된 일정률을 곱해서 매년 그 기간의 감가상각비를 산출하는 방법을 정률법(fixed percentage method)이라 한다. 이 계산에 의하면 초년도에 다액의 감가상각비가 계상되며, 내용연수의 경과에 따라서 그 상각액은 점차 감소하게 된다.

감가상각비의 산식은 다음과 같다.

$$상각률 = 1 - \sqrt[n]{\frac{잔존가액}{취득원가}} \qquad n = 내용연수$$

[예제 7-19] 앞 [예제 7-21]에 의하여 정률법으로 감가상각비를 계산하고 표로 나타내시오. 상각률은 다음과 같다.

$$1 - \sqrt[5]{\frac{20000}{200000}} = 36.9\%$$

[풀이]

제1차 연도 200,000×36.9%=73,800
제2차 연도 (200,000-73,800)×36.9%=46,570
제3차 연도 {200,000-(73,800+46,570)}×36.9%=29,380
제4차 연도 {200,000-(73,800+46,570+29,380)}×36.9%=18,540
제5차 연도 {200,000-(73,800+46,570+29,380+18,540)}-20,000=11,710

정률법에 의한 상각액계산표

연수	상각액	상각누계	장부가액
1	73,800	73,800	126,200
2	46,570	120,370	79,630
3	29,380	149,750	50,250
4	18,540	168,290	31,710
5	11,710	180,000	20,000

3) 연수합계법

연수합계법(SYD : sum of the years digits method)은 급수법이라고도 하는데, 초년도에 원가 소멸도가 높고, 후년도로 갈수록 원가소멸도가 낮다고 가정하여, 인위적으로 원가분배를 행하는 방법이다.

감가상각비 계산방법은 취득원가에서 잔존가액을 차감하고 잔여년수를 연수합계로 나누어 차감한 잔액과 곱하여 감가상각비를 산출하는 방법이다.

$$감가상각비 = (취득원가 - 잔존가치) \times \frac{잔여년수}{내용년수의\ 합계}$$

[예제 7-20] 취득원가 ₩1,000,000, 잔존가격 ₩100,000, 내용년수 5년인 건물을 연수합계법에 의하여 5개년간 감가상각액을 계산하여라.

[풀이]

연도	감가상각액	상각누계액	장부가액
1	(1,000,000-100,000)×5/15=300,000	300,000	700,000
2	(1,000,000-100,000)×4/15=240,000	540,000	460,000
3	(1,000,000-100,000)×3/15=180,000	720,000	280,000
4	(1,000,000-100,000)×2/15=120,000	840,000	160,000
5	(1,000,000-100,000)×1/15=60,000	900,000	100,000

4) 생산량비례법

생산량비례법(use or production method)은 비례법(productional method)의 대표적인 계산방법이다. 유형자산의 가치감소는 해당자산의 사용정도에 비례하여 이루어진다고 간주하고 감가상각비를 계산하는 방법이다. 생산량비례법에서 매년도의 감가상각비는 해당연도에 유형자산을 사용한 정도에 따라 다르게 계산된다. 이 감가상각법은 광산, 유전, 삼림 등 감모성 자산의 상각액을 계산할 때 이용하는 방법이며, 감가상각비의 산식은 다음과 같다.

$$\text{감가상각액} = \frac{(\text{취득원가} - \text{잔존가액})}{\text{예정총생산량}} \times \text{실제생산량}$$

[예제 7-21] 다음 자료에 의해서 생산량비례법으로 감가상각비를 계산하시오.

채굴예상량 50,000,000톤　　　　취득원가 ₩5,000,000

매기채굴수량 2,500,000톤　　　　잔존가액 ₩500,000

[풀이]

$$\frac{(5,000,000 - 500,000)}{50,000,000} \times 2,500,000 = 225,000$$

(3) 감가상각비의 기장법

감가상각비를 기장하는 방법에는 직접법과 간접법의 두 가지가 있는데 K-GAAP에서는 간접법으로 하도록 하고 있다.

1) 직접법

감가상각비를 유형자산에서 직접 차감하는 방법이다. 감가상각비를 감가상각비계정(비용계정) 차변에 기입함과 동시에 유형자산계정 대변에 기입한다.

각 유형자산계정의 잔액은 그대로 당해 시점의 유형자산의 장부가액을 표시한다.

2) 간접법

매기의 상각액을 감가상각누계액계정을 별도로 설정하여 대변에 기입하는 방법이다. 유형자산계정은 취득원가대로 이월시키고, 감가상각비는 감가상각누계액계정에 기업되며, 당해 유형자산의 취득원가 및 현재까지의 감가상각누계를 계정면에서 알 수 있게 된다.

유형자산의 장부가액을 계산하려면, 유형자산계정 차변의 원가에서 당해 유형자산의 감가상각누계액계정 대변의 상각누계액을 차감하면 된다. 이러한 경우 감가상각누계액계정과 같이 특정의 계정(유형자산계정)에 종속되어 설정되며, 주계정을 평가할 때에 차감되는 성질을 가진 계정을 평가성 충당금계정(valuation account)이라 한다.

[예제 7-22] 12월 31일 원가 ₩10,000,000의 건물에 대하여 감가상각비 ₩100,000을 계상하다. 직접법과 간접법에 의해서 분개 및 계정기입을 하시오.

[풀이]

1) 직접법

(차) 감가상각비 100,000 (대) 건물 100,000

건 물

1/1	(원가)	10,000,000	12/31	감가상각비	100,000
			12/31	차기이월	9,900,000
		10,000,000			10,000,000
1/1	전기이월	9,900,000			

감가상각비

12/31	건물	100,000	12/31	손익	100,000

2) 간접법

(차) 감가상각비 100,000 (대) 건물감가상각누계액 100,000

건 물

1/1	원 가	10,000,000	12/31	차기이월	10,000,000
1/1	전기이월	10,000,000			

건물 : 감가상각누계액

12/31	차기이월	100,000	12/31	감가상각비	100,000
			1/1	전 기 이 월	100,000

3) 재무제표상의 표시

K-GAAP에서는 유형자산에 대한 감가상각을 간접법에 의하여 계상하는 것을 원칙으로 하고 있다. 이는 재무제표에 유형자산의 취득가액과 감가상각누계액을 모두 표시하는 것이 이들을 차감한 잔액만을 표시하는 직접법보다 이해관계자들에게 유형자산의 원가와 유형자산이 비용(감가상각비)화 된 감가상각누계액을 동시에 제공화 할 수 있기 때문이다.

(가) 손익계산서상의 표시

감가상각비는 판매비와 관리비에서 비용으로 표시된다. 다만 제조원가 성격의 감가상각비는 제조경비로 한다.

(나) 재무상태표상의 표시

유형자산에 대한 감가상각누계액은 그 자산과목에서 차감하는 형식으로 표시하여야 한다.

재무상태표

Ⅱ. 비유동자산		
(2) 유형자산		
건 물	×××	
감가상각누계액	(-)×××	×××
비 품	×××	
감가상각누계액	(-)×××	×××

위의 감가상각누계액은 매출채권의 대손충당금과 더불어 "평가성충당금"이라 한다. 평가성충당금이란 자산가치의 수정에 의한 특정자산계정의 현재액을 평가하기 위하여 설정하는 자산의 차감 계정을 말한다.

6. 유형자산의 처분

유형자산의 처분형태는 여러 가지의 유형으로 구분된다. 예컨대 매각 · 교환 · 기부 또는 폐기 등과 같은 자발적인 처분도 있고, 화재나 홍수 등의 자연재해나 정부기관의 개입에 의한 강제적 처분 등과 같은 비자발적인 처분도 있다.

이하 유형자산의 처분유형에 따른 회계처리에 대하여 살펴보기로 한다.

(1) 매각(=처분)

기업은 유형자산을 매각(=처분)하게 되면, 매각(=처분)시점에서 처분자산의 장부가액(취득원가-감가상각누계액)을 제거시키고, 처분가액과의 차액을 유형자산처분손익(영업외손익)으로 처리하여야 한다.

여기서 유의할 점은 회계기간 중에 처분이 이루어진 경우에 처분시점의 장부가액은 기초시점부터 처분일까지의 감가상각비를 고려한 후의 금액이어야 한다는 것이다. 따라서 회계기간 중에 처분이 이루어진 경우에는 처분일까지의 감가상각비를 먼저 계상한 후에 처분에 관한 회계처리를 하여야 한다. 그리고 유형자산의 처분시점에서 처분자산의 장부가액과 처분가액이 차이가 나면 유형자산처분손익으로 인식하고 있다.

[예제 7-23] 기계장치의 매각과 관련하여 (주)여주의 회계처리를 하시오(유형자산의 매각).

(주)여주는 2009. 1. 1. 내용연수 3년, 잔존가치 400,000원의 기계장치를 4,000,000원에 취득하여 정액법으로 감가상각해 오던 중 2010. 4. 1.에 2,400,000원에 처분하고 대금은 현금으로 수취하였다.

[풀이]

(차) 감 가 상 각 비 300,000* (대) 감가상각누계액 300,000

* (4,000,000원-400,000원)×1/3×3/12=300,000원
2010년 1월 1일부터 2010년 4월 1일까지의 감가상각비 인식

(차) 현 금 2,400,000 (대) 기 계 장 치 4,000,000
감가상각누계액 1,500,000*
유형자산처분손실 100,000

* 2009년도 감가상각비 1,200,000원과 2010년 3개월간의 감가상각비 300,000원의 합계액임

(2) 비자발적 처분

비자발적 처분이라 함은 홍수, 화재 등의 재난이나 정부기관에 의한 수용·몰수 등으로 유형자산의 용역잠재력이 소멸하는 것을 말한다. 이러한 경우에는 기업이 이러한 비자발적 처분에 대비하여 보험에 가입하고 있는지의 여부에 따라 다른데 이를 살펴보면 다음과 같다.

즉, 기업이 당해 유형자산에 대하여 보험을 가입하고 있지 아니한 경우에는 장부가액을 재해손실(영업외비용)로 처리하고, 보험에 가입한 경우에는 보험회사로부터 받은 보험금이 소멸된 자산의 장부가액을 초과하여 보험차익이 발생한 경우에는 이를 보험차익(영업외이익)으로 처리하고, 보험회사로부터 받은 보험금이 소멸된 자산의 장부가액보다 작다면 그 차액은 재해손실(영업외비용)로 처리한다.

[예제 7-24] 아래 (주)여주의 자료를 회계처리를 하시오(비자발적 처분).

11월 2일 (주)여주는 장부가액 10,000,000원, 감가상각누계액 3,000,000원인 건물이 화재로 소실되어, 보험회사에 보험금액을 청구하였다.

12월 3일 보험회사에서 화재현장을 조사한 결과 6,000,000원을 보상하겠다는 통지를 하였다.

12월 8일 보험회사로부터 보험금 6,000,000원을 현금으로 받았다.

[풀이]

		차변	금액		대변	금액
11/2	(차)	미결산	7,000,000	(대)	건물	10,000,000
		감가상각누계액	3,000,000			
12/3	(차)	미수금	6,000,000	(대)	미결산	7,000,000
		재해손실	1,000,000			
12/8	(차)	현금	6,000,000	(대)	미수금	6,000,000

7. 유형자산손상차손

유형자산은 시가변동과 관계없이 역사적원가(취득원가)로 평가하는 것이 원칙이다.[4] 그러나 유형자산의 급격한 시가하락이나 진부화 또는 물리적 손상으로 인하여, 당해 유형자산의 회수가능가액이 장부가액보다 적을 수있다. K-GAAP에서는 이러한 경우에는 유형자산이 손상된 것으로 판단하고 장부가액을 회수가능금액으로 감액하고, 손상차손을 당기손익으로 인식하여야 한다.

(1) 회수가능가액의 측정

유형자산의 회수가능가액은 다음과 같이 순공정가치와 사용가치 중 큰 금액으로 결정한다.

4) 2011년부터 도입되는 한국채택국제회계기준(K-IFRS) 및 일반기업회계기준에서는 유형자산의 공정가액평가를 인정하고 있다.

회수가능가액 = Max(순공정가치, 사용가치)

1) 순공정가치

합리적인 판단력과 거래의사가 있는 독립된 당사자 사이의 거래에서 자산의 매각으로부터 수취할 수 있는 금액으로, 처분시 부대원가를 차감한 순액을 말한다.

2) 사용가치

자산의 계속적인 사용과 내용연수 최종시점에서의 처분으로, 기대되는 미래현금흐름의 유입액과 유출액을 적절한 할인율로 할인한 현재가치를 말한다.

(2) 손상차손을 인식하는 경우

유형자산의 손상을 검사하여 당해 유형자산의 회수가능가액이 장부금액에 미달하는 경우에 회수가능가액으로 감액하고, 장부가액과 회수가능가액과의 차액을 유형자산손상차손(영업외비용)으로 처리한다. 손상차손 인식 후의 장부가액을 기준으로 잔존내용연수에 걸쳐 정상적으로 상각하여야 한다. 손상차손된 금액은 손상차손누계액(유형자산의 차감 형식 : 평가성 충당금)을 사용하여 감가상각누계액과 마찬가지로 당해 유형자산에서 차감하는 형식으로 기재한다.

유형자산손상차손 = 유형자산장부금액 - Max[1) 순공정가치, 2) 사용가치]

① 회계처리

(차)	유형자산손상차손	×××	(대)	손상차손누계액	×××

② 재무제표에의 표시

대차대조표

유형자산	×××
감가상각누계액	(×××)
손상차손누계액	(×××)

(3) 손상차손을 환입하는 경우

손상된 자산의 회수가능가액이 장부가액을 초과하는 경우에는 그 자산이 손상되기 전 장부가액의 감가상각 후 잔액을 한도로 하여, 그 초과액을 유형자산손상차손환입으로 처리 한다. 여기서 손상 전 장부가액의 감가상각 후 잔액이란 손상차손 인식하지 않았을 경우의 장부가액을 의미하는 것으로, 원시취득원가를 기준으로 정상적인 감가상각을 하였을 경우의 장부가액을 말한다.

손상차손환입액 = Min[① 손상차손을 인식하지 않았을 경우의 장부가액, ② 회수가능가액] - 장부가액

회계처리를 제시하면 다음과 같다.

(차)	손상차손누계액	×××	(대)	유형자산손상차손환입	×××

[예제 7-25] 일련의 거래를 분개하시오.

(주)여주는 2009년 초에 취득원가 ₩1,500,000(잔존가치는 없고, 내용연수 5년, 정액법으로 상각함)의 기계장치를 취득하여 사용하던 중 2010년말에 동 기계장치의 순공정가치는 ₩460,000, 사용가치는 ₩540,000으로 하락하였음을 알았다. 동 금액과 장부가액과는 차이가 중요하다고 판단되다. 2011년말 동 기계장치의 회수가능가액은 ₩630,000이었다. 기계장치의 손상과 관련하여 2009년, 2010년 2011년 회계처리를 하라.

[풀이]

2009년 1월 1일	(차)	기 계 장 치	1,500,000	(대)	현 금	1,500,000
2009년 12월 31일	(차)	감 가 상 각 비	300,000	(대)	감가상각누계액	300,000
2010년 12월 31일	(차)	감 가 상 각 비	300,000	(대)	감가상각누계액	300,000
		유형자산손상차손	360,000*		손상차손누계액	360,000

* 손상차손 = 회수가능가액** - 장부가액 = 540,000 - (1,500,000 - 600,000) = △360,000

** 회수가능가액 = Max(순공정가치, 사용가치) = 540,000

2011년 12월 31일 (차) 감 가 상 각 비 180,000** (대) 감 가 상 각 누 계 액 180,000
(차) 손상차손누계액 240,000 (대) 유형자산손상차손환입 240,000

*** 감가상각비 = 540,000 ÷ 3년(잔존내용연수) = 180,000

**** 손상차손환입액
= Min(① 손상차손을 인식하지 않았을 경우의 장부가액,② 회수가능가액)- 장부가액
= Min(① 600,000, ② 630,000) - (540,000 - 180,000) = 240,000

제 5 절 무형자산

1. 무형자산의 의의

무형자산(intangible assets)은 물리적 형체를 구체적으로 가지고 있지는 않지만, 경제적 효익을 가져다주는 권리로서, 이의 구분은 법률상 독점적으로 사용하는 권리가 인정되고 경영활동과정에서 사용될 사실상의 경제가치가 인정되는 비유동자산이다. 무형자산에는 법률상의 권리는 아니나 사실상 가치가 있는 영업권 · 임차권리금 · 개발비와 법률상의 권리를 갖는 산업재산권 · 라이선스 · 프랜차이즈 · 저작권 · 컴퓨터 소프트웨어 · 광업권 · 어업권이 있다. 또한 산업재산권은 특허권 · 실용신안권 · 의장권 · 상표권 등 일정기간 동안 독점적 · 배타적으로 이용할 수 있는 권리로 구분한다.

2. 무형자산의 종류

(1) 영업권

1) 영업권의 의의

영업권이란 동종업계의 정상이익을 초과할 수 있는 능력인 무형의 자원을 말한다. 이러한 영업권은 일반적인 자산과는 달리 기업과 분리되어 독립적으로 거래될 수 없으며, 항상 당해 기업 자체의 평가와 관련되는 경우에만 확인가능하다는 특징을 갖고 있다. 예컨대, 생산기술의 노하우, 영업비결, 입지조건 등은 당해 기업자체와 독립하여 식별할 수 없는 것이며, 오로지 당해 기업자체를 전체적으로 평가하는 경우에 의미를 가지는 자산이다.

K-GAAP에서는 합병 · 영업양수 등의 경우에 유상으로 취득한 것을 영업권으로 규정하고 있다.

2) 영업권의 평가

영업권의 평가방법으로는 다음과 같은 방법이 있다.

(가) 종합평가계정법

종합경가계정법에 의하면 영업권은 기업전체를 종합적으로 평가한 금액(*ex*, 합병 등의 대가)에서 당해 기업의 순자산가액(공정가액)을 차감한 잔액으로 계산하는 방법이다.

[예제 7-26] 다음을 분개하시오(종합평가계정법).

2010. 4. 1. (주)여주는 (주)이천을 흡수합병하면서 합병대가로 3,000,000원을 현금으로 지불하였다. 합병당시 (주)이천의 재무상태표는 다음과 같다.

재무상태표

(주)이천 2010. 4. 1.

차변	금액	대변	금액
유가증권	300,000	매입채무	500,000
매출채권	1,700,000	차입금	1,000,000
재고자산	400,000	자본금	1,500,000
유형자산	1,600,000	이익잉여금	1,000,000
	4,000,000		4,000,000

[풀이]

	차변 과목	금액		대변 과목	금액
(차)	유가증권	300,000	(대)	매입채무	500,000
	매출채권	1,700,000		차입금	1,000,000
	재고자산	400,000		현금	3,000,000
	유형자산	1,600,000			
	영업권	500,000			

(나) 초과이익할인법

초과이익할인법은 영업권을 동종업계의 정상이익을 초과하여 얻은 초과이익을 할인한 현재가치금액으로 보는 방법이다. 이 방법에 따라 영업권을 평가하기 위해서는 ① 정상이익률, ② 회사의 미래이익, ③ 초과이익을 할인하는 데 적용할 할인율, ④ 초과이익의 존속기간을 결정하여야 한다.

여기서 "정상이익률"이란 동종업계의 평균이익률을 의미하고, "회사의 미래이익"은 회사의 과거이익자료에 근거하여 산출한다.

이러한 요소들이 결정되면 "회사의 미래이익"에서 순자산가액(공정가액)에 "정상이익률"을 곱한 금액을 차감하여 초과이익을 계산한 다음, "초과이익의 존속기간"과 여기에 적용할 "할인율"에 의하여 초과이익의 현재가치를 계산한다. 이 금액이 영업권평가액이 된다.

[예제 7-27] (주)여주의 영업권평가액은 얼마인가(단, 5년 7%의 연금현가는 4.10020이다)? (주)여주의 재무상태는 다음과 같다.

	장부가액	공정가액
자산:	2,700,000	3,000,000
부채:	2,000,000	2,000,000

(주)여주의 연평균 순이익은 200,000원이고, (주)여주가 속한 동종산업의 정상이익률은 연 10%이다.

(주)여주의 초과순이익의 지속기간은 5년으로 추정되며 할인율은 연 7%로 추정된다.

[풀이]

초과이익= 회사의 미래이익(특별이익제외) - 순자산가액(공정가액) × 동종산업의 정상이익률
= 200,000원 - (3,000,000원 - 2,000,000원) × 10%
= 100,000원

영업권 = 초과이익 × 초과이익 지속기간에 따른 연금현가
= 100,000원 × 4.10020
= 410,020원

3) 영업권의 상각

영업권상각에 대한 견해는 비상각설, 즉시상각설, 상각설로 구분된다.

(가) 비상각설

영업권은 다른 자산과는 달리 무한한 내용연수를 갖고 있는 자산이기 때문에 영업권의 가치가 감소하였다는 객관적인 증거가 없는 한 상각하지 말아야 한다.

(나) 즉시상각설

영업권은 법률적 권리가 보장되어 있지 않고, 미래 초과이익도 그 실현가능성이 고도로 불확실하므로 발생 즉시 상각하여야 한다.

(다) 상각설

영업권을 발생시키는 초과이익은 일정기간 이후에 타기업의 시장진입으로 그 초과이익이 상

실되므로 영업권은 시간이 경과함에 따라 상각하여야 한다.

K-GAAP에서는 20년을 초과하지 않는 기간 내에서 합리적인 기간을 정하여 상각하도록 규정하고 있다.

(2) 기타의 무형자산

지금까지 설명한 무형자산 이외에도 다음과 같은 무형자산이 있다.

1) 산업재산권

특허권, 실용신안건, 의장권, 상표권 등 일저기간 동안 독점적 · 배타적으로 이용할 수 있는 권리를 말한다.

2) 개발비

신제품 · 신기술 등의 개발과 관련하여 발생한 비용으로써 개별적으로 식별가능하고, 미래의 경제적효익을 확실하게 기대할 수 있는 경우에만 무형자산으로 계상한다.

3) 라이선스

라이선스(license)란 특정기술이나 지식을 일정기간 이용할 수 있는 권리를 말한다.

4) 프랜차이즈

프랜차이즈(franchise)란 특정상품이나 용역 등을 일정한 지리적 관찰권 내에서 독점적으로 영업할 수 있는 권리를 말한다.

5) 저작권

저작권이란 영화 · 음반 · 서적과 같은 특정한 저작물을 독점적 · 배타적으로 사용할 수 있는 권리를 말한다.

6) 컴퓨터소프트웨어

컴퓨터소프트웨어는 자산인식을 충족하는 소프트웨어를 구입하여 사용하는 경우 그 구입비용을 말한다.

7) 광업권

광업법에 의하여 광구에서 등록한 광물을 채굴할 수 있는 권리를 말한다.

8) 어업권

수산업법에 의하여 일정 수면에서 독점적 · 배타적으로 어업을 영위할 수 있는 권리를 말한다.

9) 임차권리금

임차권리금이란 전세권이나 보증금 이외에 초과수익력의 대가로 지급한 금액을 말한다.

3. 무형자산의 평가

(1) 취득원가의 산정

무형자산의 취득원가는 당해 무형자산의 구입유형에 따라서 달리 계산된다. 즉, 무형자산을 외부에서 구입하는 경우에는 유형자산의 경우와 같이 당해 무형자산의 매입대가와 부대비용을 취득원가로 한다.

그러나 무형자산을 기업자체에서 개발한 경우에는 당해 자산이 향후 기업에 미칠 경제적 효익을 합리적으로 추정할 수 있고, 당해 자산을 창설하는 데 소요된 원가를 식별할 수 있을 때에 한하여 지출된 원가를 자본화하고, 그렇지 않은 경우에는 당해 지출이 발생한 기간에 비용으로 처리해야 한다. K-GAAP에서는 무형자산의 취득원가는 당해 자산의 제작원가 또는 매입가액에 취득부대비용을 가산한 금액으로 하도록 규정하고 있다.

(2) 무형자산의 상각

무형자산은 당해 자산이 미래에 경제적 효익을 제공하는 기간을 합리적으로 결정하여 당해 기간에 걸쳐 상각하여야 한다. 이 경우 무형자산의 상각은 잔존가치는 없는 것으로 보고, K-GAAP에서의 회계처리방법은 유형자산의 경우와는 달리 원칙적으로 당해 무형자산계정에서 직접상각하는 직접법으로 하도록 하고 있다.

· 직접법

(차) 무형자산상각비	×××	(대) 무형자산	×××

한편, K-GAAP에서는 무형자산의 상각에 대하여 다음과 같이 규정하고 있다. "무형자산의 상각은 정액법 또는 생산량비례법 중 합리적인 방법에 의하여 당해 자산의 사용가능한 시점부터 합리적인 기간동안 상각한다. 다만, 독점적 · 배타적인 권리를 부여하고 있는 관계법령이나

계약에 의하여 정해진 경우를 제외하고 상각기간은 20년을 초과하지 못한다."

무형자산에 대한 상각액은 그 자산의 내용에 따라 제조활동에 관련된 것은 제조원가로 처리하고, 판매활동 및 일반관리활동에 관련된 것은 판매비와 관리비로 처리하여야 한다.

(3) 무형자산의 손상차손

자산의 진부화 및 시장가치의 급격한 하락 등으로 인하여, 무형자산의 회수가능가액이 장부가액에 중요하게 미달하게 되는 경우에는 장부가액을 회수가능가액으로 조정하고, 그 차액을 손상차손으로 회계처리한다. 여기서 회수가능가액이란 순매각가액과 사용가치 중 큰 금액을 말한다.

차기 이후에 감액된 자산의 회수가능액이 장부가액을 초과하게 되는 경우에는 그 자산이 감액되기 전 장부가액의 상각후 잔액을 한도로 하여, 그 초과액을 손상차손환입으로 처리한다. 손상차손환입의 경우 한도액을 규정한 이유는 한도액을 초과하여 손상차손환입을 인식할 경우 무형자산의 가치를 시가로 평가하는 것과 다름없기 때문이다.

감 액 손 실 = 기말장부가액 - 회수가능가액

감액손실환입 = Min(회수가능가액*, 감액전 장부가액의 상각후 잔액**)
- 기말장부가액

* 회수가능가액 = Max(순매각가액, 사용가치)

** 처음부터 감액되지 않았다면 계상될 당기말 장부가액

매수기업결합으로 취득한 무형자산의 손상차손이 있음을 취득 이후에 개시하는 최초의 회계연도말 이전에 발견하였을 때는 매수일에 인식한 무형자산과 영업권(또는 부의 영업권)을 조정한다. 그러나 손상차손이 매수일 후에 발생한 특정한 사건이나 상황의 변화와 직접적인 관계가 있을 때는 당기손실로 처리한다.

연 습 문 제

1. 다음 거래를 분개하시오.
   (1) 여주상회에 현금 ₩400,000을 대여하고 차용증서를 받다. 그리고 담보로 국채액면 ₩500,000을 받다. 대여기한이 15개월, 이율 연 14%
   (2) 이만득은 점포 1칸을 1년간 전세 계약을 채결하고, 전세 권리금 ₩1,000,000을 현금으로 지급하다.
   (3) 안성상회는 오성 주식회사와 점포 1동의 임차계약을 맺고, 임차보증금 ₩500,000을 소지하고 있던 제일은행 앞 수표로 지급하고, 1개월간의 월세 ₩10,000은 현금으로 지급하다.
   (4) 강원상화와 상품 공급 계약을 맺고, 영업 보증금으로 현금 ₩250,000을 지급하다.

2. 다음 거래를 분개하시오.
   (1) 제일은행에 3년 만기의 정기예금으로 현금 ₩4,000,000을 예입하다.
   (2) 여유자금 이용을 목적으로 비업무용 토지 ₩40.000,000을 구입하고, 수표를 발행하여 지급하다.
   (3) 대구상회에 현금 ₩3,000,000을 대여하다. 기한 5년, 이율 연 14%이다.
   (4) 사원의 주택구입자금으로 현금 ₩10,000,000을 대여하다. 기한 20년, 이율 연 5%
   (5) 영업용 건물 1동을 전세계약을 맺고, 전세권리금 ₩25,000,000을 현금으로 지급하다.
   (6) 강서주식회사와 건물 300평의 임대차계약을 맺고, 임차보증금 ₩60,000,000과 1개월분 집세 ₩1,600,000을 수표를 발행하여 지급하다.
   (7) 대우전자회사와 대리점계약을 맺고, 거래보증금 ₩80,000,000을 현금으로 지급하다.

3. 다음 거래를 분개하시오.
   (1) 1기말 결산시 비품 취득원가 ₩20,000,000(내용연수 10년, 잔존가액은 취득원가의 10%)에 대하여 정액법과 정률법으로 감가상각을 하라. 기장은 간접법에 의하며, 정률법의 정률은 매기 20%, 결산 연 2회
   (2) 상기 (1)의 비품에 대하여 2기결산시 감가상각을 하다.

4. 다음 거래를 분개하시오.
   3월 1일 : 영업용 건물 ₩40,000,000의 신축을 위하여 건설업자에게 계약금으로 ₩10,000,000을 수표를 발행하여 지급하다.
   6월 30일 : 상기 건물이 완성되어 공사잔금 ₩30,000,000을 수표를 발행하여 지급하고, 건물을 인도 받다.

12월 31일 : 기말결산시 상기 건물에 대하여 감가상각을 하다. 내용 연수 20년, 잔존가액은 없다(정액법, 간접법).

5. 다음 거래를 분개하시오.

(1) 이천상회는 2010년 초에 내용연수 10년의 비품을 ₩2,000,000에 구입하고, 2013년 초에 이것을 매각처분하고, 대금 ₩800,000을 동점 발행 수표를 받다. 단 결산은 12월 말(연 1회)에 하고 감가상각누계액계정을 설정하고 있으며, 정률법(상각률 0.206)에 의하여 감가상각을 하고 있다.

(2) 영업용 건물을 수선하고, 수선비 ₩18,000,000을 현금으로 지급하다. 이 수선으로 인하여 건물가액 ₩10,000,000을 실질적으로 증가되었다.

(3) 영업용 화물트럭을 수리하고, 수리비 ₩800,000을 수표를 발행하여 지급하였다. 단, 이 중 60%는 자본적지출로 처리하고, 40%는 수익적지출로 처리하다.

(4) 영업용 건물을 수선하고, 그 비용 ₩10,000,000을 수표를 발행하여 지급하다. 단, 이중 ₩8,000,000은 증축비용이다.

(5) 건물의 유리창이 깨져 갈아 끼우고, 비용 ₩200,000을 현금으로 지급하다.

6. 다음 거래를 분개하시오.

(1) 강원상회는 다음과 같은 재무상태를 가진 광주상회를 ₩800,000에 매입하고, 대금은 수표를 발행하여 지급하다.

재 무 상 태 표

현금	300,000	외상매입금	200,000
예금	300,000	지급어음	100,000
외상매출금	140,000	차입금	200,000
받을어음	200,000	자본금	700,000
상품	160,000		
비품	100,000		
	1,200,000		1,200,000

(2) 결산에 있어 당기초에 광주상회를 합병함에 있어 계상한 영업권 ₩100,000에 대하여 상각하다(회계기간 1년이며, 영업권은 5년간 상각한다.).

(3) 창립총회에서 발기인이 대신 지급한 회사설립비용 ₩8,000,000을 현금으로 지급하다.

(4) 새로운 제품개발을 위하여 연구부에 연구비용 ₩20,000,000을 현금으로 지급하다.

7. 다음 거래를 분개하시오.

(1) 영업용 비품 ₩900,000(감가상각누계액 ₩550,000)을 ₩250,000에 처분하고, 대금은 수표로 받아 곧 당좌예입하다.

(2) 사용해 오던 영업용 자동차 ₩22,000,000을 ₩18,000,000에 처분하고, 대금은 현금으로 받다. 이 자동차의 감가상각누계액은 ₩5,200,000이다.

(3) 기계장치 ₩4,000,000을 구입하여 4년간 사용 후 ₩1,250,000에 처분하고, 현금으로 받다. 내용연수 5년, 잔존가액은 취득원가의 10%, 정액법으로 감가상각(간접법)을 했다.

(4) 사용 중이던 영업용자동차 취득원가 ₩10,000,000(감가상각누계액 ₩4,500,000)을 ₩5,000,000으로 평가하여 새 자동차로 교환하고, 교환차액은 수표를 발행하여 지급하다. 단, 새 자동차의 구입가액은 ₩12,000,000이다.

8. 다음 거래를 분개하시오.

(1) 다음과 같은 재무상태의 안성상회를 인수하고, 대금 ₩10,000,000을 수표를 발행하여 지급하다.

재 무 상 태 표

매 출 채 권	4,000,000	매 입 채 무	4,000,000
상 품	6,000,000	자 본 금	8,000,000
비 품	2,000,000		
	12,000,000		12,000,000

(2) 기말 결산시 상기 (1)의 영업권을 상각하다(단, 결산은 연 1회이다.).

(3) 여주광업주식회사는 추정매장량 2,000,000t의 탄광을 ₩600,000,000에 구입하고, 대금은 수표를 발행하여 지급하다.

(4) 기말결산시 상기 광업권을 상각하다. 당기 채탄량은 50,000t이며, 생산량비례법으로 상각한다. 단, 잔존가액은 0이다.

제 8 장

부 채 회 계

제 1 절 부채의 의의와 분류

1. 부채의 의의

부채(liabilities)는 출자자지분(자본금) 이외의 제3자에 대한 기업의 채무로서, 장래의 금전, 그 밖의 자산으로 지급해야 할 의무를 말한다. 그러나 부채의 본질에 관해서는 회계학상 두 가지 견해가 있다.

① 부채는 소극적 재산이므로, 적극적 재산인 자산과 더불어 재산이라고 생각하는 견해이다. 이것을 "부채재산설"이라 하며, 자산-부채=자본이란 자본등식을 근거로 한다.

부채는 기한이 되면 반제해야 할 성질의 것이므로, 적극적인 재산에서 소극적인 재산을 차감하여 본다면, 그 차액은 순재산인 자본이 되는 것이다.

② 부채(타인자본)도 자기자본과 같이 자본으로 보는 견해이다. 즉 부채는 기업자체에서 본다면 자기자본과 동일한 역할을 하는 것이므로, 이 타인자본과 자기자본은 기능면에서 볼 때 자기자본과 별로 다를 것이 없다. 자산=부채+자본이란 대차대조표 등식은 타인자본인 부채나 자기자본인 자기출자는 경영과정에서 아무런 구별이 없으므로 자산=타인자본+자기자본, 또는 총재산=총자본을 의미인 것이다.

2. 부채의 분류

K-GAAP에 의하면, 부채는 유동부채와 비유동부채로 나뉘어진다. 유동부채(current liabilities)는 재무상태표일로부터 1년 이내에 지급되리라고 기대되는 채무로서, 현재의 유동자산을 사용하거나 다른 유동부채의 발생에 의하여 청산 · 상환된 채무이다.

비유동부채(non-current liabilities)란 일반 유동부채와 구별되어 사용되는 말이며, 장기부채(long-term liabilities)라는 말과 동의어로 쓰인다. K-GAAP에서는 이를 상환기한이 재무상태표일로부터 1년내에 도래하지 아니하는 사채 · 장기차입금 등의 장기부채라고 정의하고 있다. 1년 기준에 따라 유동부채, 비유동부채로 구분하고 있는데, 부채를 열거하면 다음과 같다.

K-GAAP에 의한 부채의 분류

- 부 채
  - 유동부채(단기부채)
    - 매입채무
    - 단기차입금
    - 미지급금
    - 선수금
    - 당기법인세부채
    - 미지급비용
    - 선수수익
    - 유동성장기부채
    - 예수금
    - 이연법인세부채
  - 비유동부채(장기부채)
    - 사채
    - 장기차입금
    - 퇴직급여충당부채
    - 제품보증충당부채
    - 장기미지급금
    - 장기미지급비용
    - 장기선수수익
    - 이연법인세부채

제 2 절 유동부채

1. 유동부채의 의의 및 종류

유동부채(current liabilities)란 1년 또는 영업순환주기 내에 지급기한 또한 급부인도기한이 도래하는 부채를 말하는데, 이를 단기부채(shot-term liabilities)라고도 한다. K-GAAP에서는 주된 영업활동에서 생긴 매입채무(외상매입금+지급어음)와 주된 영업활동 이외에서 발생하고 재무상태일로부터 1년 이내에 지급기한 또는 급부인도기한이 도래하는 부채들로서, 단기차입금, 당기법인세부채, 미지급비용, 이연법인세부채로 규정하고 있고, 상거래 관습에 따른 미지급금, 선수금선수수익, 예수금, 유동성장기부채, 미지급배당금, 가수급을 들 수 있다.

이 중 매입채무는 제5장 제1, 2, 3절을, 단기차입금, 미지급금 선수금, 가수금, 예수금은 제5장 제4절에서 다루었으므로, 이 절에서는 생략하고, 당기법인세부채, 유동성장기부채, 미지급배당금, 미지급비용, 선수수익계정만을 설명한다.

2. 유동부채의 회계처리

(1) 당기법인세부채

당기법인세부채는 법인세, 주민세 등의 미지급액을 말한다. 당기법인세부채는 결산시 당해 사업연도의 과세소득에 대한 법인세, 주민세 등을 추정하고, 회계기간 중에 이미 납부한 중간예납액 등을 차감한 잔액과 과거 사업연도에 해당하는 확정된 법인세를 미지급한 경우에 동금액 등을 합산하여 계상하는 계정이다.

당기법인세부채가 영업활동의 결과 발생한 미지급비용의 일종인데 반하여, 미지급 세금과공과는 회사가 소득과 관계없이 부담하는 재산세, 자동차세 등의 미지급액이다.

[예제 8-1]

1) 20×1년 8월 31일 법인세 중간예납액 ₩2,500,000을 현금으로 납부하다.

2) 20×1년 결산일 현재의 법인세차감전순이익은 ₩10,000,000이며, 법인세율은 30%로 예상

한다.

[풀이]

1)	(차) 선납법인세	2,500,000	(대)	현　　　금	2,500,000
2)	(차) 법 인 세 등	3,000,000	(대)	선 납 법 인 세	2,500,000
				당기법인세부채	500,000

(2) 유동성장기부채

유동성장기부채(current portion of long debts)는 비유동부채 중 1년 내에 상환될 금액을 말한다. 분할상환조건의 장기차입금 중에서 1년 내에 만기일이 도래하는 금액은 장기차입금에서 분리하여 유동성장기부채로 재분류하여야 하며, 그 잔액은 장기차입금으로 표시하여야 한다.

유동성장기부채로 분류되는 것은 상환시에 유동자산의 사용이나 유동부채의 발생을 가져오는 경우에만 해당되며, 비유동자산으로 상환하는 경우와 새로운 장기부채로 상환하고자 하는 경우 및 주식을 발행하여 상환하고자 하는 경우에는 유동부채로 재분류해서는 안 된다.

[예제 8-2] 여주(주)의 20×0년 결산일 현재 장기차입금 ₩100,000,000 중 ₩25,000,000이 20×1년 중에 만기일이 도래하게 되었다.

[풀이]

(차) 장기차입금 25,000,000 (대) 유동성장기부채 25,000,000

이와 같은 경우 여주(주)의 2009년 결산일에 행할 회계처리와 부분재무상태표를 나타내면 다음과 같다.

<u>재무상태표</u>

부채	
I. 유동부채	
5. 유동성장기부채	25,000,000
II. 비유동부채	
2. 장기차입금	75,000,000

(3) 미지급배당금

미지급배당금(accrurd dividends)은 이익잉여금처분계산서상의 현금배당액을 말한다. 즉, 이사회 결의로 작성된 이익잉여금처분계산서(안)상의 현금배당액을 주주총회의 결의에 따라 재무상태표에 유동부채로 계상한 것을 말한다. 이익잉여금처분계산서상의 현금배당액은 당기의 이익잉여금에서 지급될 것이므로, 미지급 배당금이라는 과목으로 유동부채로 재분류 하여야 한다.

[예제 8-3] 이사회에서 작성한 이익잉여금처분계산서(안) 중 주주총회의 결의에 따라 현금배당 ₩10,000,000을 의결하였다. 주주총회결의일과 배당금지급일로 구분하여 분개하시오.

[풀이]

① 결산시 또는 배당기준일(주주총회일)의 회계처리

(차) 미처분이익잉여금(이월이익잉여금)	10,000,000	(대) 미지급배당금	10,000,000

② 주주총회 후 배당금 현금지급시의 회계처리

(차) 미지급배당금	10,000,000	(대) 현 금	10,000,000

(4) 미지급비용

미지급비용(accrued expenses)은 비용으로 발생하였으나 결산일 현재 지급기일이 도래하지 않아 부채로는 계상하지 않은 예상부채이다. 미지급비용은 시간의 경과에 따라 계상하는 경과계정으로서 미지급이자, 미지급임차료, 미지급급여 등이 있다. 이에 대하여는 제11장 제3절에서 자세히 설명하기로 한다.

[예제 8-4] 여주(주)의 기말 결산일 현재의 결산정리사항을 분개하시오.

1) 단기차입금에 대한 이자 미지급액을 ₩200,000 계상하다.

2) 건물에 대한 임차료 미지급액 6개월분 ₩600,000을 계상하다.

[풀이]

	차변	금액	대변	금액
1)	(차) 이자비용	200,000	(대) 미지급비용	200,000
2)	(차) 임 차 료	600,000	(대) 미지급비용	600,000

(5) 선수수익

선수수익(unearned revenue)은 현금으로 수령한 수익 중에서 차기 이후에 속하는 금액을 말한다. 즉, 기업이 일정기간 동안 용역을 제공하기로 약정하고 수령한 현금액 중 차기 이후의 기간에 해당되는 금액은 당기의 수익에서 동시에 선수수익으로 계상하여야 한다.

선수수익으로는 선수임대료, 선수이자수익 등이 있다. 이에 대하여는 제11장 제3절에서 자세히 설명하기로 한다.

[예제 8-5] 여주(주)의 기말 결산일 현재의 결산정리사항을 분개하시오.

① 단기대여금에 대한 이자 선수액을 ₩2,000,000 계상하다.

② 건물에 대한 차기년도임대료 선수액 5개월분 ₩3,000,000을 계상하다.

[풀이]

①	(차) 이자수익	2,000,000	(대) 선수수익	2,000,000
②	(차) 임 대 료	3,000,000	(대) 선수수익	3,000,000

제 3 절 비유동부채

1. 비유동부채의 의의 및 종류

비유동부채(non-current liabilities)는 장기부채라고도 하며, 지급기한이 재무상태표작성일을 기준으로 1년 또는 영업순환주기 이후에 도래하는 부채이며, 장기자금조달의 수단으로 활용된다. K-GAAP에 의하면 사채, 신주인수권부사채, 전환사채, 장기창비금, 충당부채(퇴직급여충당부채 · 장기제품보증충당부채 · 공사하자보증충당부채), 이연법인세부채계정으로 구분한다.

2. 비유동부채의 회계처리

(1) 사채

사채(bonds)는 주식회사가 일반대중으로부터 공개적으로 장기간 거액의 자금을 차입하기 위하여 계약에 따라 일정한 이자를 지급하며, 만기일에 원금(액면금액)을 지급할 것을 약속한 확정채무이다.

사채의 발행방법은 평가발행(액면발행), 할인발행, 할증발행 등 세 가지가 있다. 평가발행은 사채이자율이 유효이자율과 같을 때 발행된다. 할인발행은 사채이자율이 유효이자율보다 낮을 때, 반대로 할증발행은 사채이자율이 유효이자율보다 높을 때 발행되는 방법이다.

사채는 액면가액으로 표시하도록 되어 있으므로 사채를 액면가액 이하로 할인발행하는 경우에는 사채할인발행차금이 발생하고, 액면가액 이상으로 할증발행하는 경우에는 사채할증발행차금이 발생한다. 이에 따라 사채할인발행차금은 사채계정에서 차감하는 형식으로, 사채할증발행차금은 사채계정에서 가산하는 형식으로 기재한다.

사채에 대하여는 제4절에서 자세히 설명하고자 한다.

(2) 장기차입금

장기차입금(long-term debts)은 1년 후에 상환되는 차입금을 말한다. 따라서 분할상환조건의 장기차입금은 상환기일별로 구분하여 장기차입금과 유동성장기부채로 구분하여야 한다. 장기차입금은 현재가치로 평가한다.

[예제 8-6] 여주(주)는 주택은행으로부터 연이율 12%의 조건으로 5년 기한으로 ₩200,000,000을 차입하다.

[풀이]

(차) 현　　금　200,000,000　　(대) 장기차입금　200,000,000

(3) 충당부채

충당부채(provisions)는 과거사건이나 거래의 결과에 의한 현재의 의무로서, 지출의 시기 혹은 금액이 불확실하고, 채권자가 확정되지 않았지만, 그 의무를 이행하기 위하여 경제적 자원이 유출될 가능성이 매우 높고, 그 금액을 신뢰성있게 추정할 수 있는 의무를 말한다. 이를 부채성충당금이라 한다.

① 과거의 사건이나 거래의 결과로 현재의무가 존재하여야 한다.

② 그 의무를 수행하기 위하여 경제적 자원이 유출될 가능성이 높아야 한다.

③ 당해 의무의 수행에 소요되는 금액을 신뢰성있게 추정할 수 있어야 한다.

충당부채에는 퇴직급여충당부채, 제품보증충당부채, 공사하자보증충당부채가 있고, 제품보증충당부채는 공사하자보증충당부채에 준하여 회계처리하면 된다.

[예제 8-7] 일련의 다음 거래를 분개하시오.

(1) 2010월 12월 31일 전 임직원이 일시에 퇴직한다면 지급하여야 할 퇴직금이 ₩900,000,000(2010년 12월 31일 현재 설정되어 있는 퇴직급여충당부채는 ₩810,000,000이다.)인 경우

(2) 2010월 6월 30일 직원이 퇴직하여 퇴직금을 ₩100,000,000을 지급한 경우

(3) 2010년 12월 31일 직원증가 및 급여상승 등으로 당기말 설정해야 하는 퇴직급여 충당금이 ₩1,200,000,000인 경우

[풀이]

(1) (차) 퇴 직 급 여 90,000,000 (대) 퇴직급여충당부채 90,000,000
  * 퇴직급여충당부채 설정액 = 퇴직금추계액 - 퇴직급여충당부채 기말잔액
  = 900,000,000 - 810,000,000 = 90,000,000

(2) (차) 퇴직급여충당부채 100,000,000 (대) 현 금 100,000,000

(3) (차) 퇴직급여 400,000,000 (대) 퇴직급여충당부채 400,000,000*
  * ₩1,200,000,000 - (₩900,000,000 - ₩100,000,000) =40,000,000,000

[예제 8-8] 여주(주)는 공장에서 사용하고 있는 설비를 3년에 한차례 대규모 수선을 할 예정이다. 설비의 수선은 한 번에 ₩30,000,000씩 소요될 것으로 추정하여 회계처리하고 있다. 2010년 초 설비의 수선에 ₩31,000,000이 실제로 지출되었다. 이상의 자료로 제 1,2,3 차년과 제 4차년도 초에 행할 거래를 분개하시오.

[풀이]

① 제 1, 2, 3차년도 매년 말에 행할 분개
  (차) 수 선 비 10,000,000 (대) 수선충당부채 10,000,000

② 제 4차년도 초 대규모 수선시 행할 분개
  (차) 수선충당금부채 30,000,000 (대) 현 금 31,000,000
  수 선 비 1,000,000

[예제 8-9] 다음의 거래를 분개하시오.

① 여주건설(주)는 공사 후 3년간 무료하자보수를 실시해 주고 있다. 2010년 중 여주건설(주)는 (주)이천의 건물을 완공하여 인도하였다. 건물에 대한 공사대금은 ₩2,000,000,000

이었으며 과거의 경험에 비추어 볼 때 공사대금의 1%에 달하는 하자 보수비(공사보증비)가 발생할 것으로 예상된다.

② 2008년중 건물의 일부가 하자가 발생하여 무료로 수선하여 주었다. 이 수선공사와 관련한 비용이 ₩14,000,000 발생하였다.

[풀이]

① (차) 공 사 보 증 비	20,000,000	(대) 공사하자보증충당부채	20,000,000
② (차) 공사하자보증충당부채	14,000,000	(대) 현 금	14,000,000

(4) 이연법인세부채

이연법인세부채(deferred income tax credits)는 기업회계와 세무회계의 손익인식시점차이에 대한 법인세효과로, 기업회계상의익이 세무회계상과세소득보다 큰 경우에 발생한다. 반대로 기업계상이익이 세무회계상과세소득보다 작은 경우에는 이연법인세자산이 발생한다.

[예제 8-10] 여주(주)는 법인세비용차감전순이익은 ₩12,000,000, 법인세법에 의한 과세표준은 ₩9,000,000이며 법인세율은 40%라고 할 때의 분개를 하시오.

[풀이]

(차) 법인세비용	4,800,000	(대) 미지급법인세	3,600,000
		이연법인세부채	1,200,000

제4절 사 채

1. 사채의 의의

사채(bonds)란 회사채(會社債)라는 유가증권(debt securities)을 발행하여, 직접 금융시장인 증권시장을 통하여 자금을 차입하는 차입금을 말하며, 취득자의 입장에서는 투자유가증권으로, 취득목적에 따라 단기매매증권, 매도가능증권, 만기보유증권이 되며, 발행자의 입장에서는 사채이다. 사채는 장기자금을 조달하기 위하여 발행하는 것으로서 비유동부채라는 점에서는 금융기관으로부터의 장기차입금과 그 성격을 같이하지만, 사채가 일반 장기차입금과 다른점은 ①

증권을 발행하여 자금을 조달하는 증권금융이고, ② 유가증권시장의 불특정다수인을 대상으로 자금을 차입하는 직접금융에 해당한다. 상법에서는 사채를 발행할 수 있는 법인의 형태는 주식회사로 한정하고 있으며, 사채의 1주당 최소 금액은 ₩10,000 이상 균일액으로 하며, 이사회의 결의에 의하여 발행이 가능하다.

사채는 증권시장에서 발행되고 유통되므로, 항상 시장가격이 존재하며, 발행회사의 의도에 따라 언제든지 매입상환이 가능하다.

2. 사채의 종류

원리금지급에 대한 담보의 유무에 따라 담보사채(secured bond)와 무담보사채(unsecured bond), 사채를 소유한자의 성명을 사채원부와 사채권면에 표시할 수 있는 경우에는 기명사채(registered bond)로, 그렇지 못한 경우에는 무기명사채(bearer bond)라 한다. 무기명사채를 쿠폰채(coupon bond)라고도 하는데, 사채투자자는 취득기간동안의 이자를 수령하기 위해 사채의 쿠폰을 취득하고, 사채는 시장에서 처분할 수 있기 때문이다. 주식으로의 전환이 가능한 경우에는 전환사채(convertible bond)라 하며, 사채발행회사가 주식을 발행할 경우 신주를 인수할 권리를 포함한 사채를 신주인수권부사채(bond with stock warrants). 또한 만기이전에 임의로 상환가능한 사채를 수시상환사채(callable bond)라 하며 만기가 여러번인 경우를 연속상환사채(serial bond)라 한다.

사채의 종류

담보유무에 따라	담보사채	무담보사채
투자자의 기명여부에 따라	기명사채	무기명사채
만기의 회수에 따라	일시상환사채	연속상환사채
만기이전 상환여부에 따라	수시상환사채	만기상환사채
기타 권리를 수반하는 경우	전환사채	신주인수권부사채

3. 사채의 발행가격 결정

(1) 액면가액, 액면이자율

사채를 발행한 회사는 사채의 만기일에 원금을 상환하고, 이자지급기일에 액면이자를 지급하는데, 여기서 만기일에 상환할 원금을 액면가액이라 하고, 사채권에 표시되어 있는 이자율을 액면이자율(계약이자율, 표시이자율, contract or face rate)이라고 한다. 이자지급일은 분기, 반기, 1년 등으로 정해지며, 매 이자지급일에 지급할 이자는 액면가액에 액면이자율을 곱한 금액이 된다.

(2) 시장이자율, 유효이자율, 기대수익률, 실질수익률

① 시장이자율(market rate)

자본시장에서 자금의 수요와 공급이 균형을 이루는 점에서 결정되는 이자율을 말한다.

② 유효이자율(effective rate)

사채발행가액과 사채의 미래현금흐름의 현재가치[5]를 일치시켜주는 이자율을 의미하는데, 사채발행비용이 존재하지 않는다면 사채발행시점의 시장이자율과 유효이자율은 일치한다. 유효이자율은 투자자 입장에서 보면 사채에 투자함으로써 얻으려고 하는 기대수익률을 의미하며, 발행자 입장에서 보면 사채를 발행함으로써 부담하게 되는 실질이자율이다. 사채의 발행가액은 액면이자율과 시장이자율과 관계에 의해서 결정된다.

(3) 발행가액

사채의 발행가액은 액면이자율과 시장이자율과의 관계에 따라 다음과 같이 발행된다.

시 장 상 황	발 행 방 법
액면이자율 = 시장이자율	액 면 발 행
액면이자율 〈 시장이자율	할 인 발 행
액면이자율 〉 시장이자율	할 증 발 행

투자자 입장에서 보면 기대수익률(시장이자율)보다 사채발행회사가 약정한 액면이자율이 낮기 때문에 사채에 투자하지 않고, 다른 투자상품을 찾기 때문에 투자자의 수요는 감소하게 되

5) 화폐의 현재가치와 미래가치에 대하여는 제7장 제2절을 참고하시오.

고 가격이 하락하게 된다. 그러므로 사채 발행자는 사채를 액면가액 이하로 발행하여야 시장에서 자금을 조달받을 수 있기 때문에 할인발행을 하게 된다. 반대로, 액면이자율이 시장이자율보다 더 높다면, 투자자는 시장이자율보다 더 높은 약정이자를 지급하는 사채를 찾기 때문에 시장에서의 수요는 증가하고, 발행회사는 액면가액 이상으로 할증발행하여 자금을 조달하게 될 것이다.

1) 사채발행금액 계산

사채발행금액은 사채시장에서 결정되며, 사채발행으로 인한 실수령은 시장이자율과 액면이자율의 차이로 인해 결정된다. 이는 곧 사채발행자는 사채발행으로 인한 미래현금흐름의 현재가치로 사채를 발행하고자 할 것이며, 사채를 취득하고자 하는 자는 사채에 투자함으로 얻어지는 미래현금흐름의 현재가치를 지불하고자 할 것이다. 결국 사채의 발행가액은 매도가능증권, 만기보유증권의 취득가액과 동일하게 미래현금흐름의 현재가치로 계산된다. 다음의 예제를 통하여 사채발행가액을 살펴보기로 한다.

[예제 8-11] 아래의 조건에 따라 사채의 발행가액을 계산하시오.

(주)여주는 장기자금조달을 위하여, 다음과 같은 사채를 발행하였다.

액 면 가 액 :	₩1,000,000	액 면 이 자 율 :	연10%
이 자 지 급 일 :	매년 12월 31일	시 장 이 자 율 :	?
만 기 :	2011년 12월 31일	발 행 일 :	2009년 1월 1일

(단, 매입부대비용은 ₩0이라고 가정한다.)

(1) 시장이자율이 12%인 경우 사채의 발행가액을 계산하시오

(2) 시장이자율이 10%인 경우 사채의 발행가액을 계산하시오.

(3) 시장이자율이 8%인 경우 사채의 발행가액을 계산하시오.

[풀이]

1. 시장이자율이 12%인 경우(= 할인발행)
   원금의 현가 1,000,000×0.71178(시장이자율 12%, 1원의 현재가치) =711,780
   이자의 현가 1,000,000×10%×2.40183(시장이자율 12%, 1원의 연금현재가치) =240,183
   사채의 발행가액 = 원금의 현가 + 이자의 현가 = 951,963
2. 시장이자율이 10%인 경우 (= 액면발행)
   원금의 현가 1,000,000×0.75131(시장이자율 10%, 1원의 현재가치) =751,310
   이자의 현가 1,000,000×10%×2.48685(시장이자율 10%, 1원의 연금현재가치) =248,685
   사채의 발행가액 = 원금의 현가 + 이자의 현가 = 1,000,000

3. 시장이자율이 8%인 경우(= 할증발행)
원금의 현가 1,000,000×0.79383(시장이자율 8%, 1원의 현재가치) =793,830
이자의 현가 1,000,000×10%×2.5779(시장이자율 8%, 1원의 연금현재가치) =257,790
사채의 발행가액 = 원금의 현가 + 이자의 현가 = 1,051,620

2) 사채발행시 회계처리

사채발행시에는 차변에는 사채발행으로 인한 조달금액을, 대변에는 만기에 상환해야할 사채만기금액을 계상한후, 사채발행금액과 사채만기금액과의 차이를 사채할인발행차금 또는 사채할증발행차금으로 계상한다.

[예제 8-12] [예제 8-11]에 의하여 사채발행시의 분개를 하시오.

(1) 시장이자율이 12%인 경우(= 할인발행)

(차)	현 금	951,963	(대)	사 채	1,000,000
	사채할인발행차금	48,037			

(2) 시장이자율이 10%인 경우(= 액면발행)

(차)	현 금	1,000,000	(대)	사 채	1,000,000

(3) 시장이자율이 8%인 경우(= 할증발행)

(차)	현 금	1,051,620	(대)	사 채	1,000,000
				사채할인발행차금	51,620

4. 이자지급시 회계처리

사채를 발행하면 사채를 발행한 회사는 이를 구입한 투자자에게 일정기간마다 일정액의 이자를 지급해야 한다. 매 이자지급일에 현금으로 지급할 이자는 액면가액에 액면이자율을 곱한 금액이 된다. 그리고 사채발행회사는 사채발행으로 인해 조달받은 금액에 대하여 발생이자를 인식하여야 하는데 발생이자를 인식하는 방법에는 유효이자율법과 정액법이 있다.

(1) 유효이자율법(effective interest rate method)

유효이자율법이란 사채발행가액과 사채액면가액과의 차액인 사채할인(할증)발행차금을 사채를 발행한 회사가 추가적으로 부담하는 이자비용(사채할인발행차금) 또는 이자의 차감적 성격(사채할증발행차금)으로 보아, 사채상환일까지의 기간동안 비용 또는 비용의 차감으로 인식하여야 하는 방법이다.

[예제 8-13] 유효이자율법에 의하여 [예제 8-11]의 사채에 대한 이자를 계산하시고, 분개하시오.

(1) 시장이자율이 12%인 경우(= 할인발행)

2009년 12월 31일	(차)	이 자 비 용	100,000	(대)	현 금	100,000
					사채할인발행차금	14,235
2010년 12월 31일	(차)	이 자 비 용	115,944	(대)	현 금	100,000
					사채할인발행차금	15,944

(2) 시장이자율이 10%인 경우(= 액면발행)

2009년 12월 31일	(차)	이 자 비 용	100,000	(대)	현 금	100,000
2010년 12월 31일	(차)	이 자 비 용	100,000	(대)	현 금	100,000

(3) 시장이자율이 8%인 경우(= 할증발행)

2009년 12월 31일	(차)	이 자 비 용	84,130	(대)	현 금	100,000
		사채할증발행차금	15,870			
2010년 12월 31일	(차)	이 자 비 용	82,860	(대)	현 금	100,000
		사채할증발행차금	17,140			

위의 유효이자율법에 의한 이자를 계산하기 위해서는 다음과 같은 사채할인(할증)발행차금 상각표를 작성하면 편리하다.

사채할인발행차금 상각표

연도	기초장부가액	이자수익	현금수령액	사채할인발행 차금상각액	기말장부가액
2009	951,963	114,236	100,000	14,236	966,199
2010	966,199	115,944	100,000	15,944	982,143
2011	117,857	117,857	100,000	17,857	1,000,000

사채할증발행차금 상각표

연도	기초장부가액	이자수익	현금수령액	사채할증발행 차금상각액	기말장부가액
2009	1,051,620	84,130	100,000	15,870	1,035,750
2010	1,035,750	82,860	100,000	17,140	1,018,610
2011	1,018,610	81,390*	100,000	18,610	1,000,000

* 단수조정

(2) 정액법(straight-line method)

사채할인(할증)발행차금을 사채보유기간에 걸쳐 매년 균등액을 상각하는 방법으로서 사채할인(증)발행차금상각액과 사채이자비용은 다음과 같이 결정된다.

$$\cdot \text{사채할인(증)발행차금상각액} = \frac{\text{총사채할인(할증)발행차금상각액}}{\text{이자지급기간수}}$$

· 사채이자비용 = 액면이자액 ± 사채할인(증)발행차금

[예제 8-14] 정액법에 의하여 [예제 8-11]의 사채에 대한 이자를 계산하시고, 분개하시오.

(1) 시장이자율이 12%인 경우(= 할인발행)

2009년 12월 31일	(차)	이 자 비 용	116,012	(대)	현 금	100,000
					사채할인발행차금	16,012
2010년 12월 31일	(차)	이 자 비 용	116,012	(대)	현 금	100,000
					사채할인발행차금	16,012

(2) 시장이자율이 10%인 경우(= 액면발행)

2009년 12월 31일	(차)	이 자 비 용	100,000	(대)	현 금	100,000
2010년 12월 31일	(차)	이 자 비 용	100,000	(대)	현 금	100,000

(차)	이 자 비 용	100,000	(대)	현 금	100,000

(3) 시장이자율이 8%인 경우(= 할증발행)

2009년 12월 31일	(차)	이 자 비 용	82,794	(대)	현 금	100,000
		사채할증발행차금	17,206			
2010년 12월 31일	(차)	이 자 비 용	82,794	(대)	현 금	100,000
		사채할증발행차금	17,206			

위의 정액법에 의한 이자를 계산하기 위해서는 다음과 같은 사채할인(할증)발행차금 상각표

를 작성하면 편리하다.

사채할인발행차금 상각표

연도	기초장부가액	이자수익	현금수령액	사채할인발행 차금상각액	기말장부가액
2009	951,963	116,012	100,000	16,012*	967,975
2010	967,975	116,012	100,000	16,012	983,987
2011	117,857	116,013**	100,000	16,013	1,000,000

* 사채할인발행차금상각액 = 48,037/3년 =16,012

** 단수조정

사채할증발행차금 상각표

연도	기초장부가액	이자수익	현금수령액	사채할증발행 차금상각액	기말장부가액
2009	1,051,620	82,794	100,000	17,206*	1,034,414
2010	1,034,414	82,794	100,000	17,206	1,017,208
2011	1,017,208	82,792**	100,000	17,208	1,000,000

* 사채할증발행차금상각액 = 17,206

** 단수조정

(3) 유효이자율법과 정액법의 비교

유효이자율법의 경우 매 결산시마다 사채할인(할증)발행차금 상각액을 계산해야하는 번거로움이 있지만 정액법의 경우 매 기간 사채할인(할증)발행차금을 비교적 간편하게 계산할 수 있다. 하지만, 사채발행으로 인한 자금 조달시 기간경과분에 대한 이자는 시장이자율에 따라 발생된 이자율이 계상되어야 하는데, 정액법의 경우 시장이자율에 따른 발생이자가 계산되지 않고 있다. 그러므로 K-GAAP에서는 사채의 할인(할증)발행차금에 대하여 매 기간 시장이자율에 근거하여 상각하고, 그 상각액을 사채의 장부가액에 가(감)하도록 요구하고 있다.

유효이자율법과 정액법과의 차이를 비교하면 다음과 같다.

구 분	유효이자율법	정액법
사채의 이자비용	증가	일정
이자지급액	일정	일정
사채할인(증)발행차금 상각액	할인발행증가 할증발행 증가	일정
사채장부가액	할인발행 증가 할증발행 감소	할인발행 증가 할증발행 감소
이자비용/사채장부가액	일정	할인발행 감소 할증발행 증가

5. 사채상환시 회계처리

사채는 만기일에 사채의 액면가액을 상환하여야 한다. 그러나 회사가 자금의 여유가 있거나 시중의 이자율이 하락한 경우 또는 사채의 시가가 하락한 경우에 사채발행회사는 만기일이 도래하기 전에 사채를 상환하거나 소각하려고 할 것이다. 이러한 경우를 조기상환 또는 매입상환이라고 한다. 사채를 만기 전에 조기상환하는 경우의 상환가액은 일반적으로 증권시장에서 사채의 시장가격이다. 그러므로 사채의 상환가액과 상환시점에 있어서 사채의 장부가액과 차이가 생기게 되는데, 상환가액이 장부가액보다 크면 사채상환손실이 발생하고, 상환가액이 장부가액보다 작으면 사채상환이익이 발생한다. 사채상환손익은 손익계산서상의 영업외손익에 해당된다.

[예제 8-15] 아래의 조건에 따라 사채를 상환할 경우의 분개를 하시오.
(주)여주는 장기자금조달을 위하여 다음과 같은 사채를 발행하였다.

액 면 가 액 :	₩1,000,000	액면이자율 :	연10%
이 자 지 급 일 :	매년 12월31일	시장이자율 :	연12%
만 기 :	2011년 12월 31일	발 행 일 :	2009년 1월 1일

(단, 매입부대비용은 ₩0이라고 가정한다.)

(1) 만기에 사채를 상환하는 경우
(2) 2010년 말에 ₩950,000에 사채를 조기상환하는 경우(사채할인발행차금은 유효이자율법으로 계산하였다.)

[풀이]

(1) 2011년 12월 31일

(차)	사 채	1,000,000	(대)	사 채	1,000,000

(2) 2010년 12월 31일

(차)	이 자 비 용	115,944	(대)	현 금	100,000
				사채할인발행차금	15,944
(차)	사 채	1,000,000	(대)	사채할인발행차금	17,857
				현 금	950,000
				사 채 상 환 이 익	32,143*

* 사채상환손실
사채의 장부가액 - 사채의 상환가액 = (액면가액- 사채할인발생차금미상각잔액)- 사채의 상환가액 = (1,000,000 -17,857)- 950,000 = 32,143

6. 이자지급일 사이의 사채발행

이자지급일 사이에 사채를 발행하는 경우 사채발행으로 인한 현금수취액에는 기간경과이자를 포함하여야 한다.

[예제 8-16] 아래의 조건에 따라 이자지급일 사이에 사채발행을 발행할 때의 분개를 하시오.
(주)여주는 장기자금조달을 위하여 다음과 같은 사채를 2009년 4월 1일에 발행하였다.

액 면 가 액 :	₩1,000,000	액면이자율 :	연10%
이자지급일 :	매년 12월31일	시장이자율 :	12%
사 채 기 간 :	2009년 1월 1일부터 2011년 12월 31일까지		

(단, 매입부대비용은 ₩0이라고 가정한다.)

2009년 4월 1일과 2009년 12월 31일 회계처리를 하라

[풀이]

2009년 4월 1일	(차)	현 금	980,522*	(대)	사 채	1,000,000
		사채할인발행차금	44,478		미 지 급 이 자	25,000
2009년 12월 31일	(차)	이 자 비 용	85,677**	(대)	현 금	100,000
		미 지 급 이 자	25,000		사채할인발행차금	10,677***

* 현금수령액 = 951,960 + 사채장부가액 증가분 3,559(=14,236 × 3/12) + 기간경과이자 25,000 (100,000 × 3/12) ≒ 980,522
** 이자비용 = (951,963 + 3,559) × 12% × 9/12
*** 사채할인발행차금상각액 = (951,963 × 0.12 - 100,000) × 9/12 = 10,677

7. 기타 고려할 사항

(1) 자기사채의 취득

자기사채란 사채발행회사가 발행한 사채를 시장에서 취득하여 보유하고 있는 사채를 말한다. 자기사채를 취득하는 이유는 사채의 조기상환을 목적으로 한 경우와 유휴자금의 운용을 목적으로 한 경우가 있다. K-GAAP에서는 취득목적과 관계없이 자기사채의 취득을 사채의 상환으로 회계처리한다. 즉, 사채의 액면가액을 감소시키고 자기사채의 장부가액과 취득가액의 차이는 사채상환이익(영업이익외) 또는 사채상환손실(영업외비용)의 계정과목으로 하여 당기손익으로 처리하도록 하고 있다.

(2) 사채발행비

사채발행비란 사채를 발행하기 위하여 직접 발생한 사채권인쇄비, 사채발행수수료, 광고비 등의 비용을 말한다. K-GAAP에서는 사채발행비를 사채발행으로 인해 조달된 현금을 감소시키는 효과와 동일하므로, 사채할인발행차금에 가산하거나, 사채할증발행차금에 차감하여야 한다고 규정하고 있다. 즉 사채발행비는 사채발행가액에서 차감한다.

연 습 문 제

1. 다음 거래를 분개하시오.

(1) 사채 액면총액 ₩20,000,000, 상환기간 5년, 이율 연 10%, 액면 @₩10,000에 대하여 ₩9,600으로 발행하고, 납입금은 당좌예금하다.

(2) ① 여주(주)에서는 사채 ₩100,000,000을 다음 조건으로 발행하고, 납입금은 수표로 받다(결산일은 3월 31일).

발행가액 : @₩10,000에 대하여 ₩9,298(사채발행비 포함)
이자지급일 : 연 2회 (3월 31일, 9월 30)
액면이자율 : 연 12% 유효이자율 14% 상환기간 5년
발행일 : 2007년 4월 1일 발행제비용 : ₩3,000,000

② 위의 사채에 대하여 2007년 9월 30일에 액면 ₩20,000,000에 대하여 상환하고 다음의 조건으로 발행하고, 실수금은 당좌예금하다. 그리고 사채발행비 ₩180,000은 현금으로 지급하다(사채할인발행차금상각은 유효이자율법).

(3) ① 이천(주)는 2007년 4월 1일에 액면 @₩10,000, 사채 ₩6,000,000을 다음의 조건으로 발행하고, 실수금은 당좌예금하다. 그리고 사채발행비 ₩180,000은 현금으로 지급하다.(사채할인발행차금상각은 유효이자율법).

발행가액 : @₩9,264 표시이자율 : 연10% 유효이자율 : 연 12%
이자지급일 : 연2회(3월 31일, 9월 30일) 결산 : 연1회
만기일 : 2012년 3월 31일

위의 자료로 2007년 4월 1일과, 결산일 12월 31일의 분개를 하시오.

② 이천(주)는 자금의 여유가 있고, 이자율이 하락하므로 발행한 사채중 ₩4,000,000을 제2년도 초에 시가 @₩9,700에 매입하여 상환하고, 대금은 수표를 발행하여 지급하다.

2. 다음 거래를 분개하고, 해당 계정에 기입하여 마감하시오(단, 회계기간은 6개월이며, 이자지급 9월 30일과 3월 31일). 유효이자 20%

4월 1일 상환기한 2년, 이자 연 18%, 이자 연 2회 지급의 사채액면 ₩16,000,000 @₩1,000에 대하여 @₩968로 발행하고, 전액 납입받아 당좌예입하다.

9월 30일 위의 사채이자를 수표를 발행하여 지급하다. 사채할인발행차금은 유효이자율법으로 상각한다.

3. 여주(주)는 3년 만기의 액면가액 ₩1,000,000인 사채를 액면이자율 10%로 발행하였다고 하자. 이자를 매년도 말에 지급한다고 하고 시장이자율, 즉 유효이자율이 12%라고 가정한다. 이때 12%로 할인된 사채의 현재가치(사채의 발행가액)는 어떻게 계산되는가? 또 유효이자율이 8%라고 가정한다면 사채의 현재가치는 얼마로 계산되는가?

제 9 장

자 본 회 계

제 1 절 개인기업의 자본

1. 개인기업의 자본금계정

개인기업에서는 자본의 증감을 자본금계정에서 처리한다. 즉, 원시출자금과 추가출자액 및 당기의 순이익은 자본금계정의 대변에 기입하고, 당기의 순손실은 이 계정의 차변에 기입한다.

감자액 또는 점주(기업주)가 현금 및 상품을 개인적으로 사용하거나, 가사용으로 사용하는 경우의 인출액은 차변에 기입한다. 이때 잔액은 대변에 생기며, 자본금의 현재액을 표시한다.

자 본 금	
감 자 액	원 시 출 자 액
기 중 인 출 액	추 가 출 자 액
(당기순손실)	(당기순이익)
잔 액	

2. 인출금계정

기업의 현금을 점주(기업주)가 개인적 용도로 사용하는 경우 또는 기업이 소유하고 있는 상품을 기업주의 가정에서 사사롭게 사용하는 경우 등 기업주의 인출이 빈번히 일어나는 때에는, 직접 자본금계정에서 차감하지 않고 인출금계정을 설정하여 그 차변에 기입하였다가 기말결산

때에 인출금계정 차변잔액을 자본금계정의 차변에 대체한다.

이때 인출금계정은 자본금계정에 대한 차감을 표시하는 평가계정이며, 잔액은 기말에 자본금계정에 대체한다.

3. 순손익의 처리

개인기업의 경영성과인 당기순이익 또는 당기순손실의 처리는 자본금의 증가 또는 감소로 한다. 즉, 당기순이익의 발생은 자본금의 증가로, 당기순손실의 발생은 자본금의 감소로 처리하게 된다.

[예제 9-1] 다음 거래를 분개하시오(개인기업의 인출금계정 사용시).

1. 현금 ₩5,000,000과 건물 ₩10,000,000을 출자하여 개업하다.
2. 점주가 개인적으로 현금 ₩50,000을 인출하다.
3. 점주가 현금 ₩700,000을 추가 출자하다.
4. 기말결산 결과 당기순이익 ₩350,000을 계상하다
5. 결산일에 인출금계정을 자본금계정에 대체하다.

[풀이]

①	(차)	현금	5,000,000	(대)	자본금	15,000,000
		건물	10,000,000			
②	(차)	인출금	50,000	(대)	현금	50,000
③	(차)	현금	700,000	(대)	자본금	700,000
④	(차)	손익	350,000	(대)	자본금	350,000
⑤	(차)	자본금	50,000	(대)	인출금	50,000

제 2 절 주식회사의 자본

주식회사의 자본은 타인자본과 자기자본으로 구분할 수 있다. 이는 기업의 자금의 조달 원천에 따라 구분하는 방법이다. 타인자본은 채권자들이 제공하는 자금으로 회계상으로는 부채 또는 채권자지분이라 하며, 자기자본은 소유자들이 제공하는 자금으로 회계상으로는 자본 또는 소유자지분이라 한다. 이 타인자본과 자기자본은 재무상태표의 대변을 형성한다.

이와 같이 조달된 자본을 바탕으로 기업의 경영자가 기업을 운용하게 되며, 이를 회계상으로는 자산이라 한다. 이를 그림으로 나타내면, 다음과 같이 나타낼 수 있다.

재 무 상 태 표

자 산 (기업의 자원)	부 채 (타인자본)
	자 본 (자기자본)
(자금의 운용)	(자금의 조달)

위와 같이 기업의 자금조달 방법은 타인자본과 자기자본으로 구분할 수 있으나, 거액의 자금조달방법은 주식발행(자기자본 형성)·금융기관으로부터의 차입(타인자본 형성)·회사채(타인자본 형성)를 발행하여 자금을 조달하는 방법이 일반적이다. 주식을 발행하여 자금을 조달(자금의 유입)하게 되면, 기업의 자본(자기자본)으로 되어, 부채(타인자본)보다는 재무구조상 안전하나, 기업의 이익이 발생할 경우 주주에게 지급함으로서 이익의 일부가 유출하게 된다. 그리고 금융기관 등을 통한 자금의 유입은 기업의 자본이 타인에게 의존하게 되어 이로 인한 금융비용이 발생하여 기업의 부담이 가중하게 될 수 있다.

이와 같은 기업의 자본조달의 원천인 부채(타인자본)와 자본(자기자본)을 비교하면 다음과 같다.

타인자본(부채)와 자기자본(자본)의 비교

구 분	부채(타인자본)	자본(자기자본)
자본조달수단	회사채발행, 금융기관 차입	보통주 또는 우선주 발행
투자자의 지위	채 권 자	주 주
유가증권의 명칭	채무증권	지분증권
자금사용의 대가	금융비용 - 이자비용	이익발생시 배당지급
만기 유무	차입 및 사채 발행시 정해짐	만기 없음

회계상 소유자 지분인 자본(자기자본)을 K-GAAP에 따라 구분하면 다음과 같이 구분할 수 있다.

자본의 분류

자 본	내 용
Ⅰ. 자본금 1. 보통주자본금 2. 우선주자본금	법정자본금으로, 액면가액 × 발행주식수
Ⅱ. 자본잉여금 1. 주식발행초과금 2. 기타자본잉여금 (1) 자기주식처분이익 (2) 감차차익	증자나 감자 등 주주와의 거래에서 발생하여 자본을 증가시키는 잉여금
Ⅲ. 자본조정 1. 자기주식 2. 기타자본조정 (1) 주식할인발행차금 (2) 주식선택권 (3) 출자전환채무 (4) 감자차손 및 자기주식처분손실	당해 항목의 성격으로 보아 자본거래에 해당하나, 최종 납입된 자본으로 볼 수 없거나, 자본의 가감성격으로 자본금이나 자본잉여금으로 분류할 수 없는 항목
Ⅳ. 기타포괄손익누계액 1. 매도가능증권평가손익 2. 해외사업환산손익 3. 현금흐름위험회피 파생상품평가손실	당기 손익에 포함되지 않는 미실현손익으로, 자본항목에 포함되는 평가손익 항목
Ⅴ.이익잉여금 1. 법정적립금 2. 임의적립금 3. 미처분 이익잉여금 (또는 미처리 결손금)	손익계산서에서 보고된 손익과 다른 자본항목에서 이입된 금액의 합계액에서 주주에 대한 배당, 자본금으로 전입된 자본조정항목의 상각 등으로 처분된 금액을 차감한 잔액

1. 자본금계정

주식회사의 자본금은 주식인수 및 주금의 납입에 의하여 이루어진다.

주식회사의 설립에는 발기설립과 모집설립의 두 방법이 있는데, 전자는 발기인이 발행주식 전부를 인수하고 납입하는 경우이고, 후자는 주식의 일부를 발기인이 인수하고 나머지는 일반인으로부터 공모하는 경우이다.

모집설립시에는 주식인수의 청약을 받고, 이에 따라 주식을 배정함으로써 주식의 인수가 성립된다 이때 일반투자자로부터 주식인수에 따른 청약금을 납입받았을 경우에는 주식청약증거금계정 대변에 기장하였다가, 주식을 발행한 다음 그 금액을 자본금계정에 대체한다. 또한 회사는 위의 어느 방법에 있어서나 법적절차를 밟아 설립등기를 행함으로써 설립된다.

이와 같이 주식회사의 자본금은 원칙적으로 1주의 금액에 발행주식수를 곱한 금액으로 자본금계정의 대변에 기입한다. 자본금은 5천만원 이상이라야 설립할 수 있다(상법 제329조).

[예제 9-2] 다음의 거래를 분개하시오((1)은 발기설립에 의하여, (2)와 (3)은 모집설립에 의한 경우로 분개하시오).

(1) 서울주식회사의 설립에 있어서 총주식 400,000주 중 100,000주(1주 액면 ₩5,000)를 액면금액으로 발행하여 전부를 발기인이 인수하고, 전액을 납입받아 당좌예금하다.

(2) 액면 ₩5,000의 주식 500,000주를 발행총수로 하는 주식회사를 설립하게 되어 그중 300,000주를 액면가액으로 발행하기로 하고, 응모자로부터 1주에 대하여 액면상당액의 청약증거금을 받기로 하였던 바, 거래은행으로부터 전액이 입금되었다는 통지를 받았다.

(3) 위 (2)의 주식을 발행하여 교부하고 별단예금을 당좌예금 계좌에 대체입금하다.

[풀이]

		차변 계정	금액		대변 계정	금액
(1)	(차)	당 좌 예 금	500,000,000	(대)	자 본 금	500,000,000
(2)	(차)	별 단 예 금	1,500,000,000	(대)	주식청약증거금	1,500,000,000
(3)	(차)	주식청약증거금	1,500,000,000	(대)	자 본 금	1,500,000,000
		당 좌 예 금	1,500,000,000		별 단 예 금	1,500,000,000

2. 주식의 발행

(1) 액면발행(액면가액 = 발행가액)

액면발행은 주식의 발행가액을 정관에 규정된 1주의 액면금액으로 발행하여 납입하는 방법이다.

[예제 9-3] 다음의 거래를 분개하시오.

여주(주)는 주식 5,000주(1주 액면 ₩5,000)를 @₩5,000에 발행하고, 전액을 납입받아 당좌예금하다.

[풀이]

(차) 당 좌 예 금 25,000,000 (대) 자 본 금 25,000,000

(2) 할증발행(액면가액 〈 발행가액)

회사의 경영성과가 좋으면 신주를 발행할 때 정관에 규정된 액면을 초과하여 발행하게 되는데, 이와 같이 주식의 액면가액보다 초과하여 발행하는 것을 할증발행이라 하고, 액면을 초과하는 부분을 주식발행초과금이라 하며, 주식발행초과금계정(자본잉여금)을 설정하여 그 대변에 기입한다.

[예제 9-4] 다음의 거래를 분개하시오.

이천주식회사는 보통주 10,000주(1주액면 @₩5,000)를 @₩6,000에 발행하고, 전액을 납입받아 당좌예금하다.

[풀이]

(차)	당 좌 예 금	60,000,000	(대)	자 본 금	50,000,000
				주식발행초과금	10,000,000

(3) 할인발행(액면가액 〉 발행가액)

우리 나라의 상법에서는 원칙적으로 할인발행을 제한하고 있다. 그러나 회사가 설립한 날로부터 2년을 경과한 후에 주식을 발행하는 경우에는 주주총회의 특별결의와 법원의 인가를 얻어서 액면미달의 가액으로 발행할 수 있다. 할인발행은 액면금액보다 낮은 가액으로 발행하는 것을 말한다. 이 경우 발행가액과 액면가액과의 차액은 주식할인발행차금계정 차변에 기입하며, K-GAAP에서는 자본조정의 항목으로 자본에서 차감하는 형식으로 재무상태표에 표시하도록 규정되어 있다.

상법에서는 재무상태표의 자산으로 계상할 수 있고, 3년 내의 매결산기에 균등액 이상으로 상각하도록 규정되어 있다.

[예제 9-5] 다음의 거래를 분개하시오.

여주산업주식회사는 주주총회의 특별결의와 법원의 인가를 얻어 주식 5,000주(1주 액면 @₩5,000)를 @₩4,500에 발행하고, 납입금은 전액 납입받아 당좌예금하다.

[풀이]

(차) 당 좌 예 금	22,500,000	(대)	자 본 금	25,000,000
주식할인발행차금	2,500,000			

3. 현물출자

현금 이외의 재산으로 출자하는 것을 현물출자라 한다. 주식회사의 주금납입은 원칙적으로 현금출자에 한하나, 정관에 규정되어 있는 경우 회사설립시에 발기인에 한하여 현물출자를 할 수 있도록 상법은 규정하고 있다.

현물출자를 하는 경우 현물(토지, 기계, 상품 등)을 시가에 의하여 공정하게 평가한 가액으로 주식과 교환된다. 만일 현물출자를 과대평가하여 그의 실제가액보다 많은 주식을 발행하게 되면 이른바 혼수자본이 되어 회사의 재무구조의 기초가 약화될 뿐만 아니라 채권자 또는 현금출자자에게 피해를 주게 된다. 반대로 과소평가하면 현물출자자에게 피해를 주게 된다.

[예제 9-6] 다음의 거래를 분개하시오.

수권자본 100,000주 중 5,000주(1주의 액면금액 ₩5,000)를 1주에 ₩5,000에 발행하고, 발기인이 현물출자한 금액을 차감한 잔액은 전액 납입받아 당좌예금하다. 단, 발기인 중 김갑돌은 건물 ₩10,000,000과 비품 ₩2,000,000을 현물출자하다.

[풀이]

(차) 당 좌 예 금	13,000,000	(대) 자 본 금	25,000,000
비 품	2,000,000		
건 물	10,000,000		

4. 증자 및 감자

(1) 실질적 증자

사업확장을 위한 자금의 조달과 채무의 변제를 위한 자금을 필요로 하는 경우에 이사회의 결의를 거쳐 신주를 발행하고, 자금을 조달하여 자본금을 증가시키는 것을 실질적 증자 또는 유상증자라고 한다.

[예제 9-7] 다음의 거래를 분개하시오.

(1) 여주(주)는 사업확장을 위하여 신주 20,000주를 발행하였다. 1주의 액면 ₩10,000의 주식을 @₩11,000으로 발행하고, 납입금은 당좌예금하였다.

(2) (주)이천은 법원의 허가를 받아 신주 10,000주를 @₩4,400(액면 @₩5,000)에 발행하고, 전액을 납입받아 당좌예금하다. 그리고 신주발행 제비용[6] ₩500,000을 현금으로 지급하다.

[풀이]

		차변	금액		대변	금액
(1)	(차)	당좌예금	220,500,000	(대)	자본금	200,000,000
					주식발행초과금	20,500,000
(2)	(차)	당좌예금	44,000,000	(대)	자본금	50,000,000
		주식할인발행차금	6,500,000		현금	500,000

(2) 형식적 증자

무상으로 주식을 발행교부하여 자본금을 증가시키는 것으로서 잉여금을 자본금에 전입(상법 제461조)하는 것으로 자산총액에는 아무런 변화가 없을 뿐만 아니라 실질적으로 순자산도 증가하지 않는다. 따라서 형식적으로 자본금만 증가되며, 발행된 신주는 구주주가 소유하고 있는 주식수에 따라 무상으로 공평하게 분배된다.

그리고 자본금에 전입될 수 있는 잉여금은 자본잉여금, 이익준비금, 기업합리화적립금, 재무구조개선적립금 등이 있다.

[예제 9-8] 다음의 거래를 분개하시오.

(1) 여주(주)는 주주총회의 결의에 의하여 자본잉여금 ₩3,000,000 이익준비금 ₩1,000,000을 자본금에 전입하기로 하고, 액면 @₩5,000의 신주를 발행하여 구주 1주에 대하여 신주 1주를 분배하다.

(2) (주)이천은 자본준비금 ₩7,000,000을 자본에 전입하고, 구주주 1주에 대하여 신주 1주를 교부하되 유상 30%, 무상 70%로 하여 납입을 마치다. 단, 유상증자분을 거래은행에 당좌예금하다.

---

6) 신주발행에 따른 제비용(주권인쇄비·증권회사수수료·주주모집광고비)을 신주발행비라고 한다. 신주발행비는 주식의 발행가액에서 차감하도록 하고 있다. 즉 할증발행시의 신주발행비는 주식발행초과금에서 차감하고, 할인발행이나 액면발행시의 신주발행비는 주식할인발행차금을 증가시켜 회계처리 한다.

[풀이]

(1) (차) 자본잉여금	3,000,000	(대) 자 본 금	4,000,000
이익준비금	1,000,000		
(2) (차) 자본잉여금	7,000,000	(대) 자 본 금	10,000,000
당 좌 예 금	3,000,000		

(3) 실질적 감자

유상감자라고도 하며, 실질적으로 회사에 과대한 자본금을 주주에게 환급하는 방법으로, 자본의 감소와 자산의 감소가 동시에 발생한다. 실질적 감자에는 주식금액을 주주에게 환급하여 소각하는 방법과 매입소각하는 방법이 있다.

매입소각을 하는 경우에는 액면금액보다 낮은 가액으로 매입하게 되는 경우가 있으며, 이때 액면가액과의 차액을 감자차익이라 한다. 감자차익은 납입된 자본금의 일부분이므로 자본준비금에 속한다.

[예제 9-9] 다음 거래를 분개하시오.

인천상사(주)는 사업의 규모를 축소하기 위하여 발행주식(보통주) 5,000주를 1주당 ₩4,000 (액면 @₩5,000)에 수표를 발행하여 매입소각하다.

[풀이]

(차) 자 본 금	25,000,000	(대) 당 좌 예 금	20,000,000
		감 자 차 익	5,000,000

(4) 형식적 감자

회사의 경영성과가 불량하여 이월결손금이 많은 경우, 이것을 자본금으로 전보하는 것을 말한다. 따라서 자본금은 감소되지만, 그 대가의 지급이 없으므로 무상감자라고 한다.

형식적 감자에는 주식의 액면금액을 감소시키는 방법과 주주가 소유하는 주식수를 합쳐서 감소시키는 주식의 병합이 있다.

[예제 9-10] 다음의 거래를 분개하시오.

여주(주)는 이월결손금 ₩10,000,000을 보전하기 위하여 1주의 액면 ₩10,000의 주식을 3,000

주 액면금액 ₩5,000에 취득하여 소각하다.

[풀이]

(차) 자 본 금	15,000,000	(대) 이월결손금	10,000,000
		감 자 차 익	5,000,000

제 3 절 주식회사의 잉여금

주식회사는 개인기업과 달리 자본금을 임의로 증감시킬 수 없으므로, 순이익 또는 순손실이 발생하더라도 자본금계정에 대체할 수 없다. 따라서 순손익이 발생하는 경우나, 자본거래로 인하여 납입자본금을 초과하게 된다. 이것을 잉여금이라 하고 이를 알기 쉽게 등식으로 표시하면 다음과 같다.

잉여금 = 자산총액 - 부채총액 - 납입자본금(자본금)

잉여금은 다시 그 발생 원천에 따라 자본잉여금과 이익잉여금을 분류하고 있다.

1. 자본잉여금

자본잉여금은 자본의 증감에 관한 거래, 즉 자본거래를 원천으로 하여 생긴 잉여금이다. 자본잉여금은 영업활동의 결과로 발생된 잉여금이 아니란 점에서 이익잉여금과 구별된다. 자본잉여금은 주식발행초과금, 감자차익, 자기주식처분이익으로 분류하며, 이를 예시하면 다음과 같다.

- 자본잉여금
  - 주식발행초과금
  - 기타자본잉여금
    - 자기주식처분이익
    - 감자차익

1) 주식발행초과금

주식발행초과금은 증사를 하기 위하여 신주를 발행할 때 발행가액이 액면금액을 초과하였을 경우의 초과액을 말하며, 주식발행초과금계정의 대변에 기입처리한다.

[예제 9-11] 다음의 거래를 분개하시오.

증자를 위하여 1주의 액면금액 ₩5,000의 보통주 10,000주를 @₩6,000에 발행하고 납입금을 당좌예금하다.

[풀이]

(차) 당 좌 예 금	60,000,000	(대) 자 본 금	50,000,000
		주식발행초과금	10,000,000

2) 자기주식처분이익

자기주식처분시 자기주식매각대금이 자기주식의 취득원가를 초과하는 경우 그 초과금액을 말한다. 자기주식처분손실이 있는 경우 자기주식처분손실을 상계한 후 자기주식처분이익을 인식한다.

[예제 9-12] 다음의 거래를 분개하시오.

(1) 보통주식 1,000주(1주 액면 @₩5,000)를 @₩5,500으로 발행하다.

(2) 위의 보통주식 100주를 @₩5,600에 취득하다.

(3) 자기주식 10주를 @₩6,500에 처분하다.

[풀이]

(1)	(차) 현 금	5,500,000	(대) 자 본 금	5,000,000
			주식발행초과금	500,000
(2)	(차) 자기주식	560,000	(대) 현 금	560,000
(3)	(차) 현 금	65,000	(대) 자 기 주 식	56,000
			자기주식처분이익	9,000

3) 감자차익

회사규모의 축소 또는 결손금을 보전할 목적으로 자본을 감소하는 경우에 무상감자액이 결손보전을 하고 남은 차액을 감자차익이라 하고, 감자차익계정의 대변에 기입처리한다. 감자차손이 발생하였을 경우 감자차익과 우선적으로 상계하고, 그 잔액은 자본조정으로 계상한 후, 결손금의 처리순서에 따라 처리한다.

[예제 9-13] 다음의 거래를 분개하시오.

자본금 ₩50,000,000의 여주(주)는 이월결손금 ₩9,200,000을 보전하기 위하여 주주총회에서 무상감자를 결의하고, 자본금을 ₩40,000,000으로 변경하다.

[풀이]

(차) 자 본 금	10,000,000	(대) 이월결손금	9,200,000
		감 자 차 익	800,000

2. 이익잉여금

이익잉여금이란 기업의 주된 영업활동인 손익거래에서 발생한 순이익을 기본으로 하는 잉여금이다. 이 이익잉여금은 사업의 장래에 대비하기 위하여 순이익의 전부를 주주에게 배당하지 않고, 그 일부를 적립하는 법정적립금, 임의적립금 및 미처분이익잉여금이 있다. K-GAAP에 의한 이익잉여금의 구성과 그 내용은 다음과 같다.

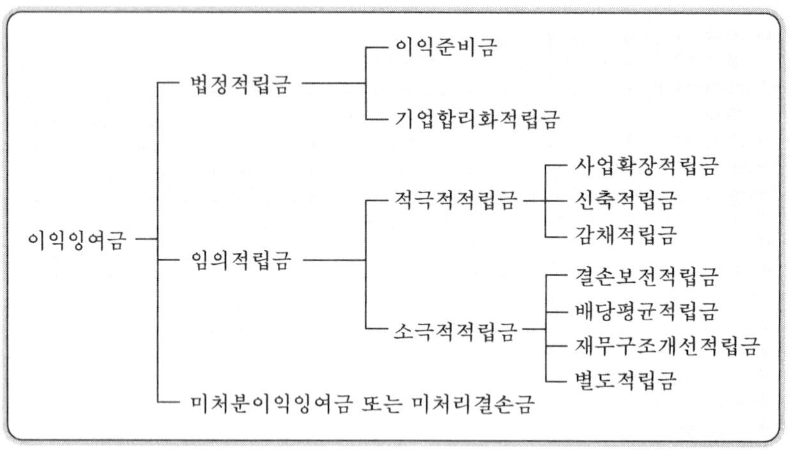

3. 미처분이익잉여금의 처분

주식회사의 순이익은 개인기업의 경우와 같이 손익계정에서 산출된 순이익은 자본금계정에 대체하지 않고, 미처분익잉여금계정의 대변에 대체한다. 미처분이익잉여금의 구성은 ① 전기이월미처분이익잉여금, ② 회계정책변경누적효과, ③ 전기오류수정, ④ 중간배당액, ⑤ 당기순이익이다.

[예제 9-14] 다음의 거래를 분개하고, 계정에 기입하시오.
결산결과 순이익 ₩35,000,000이 계상되다.

[풀이]

(차) 손　　익　　35,000,000　　(대) 미처분이익잉여금　　3,500,000

손 익	
비 용 50,000,000 미처분이익잉여금 35,000,000	수 익 85,000,000

미처분이익잉여금	
	손 익 35,000,000

(1) 법정적립금(이익준비금)

상법 제458조에 의하면 회사는 그 자본의 2분의 1에 달할 때까지 매결산기의 금전에 의한 현금배당액의 10분의 1 이상의 금액을 이익준비금으로 적립하여야 한다고 규정하고 있다. 이와 같이 상법에 의하여 적립한 준비금을 이익준비금이라 하며, 이익준비금계정의 대변에 기입하여 처리한다.

이익준비금은 법정적립금으로 자본에 전입하거나, 결손보전에 충당하는 이외에는 사용할 수 없다.

(차) 미처분이익잉여금　　×××　　(대) 이익준비금　　×××

(2) 임의적립금

임의적립금은 법정적립금과는 달리 법령의 의하지 아니하고 회사의 정관 또는 주주총회의 결의에 의하여 임의로 이익의 일부를 적립하는 적립금이다.

임의적립금은 그 성질에 따라 적극적 적립금과 소극적 적립금으로 구분된다.

1) 적극적 적립금

기업의 순자산을 증대시키거나 자본을 증가시키기 위하여 사내에 적립하는 적립금을 적극적

적립금이라 한다. 이에는 ① 장래 사업의 확장을 목적으로 한 사업확장적립금과 ② 사채나 장기부채의 상환에 대비하여 상환기간 동안 이익에서 유보하여 적립한 감채적립금 등이 있다.

적극적 적립금은 이익을 사외로 유출시키지 않고, 사내에 유보하는 적립금이므로, 그 목적을 달성한 후에도 소멸되지 아니하므로, 별도적립금으로 대체한다.

[예제 9-15] 다음의 거래를 분개하라.

(1) 공장 ₩20,000,000을 신축하고, 대금은 수표를 발행하여 지급하다. 단, 이 회사는 사업확장적립금 ₩20,000,000이 있음.

(2) 사채 ₩10,000,000이 만기가 되어 수표를 발행하여 지급하다. 단, 이 회사는 감채적립금 ₩10,000,000이 있음.

[풀이]

(1) (차)	건 물	20,000,000	(대)	당 좌 예 금	20,000,000
	사업확장적립금	20,000,000		별도적립금	20,000,000
(2) (차)	사 채	10000,000	(대)	당 좌 예 금	10,000,000
	감 채 적 립 금	10,000,000		별도적립금	10,000,000

2) 소극적 적립금

기업의 순자산이나 자본의 감소를 방지할 목적으로 적립하는 적립금을 말한다. 이에는 결손보전적립금, 배당평균적립금, 재무구조개선적립금 등이 있다. 이들 적립금은 적립금의 설정목적이 달성되면 소멸되는 적립금이다.

가) 결손보전적립금

장래에 발생할지도 모르는 결손에 대비하기 위하여 이익의 일부를 유보한 적립금이다.

나) 배당평균적립금

매결산기 주주에 대한 배당률을 일정하게 유지하고, 주가의 안정과 회사의 신용을 유지하기 위하여 설정하는 적립금이다. 따라서 이익이 많은 연도에 그 이익 중 일부를 차기에 배당하기 위하여 유보하여 놓아다가, 이익이 적은 연도의 주주배당 부족분에 충당하기 위한 적립금이다.

다) 재무구조개선적립금

유가증권의 발행 및 공시 등에 관한 규정에 의하여 적립한 임의적립금(2007년 전에는 기타 법정적립금이었음)으로 결손금 보전이나 자본금으로의 전입목적으로만 사용가능하다.

라) 별도적립금

특정한 사용 목적없이 이익을 유보한 적립금이다. 따라서 어떠한 목적에도 이용할 수 있다. 그러나 미처분이익잉여금 중에서 이미 처분된 적립금이기 때문에 순이익 중에서 처분되지 않은 미처분이익잉여금과는 다르다.

[예제 9-16] 다음의 거래를 분개하시오.

(1) 서울주식회사는 제5기(연 2회 결산)의 순이익이 ₩32,000,000이며, 이월이익잉여금은 ₩450,000이다.

(2) 위 서울주식회사는 이사회에서 처분전이익잉여금을 다음과 같이 처분하기로 결의하다.

이 익 준 비 금	1,600,000	사업확장적립금	3,500,000
주주배당금(현금)	18,000,000	배당평균적립금	3,000,000
별 도 적 립 금	1,000,000	결손보전적립금	1,500,000
감 채 적 립 금	2,500,000	이월이익잉여금	잔 액

(3) 위 주주 배당금 ₩18,000,000을 거래은행에 지급을 의뢰하고, 수표를 발행하여 지급하다.

[풀이]

(1)	(차)	이월이익잉여금	450,000	(대)	미처분이익잉여금	32,450,000
		손 익	32,000,000			
(2)	(차)	미처분이익잉여금	32,450,000	(대)	이 익 준 비 금	1,600,000
					사업확장적리금	3,500,000
					미 지 급 배 당 금	18,000,000
					배당평균적립금	3,000,000
					결손보전적립금	1,500,000
					감 채 적 립 금	2,500,000
					별 도 적 립 금	1,000,000
					미처분이익잉여금	1,350,000
(3)	(차)	미 지 급 배 당 금	18,000,000	(대)	당 좌 예 금	18,000,000

4. 이익잉여금처분계산서

(1) 이익잉여금처분계산서의 의의

이익잉여금처분계산서(surplus appropriation statement)는 이익잉여금의 처분사항을 명확히 보고하기 위하여 작성하는 재무제표의 하나이다. 따라서 이익잉여금의 총변동사항을 표시하여야 한다.

이익잉여금처분계산서(안)은 회계기간이 종료하고 결산재무제표가 작성되면, 회계기간 종료 후 3개월 이내에 주주총회를 개최하여 이에 대한 승인을 받고, 미처분이익잉여금의 처분내역을 확정시킨다.

주식회사는 결산결과 발생하는 당기순손익과 전기이월이익잉여금(또는 전기이월결손금)에 회계처리기준의 변경으로 인한 누적효과, 전기오류 수정 손익 및 중간 배당액을 처분전이익잉여금계정에 대체한 후, 이사회는 이에 대한 처분(안)을 작성하여 주주총회에 제출하게 된다. 주주총회에서는 미처분안에 대한 결의를 하게 되고, 이에 따라 이익 잉여금의 처분사항을 명확하게 보고하기 위하여 이익잉여금처분계산서를 작성한다.

따라서 이때 재무상태표상의 이익잉여금은 잉여금 처분 후의 이익잉여금이 표시된다.

(2) 이익잉여금처분 계산서의 작성

이익잉여금처분계산서는 다음과 같은 과목과 범위로 작성한다.

1) 미처분이익잉여금

미처분이익잉여금은 전기이월미처분이익잉여금 또는 전기이월미처리결손금에 회계처리 기준의 변경으로 인한 누적효과, 전기오류수정손익 및 중간배당액을 가감한 금액과 당기순이익 또는 당기순손실의 합계액으로 한다.

(차) 손 익	×××	(대) 미처분이익잉여금	×××
전기이월미처분이익잉여금	×××		

2) 임의적립금 등의 이입액

미처분이익잉여금이 배당금으로의 처분액이나 적립하여야 할 금액에 미달되면 임의적립금을 미처분이익잉여금으로 대체하여도 무방하다. 이를 임의적립금 이입액이 발생하면 임의적립금은 감소하고, 미처분이익잉여금은 증가한다.

(차) 임의적립금 이입액	×××	(대) 미처분이익잉여금	×××

3) 이익잉여금 처분액

미처분이익잉여금의 금액은 주주총회에서 다음과 같은 순서에 의해 처분된다.

① 이익준비금

② 기타법정적립금

③ 주식할인발행차금상각액

④ 배당금(현금배당, 주식배당)

⑤ 임의적립금(사업확장적립금 · 감채적립금 등)

(차) 미처분이익잉여금	×××	(대) 이 익 준 비 금	×××
		기타법정적립금	×××
		배 당 금	×××
		임 의 적 립 금	×××

4) 차기이월미처분이익잉여금

차기이월미처분이익잉여금은 미처분이익잉여금과 임의적립금이입액의 합계액에서 이익잉여금 처분액을 차감한 금액으로 하여 재무상태표로 이기된다.

[예제 9-17] 다음 자료에 의해 200×년 1월 1일부터 12월 31일까지의 회계기간인 여주(주)의 이익잉여금처분계산서를 작성하시오.

전기이월미처분이익잉여금	508,000	당 기 순 이 익	7,450,000
임 의 적 립 금	2,640,000	이 익 준 비 금	1,600,000
배 당 금	3,600,000	사업확장적립금	2,240,000

[풀이]

이익잉여금처분계산서

회사명 : 여주(주) 20×1년 1월 1일부터 20×1년 12월 31일까지 처분확정일 20×2년 2월 25일

계 정 과 목	금 액	
(Ⅰ) 미처분이익잉여금		7,958,000
1. 전기이월미처분이익잉여금	508,000	
2. 당 기 순 이 익	7,450,000	
(Ⅱ) 임의적립금등의이입액		2,640,000
1. 임 의 적 립 금	2,640,000	
(Ⅲ) 이익잉여금처분액		7,440,000
1. 이 익 준 비 금	1,600,000	
2. 배 당 금	3,600,000	
3. 사업확장적립금	2,240,000	
(Ⅳ) 차기이월미처분이익잉여금		3,158,000

* Ⅳ = Ⅰ + Ⅱ - Ⅲ

5. 결손금의 처리

주식회사가 결산을 한 결과, 순손실이 발생하면 손익계정의 잔액이 차변에 생기며 이를 결손금이라고 한다. 결손금은 손익계정의 대변에서 처리전결손금계정 차변에 대체한다. 이때 전기로부터 이월된 전기이월미처분이익잉여금이 있을 경우에는 이 전기이월미처분이익잉여금이 당기순손실보다 작으면 그 차액이 처리전결손금이 되며, 전기로부터 이월결손금이 있는 경우에는 전기이월결손금과 당기순손실의 합계액이 처리전결손금이 된다.

[예제 9-18] 다음의 거래를 분개하라.

① (주)여주는 제5기 결산결과 당기순손실 ₩3,000,000이 계상되다. 단, 이 회사는 전기미처분이월잉여금이 ₩2,000,000이 있음.

② 이천(주)는 제3기 결산 결과 당기순손실 ₩5,000,000이 계상되다. 단, 이 회사는 전기이월결손금이 ₩2,000,000이 있음.

[풀이]

	차변	금액		대변	금액
① (차)	미 처 분 결 손 금	1,000,000	(대)	손 익	3,000,000
	전기이월미처분이익잉여금	2,000,000			
② (차)	미 처 리 결 손 금	7,000,000	(대)	손 익	5,000,000
				전기이월미처리결손금	2,000,000

6. 결손금처리계산서

(1) 결손금처리계산서의 의의

결손금처리계산서(statement of desposition of deficit)는 기업의 결손금처리 사항을 명확히 보고하기 위하여 작성하는 재무제표의 하나이다. 따라서 이월결손금의 총변동 사항은 표시하여야 한다. 기업은 결산결과 발생하는 당기순손익과 전기이월미처리결손금(또는 전기이월미처분이익 잉여금)에 회계처리기준의 변경으로 인한 누적효과, 전기오류수정손익 및 중간배당액을 처리전 결손금계정에 대체한 후, 이사회는 이에 대한 처리(안)을 작성하여 주주총회에 제출하게 된다. 주주총회에서는 이 처리안에 대한 결의를 하게 되고 이에 따라 결손금의 처리사항을 명확하게 보고하기 위하여 결손금 처리 계산서를 작성한다.

(2) 결손금처리계산서의 작성

결손금처리계산서는 다음과 같은 과목과 범위로 작성한다.

1) 미처리결손금

전기이월미처리결손금(또는 전기이월미처분이익잉여금)에 회계처리 기준의 변동으로 인한 누적효과, 전기오류수정손익 및 중간배당액을 가감한 금액과 당기순손실(또는 당기순이익)의 합계액으로 한다.

2) 결손금 처리액

결손금의 처리는 다음과 같은 과목의 순서로 한다.

가. 임의적립금이입액

나. 법정적립금이입액

다. 이익준비금이입액

라. 자본잉여금이입액

3) 차기이월미처리결손금

미처리결손금에서 결손금처리액을 차감한 금액으로 한다. 잔액이 남으면, 차기로 이월시키며, 이는 재무상태표에 이기된다.

[예제 9-19] (주)여주의 다음 자료에 의하여 결손금처리계산서를 작성하시오.

전기이월미처리결손금	340,000	당 기 순 손 실 액	360,000
임 의 적 립 금 이 입 액	160,000	이익준비금이입액	100,000
결손보전적립금이입액	140,000	배 당 평 균 적 립 금	120,000

[풀이]

결손금처리계산서

20×1년 1월 1일부터
회사명 : (주)여주　　20×1년 12월 31일까지　　처분확정일 20×2년 2월 25일

계 정 과 목	금 액	
(Ⅰ) 미처리결손금		700,000
1. 전기이월미처리결손금	340,000	
2. 당기순손실	360,000	
(Ⅱ) 결손금처리액		520,000
1. 임 의 적 립 금 이 입 액	160,000	
2. 이 익 준 비 금 이 입 액	100,000	
3. 결손보전적립금이입액	140,000	
4. 배당평균적립금이입액	120,000	
(Ⅲ) 차기이월미처리결손금		180,000

＊ Ⅲ = Ⅰ - Ⅱ

제 4 절 주식회사의 자본조정

자본조정(capital adjustment)이란 당해 항목의 성격으로 보아 자본거래에 해당하나, 최종 납입된 자본으로 볼 수 없거나, 자본의 가감성격으로 자본금이나 자본잉여금으로 분류할 수 없는 항목으로 크게 자기주식과 기타자본조정으로 구분하고, 기타자본조정은 ① 주식할인발행차금, ② 주식선택권, ③ 감자차손, ④ 자기주식처분손실로 구분된다.

그리고 자본조정 항목은 일정기간이 경과되면 소멸되는 일시적 항목으로 자본에 가산 또는 차감되어야 한다.

1. 자기주식

자기주식이란 회사가 과거에 발행한 주식을 매입하여 소각하거나 재발행할 목적으로 매입하거나 증여한 주식을 말한다. 유상취득시 취득원가를 자본에서 차감하여 자본조정으로 하며, 무상으로 증여받은 경우 그 가액은 0으로 하고, 별도의 회계처리를 하지 않는다.

2. 주식할인발행차금

주식할인발행차금이란 주식발행시 액면가액 이하로 발행하는 경우 액면가액에 미달하는 금액을 말한다. 주식발행연도 또는 증자연도부터 3년 이내에 매기균등액을 상각하고, 동 상각액은 이익잉여금처분계산서 상의 이익잉여금 처분항목으로 표시한다. 이러한 주식할인발행차금은 자본의 차감 항목으로 자본조정에 표시한다.

3. 주식선택권

주식선택권이란 회사임직원 등에게 주식선택권(stock option)을 부여하는 경우 발생하는 자본조정항목으로 자본금에 가산하는 항목이다.

4. 감자차손

감자차손이란 소각된 주식의 액면가액보다 감자에 따른 지급대가가 많은 경우 그 차액을 말한다. 이는 감자차손에서 우선 차감하고, 나머지는 자본조정항목으로 계상한다.

5. 자기주식처분손실

자기주식처분손실이란 자기주식을 취득원가 이하로 처분하였을 경우 그 차액을 말한다. 자기주식처분이익에서 우선적으로 차감하고, 나머지는 자본조정항목으로 계상한다.

제 5 절 기타포괄손익누계액

기타포괄손익누계액(cumulative other comprehensive income)이란 손익거래에서 발생은 하였으나, 단기간내에 실현될 가능성이 없어 손익계산서에 계상하지 않는 대신, 재무상태표의 자본에 가감시켜 실현될 때까지 이연시키는 항목으로, 매도가능증권평가손익, 해외사업환산손익 등이 있다.

1. 매도가능증권평가손익

시장성 있는 투자주식과 영향력을 행사할 수 있는 주식을 지분법을 적용하여 평가할 때 자본잉여금 및 자본조정의 증감으로 인한 경우와 장기투자채권의 평가에서 발생한 평가손익으로, 미실현손익은 당기 경영성과를 나타내는 손익계산서에 계상할 수 없다. 그러므로 보유손익 또는 미실현손익은 이전에 매도가능증권평가손익이 잇는 경우 서로 상계한 뒤 그 차액을 매도가능증권평가손익계정으로 처리하며, 재무상태표상의 자본 중 기타포괄손익누계액에 표시한다.

2. 해외사업환산손익

해외의 지점, 해외사업소 또는 해외소재 지분법 적용대상기업이 외화표시 자산과 부채를 원화로 환산하여 재무상태표에 나타내어야 한다. 이 경우 적용환율에 따른 환산차손익이 발생하게 되며, 이러한 환산이익이나 환산손실을 해외사업환산이익이나 해외사업환산손실로 회계처리하여야 한다. 해외사업환산손익은 기타포괄손익누계액에 가산 또는 감산 항목으로 처리하며, 차기 이후에 해외사업환산손익과 상계하여 표시하고, 해외 사업이 패쇄하는 회계연도에 영업외손익으로 처리하여야 한다.

제 6 절 자본변동표

자본변동표(statement of change in equity)란 한 회계기간 동안 발생한 소유주지분의 변동을 표시하는 재무보고서를 말한다. 자본변동표는 자본을 구성하고 있는 자본금, 자본잉여금, 자본조정, 기타포괄손익누계액, 이익잉여금을 각 항목별로 기초잔액, 변동사항 및 기말잔액을 표시함으로써 자본항목의 변동에 관한 정보를 포괄적으로 제공하는데 있다.

[예제 9-20] 이익잉여금처분계산서, 자본변동표

다음 내용을 토대로 2009년 12월 31일인 (주)여주의 이익잉여금처분계산서와 자본변동표를 작성하시오.

2009년 12월 31일 현재 (주)여주의 주주지분은 다음과 같다. 상장법인인 이 회사의 결산일은 12월 31일이다.

부분재무상태표

자본금		
보통주(1,000주*₩1,000)		₩1,000,000
자본잉여금		
주식발행초과금	₩800,000	
자기주식처분이익	400,000	1,200,000
이익잉여금		
이익준비금	170,000	
미처분이익잉여금(당기순이익₩210,000)	300,000	470,000
자본총계		₩2,670,000

〈추가정보〉

(1) 2010년 4월 15일 이사회에서 주식발행초과금, 자기주식처분이익 및 이익준비금을 재원으로 하여 30%의 무상증자를 실시하기로 결의하였다. 이들 준비금은 각각 균등하게 자본전입된다. 새로 발행되는 주식의 배당기산일은 구주와 동일하다.

(2) 2010년도의 당기순이익은 ₩320,000이다.

(3) 각 회계연도말에 작성한 이익잉여금의 처분내용은 다음과 같다. 이익준비금은 법정 최소한도를 적립한다.

(4) 배당금은 이익잉여금처분계산서가 확정된 날부터 1개월 후에 지급한다.

(5) 2010년 12월 31일 현재 이 회사 보통주의 종가는 ₩2,800이다. K-GAAP에 따라 회계처리하고, 이익잉여금처분계산서, 자본변동표를 작성하라.

	2010년	2009년
이익잉여금처분일(주주총회일)	2011년 2월 28일	2010년 2월 25일
확정여부	확정	확정
이익잉여금처분액		
신축적립금	₩150,000	₩120,000
배당금: 현금배당	12%	5%
주식배당	0	10%

[풀이]

(1) 2010년 기중 회계처리

일자		차변	금액		대변	금액
2010년 2월 25일	(차)	미처분이익잉여금	275,000	(대)	이 익 준 비 금	5,000
					미 지 급 배 당 금	50,000
					미교부주식배당금	100,000
					신 축 적 립 금	120,000
2010년 3월 25일	(차)	미 지 급 배 당 금	50,000	(대)	현 금	50,000
		미교부주식배당금	100,000		자 본 금	100,000
2010년 4월 15일	(차)	주식발행초과금	110,000	(대)	자 본 금	330,000
		자기주식처분이익	110,000			
		이 익 준 비 금	110,000			
2010년 12월 31일	(차)	집 합 손 익	320,000	(대)	이 익 잉 여 금	320,000

(2) 2010년 부분재무상태표와 자본변동표

부분재무상태표(2010년12월31일)

자본금		
보통주(1,430주*₩1,000)		₩1,430,000
자본잉여금		
주식발행초과금	₩690,000	
자기주식처분이익	290,000	980,000
이익잉여금		
이익준비금	65,000	
신축적립금	120,000	
미처분이익잉여금(당기순이익₩210,000)	345,000	530,000
자본총계		₩2,940,000

자본변동표(2010년1월1일~2010년12월31일)

구분	자본금	자본잉여금	이익잉여금		자본조정	자본총계
			처분	미처분		
2009.12.31	1,000,000	1,200,000	170,000	300,000	0	2,670,000
2010. 2.25	-	-	125,000[2]	(275,000)[1)7)]	100,000[3]	50,000
2010. 3.25	100,000[4]	-	-	-	(100,000)	-
2010. 4.15	330,000[5]	(220,000)	(110,000)		-	-
2010.12.31	-			320,000[6)9)]		320,000
2010.12.31	1,430,000	980,000	185,000	345,000	-	2,940,000

1) 현금배당, 주식배당, 이익준비금, 신축적립금으로 처분결의하다.
2) 이익준비금, 신축적립금으로 미처분이익잉여금을 이익잉여금중 법정적립금과 임의적립금으로 적립하였다.
3) 주식배당은 주식을 교부하기 전까지는 주식교부배당금(자본조정)으로 처리한다.
4) 주식배당은 주식을 교부하면서 자본금으로 처리한다.
5) 2010년 4월 15일 무상증자를 결의하다. 그러므로 주식발행초과금, 자기주식처분이익, 이익준비금은 자본금으로 대체된다.

6) 2010년 당기순이익은 결산시점에서 이익잉여금으로 대체된다.
7) 2009년의 경영성과에 대한 주주에게의 처분은 주주총회결의일인 2009년 2월 25일 결의된 이익잉여금처분계산서를 통하여 보고된다.

(3) 2009년 이익잉여금처분계산서

이익잉여금처분계산서[7)]
(2009년1월1일~2009년12월31일, 처분확정일 2010년2월25일)

Ⅰ. 미처분이익잉여금		
전기말 미처분이익잉여금	₩90,000	
당기순이익	210,000	₩300,000
Ⅱ. 임의적립금등의 이입액		0
Ⅲ. 이익잉여금처분액		
이익준비금	5,000	
배당금		
현금배당(5%, 주당 ₩50)	50,000	
주식배당(10%, 100주)	100,000	
신축적립금	120,000	(275,000)
Ⅳ. 처분후 미처분이익잉여금		₩25,000

(4) 2011년 기중 회계처리

2011년 2월 28일	(차) 미처분이익잉여금	338,760	(대)	이 익 준 비 금	17,160[9)]
				미 지 급 배 당 금	171,600[8)]
				신 축 적 립 금	150,000

(5) 2010년 이익잉여금처분계산서

이익잉여금처분계산서
(2010년1월1일~2010년12월31일, 처분확정일 2011년2월28일)

Ⅰ. 미처분이익잉여금		
전기말 미처분이익잉여금	₩25,000	
당기순이익	320,000[10)]	₩345,000[11)]
Ⅱ. 임의적립금등의 이입액		0
Ⅲ. 이익잉여금처분액		
이익준비금	17,160[9)]	
배당금		
현금배당(5%, 주당 ₩50)	171,600[8)]	
주식배당(10%, 100주)	0	
신축적립금	150,000	(338,760)
Ⅳ. 처분후 미처분이익잉여금		₩6,240

8) 현금배당액은 자본금 ₩1,430,000 × 12% = 171,600이다.
9) 이익준비금은 현금배당액의 10%를 자본의 1/2에 달할 때까지 적립하여야 한다.
10) 2010년 당기순이익은 2011년 2월 28일 이익잉여금처분계산서상에 보고된다.
11) 2010년 12월 31일의 재무상태표상의 미처분이익잉여금

연 습 문 제

1. 다음 표의 (　　)안에 적당한 금액을 기입하시오.

기초자본금	추가자본금	인 출 금	기말자본금	당기순이익
₩70,000	₩100,000	0	₩935,000	(　　　)
(　　　)	0	₩100,000	₩860,000	₩86,000

2. 다음의 거래를 분개하시오.

1. 점주가 개인적으로 사용하기 위하여 현금 ₩25,000과 원가 ₩50,000의 상품을 인출하다.
2. 점주가 자녀 학자금으로 현금 ₩55,000을 가져가다.
3. 점주가 현금 ₩300,000을 추가 출자하다.
4. 전기료 ₩40,000을 현금으로 지급하다. 이 중 ₩9,500은 기업주 개인의 가정용이다.
5. 결산일에 인출금계정 차변잔액 ₩139,500을 자본금계정에 대체하다.

3. 다음 연속된 거래를 분개하시오.

(1) 서울주식회사의 설립에 있어서 주식총수 100,000주 중 50,000주를 액면금액 ₩5,000으로 발행하고, 전액을 납입받아 당좌예금하다.

(2) 발기인이 대체지급한 설립제비용 ₩1,000,000을 수표를 발행하여 지급하다.

(3) 제1기(연 1회 결산) 결산에 있어서 창업비 ₩200,000을 상각하다.

(4) 결산 결과 ₩83,525,000의 순이익을 계상하다.

(5) 주주총회에서 순이익을 다음과 같이 처분하기로 의결하다.

이 익 준 비 금	825,000	주 주 배 당 금	연 30%
사 업 확 장 적 립 금	2,700,000	결 손 보 전 적 립 금	₩2,500,000
감 채 적 립 금	1,500,000	미처분이월이익잉여금	잔 액

(6) 주주배당금의 지급을 은행에 의뢰하고 수표를 발행하여 지급하다.

(7) 사업확장을 위하여 신주 20,000주를 액면금액 @₩5,000을 @₩6,000에 발행하고, 납입금을 전액 당좌예금하다. 그리고 신주발행에 대한 제비용 ₩600,000을 수표를 발행하여 지급하다.

(8) 제2기 결산에 있어서 창업비 ₩200,000을 상각하다.

(9) 결산 결과 순이익 ₩135,000,000을 계상하다.

제 10 장

수익과 비용 회계

제1절 수 익

1. 수익의 의의

수익(revenue)이란 재화의 인도·생산 또는 용역의 제공 등 기업의 주된 영업활동 기간 중 나타난 자산의 유입액·증가액 또는 부채의 유출액·청산액이다. 수익의 대표적인 예로는 매출(sales)이 있다. 매출액은 상품판매 등으로 얻은 수입액으로, 매출액의 발생으로 현금·외상매출금·받을어음 등이 증가한다. 그 밖의 수익에는 영업외수익인 수입이자 등이 있다.

수익은 자산유입액을 발생주의에 따라 인식한 것으로, 비용과 대응되는 것이다. 이에 대해 수입은 현금유입액을 현금주의에 따라 인식한 것으로, 지출에 대응되는 것이다. 그리고 수익이 비용을 초과하는 경우 그 차액을 이익(income, profit)이라 하고, 이와는 반대로 수익보다 비용이 큰 경우의 차액을 손실(loss)이라 한다. 그리고 이익과 손실을 통틀어 한마디로 손익(profit and loss)이라고 한다.

위에서 살펴 본 바와 같이 수익은 기본적으로 실현주의에 의하여 인식하여야 한다. 대표적인 수익인식기준을 거래 형태별로 살펴보면 다음 표와 같다.

거래형태별 수익인식기준

거래형태	수익인식기준
상품 및 제품매출	판매기준
용역매출	진행기준
주문생산매출 (예약매출)	진행기준
위탁매출	수탁자가 위탁품을 판매한 날
시용매출	매입자가 매입의사를 표시한 날
할부매출	재화가 인도되는 시점(판매시점)
상품권 판매	상품권을 회수한 시점(상품권 판매시에는 선수금 처리)
부동산 판매	소유권이전일, 사용수익일, 잔금청산일 중 가장 빠른 날

1) 판매기준(인도기준) : 재화의 판매시점에 수익을 인식하는 것
2) 진행기준 : 생산의 진행 정도에 따라 생산기간 중에 수익을 인식하는 것
3) 완성기준 : 생산이 완료된 시점에서 수익을 인식하는 것
4) 회수기준 : 판매대금을 회수한 시점에서 수익을 인식하는 것

2. 수익의 분류

K-GAAP에서는 수익을 영업수익(매출액), 영업외수익, 그리고 중단사업이익으로 분류한다.

수익
- 영업수익 : 매출액
- 영업외수익 : 이자수익, 배당금수익, 임대료, 단기투자자산처분이익, 단기투자자산평가이익, 외환차익, 외화환산이익, 지분법이익, 장기투자증권손상차손환입, 투자자산익처분이익, 유형자산처분이익 등

(1) 영업수익(매출액, sales)

매출액은 기업의 주된 영업활동에 의해 실현된 수익을 말한다. 기업의 주된 영업활동이란 기업의 주된 재화나 용역의 판매와 관련한 행위이다. 따라서 주된 영업활동이 아닌 것으로부터 얻어지는 수익은 영업외수익으로 회계처리하여야 한다. 주된 영업활동의 판단기준은 부가가치세법에 의한 사업자등록증의 업태와 종목(줄여서 '업태'라 한다)에 따라 업종에 해당되면 주된 영업활동으로 본다.

매출액은 총매출액에서 매출에누리와 환입, 할인을 차감하여 순액으로 기재하여야 한다. 그리고 반제품・부산물・작업폐물매출액, 수출액, 장기할부매출액 등이 중요한 경우에는 이를 주석으로 기재한다.

* 매출액(순매출액)=총매출액(판매가격)-(매출할인+매출에누리+매출할인)

(2) 영업외수익(Non-Operating Income)

기업의 주된 영업활동과 관련없이 발생하는 수익이다. 영업외수익을 별도의 수익계정으로 인정한 것은 영업수익과 영업외수익을 구별함으로써, 기업의 주된 영업활동과 주된 영업활동이 아닌 수익을 구별하기 위한 것이다.

영업외수익은 기업의 주된 영업활동과 관련 없이 발생하는 수익으로서, 경상적이고 반복적으로 발생하는 수익이다.

K-GAAP에서는 영업외수익을 다음과 같이 구별한다.

1) 이자수익

기업에서의 일시적 유휴자금을 금융기관에 예금하거나, 주주, 임원, 종업원에 대한 투자로부터의 유가증권(사채)이자를 처리하기 위한 계정이다.

2) 배당금수익

회사가 보유하고 있는 주식이나 출자지분 등의 단기투자자산 또는 장기투자자산에 대하여 잉여금의 분배로 받는 현금배당금을 처리한다.

* 이 자 수 익 : 예금, 사채, 국·공채대여금 등에 따른 이자수령액
  배당금수익 : 주식·출자금 등 피투자회사의 이익 또는 잉여금 등의 분배로 받은 현금배당금

3) 임대료

회사가 보유하고 있는 부동산 또는 동산을 임대하고, 임대료·집세 또는 사용료 등을 받는 경우 임대료계정으로 처리한다. 기업이 부동산이나 동산을 소유하는 것은 임대업자를 제외하고 유휴자금을 영업활동 외에 투자한 것이므로, 임대료는 영업외수익이 된다.

[예제 10-1] 다음 거래를 분개하시오.

(1) 대여금 ₩30,000,000에 대하여 10%의 이자를 현금으로 받아 곧 당좌예입하다.
(2) 사채에 대한 만기이자 ₩600,000이 당좌예입되다.
(3) 12월 31일 결산일에 미수이자 ₩40,000을 계상하다.
(4) 건물을 임대하고, 대여료 ₩500,000을 현금으로 수입하다.
(5) 소유하고 있는 A회사 주식 5,000주에 대하여 제 5기의 잉여금에 대한 배당금 ₩2,000,000

을 현금으로 받아 곧 당좌에 입금하다.

[풀이]

(1)	(차) 당좌예금	3,000,000	(대) 이자수익	3,000,000
(2)	(차) 당좌예금	600,000	(대) 이자수익	600,000
(3)	(차) 미수수익	40,000	(대) 이자수익	40,000
(4)	(차) 현 금	500,000	(대) 임 대 료	500,000
(5)	(차) 당좌예금	2,000,000	(대) 배당금수익	2,000,000

4) 단기투자자산처분이익

주식과 채권(국채 · 공채 · 사채) 등(투자자산에 속하는 유가증권을 제외한다)의 유가증권을 처분할 경우 취득원가 또는 장부가액보다 처분가액이 많을 때 발생하는 이익을 단기투자자산처분이익이라고 한다.

5) 단기투자자산평가이익

단기매매증권을 기말에 공정가액(시가)으로 평가함에 따라 공정가액(시가)이 취득원가(장부가액)보다 높은 경우에 발생하는 평가이익으로 단기투자자산평가이익으로 회계처리한다.

[예제 10-2] 다음 거래를 분개하시오.

장부가액 ₩9,000,000의 일시적 소유의 주식을 ₩10,000,000에 처분하고, 대금은 현금으로 받아 곧 당좌예입하다.

[풀이]

(1)	(차) 당 좌 예 금	10,000,000	(대) 단 기 매 매 증 권	9,000,000
			단기투자자산처분이익	1,000,000

6) 외환차익

외국통화를 자국의 화폐로 바꾸거나 외국기업과의 거래에 관한 채권 · 채무의 결제에 있어서 외국환시세가 변동하게 되면 외환차손익이 발생하게 된다. 외화자산을 장부가액보다 높게 회수하거나, 외화부채를 장부가액보다 낮게 상환할 때 발생하는 차익으로 외환차익으로 회계처리한다.

7) 외화환산이익

화폐성외화자산・부채의 취득시점 환율과 결산시점의 환율이 달라서 발생하는 환산이익으로 외화환산이익으로 회계처리한다.

[예제 10-3] 다음의 일련의 거래를 외화환산이익과 외환차익으로 구분하여 분개하시오.

(주)여주는 2010년 12월 21일 $1,000의 상품 수출을 하였고, 2011년 2월 1일 상품대금을 결재받아 보통예금하였다. (거래일별 환율은 다음과 같다. 2010. 12/21 환율 : ₩1,100/$, 2010. 12/31 환율 : ₩1,200/$, 2011. 2/1 환율 : ₩1,250/$)

[풀이]

(1) 2010. 12/21	(차)	매 출 채 권	1,100,000	(대)	매 출	1,100,000[1)]
(2) 2010. 12/31	(차)	매 출 채 권	100,000	(대)	외화환산이익	100,000[2)]
(3) 2011. 2/ 1	(차)	보 통 예 금	1,250,000	(대)	매 출 채 권	1,100,000
					외 환 차 익	50,000[3)]

* 1) $ 1,000 × ₩1,100 = 1,100,000
** 2) $ 1,000 × (₩1,200 - ₩1,100) = 100,000
*** 3) $ 1,000 × (₩1,250 - ₩1,200) = 50,000

8) 지분법이익

경영권지배를 목적으로 투자회사가 피투자회사의 주식 20% 이상을 소유하는 경우 피투자회사의 순자산변동액을 피투자회사의 지분증권가액에 반영할 때 발생하는 이익으로 지분법이익이라 회계처리한다.

9) 장기투자증권손상차손환입

장기투자증권의 가치가 회복불능할 정도로 감소한 경우에 발생하였던 장기투자증권손상차손의 가치가 회복된 경우에 발생하는 환입금액을 말한다.

10) 투자자산처분이익

투자자산을 처분하는 경우에 그 처분가액이 장부가액보다 크면 이익이 발행하는데, 그 이익을 투자자산처분이익으로 회계처리한다.

11) 유형자산처분이익

유형자산을 처분하는 경우에 그 처분가액이 장부가액보다 크면 이익이 발생하는데, 그 이익을 유형자산처분이익으로 회계처리한다.

[예제 10-4] 다음을 분개하시오.

(1) 갑회사는 매도가능증권을 ₩60,000,000(취득원가 ₩55,000,000)으로 매각처분하고, 수수료 ₩100,000을 공제한 잔액은 현금으로 받다.

(2) 을회사는 취득가액 ₩40,000,000(감가상각누계액 ₩15,000,000)의 건물을 ₩34,000,000에 매각처분하고, 매각에 대한 수수료 ₩600,000은 수표를 발행하여 지급하다.

[풀이]

(1)	(차)	현 금	59,900,000	(대)	매 도 가 능 증 권	55,000,000
					투 자 자 산 처 분 이 익	4,900,000
(2)	(차)	현 금 과 예 금	34,000,000	(대)	건 물	40,000,000
		건물:감가상각누계액	15,000,000		당 좌 예 금	600,000
					유 형 자 산 처 분 이 익	8,400,000

12) 사채상환이익

회사가 발행한 사채를 만기 전에 상환하는 경우에 사채의 장부가액보다 상환가액이 적은 경우에 발생하는 이익으로 사채상환이익이라 회계처리한다.

[예제 10-5]

사채총액 ₩100,000,000(발행가액 ₩1,000에 대하여 ₩980 상환기간 10년)에 대하여 발행 후 6년도 초에 ₩50,000,000을 @₩970으로 매입상환하고 수표를 발행하여 지급하다.

[풀이]

(차)	사 채	50,000,000	(대)	당 좌 예 금	48,500,000
				사 채 상 환 이 익	1,000,000
				사채할인발행차금	500,000

13) 자산수증이익

자산을 주주 등 제 3자로부터 증여받을 경우 자산수증이익이 발생한다. 단, 이러한 자산수증이 회사의 자본을 보전하기 위한 목적으로 이루어진 경우에는 기타자본잉여금으로 처리한다.

14) 채무면제이익

부채를 채권자로부터 면제받은 경우 채무면제이익이 발생한다.

15) 보험차익

손해보험에 가입한 자산이 도난 또는 화재에 의하여 분실 또는 소실되어 보험금을 수령하는 경우에 보험금 수령액이 분실 또는 소실된 자산의 장부가액을 초과하는 때 그 차액이 보험차익이 되며, 영업외이익으로 회계처리한다.

[예제 10-6] 다음 거래를 분개하시오.

(1) Y회사는 보험에 가입한 바 있는 건물이 화재에 의하여 소실되어 보험회사에 보험금을 청구하다. 이 건물의 취득가액은 ₩20,000,000이며 동 감가상각누계액은 ₩10,000,000이다.

(2) Y회사는 보험금액 ₩12,000,000을 지급하기로 결정되었다는 통지를 보험회사로부터 받다.

[풀이]

(1)	(차)	건물: 감가상각누계액	10,000,000	(대)	건 물	20,000,000
		미 결 산	10,000,000			
(2)	(차)	미 수 금	12,000,000	(대)	미 결 산	10,000,000
					보 험 차 익	2,000,000

제2절 비 용

1. 비용의 의의와 본질

비용(expenses)이란 기업 실체가 재화의 생산·인도·용역의 제공으로 발생하는 화폐액 즉, 수익을 얻는 과정에서 재화와 용역을 사용·소비하는 것이라고 할 수 있다. 그 예로는 매출원가, 급료, 대손상각, 지급이자, 유가증권처분손실, 유형자산처분손실 등이 있다.

비용의 본질은 두 가지로 정의되고 있다. 하나는 원가가 당해 기간 중 소멸한(expired) 것이라고 하는 것이며, 다른 하나는 주주지분에 대한 영향의 개념으로 자본(소유주지분)의 감소분 또는 불리한 영향을 주는 것이라는 관점에서 정의하는 것이다.

비용은 거래가 기업의 계속적 주된 영업활동과 관련된 거래인가 또는 주변적·부수적 거래인가 이다. 비용은 기업의 주된 영업활동과 직접·간접적으로 발생하는 거래로 인한 소유주지분(순자산)의 감소액이 된다. 직접비용의 예로 매출원가가 있고, 간접비용의 예로 복리후생비,

접대비, 광고선전비 등이 있다.

비용의 인식방법은 수익에 따른 수익·비용 대응의 원칙에 따라 3가지로 인식하고 있으며, 이를 살펴보면 다음과 같다.

첫째, 비용의 직접적 대응으로, 수익과의 인과관계가 성립될 때 인식하는 방법이다. 이에는 매출액과 직접적으로 대응되는 매출원가가 대표적이다.

둘째, 합리적이고 체계적인 기간배분으로, 특정수익과 직접적 관계는 없으나, 일정기간 수익창출활동응 위해 발생한 비용으로 기간배분을 통해 인식된다. 이에는 감가상각비와 비용의 이연과 예상을 들 수 있다.

셋째, 비용의 간접적 대응으로, 위의 두 경우를 적용하지 못한 당기의 발생된 비용은 발생즉시 인식한다. 이에는 매출액과 간접적으로 대응되는 판매비와관리비를 들수 있다.

2. 비용의 분류

- 비용
  - 매출원가
  - 판매비와관리비 : 급여, 퇴직급여, 복리후생비, 임차료, 접대비, 감가상각비, 무형자산상각비, 세금과공과, 광고선전비, 연구비,경상개발비, 대손상각비 등
  - 영업외비용 : 이자비용, 기타의 대손상각비, 단기투자자산처분손실, 단기투자자산평가손실, 재고자산감모손실, 외환차손, 외화환산손실, 기부금, 지분법손실, 장기투자증권손상차손, 투자자산처분손실, 유형자산처분손실, 사채상환손실, 전기오류수정손실 등
  - 중단사업손실

(1) 매출원가(cost of goods sold)

매출원가란 일정기간 동안의 매출액(영업수익)에 직접 대응하는 상품, 제품, 용역 등의 원가를 말한다.

매매업에서의 매출원가는 매출상품의 구입원가가 되며, 제조업에서의 매출원가는 매출제품의 제조원가가 된다. 매매업의 경우는 「기초상품재고액 + 당기상품매입액 - 기말상품재고액」으로 구분 표시하고(이때 당기상품매입액은 총매입액에서 매입에누리와 환출 및 할인액을 차감한 순액으로 한다), 제조업의 경우는 「기초제품재고액 + 당기제품제조원가 - 기말제품재고액」으로 구분표시한다.

[예제 10-7] 다음 거래를 분개하시오.

(1) 여주상회는 상품 600개를(@₩2,500) 외상으로 매입하고, 운임 ₩30,000을 현금으로 지급하다.

(2) 여주상회는 위의 외상매입한 상품 50개는 품질불량으로 반품하다.

(3) 여주상회는 위의 상품 중 흠이 있어 300개를 개당 ₩200씩 값을 깎았다.

[풀이]

(1)	(차) 매　입	1,530,000	(대)	외상매입금	1,500,000
				현　금	30,000
(2)	(차) 외상매입금	125,000	(대)	매입(매입환출)	125,000
(3)	(차) 외상매입금	60,000	(대)	매입(매입에누리)	60,000

(2) 판매비와 관리비(selling and administrative expense)

판매비와 관리비란 판매부서(영업부)와 관리부서(인사·총무부, 회계부, 재무부, 전산실 등)에서 발생한 간접비용을 수익과 대응하는 계정과목이다. 판매비와 관리비는 상품과 용역의 판매활동 또는 기업의 관리와 유지에서 발생하는 비용으로 급여(임원급여, 급료, 임금 및 수당을 포함한다), 퇴직급여, 복리후생비, 임차료, 접대비, 감가상각비, 무형자산상각지, 세금과공과, 광고선전비, 연구비경상개발비, 대손상각비 등 매출원가에 속하지 아니하는 모든 간접원가를 포함한다.

판매비와 관리비는 기업의 종류와 규모에 따라 당해 비용을 표시하는 적절한 과목으로 구분하여 기재한다. 이들을 지급한 때에는 각 계정의 차변에 기입하고, 소멸되었을 때에는 대변에 기입한다.

1) 급여

급여는 임원급여와 판매·관리사무에 종사하는 종업원에 대한 급료·임금·제수당 등을 말한다. 공장 등에서 근무하는 임직원에 대한 급여는 매출원가(당기제품제조원가 중 노무비)에 산입하여 계산하여야 한다.

2) 퇴직급여

임직원이 퇴사하는 경우 기업의 퇴직금지급규정에 의하여 지급하는 금액을 회계처리하기 위한 계정이다. 또한 퇴직급여 충당부채가 설정되어 있는 경우 직원퇴직시 퇴직급여충당부채(비유동부채)에서 우선 상계하고, 부족액을 퇴직급여로 회계처리 하여야 한다.

[예제 10-8] 다음 거래를 분개하시오.

(1) 종업원이 퇴직하였으므로 퇴직금 ₩5,000,000을 현금으로 지급하다(퇴직급여충당부채가 설정되어 있음).

(2) A회사는 기말결산에 있어서 비용에 산입할 수 있는 퇴직급여충당부채 ₩30,000,000을 추가설정하다.

[풀이]

(1)	(차) 퇴직급여충당부채	5,000,000	(대)	현 금	5,000,000
(2)	(차) 퇴 직 급 여	30,000,000	(대)	퇴직급여충당부채	30,000,000

3) 복리후생비

복리후생비는 판매와 일반관리사무에 종사하는 임직원에 대한 복리비와후생비로서 여기에는 법정복리후생비(회사부담 건강보험료·회사부담 고용보험료·산재보험료), 복리시설부담액, 현물급여 등이 포함한다. 공장 등에서 근무하는 임직원에 대한 복리후생비는 매출원가(당기제품제조원가 중 노무비)에 산입하여 계산하여야 한다.

4) 임차료

공장의 토지나 건물, 기계장치나 운반구 등을 임차함으로써, 그 소유자에게 지급하는 임차료를 지급임차료라 한다. 임차한 부동산이 제조를 위하여 사용될 때에는 당해 임차료는 제조경비에 포함되며, 그 밖의 용도에 쓰일 때에는 판매비와 관리비로 회계처리한다.

5) 접대비

접대비란 회사의 영업과 관련하여 거래처에 재화나 기타서비스를 제공하는데 소요되는 비용을 말한다.

6) 감가상각비

감가상각비란 유형자산의 원가를 체계적이고 합리적인 절차에 따라 배분한 비용을 말한다.

7) 무형자산상각비

무형자산상각비란 무형자산의 원가를 체계적이고 합리적인 절차에 따라 배분한 비용을 말한다.

8) 세금과공과

세금과공과 계정에서 세금(taxes)이란 영업에 관계되는 조세, 예를 들면 종합토지세 · 재산세 · 자동차세 등을 가리킨다. 또한 공과(dues)란 상공회의소 회비 · 조합각출금 · 협회비, 그 밖의 영업에 관계가 있는 공공적 지출로서 제조원가에 포함되지 않는 것을 말한다.

또한, 세법에 의하면 종업원에 대한 회사부담 국민연금도 세금과공과로 회계처리 하도록 하고 있다.

이 세금과공과 계정에서는 제조원가에 속하는 세금, 유형자산 취득시 지출한 세금(예를 들면 취득세, 등록세), 재평가세, 법인세비용(주민세 포함) 등은 포함되지 않는다.

[예제 10-9] 다음 거래를 분개하시오.

(1) 영업용 건물에 대한 재산세 ₩550,000을 현금으로 납부하다.

(2) 집세 1년분 ₩2,600,000을 현금으로 지급하다.

[풀이]

(1)	(차)	세금과공과	550,000	(대)	현 금	550,000
(2)	(차)	임 차 료	2,600,000	(대)	현 금	2,600,000

9) 광고선전비

광고선전비란 재화 또는 용역의 판매촉진이나 기업이미지 개선 등의 광고효과를 위하여 불특정다수인을 대상으로 지출하는 비용을 말한다.

10) 연구비

연구비란 기업의 신제품 연구단계에서 발생하는 비용으로, 미래의 경제적 효익을 확실하게 창출할 수 있다는 확증이 어려운 경우에 회계처리하는 과목을 말한다.

[예제 10-10] 다음 거래를 분개하시오.

(1) 거래처로부터 손님이 와서 접대를 하고, 비용 ₩50,000을 현금으로 지급하다.

(2) 신문사에 상품의 판매광고를 내고, ₩90,000을 현금으로 지급하다.

(3) 신제품과 신기술의 개발을 위하여 기술연구비 ₩3,000,000을 수표를 발행하여 지급하다.

[풀이]

	차변	금액	대변	금액
(1)	(차) 접 대 비	50,000	(대) 현 금	50,000
(2)	(차) 광고선전비	900,000	(대) 현 금	900,000
(3)	(차) 연 구 비	3,000,000	(대) 당 좌 예 금	3,000,000

11) 경상개발비

경상개발비란 기업의 신제품개발(신제품의 연구단계에서의 지식을 기업경영에 활용)단계에서 발생한 비용은 개별적으로 식별 가능하고, 미래의 경제적효익을 창출할 수 있는 경우에 개발비(무형자산)로 인식한다. 이러한 자산의 인식요건을 충족하지 못한 비용을 회계처리하는 과목을 말한다.

12) 대손상각비

결산시에 기말채권에 대하여 그 회수가능성을 검토하고 회수가 불가능한 채권 또는 회수가 불확실하여 합리적이고 객관적인 기준에 따라 산출한 대손추산액은 대손상각비로 처리한다.

[예제 10-11] 다음 거래를 분개하시오.

(1) A회사는 기말에 외상매출금 ₩16,000,000 중 ₩1,000,000은 회수할 가능성이 없다고 판단하여 대손으로 처리하고, 잔액에 대하여 1%의 대손충당금을 설정하다. 대손충당금 잔액은 없다.

(2) A회사는 위의 외상매출금 중 ₩160,000이 회수불능으로 확정되다.

(3) 기말에 외상매출금 잔액 ₩21,000,000에 대하여 1%의 대손충당금을 설정하다. 대손충당금 잔액은 ₩160,000이다.

(4) 전기에 회수불능으로 대손처리한 외상매출금 ₩160,000을 현금으로 회수하다.

[풀이]

	차변	금액	대변	금액
(1)	(차) 대손상각비	1,150,000	(대) 매 출 채 권	1,000,000
			대 손 충 당 금	150,000
(2)	(차) 대손충당금	150,000	(대) 매 출 채 권	160,000
	대손상각비	10,000		
(3)	(차) 대손상각비	50,000	(대) 대 손 충 당 금	50,000
(4)	(차) 현 금	160,000	(대) 대손충당금환입	160,000

13) 여비교통비

여비교통비는 판매와 관리사무에 종사하는 임직원에 대한 여비(출장비)와 교통비를 말한다.

공장 등에서 근무하는 종업원에 대한 여비교통비는 매출원가(당기제품제조원가 중 경비)에 산입하여 계산하여야 한다.

14) 통신비

통신비는 판매와 관리사무에 관한 전신・전화요금 및 우표 등의 비용을 말한다.

15) 수도광열비

수도광열비는 판매와 관리사무용의 수도료・전기료・가스료・냉난방비 등을 말한다.

16) 수선비

수선비는 판매와 사무용의 건물・차량운반구 등의 수선에서 발생하는 수선비를 말하며, 개량・확장을 위한 비용은 수선비에 포함하지 않고, 자산가액(자본적지출)에 포함시킨다.

17) 보험료

보험료는 판매와 관리사무용의 건물・건물부속설비 등의 재해를 대비하여 화재보험이나 그 밖의 손해보험에 가입한 금액을 말한다.

18) 운반비

운반비는 제품의 발송운임(인수운임은 제외) 등 운송에 관한 제비용을 말한다.

19) 지급수수료

판매수수료는 위탁판매에서와 같이 위탁판매를 해준 수탁자에게 지급하는 수수료를 말한다.

(3) 영업외비용(non-operating expense)

영업외비용은 주된 영업활동 외에서 나타나는 비용으로서 매기 반복적으로 발생하는 경상비용이다.

1) 이자비용

① 지급이자(interest expenses)
차입금 또는 당좌차월 등에 대하여 지급하는 이자를 지급이자라 한다.

② 사채이자(interest on bonds paid)
사채의 발행에 의하여 차입한 자금의 사용료로서 지급한 이자를 사채이자라 한다. 사채이자는 연이율로 약정하며, 발행일부터 기산하여 매 3개월마다 지급되고 있는 것이 보통이다.

[예제 10-12] 다음 거래를 분개하시오.

(1) 차입금 ₩6,000,000에 대한 이자 ₩120,000을 수표를 발행하여 지급하다.

(2) C회사는 사채이자 ₩2,000,000을 거래은행을 통하여 수표를 발행하여 지급하다.

[풀이]

(1)	(차) 이 자 비 용	120,000		(대) 당 좌 예 금	120,000
(2)	(차) 이 자 비 용	2,000,000		(대) 당 좌 예 금	2,000,000

2) 기타의 대손상각비(other bad debts)

결산시 매출채권 이외(대여금 · 미수금 등)에 회수가능성을 검토하고, 회수가 불가능한 채권 또는 합리적이고 객관적인 기준에 따라 산출한 대손추산액은 기타의 대손상각비로 계상하여야 한다.

[예제 10-13] 다음 거래를 분개하시오.

을회사는 다음과 같은 매출채권이 회수불능으로 확정되었으므로, 대손처리하다. 매출채권에 대한 대손충당금의 잔액은 ₩600,000이다.

대손충당금 기말설정액은 B회사의 외상매출금 관련 ₩500,000과 C회사의 외상매출금 ₩540,000, D회사의 대여금 관련 ₩1,260,000이다.

[풀이]

(차) 대 손 충 당 금	600,000	(대) 매 출 채 권	1,040,000
대 손 상 각 비	440,000	대 여 금	1,260,000
기타의대손상각비	1,260,000		

3) 단기투자자산처분손실

유동자산에 속하는 주식이나 채권을 외부에 처분한 경우에 처분가액이 장부가액보다 낮을 때 그 차액을 단기투자자산처분손실이라 한다.

4) 단기투자자산평가손실

보유하고 있는 유가증권의 기말시가(공정가액)가 취득원가보다 하락한 경우에는 시가를 재무상태표가액으로 하며, 이때 발생하는 손실을 단기투자자산평가손실이라 한다.

[예제 10-14] 다음 거래를 분개하시오.

(1) 당기에 취득한 공채증서 ₩1,000,000(액면가액@100)을 @₩95(장부가액 @₩97)에 매각하고 대금은 수표로 받다.

(2) 기말결산에서 소유주식 5,000주에 대하여 시세하락으로 @₩6,000(장부가액 @₩8,000)으로 평가하다.

[풀이]

		차변	금액		대변	금액
(1)	(차)	현 금	950,000	(대)	단기매매증권	970,000
		단기투자자산처분손실	20,000			
(2)	(차)	단기투자자산평가손실	10,000,000*	(대)	단기매매증권	10,000,000

* 5,000주 × (₩8,000 - ₩6,000) = 10,000,000

5) 재고자산감모손실

재고자산감모손실이란 재고자산을 보관하는 과정에서 파손도난·분실 등의 이유로 장부상 재고수량보다 실지재고조사법에 의한 재고수량이 적은 경우에 발생하는 손실을 나타내는 계정과목이다. 이 경우의 재고자산 감모손실은 원가성이 없는 경우이다.

6) 외환차손

외환차손은 기중에 외화자산의 회수 또는 외화부채의 상환시에 발생하는 차손을 말한다. 즉, 외화자산을 장부가액보다 낮게 회수하거나, 외화부채를 장부가액보다 높게 상환할시에 발생하는 차손이다.

7) 외화환산손실

화폐성외화자산·부채의 취득시점의 환율과 결산시점의 환율과 결산시점의 환율이 달라서 발생하는 환산손실을 말한다.

[예제 10-15] 다음의 일련의 거래를 외화환산손실과 외환차손으로 구분하여 분개하시오.

(주)여주는 2010년 12월 21일 $1,000의 상품 수출을 하였고, 2011년 2월 1일 상품대금을 결재받아 보통예금하였다(거래일별 환율은 다음과 같다. 2010. 12/21 환율 : ₩1,100/$, 2010.12/31 환율 : ₩1,060/$, 2011. 2/1 환율 : ₩1,000/$).

[풀이]

(1) 2010. 12/21 (차) 매 출 채 권 1,100,000 (대) 매 출 1,100,000[1)]

(2) 2010. 12/31 (차) 외화환산손실 40,000 (대) 매 출 채 권 40,000[2)]
(3) 2011. 2/ 1 (차) 보 통 예 금 1,000,000 (대) 매 출 채 권 1,060,000
외 환 차 손 60,000[3)]

* 1) $ 1,000 × ₩1,100 = 1,100,000
** 2) $ 1,000 × (₩1,100 - ₩1,060) = 40,000
*** 3) $ 1,000 × (₩1,060 - ₩1,000) = 60,000

8) 기부금

기업의 영업활동과는 직접적인 관계가 없으면서 금전·기타자산을 국가, 공공단체와 자선단체 등의 타인에게 무상으로 기증하는 금품가액이다. 기부금은 본래 사회복지, 국민교육문화, 종교, 사회산업 육성을 목적으로 지출하는 비용 등이다.

9) 지분법손실

경영권 지배를 목적으로 투자회사가 피투자회사의 주식 20% 이상을 피투자회사의 순자산변동액을 투자회사의 지분증권가액에 반영할 때 발생하는 손실로 지분법손실이라 회계처리한다.

10) 장기투자증권손상차손

장기투자증권의 가치가 회복불능할 정도로 감소한 경우 장기투자증권의 회수가능금액과 장부가액의 차액에서 발생하는 차손을 말한다.

11) 투자자산처분손실

투자주식, 투자사채, 관계회사주식, 관계회사 사채 등의 투자자산을 매각처분한 경우 처분가액이 장부가액보다 낮아서 차액이 생길 때의 손실을 말한다.

12) 유형자산처분손실

유형자산을 매각처분함으로써 처분가액이 취득가액 또는 장부가액보다 낮은 경우에 발생하는 손실이다.

[예제 10-16] 다음 거래를 분개하시오.

(1) 매도가능증권의 장부가액 ₩20,000,000을 ₩10,000,000에 처분하고, 대금은 현금으로 받다.

(2) 건물의 장부가액 ₩30,000,000을 ₩25,000,000에 매각하고, 대금은 월말에 받기로 하다.

[풀이]

(1) (차)	현 금	10,000,000	(대) 매도가능증권	20,000,000
	투자자산처분손실	10,000,000		
(2) (차)	미 수 금	25,000,000	(대) 건 물	30,000,000
	유형자산처분손실	5,000,000		

13) 사채상환손실

회사가 발행한 사채를 만기 전에 상환하는 경우에 사채의 장부가액보다 상환가액이 많은 경우에 발생하는 상환손실을 처리한다.

[예제 10-17] 다음 거래를 분개하시오.

사채총액 ₩50,000,000(발행가액 ₩5,000에 대하여 ₩4,500) 상환기간 10년이다. 발행 후 6년도 초에 ₩25,000,000을 @₩5,200으로 매입상환하고, 수표를 발행하여 지급하다.

[풀이]

(차)	사 채	25,000,000	(대) 당 좌 예 금	26,000,000
	사채상환손실	2,250,000	사채할인발행차금	1,250,000

14) 재해손실

천재나 지변 등 불가피한 사고로 거액의 자산에 대해 재해를 입은 경우 이를 재해손실로 처리하여 영업외비용의 항목으로 계상한다.

(4) 법인세비용(corporation tax expense)

법인세비용은 법인세비용차감전순손익에 법인세법 등의 규정에 의하여 과세하였거나 과세할 세율을 적용하여 계산한 금액으로 하며 법인세에 부가하는 세액을 포함한다.

연 습 문 제

1. 다음 과목 중 판매비와 관리비에 속하는 것에는 A, 영업수익은 B, 영업외수익은 C, 영업외비용은 D, 그리고 관계없는 것에는 G를 ( )안에 써 넣으시오.

(1) 종업원퇴직금 ( )
(2) 미착상품매출이익 ( )
(3) 잡비 ( )
(4) 세금과공과 ( )
(5) 유가증권처분이익 ( )
(6) 잡이익 ( )
(7) 감가상각비 ( )
(8) 수수료비용 ( )
(9) 외환차익 ( )
(10) 소모품비 ( )
(11) 유가증권평가손실 ( )
(12) 이자비용 ( )
(13) 접대비 ( )
(14) 기부금 ( )
(15) 전기오류수정손실 ( )
(16) 유형자산처분이익 ( )
(17) 법인세환수액 ( )
(18) 대손충당금환입 ( )
(19) 화재손실 ( )
(20) 투자자산처분손실 ( )
(21) 임대료수익 ( )
(22) 대손상각비 ( )
(23) 매입할인 ( )
(24) 은행예금이자 ( )
(25) 유가증권처분손실 ( )
(26) 잡손실 ( )
(27) 매출할인 ( )
(28) 광고선전비 ( )
(29) 적송품매출이익 ( )
(30) 이자수익 ( )
(31) 유가증권이자 ( )
(32) 사채이자 ( )
(33) 지분법이익 ( )
(34) 수선비 ( )
(35) 임차료 ( )

2. 다음 거래를 분개하시오.

(1) ① 7월 3일 법인세의 중간예납신고를 하고, 전년도의 법인세 납부액 ₩2,000,000의 1/2을 수표를 발행하여 납부하다.

② 12월 31일 결산에 있어서 당기의 법인세액을 ₩2,500,000으로 추산하다.

③ 3월 20일 전기분 법인세의 확정신고를 하고, 중간예납세액을 차감한 잔액을 수표를 발행하여 납부하다.

(2) ① 제 1기 결산시에 종업원의 퇴직급여충당부채로 ₩600,000을 설정하다.

② 종업원이 퇴직하여 퇴직금 ₩900,000을 수표를 발행하여 지급하다. 단, 퇴직급여충당부채는 ₩600,000이 있음.

③ 종업원이 퇴직하여 퇴직금 ₩500,000을 수표를 발행하여 지급하다. 단, 퇴직급여충당부채잔액은 ₩600,000이 있음.

(3) ① 기말에 매출채권 잔액 ₩500,000에 대하여 2%의 대손충당금을 설정하다.

② 거래처 수원상회의 파산으로 매출채권 ₩255,000이 회수불능되다. 단, 대손충당금 잔액은 ₩150,000이 있음.

③ 서울상회에 A상품 ₩850,000을 매출하고, 내금은 외상으로 하다. 그리고 발송운임 ₩15,000을 현금으로 지급하다.

제 11 장

결산정리사항

제 1 절　결산정리의 기초

1. 결산정리의 필요성

기업이 결산을 함에 있어서 원장에 기록된 내용이 기말 현재 실제내용과 부합되지 않는 경우를 흔히 볼 수 있다. 예를 들면, 건물이나 비품 같은 자산은 사용이나 시간의 경과에 따라 그 가치가 감소되어 기초의 자산가액과 기말의 자산가액은 일치하지 않을 것이고, 또한 비용이나 수익계정에 있어서도 당기의 발생액이나 실현가능액이 실제와 일치하지 않는 경우가 많다. 따라서 기록된 원장의 각 계정잔액을 실제와 일치시키지 않고, 그대로 집계하여 손익계산서와 재무상태표를 작성한다면 그 기업의 경영성과와 재무상태를 적정하게 나타내지는 못할 것이다.

따라서 경영성과와 재무상태를 적정하게 나타내기 위하여 회계기간의 결산정리(예 : ① 자산의 비용(원가)화, ② 수익·비용에 대한 현금주의의 발생주의로의 전환)가 필요하다.

이와 같은 결산정리를 위하여 기업이 한 회계기간에 발생된 모든 거래는 분개장이나 분개전표에 기입되며, 그 내용은 원장에 전기되고, 기말에 있어서 결산은 원장에 각 계정기록을 기초로 하여 이루어진다. 기업은 계속기업으로서 영속성을 가지고 영업활동을 영위하게 된다. 그러나 이해관계자들의 이해 조정을 위하여 일정기간을 회계기간으로 구분하여 기간손익을 계산하게 된다.

2. 결산정리의 의미

회계기간 말에 자산이나 손익계정에 속하는 제계정의 잔액을 장부기록과 실제를 일치시켜 적정한 재무상태와 경영성과를 표시하도록 수정하는 절차를 결산정리라 한다. 이러한 결산정리를 위한 분개를 수정분개(adjustment entry)라 하고, 이 분개를 원장에 전기하는 것을 정리기입이라고 한다.

결산정리는 크게 자산계정의 결산정리와 비용·수익계정의 결산정리로 구분한다.

제 2 절 자산의 결산정리

결산에 있어서 자산에 관한 정리사항은 주로 자산의 수량부족이나 가치에 감소로 인한 평가문제가 중심이 된다. 자산에 관련된 중요한 결산정리사항을 보면 다음과 같은 것이 있다.

1. 현금과부족계정의 정리

회계기간 중 현금부족이나 과잉액이 발생하면, 이를 먼저 현금과부족계정에 기입하여 현금계정과 현금시재액을 일치시키고, 조사결과 현금과부족의 원인이 발견되면 정상 계정으로 처리를 하고, 결산일까지도 현금과부족의 원인을 발견할 수 없는 경우에는 부족액은 잡손실계정에 과잉액은 잡이익계정에 대체한다.

[예제 11-1] 결산일에 현금과부족계정에 처리하여 둔 현금부족액 ₩50,000이 원인을 알 수 없으므로, 잡손실계정으로 대체하였다.

[풀이]

(차) 잡 손 실 50,000 (대) 현 금 과 부 족 50,000

2. 상품계정의 정리

상품계정은 이월상품계정 · 매입계정 · 매출계정으로 분할하고 있는 경우에 상품매매손익을 계산하기 위하여 우선 실지재고조사에 의하여 기말의 상품재고액을 조사하여 다음 방법에 따라 상품매매손익을 계산한다.

기초상품재고액 + 당기순매입액 - 기말상품재고액 = 매출원가
순매출액 - 매출원가 = 상품매매손익(매출총이익)

(1) 상품매매손익을 계산하기 위한 정리분개

① 수정전시산표 또는 총계정원장의 이월상품계정 차변은 전기이월액(기초상품재고액)을 표시하며, 매입계정의 차변잔액은 당기의 순매입액을 표시하므로, 매입계정에서 판매가능액을 계산하기 위하여 이월상품계정의 차변금액을 매입계정의 차변에 대체한다.

(차) 매　　　입 ××× (대) 이 월 상 품 ×××

② 수정전 시산표 또는 총계정원장의 매입계정잔액이 매출원가를 나타내기 위해서는 기말상품재고액을 매입계정에서 차감함과 동시에 이월상품계정으 차변에 대체한다.

(차) 이 월 상 품 ××× (대) 매　　　입 ×××

①과 ②의 분개를 총계정원장에 전기한다.

③ 총계정원장의 매입계정잔액은 매출원가를 나타내므로, 이를 손익계정(집합손익계정)의 차변에 대체한다.

(차) 손　　　익 ××× (대) 매　　　입 ×××

④ 총계정원장의 매출계정 잔액은 순매출액을 나타내는 것이므로, 이를 손익계정의 대변에 대체하여 상품매매손익을 계산한다.

(차) 매 출 ××× (대) 손 익 ×××

(2) 상품의 재고자산감모손실 및 재고자산평가손실의 정리

상품은 보관 중에 도난・분실・증발 등의 원인에 의하여 장부상의 상품재고액과 실제재고액이 일치하지 않는 경우가 있다. 따라서 실제재고액이 장부재고액보다 적으면 그 차액을 재고자산감모손실로 처리하여 상품재고액을 감소시켜야 하며, 그 감모손실이 매기 평균적으로 발생(정상적인 경우)한 것이면 매출원가에 포함시키고, 비정상적(우발적인 감소)인 경우는 영업외비용으로 처리한다.

또한 상품이 품질 저하・진부화・가격변동 등으로 인하여 순실현가능가액이 원가보다 하락한 경우 그 차액을 상품 재고자산평가손실로 처리하여 상품재고액을 감소시켜야 한다.

[예제 11-2] 다음의 기말 거래를 분개하시오.

(1) 결산일에 상품실제재고액은 ₩900,000(900개×@1,000)이나, 장부상의 재고액은 ₩920,000(920개×@1,000)이다.

(2) 결산일에 장부상의 기말상품재고액은 ₩800,000(1,000개×@800)이나, 가격이 하락하여 순실현가능가액은 ₩750,000(1,000개×@750)이다.

[풀이]

(1) (차) 재고자산감모손실 20,000 (대) 이 월 상 품 20,000(비정상적 발생)
또는 분개없이 감모손실을 장부재고액에서 직접차감하여 매출원가에 산입
(2) (차) 재고자산평가손실 50,000 (대) 이 월 상 품 50,000

3. 단기매매증권의 평가

단기매매증권은 가격변동에 따라 장부가액(취득원가)과 일치하지 않으므로, 기말 결산시에 이를 평가하지 않으면 안 된다.

시장성 있는 일시 소유의 단기매매증권으로서, 기말시점의 시가가 하락하는 경우에는 시가(공정가치)로 평가하고, 이 경우에 취득원가와 공정가치와의 차액은 단기투자자산(매매증권)평가손실로 처리하고, 영업외비용에 계상한다.

반대로, 기말시점의 시가가 상승하는 경우에는 시가(공정가치)로 평가하고, 이 경우에 취득원가와 공정가치와의 차액은 단기투자자산(매매증권)평가이익으로 처리하고, 영업외수익에 계

상한다.

[예제 11-3] 다음의 기말 거래를 분개하시오.

(1) 결산일에 보유주식 200주(장부가 @ ₩6,000)의 가격이 ₩5,500으로 하락하다.

(2) 결산일에 보유주식 200주(장부가 @ ₩6,000)의 가격이 ₩7,000으로 상승하다.

[풀이]

(1)	(차)	단기매매증권평가손실	100,000	(대)	단 기 매 매 증 권	100,000
(2)	(차)	단 기 매 매 증 권	200,000	(대)	단기매매증권평가이익	200,000

4. 수취채권의 대손충당금 설정

외상매출금이나 받을어음과 같은 매출채권은 거래처의 파산・폐업・행방불명 등으로 그 회수가 불가능하게 되는 경우가 있는데, 이를 대손이라 한다. 대손이 기중에 발생하여 확정된 것은 대손상각비로 처리하고, 매출채권을 감액시킨다. 그러나 기말에 있어서 매출채권에 대한 회수불가능분을 분명히 알 수는 없으므로, 과거의 경험이나 매출채권의 연령조사를 통하여 대손충당금계정을 설정하여 일정액을 계상하였다가, 실제로 대손이 확정되면, 대손충당금 잔액에서 먼저 정리를 하게 된다. 매출채권에 대한 대손상각비는 판매비와 관리비에 해당된다.

기말에 매출채권에 대하여 추산한 금액이 대손충당금 잔액보다 부족한 때에는 그 부족액을 추가로 설정하며, 초과할 때에는 그 초과액을 대손충당금환입계정(영업외수익)으로 환입한다. 또한 이미 대손이 확정되어 상각한 매출채권이 후일에 회수되었을 때에는 대손충당금으로 하여 계상한다.

또한 미수금과 같은 매출채권 이외의 수취채권도 같은 경우가 있을 수 있고, 이의 회계처리는 매출채권의 경우와 같으나, 매출채권 이외의 수취채권에 따른 대손상각비는 기타의 대손상각비로 영업외비용으로 회계처리한다.

이와 같이 매출채권이나 매출채권 외의 수취채권에 따른 대손충당금을 평가성충당금이라 한다.

[예제 11-4] 여주상사의 기말 거래를 분개하시오.

(1) 결산일에 이천상사의 외상매출금 잔액 ₩30,000,000에 대하여 1%의 대손충당금을 설정하다. 수정전시산표의 대손충당금 잔액은 ₩100,000이 있었다.

(2) 결산일 이후 이천상사의 파산으로 외상매출금 ₩100,000이 회수불능되다.

(3) 결산일에 (주) 용인에 넘겼던 기계장치의 양도가격 ₩50,000,000에 대하여 2%의 대손충당금을 설정하다. 수정전시산표의 기계장치에 대한 대손충당금 잔액은 없다.

[풀이]

(1) (차) 외상매출금 : 대손상각비 200,000 (대) 외상매출금 : 대손충당금 200,000*
(2) (차) 외상매출금 : 대손충당금 100,000 (대) 외 상 매 출 금 100,000**
* 결산일시점 대손충당금 설정액 : (30,000,000 × 1%) - 100,000 = 200,000
** (2) 시점 대손충당금 잔액 : 300,000 - 100,000 = 200,000

(3) (차) 기타의 대손상각비 1,000,000 (대) 대 손 충 당 금 1,000,000***
*** 결산일시점 기계에 대한 미수금 대손충당금설정액 : (50,000,000 × 2%) = 1,000,000

5. 유형자산의 감가상각비 계상

토지 및 건설중인자산 외의 유형자산은 시간의 경과나 사용에 의하여 그 가치가 감소된다. 따라서 적정한 기간손익을 측정하기 위하여는 당기의 가치감소액을 비용(원가)화함과 동시에 유형자산의 가액을 감소시켜야 한다. 이를 감가상각이라 하고, 감가상각에 의하여 비용으로 계상되는 금액을 감가상각비라 한다. 유형자산에 대한 감가상각비는 판매비와 관리비에 계상한다.

[예제 11-5] 결산일에 취득원가 ₩30,000,000의 기계장치에 대하여 정액법으로 감가상각을 하시오. 내용년수 : 10년, 잔존가액 : 10%

[풀이]

(차) 감가상각비 2,700,000 (대) 기계장치 : 감가상각누계액 2,700,000*
* 감가상각액 = (취득원가 - 잔존가액) ÷ 내용년수
= (30,000,000 - 3,000,000) ÷ 10 = 2,700,000

6. 미사용 소모품 등의 정리

기업이 사용하는 저장품이나 소모품을 구입한 때에는 (1) 비용계정인 소모품비(비용)계정으로 처리하고, 기말에 재고조사를 하여 미사용부이 있으면 이를 자산계정인 소모품(재고자산)계정에 처리하고, 차기의 첫 날에 이를 다시 소모품비계정에 재대체하여, 차기의 비용으로 처리

하는 경우(제1법)와 (2) 자산계정인 소모품(재고자산)계정으로 처리하고, 기말에 재고조사를 하여 사용분에 대하여 이를 비용계정인 소모품비계정에 처리하는 경우(제2법)이 있다.

[예제 11-6] 다음의 거래를 분개하시오.

(1) 12/1 : 사무용품 ₩15,000, 포장재료 ₩20,000을 현금으로 구입하다.

(2) 기말(12/31)에 미사용분으로 사무용품 ₩5,000, 포장재료 ₩10,000이 있다.

[풀이]

(제1법)

(1)	(차)	소 모 품 비	15,000	(대)	현 금	35,000
		저 장 품 비	20,000			
(2)	(차)	소 모 품	5,000	(대)	소 모 품 비	5,000
		저 장 품	10,000		저 장 품 비	10,000
(3)	차기년도 1월 1일 재수정분개 필요 있음.					
	(차)	소 모 품 비	5,000	(대)	소 모 품	5,000
		저 장 품 비	10,000		저 장 품	10,000

(제2법)

(1)	(차)	소 모 품	15,000	(대)	현 금	35,000
		저 장 품	20,000			
(2)	(차)	소 모 품 비	10,000	(대)	소 모 품	10,000
		저 장 품	10,000		저 장 품	10,000
(3)	차기년도 1월 1일 재수정분개 필요 없음.					

7. 외화자산 및 외화부채의 환산

외화자산 또는 외화부채를 보유하고 있는 경우에는 기말결산시에 적절한 환율을 적용하여 환산하여야 한다. 이때의 외화자산 및 부채의 장부상의 원화금액과 환산액과의 차액을 외화환산손익으로 처리한다. 이 경우의 외화환산손익은 영업외손익에 계상한다.

[예제 11-7] 다음거래를 분개하시오.

2010년 7월 1일에 차입한 $100,000 (₩1,000/$)이 결산일 환율이 ₩1,050/$이 되었다.

[풀이]

(차) 외화환산손실 5,000,000* (대) 외화장기차입금 5,000,000

* 5,000,000 = $ 100,000 × (₩1,050 - ₩1,000)

8. 개인기업 자본금(인출금) 계정의 정리

개인기업의 경우 자본의 인출이 자주 나타나면, 자본금계정이 복잡하게 되므로, 따로 인출금(drawing)계정을 설정하여 그 차변에 기입한다. 기말에 인출금계정의 잔액을 자본금계정의 차변에 대체하여 정리한다.

[예제 11-8] 다음의 거래를 분개하시오.

(1) 개인기업의 기업주가 개인용으로 현금 ₩100,000을 인출하다.

(2) 결산시에 인출금계정의 잔액 ₩50,000을 자본금계정에 대체하다.

[풀이]

(1)	(차)	인 출 금	100,000	(대)	현 금	100,000
(2)	(차)	자 본 금	50,000	(대)	인 출 금	50,000

제 3 절 손익의 결산정리

1. 손익계정의 결산정리

결산기에 기간손익을 정확히 계산하기 위하여는 수익이나 비용의 귀속기간을 분명히 구분하여야 한다. 비록 현금의 수입이나 지출이 있었다 하더라도, 그것이 반드시 수익이 되거나 비용이 되는 것은 아니다.

또한 현금의 수지가 전혀 없어도 손익이 발생하는 경우도 있다. 따라서 이미 현금의 수지가 이루어지고, 비용이나 수익으로 기장된 것이라도, 기간손익계산에 있어서는 차기 이후에 경제적 효익이 속하는 것은 이를 차기로 이월하고, 현금의 수지가 없는 경우라도 당기에 경제적 효익이 당기에 이미 발생된 비용과 실현된 수익은 이를 당기에 추가로 계상하지 않으면 안된다.

이와 같이 현금의 수지와 관계없이 실현된 수익과 발생된 비용을 기준으로 하여 기간손익계산을 하는 것을 발생주의(accural basis)이라 한다. 따라서 이를 현금주의의 발생주의의 전환이라고도 한다.

발생주의에 의하여 결산일에 수익과 비용을 손익계정에서 차감 또는 가산하는 절차를 손익의 결산정리하 하며, 이 관계를 표시한 계정을 경과계정이라 한다.

2. 경과계정의 내용

경과계정에는 다음과 같은 것들이 있다.

- 경과계정
  - 이연계정
    - 비용의 이연(선급비용) : 비용에서 차감하여 자산으로 이월 (자산)
    - 수익의 이연(선수수익) : 수익에서 차감하여 부채로 이월 (부채)
  - 예상계정
    - 비용의 예상(미지급비용) : 비용에 가산하여 부채로 이월 (부채)
    - 수익의 예상(미수수익) : 수익에 가산하여 자산으로 이월 (자산)

(1) 이연계정

1) 비용의 이연

이미 지급한 비용 중에는 차기 이후에 비용으로 되는 것이 있는데, 이를 선급비용이라 한다.

선급비용은 해당 비용계정의 대변에 기입하여 차감하는 동시에, 자산(유동자산 :당좌자산) 계정인 선급비용(prepaid expenses)계정을 설정하여 그 차변에 기입한다. 따라서 비용계정의 잔액은 손익계정에 대체하고, 선급비용의 잔액은 자산으로 차기에 이월된다. 이러한 절차로 결산을 끝내고, 다음 회계연도 첫 날에 선급비용계정에서 손익계정에 재수정분개를 하여야 한다. 선급비용은 유동자산(current assets)의 일종인데, 이에는 선급보험료 · 선급지급이자 · 선급집세 등이 있다.

[예제 11-9] 다음의 일련의 거래를 분개하시고, 전기하고, 마감하시오.

(1) 9/ 1 점포의 화재보험료 1년분 ₩24,000을 수표를 발행하여 지급하다.

(2) 12/31 결산시 위의 보험료 중 미경과분 ₩16,000을 차기에 이월하다.

(3) 12/31 보험료계정 차변 잔액 ₩8,000을 손익계정에 대체 기입하여 마감하다.

(4) 1/ 1 선급보험료계정 잔액을 보험료계정에 재대체하다.

[풀이]

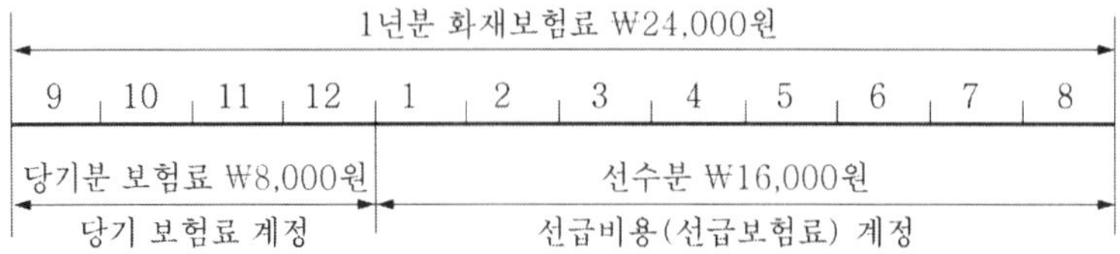

(분개)							
	9 / 1	(차변)	보 험 료	24,000	(대변)	당 좌 예 금	24,000
	12/31	(차변)	선 급 비 용	16,000	(대변)	보 험 료	16,000
			(재무상태표 : 유동자산 : 당좌자산)				
	12/31	(차변)	손 익	8,000	(대변)	보 험 료	8,000
	1 / 1	(차변)	보 험 료	16,000	(대변)	선 급 비 용	16,000

(전기)

보 험 료

9/1	당 좌 예 금	24,000	12/31	선 급 비 용	16,000
			12/31	손 익	8,000
		24,000			24,000
1/1	선 급 비 용	16,000			

선 급 비 용 (선급보험료)

12/31	보 험 료	16,000	12/31	차 기 이 월	16,000
		16,000			16,000
1/1	전 기 이 월	16,000	1/1	보 험 료	16,000

2) 수익의 이연

선급비용과는 반대로 수입집세, 수입이자 등 이미 수입된 수익 중에서 차기 이후에 속하는 금액이 있는 경우에 이를 수익계정에서 차감하여 일시적인 부채(유동부채)로서 차기에 이월시키지 않으면 안 된다. 이를 수익의 이연이라고 하며, 부채로서 차기에 이연되는 선수분을 선수수익(deferred income)이라 한다.

차기의 첫 날에 재수정분개를 하는 것은 선급비용계정의 경우와 같다.

[예제 11-10] 다음의 일련의 거래를 분개하시고, 전기하고, 마감하시오.

(1) 9/ 1 집세 6개월분 ₩120,000을 현금으로 받다.

(2) 12/31 결산시 위의 집세 선수분 ₩40,000을 차기에 이월하다.

(3) 12/31 임대료계정 잔액 ₩80,000을 손익계정에 대체하다.

(4) 1/ 1 선수임대료 ₩40,000을 임대료계정에 재대체하다.

[풀이]

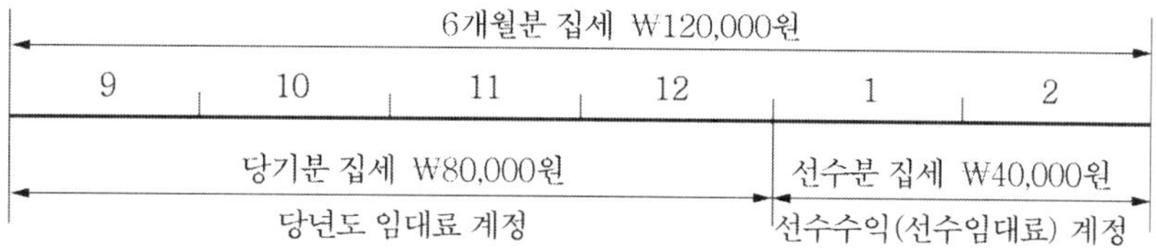

(분개)	9 / 1	(차변)	현 금	120,000	(대변)	임 대 료	120,000
	12/31	(차변)	임 대 료	40,000	(대변)	선 수 수 익 (재무상태표 : 유동부채)	40,000
	12/31	(차변)	임 대 료	80,000	(대변)	손 익	80,000
	1 / 1	(차변)	선 수 수 익	40,000	(대변)	임 대 료	40,000

(전기)

임 대 료

12/31	선 수 수 익	40,000	9/1	현 금	120,000
12/31	손 익	80,000			
		120,000			120,000
			1/1	선 수 수 익	40,000

선 수 수 익 (선수임대료)

12/31	차 기 이 월	40,000	12/31	임 대 료	40,000
		40,000			40,000
1/1	임 대 료	40,000	1/1	전 기 이 월	40,000

(2) 예상계정

1) 비용의 예상

당기의 부담에 속하는 비용 중에는 아직 지급되지 않는 것이 있는데, 이를 미지급비용이라 한다. 미지급분은 비용계정의 차변에 기입하는 동시에 미지급비용(accrued expenses)계정이라는 부채(유동부채)계정을 설정하여 그 대변에 기입한다. 따라서 미지급분은 당기손익에 계상되고, 미지급비용계정은 차기에 이월된다. 다음 차기의 첫 날에 미지급계정에서 비용계정에 재수정분개를 하여야 한다. 미지급비용으로 예상부채라고도 하는데, 이에는 미지급이자, 미지급집세, 미지급 전기・수도료 등이 해당된다.

[예제 11-11] 다음의 일련의 거래를 분개하시고, 전기하고, 마감하시오.

(1) 7/ 1 차입금에 대한 이자 ₩50,000을 현금으로 지급하다.

(2) 12/31 미지급이자 ₩40,000을 계상하다.

(3) 12/31 이자비용계정 차변잔액(당기분) ₩90,000을 손익계정에 대체하다.

(4) 1/ 1 미지급이자 ₩40,000을 이자비용계정에 재대체하다.

(5) 2/20 차입금에 대한 이자 ₩80,000을 현금으로 지급하다.

[풀이]

(분개)	7/ 1	(차변)	이 자 비 용	50,000	(대변)	현 금	50,000
	12/31	(차변)	이 자 비 용	40,000	(대변)	미지급비용 (재무상태표 : 유동부채)	40,000
	12/31	(차변)	손 익	90,000	(대변)	이 자 비 용	90,000
	1/ 1	(차변)	미지급 비용	40,000	(대변)	이 자 비 용	40,000
	2/20	(차변)	이 자 비 용	80,000	(대변)	현 금	80,000

이 자 비 용

7/1	현 금	50,000	12/31	손 익	90,000
12/31	미지급비용	40,000			
		90,000			90,000
2/20	현 금	80,000	1/1	미지급비용	40,000

미 지 급 비 용 (미지급이자)

12/31	차 기 이 월	40,000	12/31	이 자 비 용	40,000
		40,000			40,000
1/1	이 자 비 용	40,000	1/1	전 기 이 월	40,000

2) 수익의 예상

당기의 수익에 속하는 수익 중에는 아직 수입되지 않은 것이 있는데, 이를 미수수익이라 한다. 미수분을 당해 수익계정의 대변에 기입하는 동시에 미수수익(accrued income)계정이라는 자산(유동자산 : 당좌자산)계정의 차변에 기입해서 차기에 이월시킨다. 다음 차기의 첫 날에 재수정분개를 하여야 함은 다른 경과계정의 경우와 같다. 미수수익을 예상자산이라고도 하며, 미수이자, 미수집세, 미수수수료 등이 여기에 해당된다.

[예제 11-12] 다음의 일련의 거래를 분개하시고, 전기하고, 마감하시오.

(1) 7 / 1 대여금에 대한 이자 ₩120,000을 현금으로 받다.

(2) 12/31 결산시 이자 미수분(2개월분) ₩60,000을 계상하다.

(3) 12/31 이자수익계정 잔액 ₩180,000을 손익계정에 대체하다.

(4) 1/ 1 미수이자 ₩60,000을 이자수익계정에 재대체하다.

(5) 1/15 이자 ₩120,000을 현금으로 받다.

[풀이]

(분개)						
7/ 1	(차변)	현 금	120,000	(대변)	이 자 수 익	120,000
12/31	(차변)	미 수 수 익	60,000	(대변)	이 자 수 익	60,000
		(재무상태표 : 유동자산 : 당좌자산)				
12/31	(차변)	이 자 수 익	180,000	(대변)	손 익	180,000
1/ 1	(차변)	이 자 수 익	60,000	(대변)	미 수 수 익	60,000
1/15	(차변)	현 금	120,000	(대변)	이 자 수 익	120,000

(전기)

이 자 수 익

12/31	손 익	180,000	7/1	현 금	120,000
			12/31	미 수 수 익	60,000
		180,000			180,000
1/1	미 수 수 익	60,000	1/15	현 금	120,000

미 수 수 익 (미수이자)

12/31	이 자 수 익	60,000	12/31	차 기 이 월	60,000
		60,000			60,000
1/1	전 기 이 월	60,000	1/1	이 자 수 익	60,000

3. 법인세비용의 추산

법인세비용은 법인세과세표준에 세율을 곱하여 결정된다. 기업회계와 세무회계와의 차이에 따라 기업회계상의 당기순이익에 세무보정을 하여 과세표준을 계산하게 된다. 따라서 법인세를 비용으로 계상하려면 결산정리사항의 하나로 그 금액을 추산하여야 한다. 법인세추산액에서 법인세 기납부액을 차감한 금액을 법인세계정의 차변과 미지급법인세계정의 대변에 기입한다.

법인세비용 추산시에 법인세에 부과하는 주민세 등도 동시에 계산하여 법입세비용계정에 계상하여야 한다.

법인세비용과 법인세법상 당기에 부담하여야 할 금액과의 차이는 이연법인세자산 또는 이연법인세부채의 과목으로 하고, 차기 이후에 발생하는 이연법인세자산 또는 이연법인세부채와 상계한다.

[예제 11-13] 다음의 거래를 분개하시오.

(1) 12/31 결산기의 법인세차감전순이익에 세무조정을 한 후 법인세액을 ₩940,000으로 계상하다. 수정전 시산표의 법인세계정 차변합계는 ₩480,000이다.

(2) 12/31 결산기의 법인세차감전순이익에 세무조정을 한 후 법인세액을 ₩740,000으로 추산하다. 수정전 시산표의 법인세계정 차변합계는 ₩810,000이다.

[풀이]

(1)	12/31	(차)	법 인 세	460,000	(대)	미지급법인세	460,000
(2)	12/31	(차)	선 납 법 인 세	70,000	(대)	법 인 세	70,000

제 4 절 재고조사표와 정산표

1. 재고조사표의 작성

기말결산에 있어서 적정한 기간손익을 측정하기 위하여는 각 계정의 장부기록과 실제액과의 차이를 수정하는 것이 선행되어야 한다. 이 경우에 총계정원장에서의 결산처리를 쉽게 하기 위하여 각 계정의 정리사항을 한 표에 모은 것을 재고조사표(inventory sheet)라 한다.

재고조사의 대상으로 기말수정사항이 되는 항목은 다음과 같다.

① 상품의 기말재고액 : 매출원가를 산출한다.

② 감가상각 : 유형자산의 감가상각액을 산출한다.

③ 대손상각 : 매출채권이나 대여금 등의 대손충당금을 설정한다.

④ 단기매매증권의 평가 : 단기매매증권의 평가손익을 계상한다

⑤ 현금과부족의 정리 : 현금을 장부가액과 비교하여 그 과부족액을 정리한다.

⑥ 저장품・소모품의 정리 : 저장품이나 소모품에 미사용잔액이 있으면, 비용과 자산으로 구분한다.

⑦ 인출금의 정리 : 개인기업의 경우 기업주의 인출금을 정리한다.

⑧ 가수・가지급금의 정리 : 가수・가지급금을 정상적인 계정으로 정리한다.

⑨ 선급비용과 선수수익의 이연 : 손익의 선급・선수액을 차감한다.

⑩ 미지급비용과 미수수익의 예상 : 손익의 미수・미지급액을 가산한다.

⑪ 법인세비용 등의 추산

⑫ 전기오류수정손익의 수정

[예제 11-14] 다음의 기말정리사항 자료로 재고조사표를 작성하시오.

① 상품의 기말재고액

A상품 200개 @₩500, B상품 200개 @₩400, C상품 800개 @₩300

② 현금 ₩180,000 중 부족분 ₩2,000은 잡손실로 처리하다.

③ 외상매출금 ₩1,250,000에 대하여 1%의 대손충당금을 설정하다.

④ 소유주식 액면 ₩200,000, 장부가액 ₩200,000 (@₩100)을 @₩90으로 평가하다.

⑤ 비품 취득원가 ₩200,.000에 대하여 10%의 감가상각을 하다.

⑥ 기업주 인출금(차변잔액) ₩20,000을 정리하다.

⑦ 이자지급액 ₩16,000 중 선급분 ₩2,000이다.

⑧ 집세수입액 ₩12,000 중 선수분 ₩3,000이다.

⑨ 광고료 미지급액 ₩15,000이 있다.

⑩ 사채에 대한 이자미수액 ₩4,000이다.

[풀이]

재 고 조 사 표
2010년 12월 31일 현재

계정과목	적요	금액	
상품	A상품 200개 @₩500	100,000	
	B상품 200개 @₩400	80,000	
	C상품 800개 @₩300	240,000	420,000
현금	장부잔액	180,000	
	부족분 잡손실로 처리	2,000	178,000
외상매출금	장부잔액	1,250,000	
	대손충당금 1% 설정	12,500	1,237,500
유가증권	주식액면 ₩200,000		
	장부가액 @₩100	200,000	
	평가손실 @₩10	20,000	180,000
비품	취득원가	200,000	
	상각액, 취득원가의 10%	20,000	180,000
인출금	장부(차변)잔액 ₩20,000 정리		20,000
선급이자	당기 지급액	16,000	
	당기 부담분	14,000	2,000
선수임대료	집세수입액	12,000	
	당기수입액	9,000	3,000
미지급광고료	광고료 미지급액		15,000
미수이자	사채 이자미수액		4,000
			2,239,500

2. 정산표

정산표는 수정전 시산표를 기초로 기말정리사항에 따른 기말조정분개를 반영된 정리기입을 기입하여, 재무상태표와 손익계산서를 작성하는 과정을 한 표에 나타낸 표이다. 이와 같이 작성한 정산표를 8위식 정산표라 한다.

[예제 11-15] 다음의 기말정리사항 자료로 재고조사표를 작성하시오.

수정전잔액시산표

차변 계정	금액	대변 계정	금액
현금·예금	34,000	지급어음	8,500
받을어음	8,500	외상매입금	34,000
외상매출금	82,000	차입금	20,000
단기매매증권	50,000	대손충당금	1,200
이월상품	8,000	감가상각누계액	4,600
비품	35,000	자본금	150,000
매입	150,000	매출	190,000
관리비	32,000	수입이자	1,700
소모품비	4,500		
지급이자	4,000		
현금과부족	2,000		
	410,000		410,000

〈 결산정리사항 〉

① 기말상품재고액 ₩9,000
② 비품감가상각 10%(간접법)
③ 대손충당금 외상매출금잔액의 2% 설정
④ 단기매매증권 평가액 ₩45,000
⑤ 일반관리비 미지급액 ₩3,000
⑥ 소모품 미사용분 ₩1,500
⑦ 지급이자 선급액 ₩1,000
⑧ 현금과부족은 잡손실로 처리
⑨ 당기매매증권 이자 미수액 ₩1,200

[풀이]

(수정분개)

	차변			대변		
①	(차변)	매입	8,000	(대변)	이월상품	8,000
		이월상품	9,000		매입	9,000
②	(차변)	감가상각비	3,040	(대변)	비품 : 감가상각누계액	3,040

* ₩35,000 - ₩4,600 = ₩30,400 × 10% = ₩3,040

	차변			대변		
③	(차변)	대손상각비	440	(대변)	외상매출금 : 대손충당금	440*

* 82,000 × 2% = ₩1,640 - ₩1,200 = ₩440 (추가분)

	차변			대변		
④	(차변)	단기투자자산평가손실	5,000	(대변)	단기매매증권	5,000
⑤	(차변)	관리비	3,000	(대변)	미지급비용	3,000
⑥	(차변)	소모품	1,500	(대변)	소모품비	1,500
⑦	(차변)	선급비용	1,000	(대변)	지급이자	1,000
⑧	(차변)	잡손실	2,000	(대변)	현금과부족	2,000
⑨	(차변)	미수수익	1,200	(대변)	수입이자	1,200

정 산 표

계정과목	수정전 잔액시산표		정리기입		손익계산서		재무상태표	
	차변	대변	차변	대변	차변	대변	차변	대변
현금 · 예금	34,000						34,000	
받을어음	8,500						8,500	
외상매출금	82,000						82,000	
단기매매증권	50,000			(4)5,000			45,000	
이월상품	8,000		(1)9,000	(1)8,000			9,000	
비품	35,000						35,000	
지급어음		8,500						8,500
외상매입금		34,000						34,000
차입금		20,000						20,000
대손충당금		1,200		(3) 440				1,640
감가상각누계액		4,600		(2)3,040				7,640
자본금		150,000						150,000
매입	150,000		(1)8,000	(1)9,000	149,000			
관리비	32,000		(5)3,000		35,000			
소모품비	4,500			(6)1,500	3,000			
지급이자	4,000			(7)1,000	3,000			
현금과부족	2,000			(8)2,000				
매출		190,000				190,000		
수입이자		1,700		(9)1,200		2,900		
	410,000	410,000						
감가상각비			(2)3,040		3,040			
대손상각비			(3) 440		440			
단기투자자산평가손실			(4)5,000		5,000			
미지급비용				(5)3,000				3,000
소모품			(6)1,500				1,500	
선급비용			(7)1,000				1,000	
잡손실			(8)2,000		2,000			
미수수익			(9)1,200				1,200	
당기순손실						7,580	7,580	
합계			34,180	34,180	200,480	200,480	224,780	224,780

제 5 절 각종 장부의 마감

기말정리사항에 의하여 수정기입을 한 후에 수익과 비용의 각 계정의 잔액을 손익계정에 집합시켜 순손익을 계산하고, 순손익을 재무상태표의 자본계정에 대체한다.

또한 자산 부채 자본의 각 계정은 차기이월액을 계산한 후에 분개장을 거치지 아니하고, 각 계정잔액의 반대편에 '차기이월'이라고 주기하고 마감한다.

총계정원장 이외의 보조장부도 재무상태표 관련 장부와 손익계산서 관련 장부로 구분하여 마감절차를 행하여야 한다.

이에 대한 구체적인 마감절차는 본 책의 제3장 회계의 순환과정, 제4절 결산, 3. 결산의 본절차, (1) 손익계산서계정의 마감 및 (2) 재무상태표의 마감의 참고하기 바란다.

연 습 문 제

1. 여주상회의 총계정원장 계정 잔액과 기말정리사항에 의하여 정리분개와 정산표를 작성하시오.

총계정원장 계정잔액

계정	금액	계정	금액
현금	29,240	단기금융상품	30,000
받을어음	30,000	할인어음	14,000
이월상품	30,000	건물	40,000
비품	20,000	비품감가상각누계액	4,000
외상매입금	26,000	지급어음	16,000
부가가치세대급금	11,400	부가가치세예수금	19,400
이익준비금	2,000	임의적립금	8,000
매출	224,200	매입	210,000
세금과공과	1,000	보험료	2,400
잡비	200	외상매출금	26,000
대손충당금	420	자본금	150,000
건물감가상각누계액	6,400	이월이익잉여금	1,000
건설중인자산	30,000	급여	12,000
차입금	10,000	광고선전비	9,400

〈결산정리사항〉

(1) 기말 현금 시재액 중 부족액 ₩100

(2) 받을어음 및 외상매출금의 기말 잔액에 대하여 2%의 대손을 예상하다.

(3) 기말상품재고액 ₩50,000

(4) 부가가치세예수액을 계상하다.

(5) 건설중인자산계정 중에는 이미 준공되어 영업용으로 사용되고 있는 건물의 신축비 ₩10,000이 포함되어 있다. 당사는 건물에 감가상각을 영업용으로 사용된 다음 기부터 시행하고 있으므로, 이 건물의 감가상각은 당기에는 계상하지 않는다.

(6) 건물에 대하여 5%, 정률법에 의한 감가상각을 한다.

(7) 비품에 대하여 10%, 정률법에 의하여 감가상각한다.

(8) 당기 부담의 차입금 이자 미지급액 ₩300

(9) 지급 보험료 중 미경과액 ₩1,000

2. 여주상회의 제4기 (200×년 1월 1일~200×년 6월 30일)의 기말정리사항에 의하여 기말정리 분개를 하고, 정산표를 완성하시오.

[기말정리사항]

(1) 기말상품재고액

장부재고액 ₩105,000

실제재고액 ₩95,000(감모손실은 전액 원가성이 없는 것으로 한다.)

(2) 매출채권 잔액의 2% 대손예상

(3) 유형자산에 대하여 감가상각(정률법)
건물 : 연 10%, 비품 : 연 20%

(4) 퇴직급여충당금 설정액 ₩2,500

(5) 창업비는 정규로 상각하여 왔다.

(6) 단기매매증권의 신평가액 ₩225,000

(7) 사채이자 미지급액계상 : 사채는 제3기 초에 발행했으며, 이율 연 12%, 연 4회 지급, 상환기한 5년 (단, 사채할인발행차금 상각은 이자 지급시 정액법에 의한다.)

(8) 가수금은 전액 외상매출금 회수액으로 판명되다.

(9) 소모품 사용액 ₩4,000 계상

(10) 보험료 선급분 ₩4,000 계상

(11) 당기분 법인세비용 미지급액 ₩45,000 계상

정 산 표

계 정 과 목	수정전 잔액시산표		정리기입		손익계산서		재정상태표	
	차변	대변	차변	대변	차변	대변	차변	대변
현금및현금등가물	989,000							
단기매매증권	250,000							
외상매출금	760,000							
대손충당금		18,000						
받을어음	300,000							
대손충당금		10,000						
이월상품	94,000							
소모품	9,000							
비품	240,000							
비품감가상각누계액		24,000						
건물	450,000							
건물감가상각누계액		85,500						
창업비	49,000							
외상매입금		154,500						
가수금		290,000						
사채		250,000						
사채할인발행차금	17,000							
퇴직급여충당금		10,000						
자본금		1,740,000						
이익준비금		100,000						
이월이익잉여금		50,000						
매출		850,000						
잡이익		33,000						
매입	390,000							
급여	22,500							
보험료	36,000							
(사채이자)이자비용	8,500							
	3,615,000	3,615,000						

3. 여주상회의 총계정원장 계정 잔액과 기말정리 사항에 의하여 결산에 필요한 분개를 하고, 전기한 다음 영미식 결산법으로 마감한 후 이월시산표를 작성하라. 단, 필요한 계정은 추가로 설정할 것(결산 연 1회).

총 계 정 원 장

계정	번호	차변	대변
현금	1	320,000	
당좌예금	2	700,000	
외상매출금	3	400,000	
받을어음	4	600,000	
대손충당금	5		4,000
이월상품	6	800,000	
비 품	7	240,000	
감가상각누계액	8		96,000
사채할인발행차금	9	30,000	
창 업 비	10	20,000	
외상매입금	11		240,000
지급어음	12		160,000
사 채	13		1,000,000
자 본 금	14		1,200,000
이익준비금	15		60,000
별도적립금	16		40,000
이월이익잉여금	17		30,000
매 출	18		3,064,000
매 입	19	2,400,000	
급 여	20	200,000	
임 차 료	21	120,000	
보 험 료	22	14,000	
잡 비	23	40,000	
법인세비용	24	10,000	
대손상각비	25		
감가상각비	26		
사채이자(이자비용)	27		

미지급사채이자 28

무형자산상각비 29

선급보험료 30

선급임차료 31

미지급법인세 32

처분전이익잉여금 33

미지급배당금 34

손 익 35

이월시산표

차 변	계 정 과 목	대 변

[기말정리사항]

(1) 기말상품재고액 ₩1,060,000

(2) 대손충당금 : 받을어음 · 외상매출금계정 잔액의 2% 설정

(3) 감가상각액 : 비품 취득원가의 10%

(4) 사채이자 : 연 9%

(5) 사채 할인 발행차금상각 ₩10,000

(6) 창업비 상각 ₩10,000

(7) 보험료 미경과액 ₩4,000

(8) 집세 선급액 ₩20,000

(9) 당기분 법인세비용 추산액 ₩185,200

제 12 장

재 무 제 표

제 1 절 재무제표의 의의와 종류

1. 재무제표의 의의

재무제표(financial statements)는 기업의 이해 관계자에 대하여 재무상태표(일정시점의 재무상태)·손익계산서(일정기간의 경영성과)·자본금의 변동 및 현금흐름자금의 흐름에 관한 회계정보를 제공하는 기본적 수단이다. 그러므로 재무제표는 기업실체에 관한 회계정보를 표시한 재무보고서 또는 회계 보고서라 한다.

재무제표는 현재의 기업 재무상태를 정확히 파악·분석하여 장래의 합리적인 경영계획을 수립하도록 출자자, 채권자, 금융기관, 세무당국 등의 여러 이해관계자에게 필요한 회계정보를 전달하여 주는 데 목적이 있으며, 정기적으로 결산을 행하게 된다. 이를 위해서 재무제표의 작성에는 ① 재무상태 및 경영성과를 간략하게 개관할 수 있고, ② 회계의 계산기구와의 유기적인 관련성을 유지하여야 한다.

2. 재무제표의 종류

재무제표는 이용목적과 기업환경의 변화에 따라 그 종류와 내용을 달리하고 있으나, 일반적으로 재무제표는 법이나 규정에 따라 차이가 있다.

K-GAAP에 의하면 재무제표를 통하여 정보이용자에게 제공하여야 할 주요한 회계정보는

① 일정시점에 관련된 정보로서의 재무상태를 나타내는 재무상태표

② 일정기간의 경영성과를 나타내는 손익계산서

③ 이익잉여금을 처분하는 이익잉여금계산서와 결손금을 처리하는 결손금처리계산서 (K-GAAP에서는 이익잉여금처분계산서와 결손금처리계산서를 재무상태표의 자본에 대한 부속명세서로 하고 있다)

④ 회계기간 동안 변화한 자본변동에 대한 정보를 나타내는 자본변동표

⑤ 현금의 유입과 유출의 정보를 제공하는 현금흐름표

⑥ 또한, 재무제표에 나타낼 수 없는 사항을 서술식으로 나타내는 주석이 있다.

제 2 절 재무제표의 작성과 표시의 일반원칙

K-GAAP에서 제시하고 있는 재무제표의 작성과 표시에 관한 일반원칙을 정리하면 다음과 같다.

(1) 계속기업

경영자는 재무제표를 작성할 때 기업의 존속가능성을 평가하여야 하며, 기업이 경영활동을 청산 또는 중단할 의도가 있거나, 경영활동을 계속할 수 없는 경우를 제외하고는 계속기업(going concern)을 전제로 재무제표를 작성한다.

(2) 재무제표의 작성책임과 공정표시

재무제표의 작성과 표시에 대한 책임은 경영자에게 있다. 그리고 재무제표는 경제적 사실과 거래의 실질을 반영하여, 기업의 재무상태, 경영성과, 이익잉여금처분 또는 결손금처리, 현금흐름 및 자본변동을 공정하게 표시하여야 한다. 이때 일반기업회계기준에 따라 적정하게 작성된 재무제표는 공정하게 표시된 재무제표로 본다.

(3) 재무제표 항목의 구분과 통합표시

재무제표 항목은 중요성의 관점에서 재무제표의 본문이나 주석에 그 내용을 가장 잘 나타낼 수 있도록 구분하여 표시하며, 중요하지 않는 항목은 성격이나 기능이 유사한 항목과 통합하여 표시할 수 있다.

(4) 비교재무제표의 작성

재무제표의 기간별 비교가능성을 제고하기 위하여, 전기 재무제표의 모든 계량정보를 당기와 비교하는 형식으로 표시한다.

(5) 재무제표 항목의 표시와 분류의 계속성

재무제표의 기간별 비교가능성을 제고하기 위하여 재무제표 항목의 표시와 분류는 매기 동일하여야 한다.

(6) 재무제표의 보고양식

재무제표는 이해하기 쉽도록 간단하고 명료하게 표시하여야 하며, 일반기업회계기준에서 제시하고 있는 재무제표의 양식을 참조하여 작성하되, 예시된 명칭보다 내용을 잘 나타내는 계정과목이 있을 경우에는 그 계정과목을 사용할 수 있다.

재무제표에는 재무제표의 명칭과 함께 회사명, 재무상태표일 또는 회계기간 그리고 보고통화 및 금액단위를 기재하여야 하며, 이용자에게 오해를 줄 염려가 없는 경우 재무제표의 금액을 천원이나 백만원 단위 등으로 표시할 수 있다.

제 3 절 재무상태표 작성

1. 재무상태표의 의의

재무상태표(statement of financial position)는 일정시점에 있어서 기업의 재무상태를 표시하는 결산보고서이다. 재무상태표는 기업의 회계정보이용자들에게 기업에 관한 경제적 자원과 지급능력, 재무구조에 관한 정보 및 기업의 투자의사결정 등에 대한 유용한 회계정보를 제공하므로, 이는 손익계산서와 함께 기업에 있어 가장 중요한 재무제표이다. 따라서 재무상태표는 재무상태표 작성일 현재 기업의 모든 자산, 부채 및 자본을 정확하게 나타내어야 한다.

2. 재무상태표의 작성기준

K-GAAP에서 제시하고 있는 재무상태표의 작성기준을 정리하면 다음과 같다.

(1) 구분표시

자산은 유동자산과 비유동자산으로, 부채는 유동부채와 비유동부채로, 자본은 자본금, 자본잉여금, 자본조정, 기타포괄손익누계액 및 이익잉여금(또는 결손금)으로 구분하여 표시한다.

그리고 자산에서의 유동자산은 당좌자산과 재고자산으로, 비유동자산은 투자자산, 유형자산, 무형자산, 기타비유동자산으로 구분하도록 하고 있다.

(2) 유동성 배열

자산과 부채는 유동성이 큰 항목부터 배열하는 것을 원칙으로 한다. 즉, 자산의 경우 현금화가 빨리 되는 항목을 먼저 배열한다는 뜻으로, 판매과정이 필요한 상품보다는 매출채권을 먼저 배열하고, 같은 당좌자산 중에서도 현금을 매출채권보다 먼저 배열한다.

(3) 유동성 · 비유동성의 구분

자산과 부채는 1년을 기준으로 유동과 비유동으로 구분한다. 다만, 정상적인 영업주기가 1년을 초과하는 경우에는 그 영업주기를 기준으로 한다. 자산과 부채를 유동과 비유동으로 구분하도록 하는 것은 기업의 유동성과 지급능력을 파악하는데 유용한 정보를 제공해 줄 수 있기 때문이다.

(4) 항목구분과 통합표시의 중요성

자산 · 부채 · 자본 중 중요한 항목은 재무상태표 본문에 별도 항목으로 구분하여 표시하며, 중요하지 않은 항목은 성격 또는 기능이 유사한 항목과 통합하여 표시할 수 있다. 즉, 재무제표 항목을 별도로 표시할 것인가 통합표시할 것인가는 중요성을 기준으로 판단한다.

(5) 총액표시

자산과 부채는 원칙적으로 총액으로 기재하여야 하며, 서로 상계하여 표시하지 않는다. 즉, 매출채권과 매입채무 또는 단기대여금과 단기차입금 등을 서로 상계하여 자산과 부채의 전부 또는 일부를 재무상태표에서 제외하여서는 안 된다는 것이다. 자산과 부채를 서로 상계할 경우 기업의 규모와 실체를 파악할 수 없게 되기 때문이다.

3. 재무상태표의 작성

K-GAAP에 의하면, 재무상태표의 작성에 특별한 양식제시는 없으나, 일반기업회계기준 제2장 재무재표의 작성과 표시 Ⅰ의 적용사례에 의하면 보고식으로 작성하였고, 당기와 전기를 비교하는 양식으로 나타내었으므로, 본 교재에서는 보고식으로 설명한다.

[예제 12-1] 다음 자료에 의하여(주)여주의 제3기(200×년 1월 1일부터 200×년 12월 31일까지)의 보고식재무상태표를 작성하시오.

현금	₩1,055,900	외상매출금	₩1,627,200
대손충당금(외상매출금)	22,800	받을어음	117,800
대손충당금(받을어음)	2,700	단기매매증권	100,000
기말상품재고액	205,200	건물	1,290,000
건물감가상각누계액	125,000	비품	90,000
비품감가상각누계액	27,000	컴퓨터소프트웨어	32,000
사채할인발행차금	27,000	지급어음	55,400
외상매입금	723,800	미지급이자	5,200
선급보험료	25,000	사채	500,000
장기차입금	1,200,000	퇴직급여충당부채	200,000
자본금	500,000	주식발행초과금	212,000
이익준비금	45,000	이월이익잉여금	47,500
임의적립금	150,000	당기법인세부채	155,000

[풀이]

재무상태표(보고식)

200×년 12월 31일 현재

(주)여주 (단위 :원)

자산	제 3기 (단기)		제 2기 (전기)	
	금 액		금 액	
자산				
Ⅰ. 유동자산		(3,105,600)		
(1) 당좌자산		(2,900,400)		
1. 현금		1,055,900		
2. 단기매매증권		100,000		
3. 외상매출금	1,627,200			
대손충당금	(22,800)	1,604,400		
4. 받을어음	117,800			
대손충당금	(2,700)	115,100		
5. 선급보험료		25,000		
(2) 재고자산		(205,200)		
1. 상품		205,200		
Ⅱ. 비유동자산		(1,260,000)		
(1) 유형자산		(1,228,000)		
1. 건물	1,290,000			
감가상각누계액	(125,000)	1,165,000		
2. 비품	90,000			
감가상각누계액	(27,000)	63,000		
(2) 무형자산		(32,000)		
1. 컴퓨터소프트웨어		32,000		
자산총계		4,365,600		
부채			(전기분 생략)	
Ⅰ. 유동부채		(939,400)		
1. 외상매입금		723,800		
2. 지급어음		55,400		
3. 미지급이자		5,200		
4. 당기법인세부채		155,000		
Ⅱ. 비유동부채		(1,873,000)		
1. 사채	500,000			
사채할인발행차금	(27,000)	473,000		
2. 장기차입금		1,200,000		
3. 퇴직급여충당부채		200,000		
부채총계		2,812,400		
자본				
Ⅰ. 자본금		(500,000)		
Ⅱ. 자본잉여금		(212,000)		
1. 주식발행초과금		212,000		
Ⅲ. 이익잉여금		(841,200)		
1. 이익준비금		45,000		
2. 임의적립금		150,000		
3. 미처분이익잉여금		646,200		
(당기순이익:47,500)				
자본총계		1,553,200		
부채와자본총계		4,365,600		

제 4 절　손익계산서

1. 손익계산서의 의의

손익계산서(income statement : I/S 또는 profit and loss statements : P/L)[1]는 기업의 일정기간의 경영성과를 명확히 보고하기 위하여, 그 회계기간에 속하는 모든 수익과 이에 대응하는 모든 비용을 적절하게 표시하는 보고서이다. 즉 일정기간의 수익과 비용을 대응표시하여, 경영성과의 판단 및 경영지침에 대한 정보를 제공하기 위한 보고서이다.

2. 손익계산서의 작성기준

K-GAAP에서 제시하고 있는 손익계산서의 작성기준을 정리하면 다음과 같다.

(1) 구분표시

손익계산서는 매출총손익, 영업손익, 법인세차감전순손익, 당기순손익 그리고 주당손익으로 구분하여 표시한다. 기업의 경영활동별로 성과를 구분표시함으로서 정보이용자에게 다양한 정보를 제공할 수 있고, 기업의 미래 이익창출능력을 예측하는데 필요한 정보를 제공할 수 있기 때문이다.

(2) 총액표시

수익과 비용은 각각 총액으로 보고하는 것을 원칙으로 하고, 수익항목과 비용항목을 직접 상계함으로써 그 전부 또는 일부를 손익계산서에서 제외하여서는 안 된다. 예를 들면, 매출액과 매출원가를 직접 상계한 후 매출이익만 손이계산서에 계상하여서는 안 된다는 것이다.

3. 손익계산서의 구분내용

K-GAAP에서는 손익계산서를 보고식에 의하여 작성·보고하도록 하고, 당기분과 전기분을

1) 한국채택국제회계기준(K-IFRS)에서는 포괄손익계산서(comprehension income statement)라 한다.

표시하도록 하여, 기업의 경영성과의 변화를 파악하도록 하고 있다. 수익·비용대응의 원칙에 따라 나타난 구분이익을 나타내면 다음과 같다.

(1) 매출총손익 = 순매출액 − 매출원가

① 순매출액=총매출액 - (매출환입 + 매출에누리 + 매출할인)

② 매출원가

㉠ 기초상품재고액 + 당기매입액 - 기말상품재고액

㉡ 기초제품재고액 + 당기제품제조원가 - 기말제품재고액

(2) 영업손익 = 매출총손익 − 판매비와 관리비

판매비와 관리비는 상품과 용역의 판매활동 또는 기업의 관리와 유지에서 발생하는 비용으로 급여(임원급여 급료 임금 및 제수당 포함) 퇴직급여, 복리후생비, 임차료, 접대비, 감가상각비, 무형자산 상각비, 세금과공과, 광고선전비, 연구비, 경상개발비, 대손상각비등 매출원가에 속하지 않는 모든 간접적 영업비용을 포함한다.

(3) 법인세차감전순이익 = 영업손익 + 영업외수익 − 영업외 비용

① 영업외수익은 이자수익, 배당금수익(현금배당액), 임대료, 단기투자자산처분이익, 단기투자자산평가이익, 외환차익, 외화환산이익, 지분법이익, 장기투자증권손상차손환입, 투자자산처분이익, 유형자산처분이익 사채상환이익, 전기오류수정이익 등을 포함한다.

② 영업외 비용은 이자비용, 기타의 대손상각비, 단기투자자산처분손실, 단기투자자산평가손실, 재고자산감모손실(비원가성), 외환차손, 외화환산손실, 기부금, 지분법손실, 장기투자증권감액손실, 투자자산처분손실, 유형자산처분손실, 사채상환손실, 전기오류수정손실 등을 포함한다.

(4) 당기순손익 = 법인세비용차감전 순손익 − 법인세비용

① 법인세비용은 법인세법등의 법령에 의하여 당해 사업연도에 부담할 변동액을 가감하여 산출된 금액을 말한다.

② 법인세비용과 법인세법 등의 법령에 의하여 당기에 부담하여야 할 금액과의 차이는 이연법인세자산세(부채)의 과목으로 하고, 차기이후에 발생하는 이연법인세자산(부채)와 상계한다.

손익계산서의 작성기준과 구분내용에 따라 다시 정리하면, 아래의 손익계산서 내용으로 정리할 수 있다.

손 익 계 산 서
제X기 200X. 1/1 ~ 200X. 12/31

회사명 단위 : 원

과 목	당 기		계정과목 성격
Ⅰ. 매 출 액		×××	주된 영업활동과 관련하여 실현된 수익
Ⅱ. 매 출 원 가		×××	주된 영업활동과 관련되어 직접적으로 발생하여 대응되는 비용
1. 기초상품재고액	×××		매출원가 = 기초상품재고액 + 당기상품매입액 - 기발상품재고액
2. 당기상품매입액	×××		
3. 기말상품재고액	(×××)		
Ⅲ. 매 출 총 이 익		×××	매출액 - 매출원가
Ⅳ. 판매비와 관리비		×××	주된 영업활동과 관련되어 간접적으로 발생하여 대응되는 비용
Ⅴ. 영 업 이 익		×××	매출총이익 - 판매비와 관리비
Ⅵ. 영 업 외 수 익		×××	주된 영업활동 외에서 실현된 수익
Ⅶ. 영 업 외 비 용		×××	주된 영업활동 외에서 발생된 비용
Ⅷ. 법인세차감전순이익		×××	영업이익 + 영업외수익 - 영업외비용
Ⅸ. 법 인 세 비 용		×××	기업의 이익에 대해 세법에 의하여 납부하여야 할 세금
Ⅹ. 당 기 순 이 익		×××	법인세차감전순이익 - 법인세비용

• 이와 같이 이익이 4번 나오는 손익계산서를 4구분 손익계산서라 한다.

4. 손익계산서의 작성

K-GAAP에 의하면 손익계산서는 보고식으로 작성하도록 되어 있으며, 당기와 전기를 비교하는 양식을 가지고 있다.

[예제 12-2] 다음 자료에 의하여 손익계산서를 작성하여라. 다만 회계기간은 200×년 1월 1일부터 200×년 12월 31일까지이다.

기초상품재고액	1,800,000	상품총매입액	4,960,000
상품매출액	8,590,000	이자수익	20,000
기말상품재고액	1,600,000	보험차익	28,000
보험료	40,000	재해손실	30,000
급여	180,000	잡비	80,000
감가상각비	34,000	대손상각비	36,000
광고선전비	60,000	법인세비용	1,186,000
배당금수익	32,000		
이자비용	120,000		
자산수증이익	36,000		

[풀이]

손익계산서(보고식)
200×년 1월 1일부터
200×년 12월 31일까지

회사명 (단위: 원)

과목	금액	
1. 매출액		8,590,000
2. 매출원가		5,160,000
(1) 기초상품재고액	1,800,000	
(2) 당기매입액	4,960,000	
계	6,760,000	
(3) 기말상품재고액	(1,600,000)	
3. 매출총이익		3,430,000
4. 판매비와 관리비		430,000
(1) 보 험 료	40,000	
(2) 급 여	180,000	
(3) 감가상각비	34,000	
(4) 광고선전비	60,000	
(5) 대손상각비	36,000	
(6) 잡 비	80,000	
5. 영업이익		3,000,000
6. 영업외수익		116,000
(1) 이자수익	20,000	
(2) 배당금수익	32,000	
(3) 자산수증이익	36,000	
(4) 보험차익	28,000	
7. 영업외비용		150,000
(1) 이자비용	120,000	
(2) 재해손실	30,000	
8. 법인세비용차감전순이익		2,966,000
9. 법인세비용		1,186,000
10. 당기순이익		1,780,000

5. 이익의 보고방법

거래접근법으로 측정된 회계이익은 상이한 성격을 가진 것들로 구성되기 때문에, 이익보고방법에 따라 그 유용성이 달라질 수 있다. 따라서 이 이익을 보고하는 방법은 당기업적주의와 포괄주의가 있다. 당기업적주의와 포괄주의 차이는 비경상적이고 비반복적인 항목을 당기의 손익계산서에 보고하느냐, 이익잉여금에 보고하느냐에 있다. 여기서 비경상적이고, 비반복적인 항목이란 다음 두 가지 요건을 모두 충족하는 항목을 말한다.

① 비경상성 : 해당 항목을 발생시킨 거래나 기타 경제적 사건이 해당 기업의 통상적이고 전형적인 활동과 관련이 없거나, 부수적인 관련을 가질 정도로 아주 비정상적임을 의미함.

② 비반복성 : 합리적으로 판단할 때 해당 거래 또는 경제적 사건이 예측가능한 기간내에 재발하리라고 기대되지 않음을 의미함.

1) 당기업적주의

당기업적주의(current operating concept of income)는 당기의 영업활동과 관련하여 경상적이고 반복적으로 발생하는 항목(경상항목)만을 손익계산서에 포함시켜 순이익을 결정해야 한다는 주장이다. 이 주장에 따르면 당기순이익은 기업의 경제적 수익능력을 측정하려는 데 있기 때문에 기타의 비경상적인 항목을 포함시키게 되면 일반정보 이용자의 의사결정을 왜곡시킬 가능성이 커진다는 것이다. 또한 당기업적주의에 의해 계산된 당기순이익은 기업간 혹은 기간별 비교분석이 용이하고, 경영자의 경영능률을 평가하는데 보다 유용한 정보가 된다는 것이다.

2) 포괄주의

포괄주의(all-inclusive concept of income)는 당기의 영업활동과 관련하여 비경상적이고 비반복적인 항목을 막론하고, 모두 손익계산서에 포함시켜, 순이익을 결정하여야 한다는 주장이다. 만일 비경상적이고 비반복적인 항목 등을 제외시키면, 오히려 불완전한 손익계산서가 작성될 수 있으며, 또한 현실적으로 경상항목과 비경상항목의 구분이 모호하기 때문에 당기업적주의에서는 손익계산서가 이익조작의 수단으로 악용될 가능성이 있다는 것이다. 따라서 정보이용자에게 기간손익의 모든 변동요인이 포함된 정보를 제공하여 정보이용자가 스스로 취사선택하여 사용하도록 하자는 것이다.

한국채택국제회계기준은 포괄주의를 채택하고 있으며, 일반기업회계기준은 한국채택국제회계기준 적용 전단계의 비상장기업에 적용하는 회계기준이므로, 당기업적주의와 포괄주의를 혼합시킨 신포괄주의를 채택하고 있다.

제 5 절 현금흐름표

1. 현금흐름표의 의의

현금흐름표(cash flow statement)란 일정한 기간 동안 현금흐름을 나타내는 표로서, 일정기간 기업의 현금이 어떻게 유출되고, 어떻게 유입되었는지를 표시하는 보고서이다. 최근에 이르러 정보이용자들의 의사결정과 관련하여, 기업의 현금흐름에 대한 정보의 중요성이 강조되고 있다.

재무상태표는 일정시점에 있어서 재무상태를 나타내고, 손익계산서는 일정기간에 있어서의 기업의 경영성과를 나타내는 반면에 현금흐름표는 일정기간에 현금변동상황의 정보를 제공하여 주는 재무제표이다.

재무제표 중 재무상태표나 손익계산서는 여러 항목이 발생기준에 의하여 측정되고 있기 때문에 배당금지급 능력이나 부채상환 능력 그리고 현금동원 능력을 평가하는 데 어려움이 있을 뿐만 아니라, 기업에 따라서는 상당수준의 당기순이익을 계상하고 있음에도 불구하고, 흑자도산하는 경우를 볼 수 있다. 그러므로 순이익은 일반적으로 인정하는 회계원칙에서 일정기간의 수익과 비용에 의하여 결정하지만, 이것이 현금의 유입과 유출을 의미하는 것은 아니다.

다시 말하면 손익계산서상의 비용 중 감가상각비 · 유가증권평가손실 · 영업권상각 · 대손상각비 등의 비용을 손익계산서상에 계상할 경우, 비용이 발생하였지만, 실제 현금의 유출이 발생된 것이 아니다. 그리고 재무상태표에서도 매출채권 · 매입채무 등의 자산과 부채로서 현금의 유입과 유출이 이루어진 것이 아니기 때문에, 기업이 특정회계기간에 많은 순이익이 발생하였다 하더라도, 배당금 지급능력과 부채상환 능력이 없든가 하면, 순손실표와 손익계산서상에 나타난 자료에 의하여 현실적인 현금의 흐름의 흐름이 반영하는 것이 아니므로, 기업의 지급능력에 관한 충분한 정보가 되지 못하고 있다. 그러나 현금흐름표는 일반적으로 자금은 어떻게 조달되고, 어떻게 사용하였는지, 기업의 자금지급능력은 어떠한지, 그리고 미래의 현금흐름의 예측에 유용한 정보를 제공해 주고 있다.

2. 현금흐름표의 필요성과 목적

(1) 현금흐름표의 필요성

재무상태표가 일정시점의 재무상태를 표시하고, 손익계산서가 기업이익의 발생원인과 결과를 표시하는 일정기간의 수익성에 관한 자료로서는 유용성이 있으나, 기업자금의 흐름에 관한 판단자료로서는 불충분하다. 왜냐하면 수익성은 한 회계기간을 통산하는 것이므로, 수개월간 손실이 발생하였다 하더라도 통산하여 이익이 있으면, 수익성은 유지되기 때문이다. 그러나 자금으로서 현금의 흐름은 매일 끊임없이 발생하는데, 만일 이때 현금의 유입액과 유출액간에 시간적 차이가 발생하면, 지급능력의 유지에 지장을 초래한다. 아무리 수익성이 높고 또한 채권이 채무보다 많은 경우에도 현금의 흐름이 단절될 때에는 도산할 수밖에 없다. 그러므로 현금흐름표는 현금의 유입과 유출에 관한 정보를 제공하는 중요한 자료가 되는 것이다.

(2) 현금흐름표의 목적

현금흐름표의 주된 목적은 기업실체의 한 회계기간 동안에 발생한 현금의 유입액과 유출액에 관한 정보를 제공하는 것이다. 다시 말해서 한 회계기간 동안의 영업활동과 투자활동 및 재무활동으로부터의 현금흐름에 관한 정보를 제공함으로써, 기업실체의 이해관계자들이 기업에 관한 다음과 같은 판단을 하는 데 도움을 주고자 하는 것이다.

① 미래 현금흐름의 창출능력에 대한 평가
② 부채의 상환능력 및 배당금의 지급능력에 대한 평가
③ 당기순이익과 영업활동에서 조달된 현금액간의 차이 발생원인에 대한 평가
④ 현금 또는 비현금투자활동 및 재무적 거래가 기업의 재무상태에 미치는 영향에 대한 평가

3. 현금 · 현금성자산의 범위

현금흐름표상에서 현금이란 재무상태표의 '현금 · 현금성자산'에 현재로서는 현금이 아니지만, 조만간에 현금으로 전환될 수 있는 단기 화폐성자산을 포함한 광의의 개념이다. 단기 화폐성자산은 현금성자산을 말하며, 일반기업회계기준에 의하면,

현금성자산이란 현금의 단기적 운용을 목적으로 한 유동성이 높은 유가증권으로서 첫째, 많은 거래비용 없이 현금으로 전환이 용이하고, 둘째 이자율변동에 따른 가치변동의 위험부담

이 적은 것 등의 조건을 충족하는 것을 말하며, 그 예는 다음과 같다(다만, 상환조건이 없는 주식 등은 제외한다).

① 취득 당시의 만기가 3개월 이내에 도래하는 채권

② 취득 당시 상환일까지의 기간이 3개월 이내인 상환우선주

③ 환매채(3개월 이내의 환매조건)

4. 현금흐름표의 구분 표시

현금흐름표는 영업활동으로 인한 현금흐름, 투자활동으로 인한 현금흐름, 재무활동으로 인한 현금흐름으로 구분 표시하고, 이에 기초의 현금을 가산하여 기말의 현금을 산출하는 형식으로 표시한다.

1) 영업활동으로 인한 현금흐름

영업활동이란 일반적으로 제품의 생산과 상품 및 용역의 구매·판매활동을 말하며, 투자활동과 재무활동에 속하지 아니하는 거래를 모두 포함한다.

영업활동으로 인한 현금의 유입은 제품 등의 판매에 따른 현금유입(매출채권의 회수 포함)은 이자수익과 배당수익, 기타 투자활동과 재무활동에 속하지 아니하는 거래에서 발생된 현금유입이 포함된다.

영업활동으로 인한 현금의 유출에는 원재료·상품 등의 구입에 따른 현금유출(매입채무의 결제포함), 기타 상품과 용역의 공급자와 종업원에 대한 현금지출, 법인세비용(설비자산의 처분에 따른 특별부가세 제외)의 지급, 이자비용, 기타 투자활동과 재무활동에 속하지 아니하는 거래에서 발생된 현금유출이 포함된다.

영업활동으로 인한 현금흐름의 표시방법으로는 직접법과 간접법이 있다.

① 직접법(direct method)

현금을 수반하여 발생하는 수익 또는 비용항목을 표시하되, 현금유입은 원천별로 현금유출액은 용도별로 분류하여 표시하는 방법을 말한다. 이 경우 현금을 수반하여 발생하는 수익·비용항목을 원천적으로 구분하여 직접 계산하는 방법 또는 매출과 매출원가에 현금의 유출 유입이 없는 항목과 재고자산, 매출채권, 매입채무의 증감을 가감하여 계산하는 방법을 말한다.

② 간접법(indirect method)

당기순이익 또는 당기순손실에 현금의 유출이 없는 비용 등을 가산하고, 현금유입이 없는 수익 등을 차감하여, 영업활동으로 인한 자산·부채의 변동을 가감하여 표시하는 방법이다.

2) 투자활동으로 인한 현금흐름

투자활동이라 함은 현금의 대여와 회수활동, 유가증권(현금성자산 제외)·투자자산·유형자산 및 무형자산의 취득과 처분활동 등을 말하고, 투자활동으로 인한 현금의 유입에는 대여금의 회수, 유가증권·투자자산·유형자산 및 무형자산의 처분 등이 포함된다.

투자활동으로 인한 현금의 유입에는 현금의 대여, 유가증권·투자자산·유형자산 및 무형자산의 취득에 따른 현금유출로서, 취득 직전 또는 직후의 지급액(자본화되는 이자비용 포함) 등이 포함된다.

3) 재무활동으로 인한 현금흐름

재무활동이라 함은 현금의 차입 및 상환 활동, 신주발행이나 배당금의 지급 활동과 같이 부채 및 자본계정에 영향을 미치는 거래를 말한다. 재무활동으로 인한 현금의 유입에는 단기차입금, 장기차입금, 어음, 사채의 발행, 주식의 발행 등이 포함된다. 재무활동으로 인한 현금의 유출에는 배당금의 지급, 유상감자, 자기주식의 취득, 차입금의 상환, 자산의 취득에 따른 부채의 지급 등이 포함된다.

4) 주석사항

① 현금유입과 유출이 없는 거래

기업의 활동에 있어서 현금의 유입은 대단히 중요시하고 있으나 실제로 현금을 수반하지 않고 일어나는 거래들이 많이 있는데, 예를 들면 다음과 같다.

ⓐ 현물출자로 인한 유형자산의 취득
ⓑ 유형자산의 연불구입 및 매각
ⓒ 자산재평가
ⓓ 무상증자와 무상감자
ⓔ 주식배당
ⓕ 전환사채의 전환 등 현금의 유입과 유출이 없는 거래 중 중요한 거래

② 현금흐름표에서의 현금과 재무상태표상의 현금과 예금의 차이 및 내용

③ 영업활동으로 인한 현금흐름은 직접법으로 작성하는 경우에는 당기순손실과 당기순이익에 가감할 항목에 관한 사항

5. 현금흐름표의 작성

1) 직접법과 간접법

현금흐름표는 보고하는 형식에 따라서 직접법과 간접법을 구분하여 표시하는데, 직접법은 영업활동과 관련하여 현금을 수반하여 발생한 수익 또는 비용항목을 총액으로 표시하되, 현금유입액은 원천별로, 현금유출액은 용도별로 분류하여 표시하는 방법이다. 이 경우에 현금을 수반하여 발생하는 수익・비용항목을 원천별로 구분하여 직접 계산하는 방법 또는 매출과 매출원가에 현금의 유입・유출이 없는 항목과 재고자산・매출채권・매입채무의 증감을 가감하여 계산하는 방법으로 한다.

간접법이라 함은 당기순이익 또는 당기순손실에 현금의 유출이 없는 비용 등을 가산하고 현금의 유입이 없는 수익 등을 차감하여, 영업활동으로 인한 자산・부채의 변동을 가감하여 표시하는 방법을 말한다.

[직접법]

현 금 흐 름 표

20××년 1월 1일부터
20××년 12월 31일까지

1. 영업활동으로 인한 현금흐름	×××
2. 투자활동으로 인한 현금흐름	×××
1) 투자활동으로 인한 현금유입액	×××
2) 투자활동으로 인한 현금유출액	(×××)
3. 재무활동으로 인한 현금흐름	×××
1) 재무활동으로 인한 현금유입액	×××
2) 재무활동으로 인한 현금유출액	(×××)
4. 현금의 증가(감소) (1+2+3)	×××
5. 기초의 현금	×××
6. 기말의 현금	×××

[간접법]

현 금 흐 름 표

20××년 1월 1일부터
20××년 12월 31일까지

1. 영업활동으로 인한 현금흐름	×××
1) 당기순이익(손실)	×××
2) 현금유출이 없는 비용 등 가산	×××
3) 현금유입이 없는 수익 등 차감	(×××)
2. 투자활동으로 인한 현금흐름	×××
1) 투자활동으로 인한 현금유입액	×××
2) 투자활동으로 인한 현금유출액	(×××)
3. 재무활동으로 인한 현금흐름	×××
1) 재무활동으로 인한 현금유입액	×××
2) 재무활동으로 인한 현금유출액	(×××)
4. 현금의 증가(감소) (1+2+3)	×××
5. 기초의 현금	×××
6. 기말의 현금	×××

[예제 12-6] 200×년 1월 1일에 여주(주)를 창립하여 영업을 시작하였다. 200×년 12월 31일 기말에 현금흐름표를 다음 자료에 의하여 직접법과 간접법에 의하여 작성하시오.

비 교 대 차 대 조 표

계 정 과 목	20××년 12월 31일	20××년 1월 1일	증(감)액
자 산			
현 금 과 예 금	696,000	0	696,000
매 출 채 권	300,000	0	300,000
합 계	996,000	0	996,000
부 채 · 자 본			
매 입 채 무	84,000	0	84,000
자 본 금	600,000	0	600,000
당 기 순 이 익	312,000	0	312,000
합 계	996,000	0	996,000

<u>손 익 계 산 서</u>
20××년 1월 1일부터
20××년 12월 31일까지

계 정 과 목	금 액
매 출 액	1,176,000
영 업 비	804,000
법인세비용차감전순이익	372,000
법 인 세 비 용	60,000
당 기 순 이 익	312,000

직접법에 의한 현금흐름의 유입 · 유출 계산

(1) 영업활동으로 인한 현금흐름의 계산

① 현금유입액은 매출액총액에서 매출채권을 차감한 금액이다.

매출액 ₩1,176,000-매출채권 ₩300,000=현금유입액 ₩876,000

② 현금유출액은 영업활동의 비용에서 미지급비용을 차감한 금액이다.

영업비 ₩804,000-매입채무 ₩84,000=현금유출액 ₩720,000

③ 법인세비용은 현금유출액으로 ₩60,000이 계상된다.

(2) 투자활동으로 인한 현금흐름은 발생하지 않아 현금유출입은 없다.

(3) 재무활동으로 인한 현금흐름의 계산

재무활동에 의한 현금유입은 ₩600,000이다.

※ 배당금은 당해연도에 이익잉여금은 당기말처리전이익잉여금을 계상하지 않고, 다음 기의 현금흐름으로 간주되어 당기의 현금흐름표에서는 제외된다.

[풀이]

[직접법]

<u>현 금 흐 름 표</u>
200×년 1월 1일부터
200×년 12월 31일까지

1. 영업활동으로 인한 현금흐름		96,000
1) 수익으로부터의 현금유입액	876,000	
2) 영업비에 대한 현금유출액	(720,000)	
3) 법인세비용 지급액	(60,000)	
2. 투자활동으로 인한 현금흐름		0
3. 재무활동으로 인한 현금흐름		
1) 재무활동으로 인한 현금유입액		600,000
① 주식의 발행	600,000	
4. 현금의 증가		696,000
5. 기 초 현 금		0
6. 기 말 현 금		696,000

간접법에 의한 현금흐름의 유입·유출 계산

간접법은 발생주의에 의하여 산출된 손익계산서상의 당기순이익으로부터 영업활동으로 인한 현금흐름으로 영향을 주지 않는 항목을 조정하는 현금주의에 의한 계산법이다.

(1) 영업활동으로 인한 현금흐름의 계산

① 매출채권은 현금유입이 되지 않았으나, 당기순이익에 가산하였으므로 유입되지 않은 대금 ₩300,000은 당기순이익에 차감하여야 한다.

② 매입채무는 현금유출이 되지 않았으나 당기순이익에서 차감하였으므로 유출되지 않은 대금 ₩84,000은 당기순이익에 가산하여야 한다.

(2) 투자활동으로 인한 현금흐름은 발생하지 않아 현금유출이 없다.

(3) 재무활동으로 인한 현금흐름의 계산

① 재무활동에 의한 현금유입은 ₩600,000이다.

② 배당금과 이익잉여금의 처리 및 투자활동으로 인한 현금흐름과 재무활동의 현금흐름의 계산 및 회계처리는 직접법과 동일하다.

[풀이]

[간접법]

현 금 흐 름 표

20××년 1월 1일부터

20××년 12월 31일까지

1. 영업활동으로 인한 현금흐름		96,000
1) 당기순이익	312,000	
2) 현금유출이 없는 매입채무	84,000	
3) 현금유입이 없는 매출채권	(300,000)	
2. 투자활동으로 인한 현금흐름		0
3. 재무활동으로 인한 현금흐름		
1) 재무활동으로 인한 현금유입액		600,000
① 주식의 발생	600,000	
4. 현금의 증가		696,000
5. 기 초 현 금		0
6. 기 말 현 금		696,000

연 습 문 제

1. 여주상사의 다음 경영성과에 의하여 보고식 손익계산서를 작성하시오.

[수익 · 비용항목]

매출	5,600,000	기초상품재고액	620,000
기말상품재고액	560,000	급여	184,000
감가상각비	35,000	보험료	36,000
영업권상각비	10,000	이자수익	166,000
이자비용	50,000	단기매매증권처분손실	10,000
잡손실	14,000	대손충당금환입	40,000
재해손실	18,000	투자자산처분손실	80,000
매입	2,300,000	수수료수익	64,000
퇴직급여	30,000	기부금	15,000
대손상각비	20,000	사채상환이익	30,000
법인세비용	730,000		

2. 여주상사의 계정잔액을 자료로, 보고식 재무상태표를 작성하시오(단, 전기분 재무상태표는 생략한다).

[계정잔액]

현금	117,000	단기금융상품	160,000
장기금융상품	20,000	장기차입금	150,000
자본금	750,000	영업권	15,000
전신 · 전화가입권	12,500	건물감가상각누계액	150,000
예수금	49,000	창업비	10,000
사채할인발행차금	15,000	감채적립금	25,000
부가가치세예수금	2,000	이월이익잉여금	49,500
사채	500,000	외상매출금대손충당금	6,000
받을어음	275,000	비품감가상각누계액	18,000
주식발행초과금	385,000	상품	345,000
외상매출금	300,000	개발비	7,500
받을어음대손충당금	5,500	외상매입금	190,000
단기매매증권	100,000	건물	750,000
별도적립금	20,000	미지급금	30,000
사업확장적립금	20,000	미지급법인세	16,000
배당평균적립금	17,500	이익준비금	45,000
지급어음	105,000	비품	60,000

3. 여주상사의 제5기(2010년 1월 1일~2010년 12월 31일)의 기말총계정원장 잔액과 기말정리사항과 이익처분안에 의하여 보고식손익계산서, 이익잉여금처분계산서, 보고식 재무상태표를 작성하시오.

자료 1. 총계정원장 잔액

계정과목	금액	계정과목	금액
현금	2,920,000	개발비	60,000
단기매매증권	4,800,000	지급어음	800,000
받을어음	5,000,000	사채	4,000,000
받을어음대손충당금	60,000	장기차입금	2,000,000
장기금융상품	2,600,000	당좌예금	5,200,000
전신전화가입권	900,000	외상매출금	7,200,000
건물	6,000,000	외상매출금대손충당금	84,000
건물감가상각누계액	1,200,000	이월상품	3,400,000
영업권	400,000	투자유가증권	4,000,000
이익준비금	190,000	세금과공과	260,000
이월이익잉여금	110,000	광고선전비	480,000
매출에누리와환입	160,000	이자비용	240,000
보험차익	280,000	재해손실	200,000
급여	2,000,000	감자차익	1,600,000
보험료	240,000	잡비	160,000
법인세비용	440,000	영업보증금	2,000,000
비품	800,000	주식발행초과금	84,000
비품감가상각누계액	160,000	사업확장적립금	200,000
창업비	180,000	매출	16,892,000
외상매입금	2,800,000	배당금수익	660,000
차입금	480,000	매입	9,200,000
사채할인발행차금	120,000	여비교통비	480,000
자본금	28,000,000	사채이자	160,000

자료 2. 기말정리사항

(1) 기말상품재고액 ₩3,900,000
(2) 단기매매증권 신 평가액 ₩2,000,000
(3) 외상매출금과 받을 어음에 대하여 2%의 대손을 예상
(4) 영업권 상각액 ₩200,000 예상
(5) 건물감가상각비 ₩600,000 계상
(6) 비품감가상각비 ₩80,000 계상
(7) 보험료 선급액 ₩80,000 계상
(8) 차입금 이자 선급액 ₩60,000 계상
(9) 사채이자 미지급액 ₩160,000 계상
(10) 창업비 상각액 ₩60,000 계상
(11) 개발비 상각액 ₩20,000 계상

(12) 사채 할인발행차금 상각액 ₩24,000 계상
(13) 당기 법인세 등 추산액 ₩740,000

자료 3. 당기말 이익처분내역
이익준비금 ₩160,000 　 사업확장적립금 ₩200,000
주주배당금 ₩1,600,000 (금전배당) 잔액은 차기로 이월

4. 여주상사 제13기의 다음 자료에 의하여 이익잉여금처분계산서를 작성하고, (1) 당기순손익계상, (2) 임의적립금이입액, (3) 이익잉여금처분에 관한 분개를 표시하시오.

Ⅰ. 처분전이익잉여금

전기이월 이익잉여금	₩1,500,000	당기순이익	₩4,750,000
전기오류 수정이익	₩125,000		

Ⅱ. 임의적립금 이입액

배아평균적립금	₩900,000	별도적립금	₩1,350,000

Ⅲ. 이익잉여금 처분액

이익준비금	₩450,000	재무구조개선적립금	₩1,050,000
주주배당금	₩4,500,000	사업확장적립금	₩1,500,000
퇴직급여적립금	₩750,000	주식할인발행차금상각	₩225,000

5. 여주상사의 다음 자료에 의하여 결손금처리계산서를 작성하고, 주어진 분개를 표시하시오.

[자료]

Ⅰ. 처리전 결손금
(1) 전기이월결손금 ₩2,000,000
(2) 전기오류수정손실 ₩500,000
(3) 당기순손실 ₩5,000,000

Ⅱ. 결손금 처리액
(1) 배당평균적립금 이입액 ₩1,000,000
(2) 결손보전적립금 이입액 ₩2,500,000
(3) 이익준비금 이입액 ₩2,000,000
(4) 재평가적립금 이입액 ₩450,000
(5) 자본준비금 이입액 ₩1,200,000

6. 다음 자료에 의하여 직접법 및 간접법에 의한 현금흐름표를 완성하시오.

[자료 1]

재무상태표

	2010. 12. 31	2011. 12. 31
현금및현금등가물	₩1,000	1,400
매출채권	2,000	1,500
대손충당금	(200)	(300)
재고자산	1,200	1,000
투자유가증권	800	1,200
	4,800	4,800
매입채무	1,200	1,600
미지급배당금	400	400
장기차입금	1,600	800
자본금	1,400	1,400
이익잉여금	200	600
	4,800	4,800

[자료 2] 2011년도 손익계산서

매출	2,000
매출원가	(1,200)
급여	(200)
대손상각비	(100)
배당금수익	400
이자비용	(100)
당기순이익	800

[자료 3] 추가정보

1. 투자유가증권취득 ₩400
2. 차입금상환 ₩800
3. 배당금지급 ₩400

7. 다음은 (주)여주상사의 2010년과 2011년의 요약재무제표이다. 현금흐름표를 간접법과 직접법으로 작성하시오.

1. 비교재무상태표

계 정 과 목	2010년	2011년
현금및현금등가물	6,200	9,200
매출채권	5,200	7,200
재고자산	7,600	6,400
건물	6,800	7,400
감가상각누계액	(4,600)	(4,800)
투자자산	5,600	5,200
계	26,800	30,600
매입채무	3,600	4,800
미지급비용	1,200	800
미지급배당금	1,600	2,000
사채	6,000	5,600
자본금	6,800	7,600
이익잉여금	7,600	9,800
계	26,800	30,600

2. 손익계산서

Ⅰ. 매출		27,600
Ⅱ. 매출원가		18,800
Ⅲ. 매출총이익		8,800
Ⅳ. 판매비와관리비		4,600
1. 판매비	1,800	
2. 관리비	2,600	
3. 감가상각비	200	
Ⅴ. 당기순이익		4,200

3. 추가정보

(1) 2011년 동안 비유동거래에서는 손익이 발생하지 않았다.

(2) 2011년 현금배당으로 ₩2,000을 의결하였다.

부 록

◆현가표

〈부표-1〉 복리이자요소

〈부표-2〉 연금의 복리이자요소

〈부표-3〉 현가이자요소

〈부표-4〉 연금의 현가이자요소

◆일반기업회계기준(재무제표의 작성과 표시 Ⅰ)

<부표-1> 복리이자요소($CVIF$)

$CVIF = (1+i)^n$ (n = 기간, i = 기간당 이자율)

n/i	1.0	1.5	2.0	2.5	3.0	3.5	4.0	4.5	5.0	5.5
1	1.01000	1.01500	1.02000	1.02500	1.03000	1.03500	1.04000	1.04500	1.05000	1.05500
2	1.02010	1.03022	1.04040	1.05062	1.06090	1.07122	1.08160	1.09202	1.10250	1.11302
3	1.03030	1.04568	1.06121	1.07689	1.09273	1.10872	1.12486	1.14117	1.15762	1.17424
4	1.04060	1.06136	1.08243	1.10381	1.12551	1.14752	1.16986	1.19252	1.21551	1.23882
5	1.05101	1.07728	1.10408	1.13141	1.15927	1.18769	1.21665	1.24618	1.27628	1.30696
6	1.06152	1.09344	1.12616	1.15969	1.19405	1.22926	1.26532	1.30226	1.34010	1.37884
7	1.07214	1.10984	1.14869	1.18869	1.22987	1.27228	1.31593	1.36086	1.40710	1.45468
8	1.08286	1.12649	1.17166	1.21840	1.26677	1.31681	1.36857	1.42210	1.47746	1.53469
9	1.09369	1.14339	1.19509	1.24886	1.30477	1.36290	1.42331	1.48609	1.55133	1.61909
10	1.10462	1.16054	1.21899	1.28008	1.34392	1.41060	1.48024	1.55297	1.62889	1.70814
11	1.11567	1.17795	1.24337	1.31209	1.38423	1.45997	1.53945	1.62285	1.71034	1.80209
12	1.12682	1.19562	1.26824	1.34489	1.42576	1.51107	1.60103	1.69588	1.79586	1.90121
13	1.13809	1.21355	1.29361	1.37851	1.46853	1.56396	1.66507	1.77220	1.88565	2.00577
14	1.14947	1.23176	1.31948	1.41297	1.51259	1.61869	1.73168	1.85194	1.97993	2.11609
15	1.16097	1.25023	1.34587	1.44830	1.55797	1.67535	1.80094	1.93528	2.07893	2.23248
16	1.17258	1.26899	1.37279	1.48451	1.60471	1.73399	1.87298	2.02237	2.18287	2.35526
17	1.18430	1.28802	1.40024	1.52162	1.65285	1.79468	1.94790	2.11338	2.29202	2.48480
18	1.19615	1.30734	1.42825	1.55966	1.70243	1.85749	2.02582	2.20848	2.40662	2.62147
19	1.20811	1.32695	1.45681	1.59865	1.75351	1.92250	2.10685	2.30786	2.52695	2.76565
20	1.22019	1.34685	1.48595	1.63862	1.80611	1.98979	2.19112	2.41171	2.65330	2.91776

n/i	6.0	6.5	7.0	7.5	8.0	8.5	9.0	9.5	10.0	10.5
1	1.06000	1.06500	1.07000	1.07500	1.08000	1.08500	1.09000	1.09500	1.10000	1.10500
2	1.12360	1.13422	1.14490	1.15562	1.16640	1.17722	1.18810	1.19902	1.21000	1.22102
3	1.19102	1.20795	1.22504	1.24230	1.25971	1.27729	1.29503	1.31293	1.33100	1.34923
4	1.26248	1.28647	1.31080	1.33547	1.36049	1.38586	1.41158	1.43766	1.46410	1.49090
5	1.33823	1.37009	1.40255	1.43563	1.46933	1.50366	1.53862	1.57424	1.61051	1.64745
6	1.41852	1.45914	1.50073	1.54330	1.58687	1.63147	1.67710	1.72379	1.77156	1.82043
7	1.50363	1.55399	1.60578	1.65905	1.71382	1.77014	1.82804	1.88755	1.94872	2.01157
8	1.59385	1.65500	1.71819	1.78348	1.85093	1.92060	1.99256	2.06687	2.14359	2.22279
9	1.68948	1.76257	1.83846	1.91724	1.99900	2.08386	2.17189	2.26322	2.35795	2.45618
10	1.79085	1.87714	1.96715	2.06103	2.15892	2.26098	2.36736	2.47823	2.59374	2.71408
11	1.89830	1.99915	2.10485	2.21561	2.33164	2.45317	2.58043	2.71366	2.85312	2.99906
12	2.01220	2.12910	2.25219	2.38178	2.51817	2.66169	2.81266	2.97146	3.13843	3.31369
13	2.13293	2.26749	2.40984	2.56041	2.71962	2.88793	3.06580	3.25374	3.45227	3.66193
14	2.26090	2.41487	2.57853	2.75244	2.93719	3.13340	3.34173	3.56285	3.79750	4.04643
15	2.39656	2.57184	2.75903	2.95888	3.17217	3.39974	3.64248	3.90132	4.17725	4.47130
16	2.54053	2.73901	2.95216	3.18079	3.42594	3.68872	3.97030	4.27195	4.59497	4.94079
17	2.69277	2.91705	3.15881	3.41935	3.70002	4.00226	4.32763	4.67778	5.05447	5.45957
18	2.85434	3.10665	3.37993	3.67580	3.99602	4.34245	4.71712	5.12217	5.55992	6.03283
19	3.02560	3.30859	3.61653	3.95149	4.31570	4.71156	5.14166	5.60878	6.11591	6.66627
20	3.20713	3.52364	3.86968	4.24785	4.66096	5.11204	5.60441	6.14161	6.72750	7.36623

복리이자요소($CVIF$)

n/i	11.0	11.5	12.0	12.5	13.0	13.5	14.0	14.5	15.0	15.5
1	1.11000	1.11500	1.12000	1.12500	1.13000	1.13500	1.14000	1.14500	1.15000	1.15500
2	1.23210	1.24322	1.25440	1.26562	1.27690	1.28822	1.29960	1.31102	1.32250	1.33402
3	1.36763	1.38620	1.40493	1.42383	1.44290	1.46214	1.48154	1.50112	1.52087	1.54080
4	1.51807	1.54561	1.57352	1.60181	1.63047	1.65952	1.68896	1.71879	1.74901	1.77962
5	1.68506	1.72335	1.76234	1.80203	1.84244	1.88356	1.92541	1.96801	2.01136	2.05546
6	1.87041	1.92154	1.97382	2.02729	2.08195	2.13784	2.19497	2.25337	2.31306	2.37406
7	2.07616	2.14252	2.21068	2.28070	2.35261	2.42645	2.50227	2.58011	2.66002	2.74204
8	2.30454	2.38891	2.47596	2.56578	2.65844	2.75402	2.85259	2.95423	3.05902	3.16706
9	2.55804	2.66363	2.77308	2.88651	3.00404	3.12581	3.25195	3.38259	3.51788	3.65795
10	2.83942	2.96995	3.10585	3.24732	3.39457	3.54780	3.70722	3.87306	4.04556	4.22493
11	3.15176	3.31149	3.47855	3.65324	3.83586	4.02675	4.22623	4.43466	4.65239	4.87980
12	3.49845	3.69231	3.89598	4.10989	4.33452	4.57036	4.81790	5.07768	5.35025	5.63617
13	3.88328	4.11693	4.36349	4.62363	4.89801	5.18736	5.49241	5.81395	6.15279	6.50977
14	4.31044	4.59037	4.88711	5.20158	5.53475	5.88765	6.26135	6.65697	7.07570	7.51879
15	4.78459	5.11827	5.47356	5.85178	6.25427	6.68248	7.13794	7.62223	8.13706	8.68420
16	5.31089	5.70687	6.13039	6.58325	7.06732	7.58462	8.13725	8.72746	9.35762	10.03025
17	5.89509	6.36316	6.86604	7.40615	7.98608	8.60854	9.27646	9.99294	10.76126	11.58494
18	6.54355	7.09492	7.68996	8.33192	9.02427	9.77069	10.57517	11.44191	12.37545	13.38060
19	7.26334	7.91084	8.61276	9.37341	10.19742	11.08974	12.05569	13.10099	14.23177	15.45459
20	8.06231	8.82058	9.64629	10.54509	11.52309	12.58685	13.74348	15.00063	16.36653	17.85005

n/i	16.0	16.5	17.0	17.5	18.0	18.5	19.0	19.5	20.0	20.5
1	1.16000	1.16500	1.17000	1.17500	1.18000	1.18500	1.19000	1.19500	1.20000	1.20500
2	1.34560	1.35722	1.36890	1.38062	1.39240	1.40422	1.41610	1.42802	1.44000	1.45202
3	1.56090	1.58117	1.60161	1.62223	1.64303	1.66401	1.68516	1.70649	1.72800	1.74969
4	1.81064	1.84206	1.87389	1.90613	1.93878	1.97185	2.00534	2.03926	2.07360	2.10838
5	2.10034	2.14600	2.19245	2.23970	2.28776	2.33664	2.38635	2.43691	2.48832	2.54059
6	2.43640	2.50009	2.56516	2.63164	2.69955	2.76892	2.83976	2.91211	2.98598	3.06141
7	2.82622	2.91260	3.00124	3.09218	3.18547	3.28117	3.37931	3.47997	3.58318	3.68900
8	3.27841	3.39318	3.51145	3.63331	3.75886	3.88818	4.02138	4.15856	4.29982	4.44525
9	3.80296	3.95306	4.10840	4.26914	4.43545	4.60750	4.78545	4.96948	5.15978	5.35653
10	4.41143	4.60531	4.80683	5.01624	5.23383	5.45988	5.69468	5.93853	6.19173	6.45461
11	5.11726	5.36519	5.62399	5.89409	6.17592	6.46996	6.77667	7.09654	7.43008	7.77781
12	5.93603	6.25045	6.58007	6.92555	7.28759	7.66690	8.06424	8.48037	8.91610	9.37226
13	6.88579	7.28177	7.69868	8.13752	8.59936	9.08528	9.59645	10.13404	10.69932	11.29357
14	7.98752	8.48326	9.00745	9.56159	10.14724	10.76606	11.41977	12.11018	12.83918	13.60876
15	9.26552	9.88300	10.53872	11.23487	11.97374	12.75778	13.58953	14.47166	15.40701	16.39855
16	10.74800	11.51369	12.33030	13.20097	14.12902	15.11797	16.17154	17.29364	18.48842	19.76025
17	12.46768	13.41345	14.42645	15.51114	16.67224	17.91479	19.24413	20.66589	22.18610	23.81111
18	14.46251	15.62667	16.87895	18.22558	19.67324	21.22903	22.90051	24.69574	26.62332	28.69238
19	16.77651	18.20507	19.74837	21.41506	23.21443	25.15640	27.25161	29.51141	31.94798	34.57432
20	19.46075	21.20891	23.10559	25.16270	27.39302	29.81033	32.42941	35.26614	38.33758	41.66205

복리이자요소($CVIF$)

n/i	21.0	21.5	22.0	22.5	23.0	23.5	24.0	24.5	25.0	25.5
1	1.21000	1.21500	1.22000	1.22500	1.23000	1.23500	1.24000	1.24500	1.25000	1.25500
2	1.46410	1.47622	1.48840	1.50062	1.51290	1.52522	1.53760	1.55002	1.56250	1.57502
3	1.77156	1.79361	1.81585	1.83827	1.86087	1.88365	1.90662	1.92978	1.95312	1.97666
4	2.14359	2.17924	2.21533	2.25188	2.28887	2.32631	2.36421	2.40258	2.44141	2.48070
5	2.59374	2.64778	2.70271	2.75855	2.81531	2.87299	2.93162	2.99121	3.05176	3.11328
6	3.13843	3.21705	3.29730	3.37922	3.46283	3.54815	3.63521	3.72405	3.81470	3.90717
7	3.79750	3.90871	4.02271	4.13954	4.25928	4.38196	4.50767	4.63645	4.76837	4.90350
8	4.59497	4.74909	4.90771	5.07094	5.23891	5.41172	5.58951	5.77238	5.96046	6.15389
9	5.55992	5.77014	5.98740	6.21190	6.44386	6.68348	6.93099	7.18661	7.45058	7.72313
10	6.72750	7.01072	7.30463	7.60958	7.92594	8.25409	8.59442	8.94733	9.31322	9.69253
11	8.14027	8.51803	8.91165	9.32174	9.74891	10.19381	10.65708	11.13942	11.64153	12.16412
12	9.84973	10.34940	10.87221	11.41913	11.99116	12.58935	13.21478	13.86858	14.55191	15.26597
13	11.91817	12.57452	13.26410	13.98843	14.74913	15.54785	16.38633	17.26638	18.18989	19.15880
14	14.42099	15.27804	16.18220	17.13583	18.14143	19.20159	20.31905	21.49665	22.73736	24.04429
15	17.44940	18.56282	19.74228	20.99139	22.31395	23.71397	25.19562	26.76332	28.42170	30.17558
16	21.11377	22.55383	24.08558	25.71445	27.44616	29.28675	31.24257	33.32034	35.52712	37.87036
17	25.54766	27.40290	29.38441	31.50020	33.75878	36.16913	38.74078	41.48382	44.40890	47.52730
18	30.91267	33.29452	35.84897	38.58774	41.52330	44.66888	48.03857	51.64735	55.51113	59.64675
19	37.40433	40.45284	43.73575	47.26998	51.07365	55.16606	59.56783	64.30095	69.38891	74.85667
20	45.25924	49.15020	53.35761	57.90572	62.82059	68.13008	73.86410	80.05468	86.73613	93.94512

n/i	26.0	26.5	27.0	27.5	28.0	28.5	29.0	29.5	30.0	30.5
1	1.26000	1.26500	1.27000	1.27500	1.28000	1.28500	1.29000	1.29500	1.30000	1.30500
2	1.58760	1.60022	1.61290	1.62562	1.63840	1.65122	1.66410	1.67702	1.69000	1.70302
3	2.00038	2.02428	2.04838	2.07267	2.09715	2.12182	2.14669	2.17175	2.19700	2.22245
4	2.52047	2.56072	2.60145	2.64266	2.68435	2.72654	2.76923	2.81241	2.85610	2.90029
5	3.17580	3.23931	3.30384	3.36939	3.43597	3.50361	3.57230	3.64207	3.71293	3.78488
6	4.00150	4.09773	4.19587	4.29597	4.39805	4.50214	4.60827	4.71649	4.82681	4.93927
7	5.04189	5.18362	5.32876	5.47736	5.62950	5.78525	5.94467	6.10785	6.27485	6.44575
8	6.35279	6.55729	6.76752	6.98363	7.20576	7.43404	7.66863	7.90966	8.15730	8.41170
9	8.00451	8.29497	8.59475	8.90413	9.22337	9.55274	9.89253	10.24301	10.60450	10.97727
10	10.08568	10.49313	10.91533	11.35277	11.80591	12.27527	12.76136	13.26470	13.78584	14.32534
11	12.70796	13.27381	13.86247	14.47478	15.11157	15.77372	16.46215	17.17779	17.92160	18.69457
12	16.01203	16.79137	17.60534	18.45534	19.34280	20.26923	21.23618	22.24524	23.29807	24.39641
13	20.17515	21.24108	22.35878	23.53056	24.75879	26.04596	27.39467	28.80758	30.28749	31.83731
14	25.42069	26.86997	28.39565	30.00146	31.69125	33.46906	35.33912	37.30582	39.37374	41.54769
15	32.03007	33.99051	36.06248	38.25186	40.56480	43.00774	45.58746	48.31103	51.18586	54.21973
16	40.35789	42.99799	45.79935	48.77112	51.92294	55.26495	58.80783	62.56278	66.54161	70.75675
17	50.85094	54.39245	58.16517	62.18318	66.46136	71.01545	75.86209	81.01880	86.50410	92.33755
18	64.07218	68.80645	73.86976	79.28355	85.07053	91.25485	97.86210	104.91934	112.45532	120.50050
19	80.73095	87.04016	93.81460	101.08652	108.89028	117.26248	126.24210	135.87054	146.19191	157.25314
20	101.72099	110.10579	119.14453	128.88531	139.37955	150.68228	162.85230	175.95234	190.04947	205.21534

<부표-2> 연금의 복리이자요소($CVIF_a$)

$$CVIF_a = \frac{(1+i)^n - 1}{i}$$

n/i	1.0	1.5	2.0	2.5	3.0	3.5	4.0	4.5	5.0	5.5
1	1.00000	1.00000	1.00000	1.00000	1.00000	1.00000	1.00000	1.00000	1.00000	1.00000
2	2.01000	2.01500	2.02000	2.02500	2.03000	2.03500	2.04000	2.04500	2.05000	2.05500
3	3.03010	3.04522	3.06040	3.07562	3.09090	3.10622	3.12160	3.13702	3.15250	3.16802
4	4.06040	4.09090	4.12161	4.15252	4.18363	4.21494	4.24646	4.27819	4.31012	4.34227
5	5.10100	5.15227	5.20404	5.25633	5.30914	5.36247	5.41632	5.47071	5.52563	5.58109
6	6.15210	6.22955	6.30812	6.38774	6.46841	6.55015	6.63298	6.71689	6.80191	6.88805
7	7.21353	7.32299	7.43428	7.54743	7.66246	7.77941	7.89829	8.01915	8.14201	8.26689
8	8.28567	8.43284	8.58297	8.73612	8.89234	9.05169	9.21423	9.38001	9.54911	9.72157
9	9.36853	9.55933	9.75463	9.95452	10.15911	10.36850	10.58279	10.80211	11.02656	11.25626
10	10.46221	10.70272	10.94972	11.20338	11.46388	11.73139	12.00611	12.28821	12.57789	12.87535
11	11.56683	11.86326	12.16871	12.48347	12.80779	13.14199	13.48635	13.84118	14.20679	14.58350
12	12.68250	13.04121	13.41209	13.79555	14.19203	14.60196	15.02580	15.46403	15.91713	16.38559
13	13.80933	14.23683	14.68033	15.14044	15.61779	16.11303	16.62684	17.15991	17.71298	18.28680
14	14.94742	15.45038	15.97394	16.51895	17.08632	17.67699	18.29191	18.93211	19.59863	20.29257
15	16.09689	16.68214	17.29342	17.93192	18.59891	19.29568	20.02359	20.78405	21.57856	22.40866
16	17.25786	17.93237	18.63928	19.38022	20.15688	20.97103	21.82453	22.71933	23.65749	24.64114
17	18.43044	19.20135	20.01207	20.86473	21.76158	22.70501	23.69751	24.74170	25.84036	26.99640
18	19.61474	20.48937	21.41231	22.38635	23.41443	24.49969	25.64541	26.85508	28.13238	29.48120
19	20.81089	21.79671	22.84056	23.94600	25.11686	26.35718	27.67123	29.06356	30.53900	32.10267
20	22.01900	23.12366	24.29737	25.54465	26.87037	28.27968	29.77807	31.37142	33.06595	34.86831

n/i	6.0	6.5	7.0	7.5	8.0	8.5	9.0	9.5	10.0	10.5
1	1.00000	1.00000	1.00000	1.00000	1.00000	1.00000	1.00000	1.00000	1.00000	1.00000
2	2.06000	2.06500	2.07000	2.07500	2.08000	2.08500	2.09000	2.09500	2.10000	2.10500
3	3.18360	3.19922	3.21490	3.23062	3.24640	3.26222	3.27810	3.29402	3.31000	3.32602
4	4.37462	4.40717	4.43994	4.47292	4.50611	4.53951	4.57313	4.60696	4.64100	4.67526
5	5.63709	5.69364	5.75074	5.80839	5.86660	5.92537	5.98471	6.04462	6.10510	6.16616
6	6.97532	7.06373	7.15329	7.24402	7.33593	7.42903	7.52333	7.61886	7.71561	7.81361
7	8.39384	8.52287	8.65402	8.78732	8.92280	9.06050	9.20043	9.34265	9.48717	9.63403
8	9.89747	10.07686	10.25980	10.44637	10.63663	10.83064	11.02847	11.23020	11.43589	11.64561
9	11.49132	11.73185	11.97799	12.22985	12.48756	12.75124	13.02104	13.29707	13.57948	13.86840
10	13.18079	13.49442	13.81645	14.14709	14.48656	14.83510	15.19293	15.56029	15.93742	16.32458
11	14.97164	15.37156	15.78360	16.20812	16.64549	17.09608	17.56029	18.03852	18.53117	19.03866
12	16.86994	17.37071	17.88845	18.42373	18.97713	19.54925	20.14072	20.75217	21.38428	22.03772
13	18.88214	19.49981	20.14064	20.80551	21.49530	22.21093	22.95338	23.72363	24.52271	25.35168
14	21.01506	21.76729	22.55049	23.36592	24.21492	25.09886	26.01919	26.97738	27.97498	29.01360
15	23.27597	24.18217	25.12902	26.11836	27.15211	28.23227	29.36091	30.54023	31.77248	33.06003
16	25.67252	26.75401	27.88805	29.07724	30.32428	31.63201	33.00339	34.44155	35.94973	37.53133
17	28.21287	29.49302	30.84021	32.25803	33.75022	35.32073	36.97370	38.71349	40.54470	42.47212
18	30.90565	32.41006	33.99903	35.67738	37.45024	39.32299	41.30133	43.39127	45.59917	47.93169
19	33.75998	35.51672	37.37896	39.35318	41.44626	43.66544	46.01845	48.51344	51.15908	53.96452
20	36.78558	38.82530	40.99549	43.30467	45.76196	48.37701	51.16011	53.12222	57.27499	60.63080

연금의 복리이자요소($CVIF_a$)

n/i	11.0	11.5	12.0	12.5	13.0	13.5	14.0	14.5	15.0	15.5
1	1.00000	1.00000	1.00000	1.00000	1.00000	1.00000	1.00000	1.00000	1.00000	1.00000
2	2.11000	2.11500	2.12000	2.12500	2.13000	2.13500	2.14000	2.14500	2.15000	2.15500
3	3.34210	3.35822	3.37440	3.39062	3.40690	3.42322	3.43960	3.45602	3.47250	3.48902
4	4.70973	4.74442	4.77933	4.81445	4.84980	4.88536	4.92114	4.95715	4.99337	5.02982
5	6.22780	6.29003	6.35285	6.41626	6.48027	6.54488	6.61010	6.67593	6.74238	6.80945
6	7.91286	8.01338	8.11519	8.21829	8.32271	8.42844	8.53552	8.64395	8.75374	8.86491
7	9.78327	9.93492	10.08901	10.24558	10.40466	10.56628	10.73049	10.89732	11.06680	11.23897
8	11.85943	12.07744	12.29969	12.52628	12.75726	12.99273	13.23276	13.47743	13.72682	13.98101
9	14.16397	14.46634	14.77566	15.09206	15.41571	15.74675	16.08535	16.43165	16.78584	17.14807
10	16.72201	17.12997	17.54873	17.97857	18.41975	18.87256	19.33729	19.81424	20.30372	20.80602
11	19.56143	20.09992	20.65458	21.22589	21.81432	22.42036	23.04451	23.68731	24.34927	25.03095
12	22.71318	23.41141	24.13313	24.87912	25.65018	26.44710	27.27074	28.12197	29.00166	29.91075
13	26.21163	27.10372	28.02911	28.98901	29.98470	31.01746	32.08865	33.19965	34.35191	35.54691
14	30.09491	31.22065	32.39260	33.61264	34.88271	36.20482	37.58106	39.01360	40.50470	42.05668
15	34.40535	35.81102	37.27971	38.81422	40.41746	42.09247	43.84241	45.67057	47.58041	49.57547
16	39.18994	40.92929	42.75327	44.66599	46.67173	48.77495	50.98034	53.29280	55.71747	58.25967
17	44.50083	46.63616	48.88367	51.24924	53.73906	56.35957	59.11759	62.02026	65.07508	68.28991
18	50.39592	52.99931	55.74971	58.65540	61.72513	64.96811	68.39405	72.01320	75.83635	79.87485
19	56.93947	60.09423	63.43967	66.98732	70.74940	74.73880	78.96922	83.45511	88.21180	93.25545
20	64.20282	68.00507	72.05243	76.36073	80.94682	85.82854	91.02491	96.55610	102.44357	108.71004

n/i	16.0	16.5	17.0	17.5	18.0	18.5	19.0	19.5	20.0	20.5
1	1.00000	1.00000	1.00000	1.00000	1.00000	1.00000	1.00000	1.00000	1.00000	1.00000
2	2.16000	2.16500	2.17000	2.17500	2.18000	2.18500	2.19000	2.19500	2.20000	2.20500
3	3.50560	3.52222	3.53890	3.55562	3.57240	3.58922	3.60610	3.62302	3.64000	3.65702
4	5.06650	5.10339	5.14051	5.17786	5.21543	5.25323	5.29126	5.32951	5.36800	5.40671
5	6.87714	6.94545	7.01440	7.08398	7.15421	7.22508	7.29660	7.36877	7.44160	7.51509
6	8.97748	9.09145	9.20685	9.32368	9.44197	9.56172	9.68295	9.80568	9.92992	10.05568
7	11.41387	11.59154	11.77201	11.95533	12.14152	12.33064	12.52271	12.71779	12.91590	13.11710
8	14.24009	14.50414	14.77325	15.04751	15.32699	15.61180	15.90203	16.19775	16.49908	16.80610
9	17.51851	17.89733	18.28471	18.68082	19.08585	19.49999	19.92341	20.35632	20.79890	21.25135
10	21.32147	21.85039	22.39311	22.94996	23.52131	24.10748	24.70886	25.32580	25.95868	26.60788
11	25.73290	26.45570	27.19993	27.96621	28.75514	29.56737	30.40354	31.26433	32.15041	33.06250
12	30.85016	31.82089	32.82392	33.86029	34.93106	36.03733	37.18021	38.36087	39.58049	40.84031
13	36.78619	38.07133	39.40399	40.78584	42.21865	43.70423	45.24445	46.84124	48.49659	50.21257
14	43.67198	45.35310	47.10266	48.92336	50.81801	52.78952	54.84090	56.97528	59.19591	61.50614
15	51.65949	53.83636	56.11012	58.48495	60.96525	63.55557	66.26067	69.08546	72.03509	75.11490
16	60.92501	63.71936	66.64883	69.71982	72.93899	76.31335	79.85019	83.55712	87.44210	91.51345
17	71.67301	75.23305	78.97913	82.92078	87.06801	91.43132	96.02173	100.85076	105.93052	111.27371
18	84.14069	88.64650	93.40559	98.43192	103.74025	109.34611	115.26585	121.51665	128.11662	135.08481
19	98.60320	104.27318	110.28453	116.65750	123.41349	130.57514	138.16636	146.21239	154.73994	163.77719
20	115.37971	122.47825	130.03290	138.07256	146.62792	155.73153	165.41797	175.72381	186.68792	198.35151

연금의 복리이자요소($CVIF_a$)

n/i	21.0	21.5	22.0	22.5	23.0	23.5	24.0	24.5	25.0	25.5
1	1.00000	1.00000	1.00000	1.00000	1.00000	1.00000	1.00000	1.00000	1.00000	1.00000
2	2.21000	2.21500	2.22000	2.22500	2.23000	2.23500	2.24000	2.24500	2.25000	2.25500
3	3.67410	3.69122	3.70840	3.72562	3.74290	3.76022	3.77760	3.79502	3.81250	3.83002
4	5.44566	5.48484	5.52425	5.56389	5.60377	5.64388	5.68422	5.72481	5.76562	5.80668
5	7.58925	7.66408	7.73958	7.81577	7.89263	7.97019	8.04844	8.12738	8.20703	8.28738
6	10.18299	10.31185	10.44229	10.57431	10.70794	10.84318	10.98006	11.11859	11.25879	11.40067
7	13.32142	13.52890	13.73959	13.95353	14.17076	14.39133	14.61528	14.84265	15.07348	15.30784
8	17.11892	17.43762	17.76230	18.09308	18.43004	18.77329	19.12294	19.47909	19.84186	20.21133
9	21.71389	22.18670	22.67001	23.16402	23.66895	24.18502	24.71245	25.25147	25.80232	26.36522
10	27.27381	27.95684	28.65741	29.37592	30.11280	30.86849	31.64343	32.43808	33.25290	34.08835
11	34.00130	34.96757	35.96204	36.98550	38.03875	39.12259	40.23786	41.38541	42.56612	43.78088
12	42.14158	43.48559	44.87369	46.30724	47.78766	49.31639	50.89494	52.52483	54.20765	55.94501
13	51.99131	53.83499	55.74590	57.72636	59.77882	61.90575	64.10972	66.39341	68.75956	71.21098
14	63.90948	66.40951	69.00999	71.71479	74.52795	77.45359	80.49605	83.65979	86.94945	90.36978
15	78.33047	81.68756	85.19219	88.85062	92.66937	96.65518	100.81510	105.15644	109.68680	114.41407
16	95.77987	100.25038	104.93447	109.84200	114.98332	120.36915	126.01072	131.91976	138.10850	144.58965
17	116.89364	122.80402	129.02004	135.55645	142.42948	149.65589	157.25329	165.24010	173.63562	182.46001
18	142.44130	150.20711	158.40445	167.05664	176.18826	185.82502	195.99407	206.72391	218.04452	229.98730
19	173.35396	183.50163	194.25342	205.64438	217.71155	230.49390	244.03264	258.37126	273.55564	289.63405
20	210.75829	223.95447	237.98917	252.91436	268.78520	285.65995	303.60047	322.67220	342.94455	364.49072

n/i	26.0	26.5	27.0	27.5	28.0	28.5	29.0	29.5	30.0	30.5
1	1.00000	1.00000	1.00000	1.00000	1.00000	1.00000	1.00000	1.00000	1.00000	1.00000
2	2.26000	2.26500	2.27000	2.27500	2.28000	2.28500	2.29000	2.29500	2.30000	2.30500
3	3.84760	3.86522	3.88290	3.90062	3.91840	3.93622	3.95410	3.97202	3.99000	4.00802
4	5.84798	5.88951	5.93128	5.97330	6.01555	6.05805	6.10079	6.14377	6.18700	6.23047
5	8.36845	8.45023	8.53273	8.61595	8.69991	8.78459	8.87002	8.95618	9.04310	9.13077
6	11.54425	11.68954	11.83657	11.98534	12.13588	12.28820	12.44232	12.59826	12.75603	12.91565
7	15.54575	15.78727	16.03244	16.28131	16.53392	16.79034	17.05059	17.31474	17.58284	17.85492
8	20.58764	20.97089	21.36119	21.75867	22.16342	22.57558	22.99527	23.42259	23.85769	24.30067
9	26.94043	27.52818	28.12872	28.74230	29.36918	30.00962	30.66389	31.33226	32.01499	32.71237
10	34.94494	35.82314	36.72347	37.64643	38.59255	39.56236	40.55642	41.57527	42.61949	43.68965
11	45.03062	46.31627	47.63880	48.99919	50.39846	51.83763	53.31778	54.83997	56.40533	58.01499
12	57.73858	59.59008	61.50128	63.47397	65.51003	67.61136	69.77993	72.01776	74.32693	76.70955
13	73.75061	76.38145	79.10662	81.92931	84.85283	87.88059	91.01611	94.26300	97.62500	101.10596
14	93.92576	97.62253	101.46541	105.45987	109.61162	113.92655	118.41078	123.07058	127.91249	132.94327
15	119.34646	124.49250	129.86106	135.46132	141.30286	147.39561	153.74990	160.37639	167.28623	174.49096
16	151.37653	158.48300	165.92354	173.71318	181.86766	190.40335	199.33736	208.68742	218.47210	228.71070
17	191.73442	201.48099	211.72289	222.48430	233.79059	245.66830	258.14518	271.25020	285.01371	299.46745
18	242.58536	255.87344	269.88806	284.66747	300.25195	316.68375	334.00727	352.26899	371.51781	301.80600
19	306.65755	324.67989	343.75783	363.95101	385.32248	407.93861	431.86937	457.18833	483.97313	512.30550
20	387.38850	411.72004	437.57243	465.03753	494.21275	525.20109	558.11147	593.05886	630.16504	669.55865

<부표-3> 현가이자요소($PVIF$)

$$PVIF = \frac{1}{(1+i)^n} \quad (n = \text{기간},\ i = \text{기간당 이자율})$$

n/i	1.0	1.5	2.0	2.5	3.0	3.5	4.0	4.5	5.0	5.5
1	0.99010	0.98522	0.98039	0.97561	0.97087	0.96618	0.96154	0.95694	0.95238	0.94787
2	0.98030	0.97066	0.96117	0.95181	0.94260	0.93351	0.92456	0.91573	0.90703	0.89845
3	0.97059	0.95632	0.94232	0.92860	0.91514	0.90194	0.88900	0.87630	0.86384	0.85161
4	0.96098	0.94218	0.92385	0.90595	0.88849	0.87114	0.85480	0.83856	0.82270	0.80722
5	0.95147	0.92826	0.90573	0.88385	0.86261	0.84197	0.82193	0.80245	0.78353	0.76513
6	0.94205	0.91454	0.88797	0.86230	0.83748	0.81350	0.79031	0.76790	0.74622	0.72525
7	0.93272	0.90103	0.87056	0.84127	0.81309	0.78599	0.75992	0.73483	0.71068	0.68744
8	0.92348	0.88771	0.85349	0.82075	0.78941	0.75941	0.73069	0.70319	0.67684	0.65160
9	0.91434	0.87459	0.83676	0.80073	0.76642	0.73373	0.70259	0.67290	0.64461	0.61763
10	0.90529	0.86167	0.82035	0.78120	0.74409	0.70892	0.67556	0.64393	0.61391	0.58543
11	0.89632	0.84893	0.80426	0.76214	0.72242	0.68495	0.64958	0.61620	0.58468	0.55491
12	0.88745	0.83639	0.78849	0.74356	0.70138	0.66178	0.62460	0.58966	0.55684	0.52598
13	0.87866	0.82403	0.77303	0.72542	0.68095	0.63940	0.60057	0.56427	0.53032	0.49856
14	0.86996	0.81185	0.75788	0.70773	0.66112	0.61778	0.57748	0.53997	0.50507	0.47257
15	0.86135	0.79985	0.74301	0.69047	0.64186	0.59689	0.55526	0.51672	0.48102	0.44793
16	0.85282	0.78803	0.72845	0.67362	0.62317	0.57671	0.53391	0.49447	0.45811	0.42458
17	0.84438	0.77639	0.71416	0.65720	0.60502	0.55720	0.51337	0.47318	0.43630	0.40245
18	0.83602	0.76491	0.70016	0.64117	0.58739	0.53836	0.49363	0.45280	0.41552	0.38147
19	0.82774	0.75361	0.68643	0.62553	0.57029	0.52016	0.47464	0.43330	0.39573	0.36158
20	0.81954	0.74247	0.67297	0.61027	0.55368	0.50257	0.45639	0.41464	0.37689	0.34273

n/i	6.0	6.5	7.0	7.5	8.0	8.5	9.0	9.5	10.0	10.5
1	0.94340	0.93897	0.93458	0.93023	0.92593	0.92166	0.91743	0.91324	0.90909	0.90498
2	0.89000	0.88166	0.87344	0.86533	0.85734	0.84946	0.84168	0.83401	0.82645	0.81898
3	0.83962	0.82785	0.81630	0.80496	0.79383	0.78291	0.77218	0.76165	0.75131	0.74116
4	0.79209	0.77732	0.76290	0.74880	0.73503	0.72157	0.70843	0.69557	0.68301	0.67073
5	0.74726	0.72988	0.71299	0.69656	0.68058	0.66505	0.64993	0.63523	0.62092	0.60700
6	0.70496	0.68533	0.66634	0.64796	0.63017	0.61295	0.59627	0.58012	0.56447	0.54932
7	0.66506	0.64351	0.62275	0.60275	0.58349	0.56493	0.54703	0.52979	0.51316	0.49712
8	0.62741	0.60423	0.58201	0.56070	0.54027	0.52067	0.50187	0.48382	0.46651	0.44989
9	0.59190	0.56735	0.54393	0.52158	0.50025	0.47988	0.46043	0.44185	0.42410	0.40714
10	0.55839	0.53273	0.50835	0.48519	0.46319	0.44229	0.42241	0.40351	0.38554	0.36845
11	0.52679	0.50021	0.47509	0.45134	0.42888	0.40764	0.38753	0.36851	0.35049	0.33344
12	0.49697	0.46968	0.44401	0.41985	0.39711	0.37570	0.35553	0.33654	0.31863	0.30175
13	0.46884	0.44102	0.41496	0.39056	0.36770	0.34627	0.32618	0.30734	0.28966	0.27308
14	0.44230	0.41410	0.38782	0.36331	0.34046	0.31914	0.29925	0.28067	0.26333	0.24713
15	0.41727	0.38883	0.36245	0.33797	0.31524	0.29414	0.27454	0.25632	0.23939	0.22365
16	0.39365	0.36510	0.33873	0.31439	0.29189	0.27110	0.25187	0.23409	0.21763	0.20240
17	0.37136	0.34281	0.31657	0.29245	0.27027	0.24986	0.23107	0.21378	0.19784	0.18316
18	0.35034	0.32189	0.29586	0.27205	0.25052	0.23028	0.21199	0.19523	0.17986	0.16576
19	0.33051	0.30224	0.27651	0.25307	0.23171	0.21224	0.19449	0.17829	0.16351	0.15001
20	0.31180	0.28380	0.25842	0.23541	0.21455	0.19562	0.17843	0.16282	0.14864	0.13575

현가이자요소($PVIF$)

n/i	11.0	11.5	12.0	12.5	13.0	13.5	14.0	14.5	15.0	15.5
1	0.90090	0.89686	0.89286	0.88889	0.88496	0.88106	0.87719	0.87336	0.86957	0.86580
2	0.81162	0.80436	0.79719	0.79012	0.78315	0.77626	0.76947	0.76276	0.75614	0.74961
3	0.73119	0.72140	0.71178	0.70233	0.69305	0.68393	0.67497	0.66617	0.65752	0.64901
4	0.65873	0.64699	0.63552	0.62430	0.61332	0.60258	0.59208	0.58181	0.57175	0.56192
5	0.59345	0.58026	0.56743	0.55493	0.54276	0.53091	0.51937	0.50813	0.49718	0.48651
6	0.53464	0.52042	0.50663	0.49327	0.48032	0.46776	0.45559	0.44378	0.43233	0.42122
7	0.48166	0.46674	0.45235	0.43846	0.42506	0.41213	0.39964	0.38758	0.37594	0.36469
8	0.43393	0.41860	0.40388	0.38974	0.37616	0.36311	0.35056	0.33850	0.32690	0.31575
9	0.39092	0.37543	0.36061	0.34644	0.33288	0.31992	0.30751	0.29563	0.28426	0.27338
10	0.35218	0.33671	0.32197	0.30795	0.29459	0.28187	0.26974	0.25819	0.24718	0.23669
11	0.31728	0.30198	0.28748	0.27373	0.26070	0.24834	0.23662	0.22550	0.21494	0.20493
12	0.28584	0.27083	0.25668	0.24332	0.23071	0.21880	0.20756	0.19694	0.18691	0.17743
13	0.25751	0.24290	0.22917	0.21628	0.20416	0.19278	0.18207	0.17200	0.16253	0.15362
14	0.23199	0.21785	0.20462	0.19225	0.18068	0.16985	0.15971	0.15022	0.14133	0.13300
15	0.20900	0.19538	0.18270	0.17089	0.15989	0.14964	0.14010	0.13120	0.12289	0.11515
16	0.18829	0.17523	0.16312	0.15190	0.14150	0.13185	0.12289	0.11458	0.10686	0.09970
17	0.16963	0.15715	0.14564	0.13502	0.12522	0.11616	0.10780	0.10007	0.09293	0.08632
18	0.15282	0.14095	0.13004	0.12002	0.11081	0.10235	0.09456	0.08740	0.08081	0.07474
19	0.13768	0.12641	0.11611	0.10668	0.09806	0.09017	0.08295	0.07633	0.07027	0.06471
20	0.12403	0.11337	0.10367	0.09483	0.08678	0.07945	0.07276	0.06666	0.06110	0.05602

n/i	16.0	16.5	17.0	17.5	18.0	18.5	19.0	19.5	20.0	20.5
1	0.86207	0.85837	0.85470	0.85106	0.84746	0.84388	0.84034	0.83682	0.83333	0.82988
2	0.74316	0.73680	0.73051	0.72431	0.71818	0.71214	0.70616	0.70027	0.69444	0.68869
3	0.64066	0.63244	0.62437	0.61643	0.60863	0.60096	0.59342	0.58600	0.57870	0.57153
4	0.55229	0.54287	0.53365	0.52462	0.51579	0.50714	0.49867	0.49038	0.48225	0.47430
5	0.47611	0.46598	0.45611	0.44649	0.43711	0.42797	0.41905	0.41036	0.40188	0.39361
6	0.41044	0.39999	0.38984	0.37999	0.37043	0.36115	0.35214	0.34339	0.33490	0.32665
7	0.35383	0.34334	0.33320	0.32340	0.31393	0.30477	0.29592	0.28736	0.27908	0.27108
8	0.30503	0.29471	0.28478	0.27523	0.26604	0.25719	0.24867	0.24047	0.23257	0.22496
9	0.26295	0.25297	0.24340	0.23424	0.22546	0.21704	0.20897	0.20123	0.19381	0.18669
10	0.22668	0.21714	0.20804	0.19935	0.19106	0.18315	0.17560	0.16839	0.16151	0.15493
11	0.19542	0.18639	0.17781	0.16966	0.16192	0.15456	0.14757	0.14091	0.13459	0.12857
12	0.16846	0.15999	0.15197	0.14439	0.13722	0.13043	0.12400	0.11792	0.11216	0.10670
13	0.14523	0.13733	0.12989	0.12289	0.11629	0.11007	0.10421	0.09868	0.09346	0.08855
14	0.12520	0.11788	0.11102	0.10459	0.09855	0.09288	0.08757	0.08258	0.07789	0.07348
15	0.10793	0.10118	0.09489	0.08901	0.08352	0.07838	0.07359	0.06910	0.06491	0.06098
16	0.09304	0.08685	0.08110	0.07575	0.07078	0.06615	0.06184	0.05782	0.05409	0.05061
17	0.08021	0.07455	0.06932	0.06447	0.05998	0.05582	0.05196	0.04839	0.04507	0.04200
18	0.06914	0.06399	0.05925	0.05487	0.06083	0.04711	0.04367	0.04049	0.03750	0.03485
19	0.05961	0.05493	0.05064	0.04670	0.04308	0.03975	0.03670	0.03389	0.03130	0.02892
20	0.05139	0.04715	0.04328	0.03974	0.03651	0.03355	0.03084	0.02836	0.02608	0.02400

현가이자요소(*PVIF*)

n/i	21.0	21.5	22.0	22.5	23.0	23.5	24.0	24.5	25.0	25.5
1	0.82645	0.82305	0.81967	0.81633	0.81301	0.80972	0.80645	0.80321	0.80000	0.79681
2	0.68301	0.67740	0.67186	0.66639	0.66098	0.65564	0.65036	0.64515	0.64000	0.63491
3	0.56447	0.55753	0.55071	0.54399	0.53738	0.53088	0.52449	0.51819	0.51200	0.50590
4	0.46651	0.45888	0.45140	0.44407	0.43690	0.42987	0.42297	0.41622	0.40960	0.40311
5	0.38554	0.37768	0.37000	0.36251	0.35520	0.34807	0.34111	0.33431	0.32768	0.32120
6	0.31863	0.31084	0.30328	0.29593	0.28878	0.28184	0.27509	0.26852	0.26214	0.25594
7	0.26333	0.25584	0.24859	0.24157	0.23478	0.22821	0.22184	0.21568	0.20972	0.20394
8	0.21763	0.21057	0.20376	0.19720	0.19088	0.18478	0.17891	0.17324	0.16777	0.16250
9	0.17986	0.17331	0.16702	0.16098	0.15519	0.14962	0.14428	0.13915	0.13422	0.12948
10	0.14864	0.14264	0.13690	0.13141	0.12617	0.12115	0.11635	0.11177	0.10737	0.10317
11	0.12285	0.11740	0.11221	0.10728	0.10258	0.09810	0.09383	0.08977	0.08590	0.08221
12	0.10153	0.09662	0.09198	0.08757	0.08339	0.07943	0.07567	0.07211	0.06872	0.06551
13	0.08391	0.07953	0.07539	0.07149	0.06780	0.06432	0.06103	0.05792	0.05498	0.05220
14	0.06934	0.06545	0.06180	0.05836	0.05512	0.05208	0.04921	0.04652	0.04398	0.04159
15	0.05731	0.05387	0.05065	0.04764	0.04482	0.04217	0.03969	0.03736	0.03518	0.03314
16	0.04736	0.04434	0.04152	0.03889	0.03643	0.03415	0.03201	0.03001	0.02815	0.02641
17	0.03914	0.03649	0.03403	0.03175	0.02962	0.02765	0.02581	0.02411	0.02252	0.02104
18	0.03235	0.03003	0.02789	0.02591	0.02408	0.02239	0.02082	0.01936	0.01801	0.01677
19	0.02673	0.02472	0.02286	0.02116	0.01958	0.01813	0.01679	0.01555	0.01441	0.01336
20	0.02209	0.02035	0.01874	0.01727	0.01592	0.01468	0.01354	0.01249	0.01153	0.01064

n/i	26.0	26.5	27.0	27.5	28.0	28.5	29.0	29.5	30.0	30.5
1	0.79365	0.79051	0.78740	0.78431	0.78125	0.77821	0.77519	0.77220	0.76923	0.76628
2	0.62988	0.62491	0.62000	0.61515	0.61035	0.60561	0.60093	0.59629	0.59172	0.58719
3	0.49991	0.49400	0.48819	0.48247	0.47684	0.47129	0.46583	0.46046	0.45517	0.44995
4	0.39675	0.39052	0.38440	0.37841	0.37253	0.36676	0.36111	0.35557	0.35013	0.34479
5	0.31488	0.30871	0.30268	0.29679	0.29104	0.28542	0.27993	0.27457	0.26933	0.26421
6	0.24991	0.24404	0.23833	0.23278	0.22737	0.22212	0.21700	0.21202	0.20718	0.20246
7	0.19834	0.19292	0.18766	0.18257	0.17764	0.17285	0.16822	0.16372	0.15937	0.15514
8	0.15741	0.15250	0.14776	0.14319	0.13878	0.13452	0.13040	0.12643	0.12259	0.11888
9	0.12493	0.12056	0.11635	0.11231	0.10842	0.10468	0.10109	0.09763	0.09430	0.09110
10	0.09915	0.09530	0.09161	0.08808	0.08470	0.08146	0.07836	0.07539	0.07254	0.06981
11	0.07869	0.07534	0.07214	0.06909	0.06617	0.06340	0.06075	0.05821	0.05580	0.05349
12	0.06245	0.05955	0.05680	0.05418	0.05170	0.04934	0.04709	0.04495	0.04292	0.04099
13	0.04957	0.04708	0.04473	0.04250	0.04039	0.03839	0.03650	0.03471	0.03302	0.03141
14	0.03934	0.03722	0.03522	0.03333	0.03155	0.02988	0.02830	0.02681	0.02540	0.02407
15	0.03122	0.02942	0.02773	0.02614	0.02465	0.02325	0.02194	0.02070	0.01954	0.01844
16	0.02478	0.02326	0.02183	0.02050	0.01926	0.01809	0.01700	0.01598	0.01503	0.01413
17	0.01967	0.01838	0.01719	0.01608	0.01505	0.01408	0.01318	0.01234	0.01156	0.01083
18	0.01561	0.01453	0.01354	0.01261	0.01175	0.01096	0.01022	0.00953	0.00889	0.00830
19	0.01239	0.01149	0.01066	0.00989	0.00918	0.00853	0.00792	0.00736	0.00684	0.00636
20	0.00983	0.00908	0.00839	0.00776	0.00717	0.00664	0.00614	0.00568	0.00526	0.00487

<부표-4> 연금의 현가이자요소($PVIF_a$)

$$PVIF_a = \frac{(1+i)^n - 1}{i(1+i)^n}$$

n/i	1.0	1.5	2.0	2.5	3.0	3.5	4.0	4.5	5.0	5.5
1	0.99010	0.98522	0.98039	0.97561	0.97087	0.96618	0.96154	0.95694	0.95238	0.94787
2	1.97039	1.95588	1.94156	1.92742	1.91347	1.89969	1.88609	1.87267	1.85941	1.84632
3	2.94098	2.91220	2.88388	2.85602	2.82861	2.80164	2.77509	2.74896	2.72325	2.69793
4	3.90197	3.85438	3.80773	3.76197	3.71710	3.67308	3.62990	3.58753	3.54595	3.50515
5	4.85343	4.78264	4.71346	4.64583	4.57971	4.51505	4.45182	4.38998	4.32948	4.27028
6	5.79548	5.69719	5.60143	5.50812	5.41719	5.32855	5.24214	5.15787	5.07569	4.99553
7	6.72819	6.59821	6.47199	6.34939	6.23028	6.11455	6.00206	5.89270	5.78637	5.68297
8	7.65168	9.48592	7.32548	7.17014	7.01969	6.87396	6.73275	6.59589	6.46321	6.33457
9	8.56602	8.36051	8.16224	7.97086	7.78611	7.60769	7.43533	7.26879	7.10782	6.95220
10	9.47130	9.22218	8.98259	8.75206	8.53020	8.31661	8.11090	7.91272	7.72174	7.53763
11	10.36763	10.07112	9.78685	9.51421	9.25262	9.00155	8.76048	8.52892	8.30642	8.09254
12	11.25508	10.90750	10.57534	10.25776	9.95400	9.66334	9.38507	9.11858	8.86325	8.61852
13	12.13374	11.73153	11.34837	10.98318	10.63495	10.30274	9.98565	9.68285	9.39357	9.11708
14	13.00370	12.54338	12.10625	11.69091	11.29607	10.92052	10.56312	10.22282	9.89864	9.58965
15	13.86505	13.34323	12.84926	12.38138	11.93793	11.51741	11.11839	10.73955	10.37966	10.03758
16	14.71787	14.13126	13.57771	13.05500	12.56110	12.09412	11.65230	11.23401	10.83777	10.46216
17	15.56225	14.90765	14.29187	13.71220	13.16612	12.65132	12.16567	11.70719	11.27407	10.86461
18	16.39827	15.67256	14.99203	14.35336	13.75351	13.18968	12.65930	12.15999	11.68959	11.24607
19	17.22601	16.42616	15.67846	14.97889	14.32380	13.70984	13.13394	12.59329	12.08532	11.60765
20	18.04555	17.16863	16.35143	15.58916	14.87747	14.21241	13.59033	13.00794	12.46221	11.95038

n/i	6.0	6.5	7.0	7.5	8.0	8.5	9.0	9.5	10.0	10.5
1	0.94340	0.93897	0.93458	0.93023	0.92593	0.92166	0.91743	0.91324	0.90909	0.90498
2	1.83339	1.82063	1.80802	1.79557	1.78326	1.77111	1.75911	1.74725	1.73554	1.72396
3	2.67301	2.64848	2.62432	2.60053	2.57710	2.55402	2.53129	2.50891	2.48685	2.46512
4	3.46511	3.42580	3.38721	3.34933	3.31213	3.27560	3.23972	3.20448	3.16987	3.13586
5	4.21236	4.15568	4.10020	4.04588	3.99271	3.94064	3.88965	3.83971	3.79079	3.74286
6	4.91732	4.84101	4.76654	4.69385	4.62288	4.55359	4.48592	4.41983	4.35526	4.29218
7	5.58238	5.48452	5.38929	5.29660	5.20637	5.11851	5.03295	4.94961	4.86842	4.78930
8	6.20979	6.08875	5.97130	5.85730	5.74664	5.63918	5.53482	5.43344	5.33493	5.23919
9	6.80169	6.65611	6.51523	6.37889	6.24689	6.11906	5.99525	5.87528	5.75902	5.64632
10	7.36009	7.18883	7.02358	6.86408	6.71008	6.56135	6.41766	6.27880	6.14457	6.01477
11	7.88687	7.68904	7.49867	7.31542	7.13896	6.96898	6.80519	6.64730	6.49506	6.34821
12	8.38384	8.15873	7.94269	7.73528	7.53608	7.34469	7.16073	6.98384	6.81369	6.64996
13	8.85268	8.59974	8.35765	8.12584	7.90378	7.69096	7.48690	7.29118	7.10336	6.92304
14	9.29498	9.01384	8.74547	8.48915	8.24424	8.01010	7.78615	7.57185	7.36669	7.17018
15	9.71225	9.40267	9.10791	8.82712	8.55948	8.30424	8.06069	7.82817	7.60608	7.39382
16	10.10590	9.76777	9.44665	9.14151	8.85137	8.57533	8.31256	8.06226	7.82371	7.59622
17	10.47726	10.11058	9.76322	9.43396	9.12164	8.82519	8.54363	8.27604	8.02155	7.77939
18	10.82760	10.43247	10.05909	9.70601	9.37189	9.05548	8.75563	8.47127	8.20141	8.94515
19	11.15812	10.73471	10.33560	9.95908	9.60360	9.26772	8.95011	8.64950	8.30492	0.00515
20	11.46992	11.01851	10.59401	10.19449	9.81815	9.46334	9.12855	8.81238	8.51356	8.23091

연금의 현가이자요소($PVIF_a$)

n/i	11.0	11.5	12.0	12.5	13.0	13.5	14.0	14.5	15.0	15.5
1	0.90090	0.89686	0.89286	0.88889	0.88496	0.88106	0.87719	0.87336	0.86957	0.86580
2	1.71252	1.70122	1.69005	1.67901	1.66810	1.65732	1.64666	1.63612	1.62571	1.61541
3	2.44371	2.42262	2.40183	2.38134	2.36115	2.34125	2.32163	2.30229	2.28323	2.26443
4	3.10245	3.06961	3.03735	3.00564	2.97447	2.94383	2.91371	2.88410	2.85498	2.82634
5	3.69590	3.64988	3.60478	3.56057	3.51723	3.47474	3.43308	3.39223	3.35216	3.31285
6	4.23054	4.17029	4.11141	4.05384	3.99755	3.94250	3.88867	3.83600	3.78448	3.73407
7	4.71220	4.63704	4.56376	4.49230	4.42261	4.35463	4.28830	4.22358	4.16042	4.09876
8	5.14612	5.05564	4.96764	4.88205	4.79877	4.71774	4.63886	4.56208	4.48732	4.41451
9	5.53705	5.43106	5.32825	5.22848	5.13166	5.03765	4.94637	4.85771	4.77158	4.68789
10	5.88923	5.76777	5.65022	5.53643	5.42624	5.31952	5.21612	5.11591	5.01877	4.92458
11	6.20652	6.06975	5.93770	5.81016	5.68694	5.56786	5.45273	5.34140	5.23371	5.12951
12	6.49236	6.34058	6.19437	6.05348	5.91765	5.78666	5.66029	5.53834	5.42062	5.30693
13	6.74987	6.58348	6.42355	6.26976	6.12181	5.97943	5.84236	5.71034	5.58315	5.46055
14	6.98187	6.80133	6.62817	6.46201	6.30249	6.14928	6.00207	5.86056	5.72448	5.59355
15	7.19087	6.99671	6.81086	6.63289	6.46238	6.29893	6.14217	5.99176	5.84737	5.70870
16	7.37916	7.17194	6.97399	6.78479	6.60388	6.43077	6.26506	6.10634	5.95424	5.80840
17	7.54879	7.32909	7.11963	6.91982	6.72909	6.54694	6.37286	6.20641	6.04716	5.89472
18	7.70162	7.47004	7.24967	7.03984	6.83991	6.64928	6.46742	6.29381	6.12797	5.96945
19	7.83929	7.59644	7.36578	7.14652	6.93797	6.73946	6.55037	6.37014	6.19823	6.03416
20	7.96333	7.70982	7.46944	7.24135	7.02475	6.81890	6.62313	6.43680	6.25933	6.09018

n/i	16.0	16.5	17.0	17.5	18.0	18.5	19.0	19.5	20.0	20.5
1	0.86207	0.85837	0.85470	0.85106	0.84746	0.84388	0.84034	0.83682	0.83333	0.82988
2	1.60523	1.59517	1.58521	1.57537	1.56564	1.55602	1.54650	1.53709	1.52778	1.51857
3	2.24589	2.22761	2.20959	2.19181	2.17427	2.15698	2.13992	2.12309	2.10648	2.09010
4	2.79818	2.77048	2.74324	2.71643	2.69006	2.66412	2.63859	2.61346	2.58873	2.56440
5	3.27429	3.23646	3.19935	3.16292	3.12717	3.09208	3.05764	3.02382	2.99061	2.95801
6	3.68474	3.63645	3.58918	3.54291	3.49760	3.45323	3.40978	3.36721	3.32551	3.28465
7	4.03857	3.97979	3.92238	3.86631	3.81153	3.75800	3.70570	3.65457	3.60459	3.55573
8	4.34359	4.27449	4.20716	4.14154	4.07757	4.01519	3.95437	3.89504	3.83716	3.78069
9	4.60654	4.52746	4.45057	4.37578	4.30302	4.23223	4.16333	4.09627	4.03097	3.96738
10	4.83323	4.74460	4.65860	4.57513	4.49409	4.41538	4.33894	4.26466	4.19247	4.12230
11	5.02864	4.93099	4.83641	4.74479	4.65601	4.56994	4.48650	4.40557	4.32706	4.25087
12	5.19711	5.09098	4.98839	4.88918	4.79323	4.70037	4.61050	4.52349	4.43922	4.35757
13	5.34233	5.22831	5.11828	5.01207	4.90951	4.81044	4.71471	4.62217	4.53268	4.44612
14	5.46753	5.34619	5.22930	5.11666	5.00806	4.90333	4.80228	4.70474	4.61057	4.51960
15	5.57546	5.44737	5.32419	5.20567	5.09158	4.98171	4.87586	4.77384	4.67547	4.58058
16	5.66850	5.53422	5.40529	5.28142	5.16235	5.04786	4.93770	4.83167	4.72956	4.63119
17	5.74870	5.60878	5.47461	5.34589	5.22233	5.10368	4.98966	4.88006	4.77463	4.67318
18	5.81785	5.67277	5.53385	5.40076	5.27316	5.15078	5.03333	4.92055	4.81220	4.70804
19	5.87746	5.72770	5.58449	5.44745	5.31624	5.19053	5.07003	4.95444	4.84350	4.73696
20	5.92884	5.77485	5.62777	5.48719	5.35275	5.22408	5.10086	4.98279	4.86958	4.76096

연금의 현가이자요소($PVIF_a$)

n/i	21.0	21.5	22.0	22.5	23.0	23.5	24.0	24.5	25.0	25.5
1	0.82645	0.82305	0.81967	0.81633	0.81301	0.80972	0.80645	0.80321	0.80000	0.79681
2	1.50946	1.50045	1.49153	1.48272	1.47399	1.46536	1.45682	1.144836	1.44000	1.43172
3	2.07393	2.05798	2.04224	2.02671	2.01137	1.99624	1.98130	1.96656	1.95200	1.93763
4	2.54044	2.51686	2.49364	2.47078	2.44827	2.42611	2.40428	2.38278	2.36160	2.34074
5	2.92598	2.89453	2.86364	2.83329	2.80347	2.77418	2.74538	2.71709	2.68928	2.66194
6	3.24462	3.20538	3.16692	3.12922	3.09225	3.05601	3.02047	2.98561	2.95142	2.91788
7	3.50795	3.46122	3.41551	3.37079	3.32704	3.28422	3.24232	3.20130	3.16114	3.12182
8	3.72558	3.67178	3.61927	3.56799	3.51792	3.46900	3.42122	3.37454	3.32891	3.28432
9	3.90543	3.84509	3.78629	3.72897	3.67310	3.61863	3.56550	3.51368	3.46313	3.41380
10	4.05408	3.98773	3.92318	3.86039	3.79927	3.73978	3.68186	3.62545	3.57050	3.51697
11	4.17692	4.10513	4.03540	3.96766	3.90185	3.83788	3.77569	3.71522	3.65640	3.59918
12	4.27845	4.20175	4.12737	4.05523	3.98524	3.91731	3.85136	3.78733	3.72512	3.66469
13	4.36236	4.28128	4.20277	4.12672	4.05304	3.98163	3.91239	3.84524	3.78010	3.71688
14	4.43170	4.34673	4.26456	4.18508	4.10816	4.03371	3.96160	3.89176	3.82408	3.75847
15	4.48901	4.40060	4.31522	4.23272	4.15298	4.07588	4.00129	3.92912	3.85926	3.79161
16	4.53637	4.44494	4.35673	4.27161	4.18941	4.11002	4.03330	3.95914	3.88741	3.81802
17	4.57551	4.48143	4.39077	4.30335	4.21904	4.13767	4.05911	3.98324	3.90993	3.83906
18	4.60786	4.51147	4.41866	4.32927	4.24312	4.16006	4.07993	4.00260	3.92794	3.85582
19	4.63460	4.53619	4.44152	4.35042	4.26270	4.17818	4.09672	4.01816	3.94235	3.86918
20	4.65669	4.55653	4.46027	4.36769	4.27862	4.19286	4.11026	4.03065	3.95388	3.87983

n/i	26.0	26.5	27.0	27.5	28.0	28.5	29.0	29.5	30.0	30.5
1	0.79365	0.75051	0.78740	0.78431	0.78125	0.77821	0.77519	0.77220	0.76923	0.76628
2	1.42353	1.41543	1.40740	1.39946	1.39160	1.38382	1.37612	1.36849	1.36095	1.35347
3	1.92344	1.90943	1.89559	1.88193	1.86844	1.85511	1.84195	1.82895	1.81611	1.80343
4	2.32019	2.29994	2.27999	2.26034	2.24097	2.22188	2.20306	2.18452	2.16624	2.14822
5	2.63507	2.60865	2.58267	2.55713	2.53201	2.50730	2.48300	2.45909	2.43557	2.41243
6	2.88498	2.85269	2.82100	2.78990	2.75938	2.72942	2.70000	2.67111	2.64275	2.61489
7	3.08332	3.04560	3.00866	2.97247	2.93702	2.90227	2.86821	2.83484	2.80211	2.77003
8	3.24073	3.19811	3.15643	3.11567	3.07579	3.03679	2.99862	2.96126	2.92470	2.88891
9	3.36566	3.31866	3.27278	3.22797	3.18421	3.14147	3.09970	3.05889	3.01900	2.98001
10	3.46481	3.41396	3.36439	3.31606	3.26892	3.22293	3.17806	3.13428	3.09154	3.04982
11	3.54350	3.48930	3.43653	3.38514	3.33509	3.28633	3.23881	3.19249	3.14734	3.10331
12	3.60595	3.54885	3.49333	3.43933	3.38679	3.33566	3.28590	3.23745	3.19026	3.14430
13	3.65552	3.59593	3.53806	3.48183	3.42718	3.37406	3.32240	3.27216	3.22328	3.17571
14	3.69485	3.63315	3.57327	3.51516	3.45873	3.40394	3.35070	3.29896	3.24867	3.19978
15	3.72607	3.66257	3.60100	3.54130	3.48339	3.42719	3.37264	3.31966	3.26821	3.21822
16	3.75085	3.68582	3.62284	3.56180	3.50265	3.44528	3.38964	3.33565	3.28324	3.23235
17	3.77052	3.70421	3.64003	3.57789	3.51769	3.45936	3.40282	3.34799	3.29480	3.24318
18	3.70013	3.71074	3.65357	3.50060	3.62046	3.47032	3.41304	3.35752	3.30369	3.25148
19	3.79851	3.73023	3.66423	3.60039	3.53863	3.47885	3.42096	3.36488	3.31053	3.25784
20	3.80834	3.73931	3.67262	3.60815	3.54581	3.48549	3.42710	3.37057	3.31579	3.26271

일반기업회계기준

한국회계기준원 회계기준위원회
의결 2009. 11. 27.

제2장 재무제표의 작성과 표시 I

목 적

2.1 이 장의 목적은 재무제표의 작성과 표시에 관한 기준을 정하는 데 있다.

적용범위

2.2 이 장은 중간기간을 포함한 모든 회계기간에 대하여 작성하는 재무제표, 연결재무제표 및 기업집단결합재무제표의 작성에 적용한다. 다만, 중간재무제표, 연결재무제표, 기업집단결합재무제표의 작성과 표시에 관하여 특별한 사항은 다른 장 또는 특수분야회계기준에서 정할 수 있다. 특수분야회계기준은 관계 법령 등의 요구사항이나 한국에 고유한 거래나 기업환경 등의 차이를 반영하기 위하여 제정하는 회계기준을 말한다.

2.3 이 장은 모든 업종의 기업에 적용한다. 다만, 특수한 업종을 영위하는 기업의 재무제표 작성과 표시에 관한 특별한 사항은 다른 장 또는 특수분야회계기준에서 정할 수 있다.

재무제표

2.4 재무제표는 재무상태표, 손익계산서, 현금흐름표, 자본변동표로 구성되며, 주석을 포함한다. 전달하고자 하는 정보의 성격을 충실히 나타내는 범위 내에서 이 장에서 사용하는 재무제표의 명칭이 아닌 다른 명칭을 사용할 수 있다.

재무제표 작성과 표시의 일반원칙

계속기업

2.5 경영진은 재무제표를 작성할 때 계속기업으로서의 존속가능성을 평가해야 한다. 경영진이 기업을 청산하거나 경영활동을 중단할 의도를 가지고 있지 않거나, 청산 또는 경영활동의 중단 외에 다른 현실적 대안이 없는 경우가 아니면 계속기업을 전제로 재무제표를 작성한다. 계속기업으로서의 존속능력에 유의적인 의문이 제기될 수 있는 사건이나 상황과 관련된 중요한 불확실성을 알게 된 경우, 경영진은 그러한 불확실성을 공시하여야 한다. 재무제표가 계속기업의 기준하에 작성되지 않는 경우에는

그 사실과 함께 재무제표가 작성된 기준 및 그 기업을 계속기업으로 보지 않는 이유를 공시하여야 한다.

재무제표의 작성책임과 공정한 표시

2.6 재무제표의 작성과 표시에 대한 책임은 경영진에게 있다.

2.7 재무제표는 경제적 사실과 거래의 실질을 반영하여 기업의 재무상태, 경영성과, 현금흐름 및 자본변동을 공정하게 표시하여야 하며, 일반기업회계기준에 따라 적정하게 작성된 재무제표는 공정하게 표시된 재무제표로 본다.

2.8 재무제표가 일반기업회계기준에 따라 작성된 경우에는 그러한 사실을 주석으로 기재하여야 한다. 그러나 재무제표가 일반기업회계기준에서 요구하는 사항을 모두 충족하지 않은 경우에는 일반기업회계기준에 따라 작성되었다고 기재하여서는 아니 된다.

재무제표 항목의 구분과 통합표시

2.9 중요한 항목은 재무제표의 본문이나 주석에 그 내용을 가장 잘 나타낼 수 있도록 구분하여 표시하며, 중요하지 않은 항목은 성격이나 기능이 유사한 항목과 통합하여 표시할 수 있다.

2.10 재무제표의 표시와 관련하여 재무제표 본문과 주석에 적용하는 중요성에 대한 판단기준은 서로 다를 수 있다. 예를 들어, 재무제표 본문에는 통합하여 표시한 항목이라 할지라도 주석에는 이를 구분하여 표시할 만큼 중요한 항목이 될 수 있다. 이러한 경우에는 재무제표 본문에 통합하여 표시한 항목의 세부 내용을 주석으로 기재한다.

2.11 일반기업회계기준에서 재무제표의 본문이나 주석에 구분 표시하도록 정한 항목이라 할지라도 그 성격이나 금액이 중요하지 아니한 것은 유사한 항목으로 통합하여 표시할 수 있다.

비교재무제표의 작성

2.12 재무제표의 기간별 비교가능성을 제고하기 위하여 전기 재무제표의 모든 계량정보를 당기와 비교하는 형식으로 표시한다. 또한 전기 재무제표의 비계량정보가 당기 재무제표를 이해하는 데 필요한 경우에는 이를 당기의 정보와 비교하여 주석에 기재한다. 예를 들어, 전기 보고기간종료일 현재 미해결 상태인 소송사건이 당기 재무제표가 사실상 확정된 날까지 해결되지 않은 경우에는 전기 보고기간종료일에 불확실성이 존재하였다는 사실과 내용, 당기에 취해진 조치 및 결과 등에 대한 정보를 주석으로 기재한다.

재무제표 항목의 표시와 분류의 계속성

2.13 재무제표의 기간별 비교가능성을 제고하기 위하여 재무제표 항목의 표시와 분류는 다음의 경우를 제외하고는 매기 동일하여야 한다.

(1) 일반기업회계기준에 의하여 재무제표 항목의 표시와 분류의 변경이 요구되는 경우

(2) 사업결합 또는 사업중단 등에 의해 영업의 내용이 유의적으로 변경된 경우

(3) 재무제표 항목의 표시와 분류를 변경함으로써 기업의 재무정보를 더욱 적절하게 전달할 수 있는

경우

2.14 재무제표 항목의 표시나 분류방법이 변경되는 경우에는 당기와 비교하기 위하여 전기의 항목을 재분류하고, 재분류 항목의 내용, 금액 및 재분류가 필요한 이유를 주석으로 기재한다. 다만, 재분류가 실무적으로 불가능한 경우에는 그 이유와 재분류되어야 할 항목의 내용을 주석으로 기재한다.

재무제표의 보고양식

2.15 재무제표는 이해하기 쉽도록 간단하고 명료하게 표시하여야 하며, 이 장의 부록 적용사례에 예시된 재무제표의 양식을 참조하여 작성한다. 예시된 명칭보다 내용을 잘 나타내는 계정과목명이 있을 경우에는 그 계정과목명을 사용할 수 있다.

2.16 재무제표는 재무상태표, 손익계산서, 현금흐름표, 자본변동표 및 주석으로 구분하여 작성하며, 다음의 사항을 각 재무제표의 명칭과 함께 기재한다.

(1) 기업명

(2) 보고기간종료일 또는 회계기간

(3) 보고통화 및 금액단위

재무상태표

재무상태표의 목적

2.17 재무상태표는 일정 시점 현재 기업이 보유하고 있는 경제적 자원인 자산과 경제적 의무인 부채, 그리고 자본에 대한 정보를 제공하는 재무보고서로서, 정보이용자들이 기업의 유동성, 재무적 탄력성, 수익성과 위험 등을 평가하는 데 유용한 정보를 제공한다.

재무상태표의 기본구조

2.18 재무상태표의 구성요소인 자산, 부채, 자본은 각각 다음과 같이 구분한다.

(1) 자산은 유동자산과 비유동자산으로 구분한다. 유동자산은 당좌자산과 재고자산으로 구분하고, 비유동자산은 투자자산, 유형자산, 무형자산, 기타비유동자산으로 구분한다.

(2) 부채는 유동부채와 비유동부채로 구분한다.

(3) 자본은 자본금, 자본잉여금, 자본조정, 기타포괄손익누계액 및 이익잉여금(또는 결손금)으로 구분한다.

2.19 자산과 부채는 유동성이 큰 항목부터 배열하는 것을 원칙으로 한다.

자산과 부채의 유동성과 비유동성 구분

2.20 다음과 같은 자산은 유동자산으로 분류한다.

(1) 사용의 제한이 없는 현금및현금성자산

(2) 기업의 정상적인 영업주기 내에 실현될 것으로 예상되거나 판매목적 또는 소비목적으로 보유하고 있는 자산

(3) 단기매매 목적으로 보유하는 자산

(4) (1) 내지 (3) 외에 보고기간종료일로부터 1년 이내에 현금화 또는 실현될 것으로 예상되는 자산 그 밖의 모든 자산은 비유동자산으로 분류한다.

2.21 자산은 1년을 기준으로 유동자산과 비유동자산으로 분류한다. 다만, 정상적인 영업주기 내에 판매되거나 사용되는 재고자산과 회수되는 매출채권 등은 보고기간종료일로부터 1년 이내에 실현되지 않더라도 유동자산으로 분류한다. 이 경우 유동자산으로 분류한 금액 중 1년 이내에 실현되지 않을 금액을 주석으로 기재한다. 또, 장기미수금이나 투자자산에 속하는 매도가능증권 또는 만기보유증권 등의 비유동자산 중 1년 이내에 실현되는 부분은 유동자산으로 분류한다.

2.22 다음과 같은 부채는 유동부채로 분류한다.

(1) 기업의 정상적인 영업주기 내에 상환 등을 통하여 소멸할 것이 예상되는 매입채무와 미지급비용 등의 부채

(2) 보고기간종료일로부터 1년 이내에 상환되어야 하는 단기차입금 등의 부채

(3) 보고기간 후 1년 이상 결제를 연기할 수 있는 무조건의 권리를 가지고 있지 않은 부채. 이 경우 계약상대방의 선택에 따라, 지분상품의 발행으로 결제할 수 있는 부채의 조건은 그 분류에 영향을 미치지 아니한다.

그 밖의 모든 부채는 비유동부채로 분류한다.

2.23 부채는 1년을 기준으로 유동부채와 비유동부채로 분류한다. 다만, 정상적인 영업주기 내에 소멸할 것으로 예상되는 매입채무와 미지급비용 등은 보고기간종료일로부터 1년 이내에 결제되지 않더라도 유동부채로 분류한다. 이 경우 유동부채로 분류한 금액 중 1년 이내에 결제되지 않을 금액을 주석으로 기재한다. 당좌차월, 단기차입금 및 유동성장기차입금 등은 보고기간종료일로부터 1년 이내에 결제되어야 하므로 영업주기와 관계없이 유동부채로 분류한다. 또한 비유동부채 중 보고기간종료일로부터 1년 이내에 자원의 유출이 예상되는 부분은 유동부채로 분류한다.

2.24 보고기간종료일로부터 1년 이내에 상환되어야 하는 채무는, 보고기간종료일과 재무제표가 사실상 확정된 날 사이에 보고기간종료일로부터 1년을 초과하여 상환하기로 합의하더라도 유동부채로 분류한다.

2.25 보고기간종료일로부터 1년 이내에 상환기일이 도래하더라도, 기존의 차입약정에 따라 보고기간종료일로부터 1년을 초과하여 상환할 수 있고 기업이 그러한 의도가 있는 경우에는 비유동부채로 분류한다.

2.26 장기차입약정을 위반하여 채권자가 즉시 상환을 요구할 수 있는 채무는, 보고기간종료일과 재무제표가 사실상 확정된 날 사이에 상환을 요구하지 않기로 합의하더라도 유동부채로 분류한다.

2.27 장기차입약정을 위반하여 채권자가 즉시 상환을 요구할 수 있는 채무라도, 다음의 조건을 모두 충족하는 경우에는 비유동부채로 분류한다.

(1) 보고기간종료일 이전에 차입약정의 위반을 해소할 수 있도록 보고기간종료일로부터 1년을 초과하는 유예기간을 제공하기로 합의하였다.

(2) (1)에서의 유예기간 내에 기업이 차입약정의 위반을 해소할 수 있다.

(3) (1)에서의 유예기간동안 채권자가 즉시 상환을 요구할 수 없다.

2.28 보고기간종료일과 재무제표가 사실상 확정된 날 사이에 발생한 다음과 같은 사건은 주석으로 기재한다.

(1) 장기채무로의 차환(또는 만기연장)

(2) 차입약정 위반의 해소

(3) 차입약정 위반을 해소할 수 있도록 보고기간종료일로부터 1년을 초과하는 유예기간을 획득

자본의 분류

2.29 자본금은 법정자본금으로 한다.

2.30 자본잉여금은 증자나 감자 등 주주와의 거래에서 발생하여 자본을 증가시키는 잉여금이다. 예를 들면, 주식발행초과금, 자기주식처분이익, 감자차익 등이 포함된다.

2.31 자본조정은 당해 항목의 성격으로 보아 자본거래에 해당하나 최종 납입된 자본으로 볼 수 없거나 자본의 가감 성격으로 자본금이나 자본잉여금으로 분류할 수 없는 항목이다. 예를 들면, 자기주식, 주식할인발행차금, 주식선택권, 출자전환채무, 감자차손 및 자기주식처분손실 등이 포함된다.

2.32 기타포괄손익누계액은 보고기간종료일 현재의 매도가능증권평가손익, 해외사업환산손익, 현금흐름위험회피 파생상품평가손익 등의 잔액이다.

2.33 이익잉여금(또는 결손금)은 손익계산서에 보고된 손익과 다른 자본항목에서 이입된 금액의 합계액에서 주주에 대한 배당, 자본금으로의 전입 및 자본조정 항목의 상각 등으로 처분된 금액을 차감한 잔액이다.

재무상태표 항목의 구분과 통합표시

2.34 자산, 부채, 자본 중 중요한 항목은 재무상태표 본문에 별도 항목으로 구분하여 표시한다. 중요하지 않은 항목은 성격 또는 기능이 유사한 항목에 통합하여 표시할 수 있으며, 통합할 적절한 항목이 없는 경우에는 기타항목으로 통합할 수 있다. 이 경우 세부 내용은 주석으로 기재한다.

2.35 현금및현금성자산은 기업의 유동성 판단에 중요한 정보이므로 별도 항목으로 구분하여 표시한다. 현금및현금성자산은 통화 및 타인발행수표 등 통화대용증권과 당좌예금, 보통예금 및 큰 거래비용 없이 현금으로 전환이 용이하고 이자율 변동에 따른 가치변동의 위험이 경미한 금융상품으로서 취득 당시 만기일(또는 상환일)이 3개월 이내인 것을 말한다.

2.36 자본금은 보통주자본금과 우선주자본금으로 구분하여 표시한다. 보통주와 우선주는 배당금 지급 및 청산시의 권리가 상이하기 때문에 자본금을 구분하여 표시한다.

2.37 자본잉여금은 주식발행초과금과 기타자본잉여금으로 구분하여 표시한다.

2.38 자본조정 중 자기주식은 별도 항목으로 구분하여 표시한다. 주식할인발행차금, 주식선택권, 출자전환채무, 감자차손 및 자기주식처분손실 등은 기타자본조정으로 통합하여 표시할 수 있다.

2.39 기타포괄손익누계액은 매도가능증권평가손익, 해외사업환산손익 및 현금흐름위험회피 파생상품평가손익 등으로 구분하여 표시한다.

2.40 이익잉여금은 법정적립금, 임의적립금 및 미처분이익잉여금(또는 미처리결손금)으로 구분하여 표시한다. 이익잉여금 중 법정적립금과 임의적립금의 세부 내용 및 법령 등에 따라 이익배당이 제한되어 있는 이익잉여금의 내용을 주석으로 기재한다.

자산과 부채의 총액표시

2.41 자산과 부채는 원칙적으로 상계하여 표시하지 않는다. 다만, 문단 2.42와 다른 장에서 요구하거나 허용하는 경우에는 예외로 한다.

2.42 기업이 채권과 채무를 상계할 수 있는 법적 구속력 있는 권리를 가지고 있고, 채권과 채무를 순액 기준으로 결제하거나 채권과 채무를 동시에 결제할 의도가 있다면 상계하여 표시한다.

2.43 매출채권에 대한 대손충당금 등은 해당 자산이나 부채에서 직접 가감하여 표시할 수 있으며, 이는 문단 2.41의 상계에 해당하지 아니한다. 이 장 외의 다른 장에서 달리 정하는 경우를 제외하고는 자산이나 부채의 가감항목을 해당 자산이나 부채에서 직접 가감하여 표시할 수 있다. 이 경우 가감한 금액을 주석으로 기재한다.

손익계산서

손익계산서의 목적

2.44 손익계산서는 일정 기간 동안 기업의 경영성과에 대한 정보를 제공하는 재무보고서이다. 손익계산서는 당해 회계기간의 경영성과를 나타낼 뿐만 아니라 기업의 미래현금흐름과 수익창출능력 등의 예측에 유용한 정보를 제공한다.

손익계산서의 기본구조

2.45 손익계산서는 다음과 같이 구분하여 표시한다. 다만, 제조업, 판매업 및 건설업 외의 업종에 속하는 기업은 매출총손익의 구분표시를 생략할 수 있다.

(1) 매출액
(2) 매출원가
(3) 매출총손익
(4) 판매비와관리비
(5) 영업손익
(6) 영업외수익
(7) 영업외비용
(8) 법인세비용차감전계속사업손익
(9) 계속사업손익법인세비용
(10) 계속사업손익
(11) 중단사업손익(법인세효과 차감후)
(12) 당기순손익

2.46 매출액은 기업의 주된 영업활동에서 발생한 제품, 상품, 용역 등의 총매출액에서 매출할인, 매출환입, 매출에누리 등을 차감한 금액이다. 차감 대상 금액이 중요한 경우에는 총매출액에서 차감하는 형식으로 표시하거나 주석으로 기재한다.

2.47 매출액은 업종별이나 부문별로 구분하여 표시할 수 있으며, 반제품매출액, 부산물매출액, 작업폐물매출액, 수출액, 장기할부매출액 등이 중요한 경우에는 이를 구분하여 표시하거나 주석으로 기재한다.

2.48 매출원가는 제품, 상품 등의 매출액에 대응되는 원가로서 판매된 제품이나 상품 등에 대한 제조원가 또는 매입원가이다. 매출원가의 산출과정은 손익계산서 본문에 표시하거나 주석으로 기재한다.

2.49 판매비와관리비는 제품, 상품, 용역 등의 판매활동과 기업의 관리활동에서 발생하는 비용으로서 매출원가에 속하지 아니하는 모든 영업비용을 포함한다.

2.50 판매비와관리비는 당해 비용을 표시하는 적절한 항목으로 구분하여 표시하거나 일괄표시할 수 있다. 일괄표시하는 경우에는 적절한 항목으로 구분하여 이를 주석으로 기재한다.

2.51 영업외수익은 기업의 주된 영업활동이 아닌 활동으로부터 발생한 수익과 차익으로서 중단사업손익에 해당하지 않는 것으로 한다.

2.52 영업외비용은 기업의 주된 영업활동이 아닌 활동으로부터 발생한 비용과 차손으로서 중단사업손익에 해당하지 않는 것으로 한다.

2.53 계속사업손익은 기업의 계속적인 사업활동과 그와 관련된 부수적인 활동에서 발생하는 손익으로서 중단사업손익에 해당하지 않는 모든 손익을 말한다.

2.54 계속사업손익법인세비용은 계속사업손익에 대응하여 발생한 법인세비용이다.

2.55 중단사업손익은 중단사업으로부터 발생한 영업손익과 영업외손익으로서 사업중단직접비용과 중단사업자산손상차손을 포함하며, 법인세효과를 차감한 후의 순액으로 보고하고 중단사업손익의 산출내역을 주석으로 기재한다. 이 때 중단사업손익에 대한 법인세효과는 손익계산서의 중단사업손익 다음에 괄호를 이용하여 표시한다.

2.56 당기순손익은 계속사업손익에 중단사업손익을 가감하여 산출하며, 당기순손익에 기타포괄손익을 가감하여 산출한 포괄손익의 내용을 주석으로 기재한다. 이 경우 기타포괄손익의 각 항목은 관련된 법인세효과가 있다면 그 금액을 차감한 후의 금액으로 표시하고 법인세효과에 대한 내용을 별도로 기재한다.

수익과 비용의 총액표시

2.57 수익과 비용은 각각 총액으로 보고하는 것을 원칙으로 한다. 다만, 다른 장에서 수익과 비용을 상계하도록 요구하는 경우에는 상계하여 표시하고, 허용하는 경우에는 상계하여 표시할 수 있다.

현금흐름표

현금흐름표의 목적

2.58 현금흐름표는 기업의 현금흐름을 나타내는 표로서 현금의 변동내용을 명확하게 보고하기 위하여 당해 회계기간에 속하는 현금의 유입과 유출내용을 적정하게 표시하여야 한다.

현금흐름표의 기본구조

2.59 현금흐름표는 영업활동으로 인한 현금흐름, 투자활동으로 인한 현금흐름, 재무활동으로 인한 현금흐름으로 구분하여 표시하고, 이에 기초의 현금을 가산하여 기말의 현금을 산출하는 형식으로 표시한다. 현금흐름표에서 현금이라 함은 문단 2.35에서 규정하는 현금및현금성자산을 말한다.

영업활동으로 인한 현금흐름

2.60 영업활동이라 함은 일반적으로 제품의 생산과 상품 및 용역의 구매·판매활동을 말하며, 투자활동과 재무활동에 속하지 아니하는 거래를 모두 포함한다.

2.61 영업활동으로 인한 현금의 유입에는 제품 등의 판매에 따른 현금유입(매출채권의 회수 포함), 이자수익과 배당금수익, 기타 투자활동과 재무활동에 속하지 아니하는 거래에서 발생된 현금유입이 포함된다.

2.62 영업활동으로 인한 현금의 유출에는 원재료, 상품 등의 구입에 따른 현금유출(매입채무의 결제 포함), 기타 상품과 용역의 공급자와 종업원에 대한 현금지출, 법인세(토지등 양도소득에 대한 법인세 제외)의 지급, 이자비용, 기타 투자활동과 재무활동에 속하지 아니하는 거래에서 발생된 현금유출이 포함된다.

영업활동으로 인한 현금흐름의 표시방법

2.63 영업활동으로 인한 현금흐름은 직접법 또는 간접법으로 표시한다.

2.64 직접법이라 함은 현금을 수반하여 발생한 수익 또는 비용항목을 총액으로 표시하되, 현금유입액은 원천별로 현금유출액은 용도별로 분류하여 표시하는 방법을 말한다. 이 경우 현금을 수반하여 발생하는 수익·비용항목을 원천별로 구분하여 직접 계산하는 방법 또는 매출과 매출원가에 현금의 유출·유입이 없는 항목과 재고자산·매출채권·매입채무의 증감을 가감하여 계산하는 방법으로 한다.

2.65 간접법이라 함은 당기순이익(또는 당기순손실)에 현금의 유출이 없는 비용 등을 가산하고 현금의 유입이 없는 수익 등을 차감하며, 영업활동으로 인한 자산·부채의 변동을 가감하여 표시하는 방법을 말한다.

(1) 현금의 유출이 없는 비용 등은 현금의 유출이 없는 비용, 투자활동과 재무활동으로 인한 비용을 말한다.

(2) 현금의 유입이 없는 수익 등은 현금의 유입이 없는 수익, 투자활동과 재무활동으로 인한 수익을 말한다.

(3) 영업활동으로 인한 자산·부채의 변동은 영업활동과 관련하여 발생한 유동자산 및 유동부채의 증가 또는 감소를 말한다.

투자활동으로 인한 현금흐름

2.66 투자활동이라 함은 현금의 대여와 회수활동, 유가증권·투자자산·유형자산 및 무형자산의 취득과 처분활동 등을 말한다.

2.67 투자활동으로 인한 현금의 유입에는 대여금의 회수, 단기투자자산·유가증권·투자자산·유형자산·무형자산의 처분 등이 포함된다.

2.68 투자활동으로 인한 현금의 유출에는 현금의 대여, 단기투자자산·유가증권·투자자산·유형자산·무형자산의 취득에 따른 현금유출로서 취득 직전 또는 직후의 지급액 등이 포함된다.

재무활동으로 인한 현금흐름

2.69 재무활동이라 함은 현금의 차입 및 상환활동, 신주발행이나 배당금의 지급활동 등과 같이 부채 및 자본계정에 영향을 미치는 거래를 말한다.

2.70 재무활동으로 인한 현금의 유입에는 단기차입금·장기차입금의 차입, 어음·사채의 발행, 주식의 발행 등이 포함된다.

2.71 재무활동으로 인한 현금의 유출에는 배당금의 지급, 유상감자, 자기주식의 취득, 차입금의 상환, 자산의 취득에 따른 부채의 지급 등이 포함된다.

기타 표시방법

2.72 현금흐름표는 다음과 같이 표시한다.

(1) 현금의 유입과 유출내용에 대하여는 기중 증가 또는 기중 감소를 상계하지 아니하고 각각 총액으로 표시한다. 다만, 거래가 빈번하여 총금액이 크고 단기간에 만기가 도래하는 현금의 유입과 유출항목은 순증감액으로 표시할 수 있다.

(2) 사채발행 또는 주식발행으로 인한 현금유입시에는 발행금액으로 표시한다.

2.73 다음 사항을 주석으로 기재한다.

(1) 다음과 같은 현금의 유입과 유출이 없는 거래
현물출자로 인한 유형자산의 취득, 유형자산의 연불구입, 무상증자, 무상감자, 주식배당, 전환사채의 전환 등 현금의 유입과 유출이 없는 거래 중 유의적인 거래

(2) 직접법으로 작성한 경우에는 당기순이익(당기순손실)과 당기순이익(당기순손실)에 가감할 항목에 관한 사항

자본변동표

자본변동표의 목적

2.74 자본변동표는 자본의 크기와 그 변동에 관한 정보를 제공하는 재무보고서로서, 자본을 구성하고 있는 자본금, 자본잉여금, 자본조정, 기타포괄손익누계액, 이익잉여금(또는 결손금)의 변동에 대한 포괄적인 정보를 제공한다.

자본변동표의 기본구조

2.75 자본변동표에는 자본금, 자본잉여금, 자본조정, 기타포괄손익누계액, 이익잉여금(또는 결손금)의 각 항목별로 기초잔액, 변동사항, 기말잔액을 표시한다.

2.76 자본금의 변동은 유상증자(감자), 무상증자(감자)와 주식배당 등에 의하여 발생하며, 자본금은 보통주자본금과 우선주자본금으로 구분하여 표시한다.

2.77 자본잉여금의 변동은 유상증자(감자), 무상증자(감자), 결손금처리 등에 의하여 발생하며, 주식발행초과금과 기타자본잉여금으로 구분하여 표시한다.

2.78 자본조정의 변동은, 자기주식은 구분하여 표시하고 기타자본조정은 통합하여 표시할 수 있다.

2.79 기타포괄손익누계액의 변동은, 매도가능증권평가손익, 해외사업환산손익 및 현금흐름위험회피 파생상품평가손익은 구분하여 표시하고 그 밖의 항목은 그 금액이 중요할 경우에는 적절히 구분하여 표시할 수 있다.

2.80 이익잉여금의 변동은 다음과 같은 항목으로 구분하여 표시한다.

(1) 회계정책의 변경으로 인한 누적효과
(2) 중대한 전기오류수정손익
(3) 연차배당(당기 중에 주주총회에서 승인된 배당금액으로 하되 현금배당과 주식배당으로 구분하여 기재)과 기타 전기말 미처분이익잉여금의 처분
(4) 중간배당(당기 중에 이사회에서 승인된 배당금액)
(5) 당기순손익
(6) 기타: (1) 내지 (5) 외의 원인으로 당기에 발생한 이익잉여금의 변동으로 하되, 그 금액이 중요한 경우에는 적절히 구분하여 표시한다.

2.81 자본변동표에서 전기에 이미 보고된 이익잉여금(또는 결손금)의 금액이 당기에 발생한 회계정책의 변경이나 중대한 전기오류수정으로 인하여 변동된 경우에는 전기에 이미 보고된 금액을 별도로 표시하고 회계정책 변경이나 오류수정이 매 회계연도에 미치는 영향을 가감한 수정후 기초이익잉여금을 표시한다.

주석

구조

2.82 주석은 다음의 사항을 포함한다.

(1) 재무제표 작성기준 및 유의적인 거래와 회계사건의 회계처리에 적용한 회계정책
(2) 일반기업회계기준에서 주석공시를 요구하는 사항
(3) 재무상태표, 손익계산서, 현금흐름표 및 자본변동표의 본문에 표시되지 않는 사항으로서 재무제표를 이해하는 데 필요한 추가 정보

2.83 주석은 재무상태표, 손익계산서, 현금흐름표 및 자본변동표에 인식되어 본문에 표시되는 항목에 관한 설명이나 금액의 세부내역뿐만 아니라 우발상황 또는 약정사항과 같이 재무제표에 인식되지 않는 항목에 대한 추가 정보를 포함하여야 한다.

2.84 한국채택국제회계기준[1] 등의 최초적용으로 인한 회계기준의 중요한 변동이 예상되는 경우, 기업의 준비상황 및 재무제표에 미칠 수 있는 영향 등을 추가 정보로 공시할 것을 권장한다.

2.85 주석은 일반적으로 재무제표이용자가 재무제표를 이해하고 다른 기업의 재무제표와 비교하는 데 도움이 될 수 있도록 다음의 순서로 작성한다.

(1) 일반기업회계기준에 준거하여 재무제표를 작성하였다는 사실의 명기
(2) 재무제표 작성에 적용된 유의적인 회계정책의 요약
(3) 재무제표 본문에 표시된 항목에 대한 보충정보(재무제표의 배열 및 각 재무제표 본문에 표시된 순서에 따라 공시한다)

1) 한국회계기준원 회계기준위원회가 국제회계기준에 따라 제정한 회계기준

(4) 기타 우발상황, 약정사항 등의 계량정보와 비계량정보

회계정책의 공시

2.86 주석으로 기재하는 유의적인 회계정책의 요약은 다음 사항을 포함하여야 한다.

(1) 재무제표를 작성하는 데 사용한 측정속성

(2) 재무제표를 이해하는 데 필요한 기타의 회계정책

2.87 재무제표에 영향을 미치는 회계정책을 적용할 때 경영진이 내린 판단의 근거를 문단 2.85(2) 또는 (4)의 주석으로 기재한다.

측정상의 유의적인 가정

2.88 미래에 관한 유의적인 가정과 측정상의 불확실성에 대한 기타 정보를 주석으로 기재하여야 한다. 이러한 사항은 차기에 자산과 부채의 장부금액에 대한 유의적인 조정을 유발할 수 있는 위험과 관련이 있다. 따라서 이에 영향을 받을 자산과 부채에 대하여 다음 사항 등을 주석으로 기재한다.

(1) 자산과 부채의 성격

(2) 보고기간종료일 현재의 자산과 부채의 장부금액

(3) 위 (2)의 장부금액이 차기에 유의적으로 조정될 가능성이 있다는 사실

이익잉여금처분계산서

2.89 상법 등 관련 법규에서 이익잉여금처분계산서(또는 결손금처리계산서)의 작성을 요구하는 경우에는 재무상태표의 이익잉여금(또는 결손금)에 대한 보충정보로서 이익잉여금처분계산서(또는 결손금처리계산서)를 주석으로 공시한다.

배당정보의 공시

2.90 이익잉여금처분예정액으로서 주식의 종류별 주당배당금액, 액면배당률, 배당성향, 배당액의 산정내역을 주석으로 기재한다.

용어의 정의

일반기업회계기준	'주식회사의 외부감사에 관한 법률'의 적용대상기업 중 '한국채택국제회계기준'에 따라 회계처리하지 아니하는 기업이 적용해야 하는 회계처리기준
재무제표가 사실상 확정된 날	정기주주총회 제출용 재무제표가 이사회에서 최종 승인된 날. 다만, 주주총회에 제출된 재무제표가 주주총회에서 수정·승인된 경우에는 주주총회일을 말한다.
측정속성	자산, 부채 등 재무제표의 기본요소에 대한 화폐금액을 결정하기 위한 측정의 대상이 되는 일정한 속성
포괄손익	일정 기간 동안 주주와의 자본거래를 제외한 모든 거래나 사건에서 인식한 자본의 변동. 포괄손익에는 주주의 투자 및 주주에 대한 분배 등 자본거래를 제외한 모든 원천에서 인식된 자본의 변동이 포함된다.
현금및현금성자산	통화 및 타인발행수표 등 통화대용증권과 당좌예금, 보통예금 및 큰 거래비용 없이 현금으로 전환이 용이하고 이자율 변동에 따른 가치변동의 위험이 경미한 금융상품으로서 취득 당시 만기일(또는 상환일)이 3개월 이내인 것

일반기업회계기준 제2장 〈재무제표의 작성과 표시Ⅰ〉의 부록

결론도출근거

결2.1 이 장의 목적은 다양한 외부정보이용자의 공통된 정보요구를 충족시키기 위한 일반목적 재무제표의 작성과 표시에 관한 일관된 지침을 제공하는 데 있다. 따라서, 이 장에 따라 작성된 재무제표는 감독기구, 특수관계자 등의 정보요구를 충족하기 위해 작성된 특별목적 재무제표와 다를 수 있다. 이때 '다양한 외부정보이용자'는 특정 정보에 대한 요구를 만족하는 특별목적의 재무제표를 작성하도록 기업에게 요구할 수 없는 외부의 다양한 정보이용자를 말한다. (문단 2.1)

결2.2 현재 우리나라는 민간부문 비영리조직에 관한 회계처리기준이 없으므로, 민간부문 비영리조직이 재무제표를 작성할 때 이 장을 참고할 수 있을 것이다. (문단 2.3)

결2.3 투자자산은 기업이 장기적인 투자수익이나 타기업 지배목적 등의 부수적인 기업활동의 결과로 보유하는 자산이다. 기업이 장기여유자금운용이나 다른 기업 지배목적 등의 부수적인 활동의 결과로 보유하는 자산은 기업 본연의 영업활동을 위해 장기간 사용하는 유형자산이나 무형자산과 성격이 다르기 때문에 구분하여 표시하는 것이 바람직하다. 따라서 이 장은 이들 자산을 투자자산으로 별도 분류하였다. (문단 2.18)

결2.4 기업 본연의 영업활동을 수행하기 위해 장기간 활용하는 영업자산은 물리적 형태의 유무에 따라 유형자산 또는 무형자산으로 구분할 수 있다. 기업이 제품생산활동을 수행하기 위하여 투자한 설비의 규모와 무형의 지적자산에 대한 투자규모는 기업의 성장잠재력을 판단하는 중요한 정보이다. 따라서 기업이 영업활동을 위해 보유한 장기성 자산을 유형자산과 무형자산으로 구분하여 보고하도록 하였다. (문단 2.18)

결2.5 기업의 정상적인 영업주기가 1년을 초과할 경우에 영업주기내에 사용되거나 현금으로 전환되는 자산이 비유동자산으로 분류되면 유동자산금액이 기업의 정상적인 영업과정에서의 운영자금을 표시하지 못하는 문제점이 있다. 따라서 유동자산을 구분하는 데 1년 기준에 영업주기 기준을 추가하여 유동자산의 분류요건을 구체적으로 명시하였다. 다만, 유동자산으로 분류한 금액 중 1년 이내에 실현되지 않을 금액을 주석으로 기재하도록 하였다. 유동자산으로 분류한 금액 중 1년 이내에 실현되지 않을 금액이 명확하게 산출되지 않는 경우에는 합리적으로 추정하여 결정한다. (문단2.20~2.23)

결2.6 자본은 변동원천과 법률적 요구를 기준으로 분류한다. 이러한 기준에 의해 자본은 자본금, 자본잉여금, 자본조정, 기타포괄손익누계액 및 이익잉여금으로 분류한다. 자본금은 주주들이 납입한 법정자본금으로 한다. 우리나라는 법률적으로 액면금액제도를 따르고 있다. 따라서 법적 요구사항을 충족하고 있는 지를 파악할 수 있도록 조달된 자본금을 액면총액인 액면자본금과 액면을 초과(액면에 미달)하여 납입한 금액인 액면초과(또는 미달)자본금으로 구분하는 것이 바람직하다. (문단 2.18, 2.29)

결2.7 이 장에서는 법인세비용을 기간내 배분하여 계산한 계속사업손익법인세비용을 반영하여 계속사업손익을 산출하도록 하였다. (문단 2.54)

결2.8 외환차익과 외환차손과 같이 동일 또는 유사한 성격으로서 중요하지 않은 차익과 차손이 반복적으로 발생하는 경우 이를 서로 상계할 수 있도록 하여 개별적인 합계금액의 표시로 야기될 수 있는 회계정보의 왜곡 가능성을 방지하고자 하였다. 그러나 외환차익과 외환차손의 어느 한 쪽 또는 각각의 크기가 중요하면 서로 상계하여 표시하지 않는다.

결2.9 포괄손익(comprehensive income)은 일정 기간 동안 주주와의 자본거래를 제외한 모든 거래나 사건에서 인식한 자본의 변동을 말한다. 포괄손익을 보고하는 목적은 주주와의 자본거래를 제외한 인식된 거래와 기타 경제적 사건으로 인하여 발생한 모든 순자산의 변동을 측정하기 위한 것인데, 이러한 순자산의 변동 중 일부는 손익계산서에 표시되고 일부는 재무상태표의 자본의 별도구성항목으로 표시된다. (문단 2.56, 2.79)

결2.10 이론적으로 포괄손익을 표시하는 방법은 크게 나누어서 세 가지로 구분할 수 있다. 첫 번째로는 손익 및 포괄손익 계산서(statement of income and comprehensive income)를 작성하는 것인데, 기존의 손익계산서를 확장하여 기존의 당기순손익 뿐만 아니라 기타포괄손익을 가감하여 그 합계인 포괄손익을 표시하는 방법이다. 두 번째로는 손익계산서(statement of income)와 포괄손익계산서(statement of comprehensive income)를 별도로 작성하는 방법인데, 기존의 손익계산서 외에 별도의 재무성과보고서를 새로이 도입하여 여기에서 포괄손익을 표시하게 된다. 포괄손익계산서는 손익계산서상의 당기순손익에서 출발하여 기타포괄손익을 가산하여 포괄손익을 산출하게 된다. 세 번째로는 자본변동표(statement of changes in equity)를 이용하는 방법으로서, 자본변동표의 구조를 개편하여 당기순손익과 기타포괄손익의 합인 포괄손익을 별도로 표시하는 방법이다. (문단 2.56)

결2.11 미국의 재무회계기준위원회(FASB)는 포괄손익과 그 구성항목에 대한 표시방법에 대하여 특정한 형식을 요구하는 것은 아니지만 상기 방법 중 첫 번째와 두 번째 방법으로 표시하는 것을 권장하고 있다. 왜냐하면 포괄손익을 손익계산서 형식으로 나타내는 것이 자본변동표에 표시하는 것보다 개념적으로 우월하며, 그러한 표시방법이 포괄주의 이익개념(all-inclusive income concept)과 일관성을 가지기 때문이다. 자본변동표는 자본의 기초잔액과 기말잔액의 변동내용을 설명하는 보고서로서 손익계산서와 재무상태표의 산술적 연계성(arithmetic integrity) 확보를 주목적으로 하는 재무제표이기 때문에 경영성과의 보고가 자본변동표의 주목적은 아니라는 것이 일반적인 견해이다. (문단 2.56)

결2.12 우리나라의 경우 포괄손익의 개념의 도입 초기에 국제회계기준이나 미국의 회계기준에서 요구하는 것처럼 별도의 재무제표를 작성하거나 손익계산서나 자본변동표에서 포괄손익을 나타내는 것은 실무적으로 혼란이 예상되므로 포괄손익계산서를 손익계산서의 주석으로 공시하도록 하였다. 포괄손익에 대한 개념이 정착되고 난 후에는 포괄손익계산서를 별도의 재무제표로 작성하거나 손익계산서를 확장하여 포괄손익을 나타낼 수 있을 것이다. (문단 2.56)

결2.13 제5장 '회계정책, 회계추정의 변경 및 오류'에 따르면 오류수정은 그 효과를 오류발견연도의 손익에 반영하는 것을 원칙으로 하고, 중대한 오류에 대해서만 소급적용하여 처리하도록 하고 있다. 따라서 중대한 오류를 제외한 전기오류수정손익은 당기순손익에 반영되므로 당기의 포괄손익에 포함된다. 그러나 중대한 오류로 인한 전기오류수정손익에 대하여는 소급적용하여 전기 또는 그 이전 기간의 재무제표를 재작성하므로 전기 이전의 포괄손익에 포함하고 당기의 포괄손익에는 포함되지 않는다. (문단 2.56)

결2.14 제5장 '회계정책, 회계추정의 변경 및 오류'에 따르면 회계정책의 변경에 대하여는 원칙적으로 소급적용하여 전기 또는 그 이전의 재무제표를 재작성하고, 회계정책 변경의 누적효과를 합리적으로 결정하기 어려운 경우에는 회계변경을 전진적으로 처리하여 그 효과를 당기와 당기 이후의 기간에 반영한다. 따라서 회계정책 변경의 누적효과는 당기순손익에 반영되는 것이 아니라 각 회계연도의 순손익에 반영되므로 포괄손익계산서에서 별도의 항목으로 나타나지 않는다. 그러나 제5장에 의한 회계정책의 변경이 아니고 다른 장에 의한 회계정책의 변경에 대하여 소급하여 재작성하지 않고 회계정책 변경의 누적효과를 기초이익잉여금에 일시에 반영하는 경우에는 회계정책 변경의 누적효과를 포괄손익계산서에 별도의 항목으로 나타내고 당기의 포괄손익에 포함시킨다. (문단 2.56)

결2.15 문단 2.85에서 주석의 일반적인 배열순서를 언급하고 있지만 경우에 따라서는 주석항목의 배열순서를 바꾸는 것이 필요하거나 바람직할 수 있다. 예를 들어, 채무증권의 공정가치 변동이 손익계산서에 반영된 경우 이에 대한 주석사항은 재무상태표와 관련되어 있는 만기에 관한 정보와 같이 표시할 수 있다. 그러나 주석은 가능한 전체적으로 체계적인 구조를 갖추어야 한다. (문단 2.85)

실무지침

실2.1 재무제표에는 재무제표이용자의 의사결정에 유용할 것으로 판단되는 여러 가지 명세서와 경영진의 분석보고서나 검토보고서 등과 같은 설명자료를 첨부할 수 있다. 다만, 이러한 첨부자료는 재무제표의 범위에 포함되지 아니한다. (문단 2.1)

실2.2 문단 실2.1에서 설명한 명세서 등을 재무제표에 첨부하는 경우에는 재무제표와 명확히 구별되도록 하여야 한다. (문단 2.1)

실2.3 경영진은 계속기업의 전제가 타당한 지 판단하기 위하여 수익성, 부채상환계획, 대체적 재무자원의 조달계획 등 보고기간종료일로부터 최소한 1년간의 예상 가능한 모든 정보를 고려하여야 한다. 다만, 기업이 상당기간동안 계속사업이익을 보고하였고, 보고기간종료일 현재 경영에 필요한 재무자원을 확보하고 있는 경우에는 경영활동이 청산되거나 중단되지 않을 것으로 보아 계속기업의 전제를 적용할 수 있다. (문단 2.5)

실2.4 재무제표이용자에게 오해를 줄 염려가 없는 경우에는 금액을 천원이나 백만원 단위 등으로 표시할 수 있다. (문단 2.16)

실2.5 이 장에서 '공시'는 주석으로 기재하는 것뿐만 아니라 재무제표 본문에 표시하는 것을 포함한다. 이 장 이외의 다른 장에서 '공시'의 의미를 달리 정하고 있지 않는 한 이 장 이외의 다른 장에서의 '공시'도 주석으로 기재하는 것뿐만 아니라 재무제표 본문에 표시하는 것을 포함한다.

실2.6 재무상태표의 표시와 분류방법은 기업의 재무상태를 쉽게 이해할 수 있도록 결정되어야 한다. 따라서 문단 2.20내지 문단 2.23의 규정에 불구하고 업종의 특수성 때문에 필요하거나 다른 장에서 달리 정하고 있는 경우에는 표시항목의 명칭과 배열순서를 다르게 할 수 있다. (문단 2.20~2.23)

실2.7 영업주기는 제조업의 경우에 제조과정에 투입될 재화와 용역을 취득한 시점부터 제품의 판매로 인한 현금의 회수완료시점까지 소요되는 기간을 나타낸다. 숙성과정이 필요한 업종이나 자본집약적인 업종의 경우에는 영업주기가 1년을 초과할 수도 있다. 반면에 대부분의 업종의 경우에는 영업주기가 1년 이내인 경우가 보통이다. 정상적인 영업주기가 명확하게 확인되지 않는 경우에는 1년으로 추정한다. (문단 2.20~2.23)

실2.8 매출원가는 기초제품(또는 상품)재고액에 당기제품제조원가(또는 당기상품매입액)를 가산하고 기말제품(또는 상품)재고액을 차감한 금액이다. (문단 2.48)

실2.9 문단 실2.8의 당기상품매입액은 상품의 총매입액에서 매입할인, 매입환출, 매입에누리 등을 차감한 금액으로 한다. (문단 2.48)

실2.10 제품이나 상품에 대하여 생산, 판매 또는 매입 외의 사유로 증감액이 있는 경우에는 이를 매출원가의 계산에 반영한다. (문단 2.48)

실2.11 동일 또는 유사한 거래나 회계사건에서 발생한 차익, 차손 등은 총액으로 표시하지만 중요하지 않은 경우에는 관련 차익과 차손 등을 상계하여 표시할 수 있다. (문단 2.57)

실2.12 이익잉여금처분계산서(또는 결손금처리계산서)는 이익잉여금의 처분사항(또는 결손금의 처리사항)을 명확히 보고하기 위한 재무보고서이다. (문단 2.89)

실2.13 이익잉여금처분계산서는 미처분이익잉여금, 임의적립금등의이입액, 이익잉여금처분액, 차기이월미처분이익잉여금으로 구분하여 표시한다. (문단 2.89)

실2.14 미처분이익잉여금은 전기이월미처분이익잉여금(또는 전기이월미처리결손금)에 회계정책의 변경으로 인한 누적효과(비교재무제표의 최초회계기간 직전까지의 누적효과), 중대한 전기오류수정손익(비교재무제표의 최초회계기간 직전까지의 누적효과), 중간배당액 및 당기순이익(또는 당기순손실)을 가감하여 산출한다. (문단 2.89)

실2.15 이익잉여금처분액은 이익준비금, 기타법정적립금, 이익잉여금처분에 의한 상각등, 배당금, 임의적립금으로 구분하여 표시한다. 이익잉여금처분에 의한 상각등은 주식할인발행차금상각, 자기주식처분손실 잔액, 상환주식 상환액 등으로 한다. 배당금의 경우 현금배당과 주식배당으로 구분한다. (문단 2.89)

실2.16 결손금처리계산서는 미처리결손금, 결손금처리액, 차기이월미처리결손금으로 구분하여 표시한다. (문단 2.89)

실2.17 미처리결손금은 전기이월미처리결손금(또는 전기이월미처분이익잉여금)에 회계정책의 변경으로 인한 누적효과(비교재무제표의 최초회계기간 직전까지의 누적효과), 중대한 전기오류수정손익(비교재무제표의 최초회계기간 직전까지의 누적효과), 중간배당액 및 당기순이익(또는 당기순손실)을 가감하여 산출한다. (문단 2.89)

실2.18 결손금의 처리는 임의적립금이입액, 기타법정적립금이입액, 이익준비금이입액, 자본잉여금이입액의 순으로 한다. (문단 2.89)

실2.19 주석은 체계적인 방법으로 표시한다. 재무상태표, 손익계산서, 이익잉여금처분계산서(또는 결손금처리계산서), 현금흐름표 및 자본변동표의 본문에 표시된 개별항목에는 관련된 주석내용과 상호 연결하는 기호 등을 표시한다. (문단 2.82~2.90)

실2.20 문단 2.85(3)에 해당하는 보충정보의 예는 다음과 같다. (문단 2.85(3))

(1) 기업의 개황, 주요 영업내용 및 최근의 경영환경변화
(2) 사용이 제한된 예금
(3) 자기 또는 타인을 위하여 제공하고 있거나 타인으로부터 제공받고 있는 담보 및 보증의 내용
(4) 차입약정의 유의적인 위반사항
(5) 천재지변, 파업, 화재, 유의적인 사고 등에 관하여는 그 내용과 결과
(6) 기업이 가입하고 있는 보험의 종류, 보험금액 및 보험에 가입된 자산의 내용
(7) 물가 및 환율변동과 같이 기업에 유의적인 영향을 미치는 불확실성 및 위험요소
(8) 당해 회계연도 개시일전 2년 내에 결손보전을 한 경우에는 결손보전에 충당된 자본잉여금이나 이익잉여금의 명칭과 금액 및 결손보전을 승인한 주주총회일
(9) 제조원가 또는 판매비와관리비에 포함된 급여, 퇴직급여, 복리후생비, 임차료, 감가상각비, 세금과공과 등 부가가치계산에 필요한 계정과목과 그 금액

실2.21 재무제표이용자에게 재무제표 작성의 기초가 된 측정속성(역사적 원가, 현행원가, 순실현가능가치, 공정가치 또는 회수가능액)에 관한 정보를 제공할 필요가 있다. 따라서 재무제표 작성에 여러 가지의 측정속성을 사용한 경우, 예를 들어 동일한 재무제표에 역사적원가로 측정한 항목들과 공정가치로 측정한 항목들이 있는 경우에는 각 측정속성이 적용된 자산 및 부채의 유형에 관한 정보를 주석에 포함한다.

실2.22 경영진은 회계정책을 적용할 때 다양한 판단을 하며 그러한 판단은 재무제표에 유의적인 영향을 줄 수 있다. 예를 들어, 경영진은 금융자산을 만기보유증권으로 분류할지 여부를 판단해야 한다. 이 경우 문단 2.87에 따라 재무제표 항목의 금액에 영향을 미치는 회계정책을 적용할 때 경영진이 내린 판단의 근거를 주석으로 기재한다. 이러한 주석공시는 문단 2.88에 따라 주석으로 기재하는 것과는

관련이 없다. (문단 2.87)

실2.23 한국채택국제회계기준 도입과 관련하여 공시시기별로 다음과 같은 정보를 재무제표 주석에 기재하는 것이 바람직하다.

(1) 도입 2년전 재무제표

㈎ 한국채택국제회계기준 도입 준비계획 및 추진상황

㈏ 한국채택국제회계기준과 현행 회계기준과의 회계처리방법 차이 중 해당기업에 유의적인 영향을 줄 것으로 예상되는 사항

(2) 도입 1년전 재무제표

㈎ 한국채택국제회계기준 도입 준비계획 및 추진상황

㈏ 한국채택국제회계기준하에서 기업이 선택한 회계정책과 기존 회계정책과의 주요 차이점

㈐ 연결대상기업의 변화

㈑ 한국채택국제회계기준 도입이 기업 재무상태 및 경영성과에 미치는 영향에 대한 계량정보

조기적용기업의 경우, 도입 1년전 회계연도부터 상기 (2)를 준용하여 기재하되, 한국채택국제회계기준을 조기도입한다는 문구를 포함한다.

재무상태표의 개별표시 항목의 예시 (문단 2.17~2.43)

실2.24 각 기업의 자산, 부채, 자본의 개별 표시 분류 항목은 금액과 성격의 중요성 판단기준을 적용하여 결정한다. 여기서는 대부분의 기업이 금액이나 성격이 중요하다고 판단하여 재무상태표 본문에 개별 표시할 것으로 예상되는 항목을 아래와 같이 예시한다. 예시된 항목의 금액이나 성격으로 보아 해당기업에 중요하지 않은 경우에는 이들 항목의 별도 표시를 생략할 수 있다.

당좌자산의 분류 항목

실2.25 당좌자산 내에 별도 표시하는 항목의 예는 다음과 같다.

(1) 현금및현금성자산

(2) 단기투자자산

(3) 매출채권

(4) 선급비용

(5) 이연법인세자산

(6) 기타

실2.26 단기투자자산은 기업이 여유자금의 활용 목적으로 보유하는 단기예금, 단기매매증권, 단기대여금 및 유동자산으로 분류되는 매도가능증권과 만기보유증권 등의 자산을 포함한다. 이들 자산은 현금및현금성자산과 함께 기업의 단기 유동성을 파악하는 데 중요한 정보이기 때문에 개별 표시한다.

실2.27 기타는 미수수익, 미수금, 선급금 등을 포함한다. 이들 항목이 중요한 경우에는 개별 표시한다.

재고자산의 분류 항목

실2.28 재고자산 내에 별도 표시하는 항목의 예는 다음과 같다.

(1) 상품

(2) 제품
(3) 반제품
(4) 재공품
(5) 원재료
(6) 저장품
(7) 기타

투자자산의 분류 항목

실2.29 투자자산은 장기적인 투자수익을 얻기 위해 가지고 있는 채무증권과 지분증권, 지분법적용투자주식, 영업활동에 사용되지 않는 토지와 설비자산, 설비확장 및 채무상환 등에 사용할 특정 목적의 예금을 포함한다.

실2.30 투자자산 내에 별도 표시하는 분류 항목의 예는 다음과 같다.
(1) 투자부동산
(2) 장기투자증권
(3) 지분법적용투자주식
(4) 장기대여금
(5) 기타

실2.31 비유동자산으로 분류되는 매도가능증권과 만기보유증권을 통합하여 장기투자증권으로 표시할 수 있으며 이들의 금액이 중요하지 않은 경우 기타로 공시한다.

유형자산의 분류 항목

실2.32 유형자산은 재화의 생산이나 용역의 제공, 타인에 대한 임대, 또는 자체적으로 사용할 목적으로 보유하고 있으며, 물리적 형태가 있는 비화폐성자산으로서 토지, 건물, 기계장치 등을 포함한다.

실2.33 유형자산 중 별도 표시하는 분류 항목의 예는 다음과 같다.
(1) 토지
(2) 설비자산
(3) 건설중인자산
(4) 기타

실2.34 감가상각을 하지 않는 토지는 감가상각 대상자산인 설비자산과 우선 구분하여 이들의 규모를 파악할 수 있도록 한다. 그리고 미래 생산 판매활동을 위해 건설중인 설비자산의 규모를 파악할 수 있도록 건설중인자산을 개별 표시한다.

무형자산의 분류 항목

실2.35 무형자산은 물리적 형체는 없지만 식별가능하고 기업이 통제하고 있으며 미래경제적효익이 있는 비화폐성자산으로 산업재산권, 저작권, 개발비 등과 사업결합에서 발생한 영업권을 포함한다.

실2.36 무형자산 중 별도 표시하는 소분류 항목의 예는 다음과 같다.

(1) 영업권
(2) 산업재산권
(3) 개발비
(4) 기타

실2.37 기타는 라이선스와 프랜차이즈, 저작권, 컴퓨터소프트웨어, 임차권리금, 광업권, 어업권 등을 포함한다. 다만 이들 항목이 중요한 경우에는 개별 표시한다.

기타비유동자산의 분류 항목

실2.38 기타비유동자산은 임차보증금, 이연법인세자산(유동자산으로 분류되는 부분 제외), 장기매출채권 및 장기미수금 등 투자자산, 유형자산, 무형자산에 속하지 않는 비유동자산을 포함한다.

실2.39 기타비유동자산 내에 별도 표시할 항목의 예는 다음과 같다.

(1) 이연법인세자산
(2) 기타

실2.40 비유동자산으로 분류되는 이연법인세자산은 차감할 일시적차이 등으로 인하여 미래에 경감될 법인세부담액으로서 미래의 현금흐름을 예측하는 데 유용한 정보를 제공하므로 구분 표시한다.

실2.41 기타는 임차보증금, 장기선급비용, 장기선급금, 장기미수금 등을 포함한다. 이들 자산은 투자수익이 없고 다른 자산으로 분류하기 어려워 기타로 통합하여 표시한다. 다만 이들 항목이 중요한 경우에는 별도 표시한다.

유동부채의 분류 항목

실2.42 유동부채 내에 별도 표시할 소분류 항목의 예는 다음과 같다.

(1) 단기차입금
(2) 매입채무
(3) 당기법인세부채
(4) 미지급비용
(5) 이연법인세부채
(6) 기타

비유동부채의 분류 항목

실2.43 비유동부채 내에 별도 표시할 소분류 항목의 예는 다음과 같다.

(1) 사채
(2) 신주인수권부사채
(3) 전환사채
(4) 장기차입금
(5) 퇴직급여충당부채
(6) 장기제품보증충당부채
(7) 이연법인세부채

(8) 기타

실2.44 비유동부채로 분류되는 이연법인세부채는 가산할 일시적차이로 인하여 미래에 부담하게 될 법인세부담액으로서 미래의 현금흐름을 예측하는 데 유용한 정보를 제공하므로 구분 표시한다.

실2.45 기타는 비유동부채로서 다른 항목으로 분류하기 어려운 성격의 부채를 모두 통합한 금액을 표시한다. 다만 이들 항목이 중요한 경우에는 개별 표시한다.

손익계산서의 개별표시 항목의 예시 (문단 2.44~2.57)

매출액과 매출원가의 분류 항목

실2.46 매출액은 업종 또는 부문별로 구분하여 표시할 수 있으며, 반제품매출액, 부산물매출액, 작업폐물매출액, 수출액, 장기할부매출액 등이 중요한 경우에는 이를 구분하여 표시할 수 있다.

판매비와관리비의 분류 항목

실2.47 판매비와관리비는 상품과 용역의 판매활동 또는 기업의 관리와 유지에서 발생하는 비용으로 급여(임원급여, 급료, 임금 및 제수당을 포함한다), 퇴직급여, 명예퇴직금(조기퇴직의 대가로 지급하는 인센티브 등을 포함한다), 복리후생비, 임차료, 접대비, 감가상각비, 무형자산상각비, 세금과공과, 광고선전비, 연구비, 경상개발비, 대손상각비 등 매출원가에 속하지 아니하는 모든 영업비용을 포함하며, 당해 비용을 표시하는 적절한 항목으로 구분한다. 한편, 빈번하게 발생하는 것은 아니지만 영업활동과 관련하여 비용이 감소함에 따라 발생하는 퇴직급여충당부채환입, 판매보증충당부채환입 및 대손충당금환입 등은 판매비와관리비의 부(-)의 금액으로 표시한다.

영업외수익의 분류 항목

실2.48 영업외수익은 이자수익, 배당금수익(주식배당액은 제외한다), 임대료, 단기투자자산처분이익, 단기투자자산평가이익, 외환차익, 외화환산이익, 지분법이익, 장기투자증권손상차손환입, 투자자산처분이익, 유형자산처분이익, 사채상환이익, 전기오류수정이익 등을 포함한다.

영업외비용의 분류 항목

실2.49 영업외비용은 이자비용, 기타의 대손상각비, 단기투자자산처분손실, 단기투자자산평가손실, 재고자산감모손실(비정상적으로 발생한 재고자산감모손실에 한한다), 외환차손, 외화환산손실, 기부금, 지분법손실, 장기투자증권손상차손, 투자자산처분손실, 유형자산처분손실, 사채상환손실, 전기오류수정손실 등을 포함한다.

중단사업손익의 분류 항목

실2.50 사업중단직접비용과 중단사업자산손상차손을 포함한 중단사업으로부터 발생한 영업손익과 영업외손익을 중단사업손익으로 하여 법인세효과를 차감한 후의 순액으로 보고한다. (문단 2.55)

계속사업손익의 표시

실2.51 계속사업손실이 발생하는 경우에는 이에 대응하여 발생하는 법인세효과를 계속사업손익법인세비용 항목으로 하고 부수(-)로 표시한다. (문단 2.54)

실2.52 중단사업손익이 없을 경우에는 '법인세비용차감전계속사업손익'을 '법인세비용차감전순손익'으로 표시하고, '계속사업손익법인세비용'은 '법인세비용'으로 표시하며, '계속사업이익'은 별도로 표시하지 않는다. (문단 2.55)

주석 (문단 2.82~2.90)

실2.53 주석은 재무제표이용자의 이해와 편의를 도모하기 위하여 다음과 같은 방법으로 체계적으로 작성한다.

(1) 재무제표상의 개별항목에 대한 주석정보는 해당 개별항목에 기호를 붙이고 별지에 동일한 기호를 표시하여 그 내용을 설명한다.

(2) 하나의 주석이 재무제표상의 둘 이상의 개별항목과 관련된 경우에는 해당 개별항목 모두에 주석의 기호를 표시한다. 또한, 하나의 주석에 포함된 정보가 다른 주석과 관련된 경우에도 해당되는 주석 모두에 관련된 주석의 기호를 표시한다.

실2.54 주석으로 기재하는 미래에 관한 유의적인 가정의 예에는 미래의 이자율, 미래의 급여액 변동, 원가에 영향을 미치는 미래의 가격변동 및 내용연수 등이 있다. (문단 2.88)

실2.55 문단 2.89에 따라 이익잉여금처분계산서를 주석으로 공시하는 경우에는 주식의 종류별 주당배당금액, 액면배당률은 배당금 다음에 표시하고, 배당성향, 배당액의 산정내역은 주석에 포함하여 기재한다. 이익잉여금처분계산서를 주석으로 공시하지 아니하는 경우에도 주식의 종류별 주당배당금액, 액면배당률, 배당성향, 배당액의 산정내역을 주석으로 기재한다. (문단 2.89)

적용사례

사례 1 재무제표 양식

다음은 이 장의 내용에 따라 작성된 재무제표 및 주석으로 기재하는 포괄손익계산서 및 이익잉여금처분계산서 양식의 예시이다.

(1) 재무상태표 양식

재 무 상 태 표

제×기 20××년×월×일 현재
제×기 20××년×월×일 현재

기업명 (단위 : 원)

과 목	당 기		전 기	
자 산				
유동자산		×××		×××
당좌자산		×××		×××
현금및현금성자산	×××		×××	
단기투자자산	×××		×××	
매출채권	×××		×××	
선급비용	×××		×××	
이연법인세자산	×××		×××	
……	×××		×××	
재고자산		×××		×××
제품	×××		×××	
재공품	×××		×××	
원재료	×××		×××	
……	×××		×××	
비유동자산		×××		×××
투자자산		×××		×××
투자부동산	×××		×××	
장기투자증권	×××		×××	
지분법적용투자주식	×××		×××	
……	×××		×××	
유형자산		×××		×××
토지	×××		×××	
설비자산	×××		×××	
(-) 감가상각누계액	(×××)		(×××)	
건설중인자산	×××		×××	
……	×××		×××	
무형자산		×××		×××
영업권	×××		×××	
산업재산권	×××		×××	
개발비	×××		×××	
……	×××		×××	
기타비유동자산		×××		×××
이연법인세자산	×××		×××	
……	×××		×××	
자 산 총 계		×××		×××

과목	당기		전기	
부　　채				
유동부채		×××		×××
단기차입금	×××		×××	
매입채무	×××		×××	
당기법인세부채	×××		×××	
미지급비용	×××		×××	
이연법인세부채	×××		×××	
……	×××		×××	
비유동부채		×××		×××
사채	×××		×××	
신주인수권부사채	×××		×××	
전환사채	×××		×××	
장기차입금	×××		×××	
퇴직급여충당부채	×××		×××	
장기제품보증충당부채	×××		×××	
이연법인세부채	×××		×××	
……	×××		×××	
부 채 총 계		×××		×××

과　　　목	당 기		전 기	
자　　본				
자본금		×××		×××
보통주자본금	×××		×××	
우선주자본금	×××		×××	
자본잉여금		×××		×××
주식발행초과금	×××		×××	
……	×××		×××	
자본조정		×××		×××
자기주식	×××		×××	
……	×××		×××	
기타포괄손익누계액		×××		×××
매도가능증권평가손익	×××		×××	
해외사업환산손익	×××		×××	
현금흐름위험회피	×××		×××	
파생상품평가손익	×××		×××	
……				
		×××		×××
이익잉여금(또는 결손금)	×××		×××	
법정적립금	×××		×××	
임의적립금	×××		×××	
미처분이익잉여금 (또는 미처리결손금)				
자 본 총 계		×××		×××
부채 및 자본 총계		×××		×××

⑵ 손익계산서 양식 (중단사업손익이 있을 경우)

손 익 계 산 서

제×기 20××년×월×일부터 20××년×월×일까지
제×기 20××년×월×일부터 20××년×월×일까지

기업명 (단위 : 원)

과 목	당 기		전 기	
매출액		×××		×××
매출원가		×××		×××
기초제품(또는 상품)재고액	×××		×××	
당기제품제조원가 (또는 당기상품매입액)	×××		×××	
기말제품(또는 상품)재고액	(×××)		(×××)	
매출총이익(또는 매출총손실)		×××		×××
판매비와관리비		×××		×××
급여	×××		×××	
퇴직급여	×××		×××	
복리후생비	×××		×××	
임차료	×××		×××	
접대비	×××		×××	
감가상각비	×××		×××	
무형자산상각비	×××		×××	
세금과공과	×××		×××	
광고선전비	×××		×××	
연구비	×××		×××	
경상개발비	×××		×××	
대손상각비	×××		×××	
……	×××		×××	
영업이익(또는 영업손실)		×××		×××
영업외수익		×××		×××
이자수익	×××		×××	
배당금수익	×××		×××	
임대료	×××		×××	
단기투자자산처분이익	×××		×××	
단기투자자산평가이익	×××		×××	
외환차익	×××		×××	
외화환산이익	×××		×××	
지분법이익	×××		×××	
장기투자증권손상차손환입	×××		×××	
유형자산처분이익	×××		×××	
사채상환이익	×××		×××	
전기오류수정이익	×××		×××	
……	×××		×××	

영업외비용		×××		×××
이자비용	×××		×××	
기타의대손상각비	×××		×××	
단기투자자산처분손실	×××		×××	
단기투자자산평가손실	×××		×××	
재고자산감모손실	×××		×××	
외환차손	×××		×××	
외화환산손실	×××		×××	
기부금	×××		×××	
지분법손실	×××		×××	
장기투자증권손상차손	×××		×××	
유형자산처분손실	×××		×××	
사채상환손실	×××		×××	
전기오류수정손실	×××		×××	
......	×××		×××	
법인세비용차감전계속사업손익		×××		×××
계속사업손익법인세비용		×××		×××
계속사업이익(또는 계속사업손실)		×××		×××
중단사업손익 (법인세효과: ×××원)		×××		×××
당기순이익(또는 당기순손실)		×××		×××

⑶ 손익계산서 양식 (중단사업손익이 없을 경우)

손 익 계 산 서

제×기 20××년×월×일부터 20××년×월×일까지
제×기 20××년×월×일부터 20××년×월×일까지

기업명 (단위 : 원)

과 목	당 기		전 기	
매출액		×××		×××
매출원가		×××		×××
기초제품(또는 상품)재고액	×××		×××	
당기제품제조원가 (또는 당기상품매입액)	×××		×××	
기말제품(또는 상품)재고액	(×××)		(×××)	
매출총이익(또는 매출총손실)		×××		×××
판매비와관리비		×××		×××
급여	×××		×××	
퇴직급여	×××		×××	
복리후생비	×××		×××	
임차료	×××		×××	
접대비	×××		×××	
감가상각비	×××		×××	
무형자산상각비	×××		×××	
세금과공과	×××		×××	
광고선전비	×××		×××	
연구비	×××		×××	
경상개발비	×××		×××	
대손상각비	×××		×××	
……	×××		×××	
영업이익(또는 영업손실)		×××		×××
영업외수익		×××		×××
이자수익	×××		×××	
배당금수익	×××		×××	
임대료	×××		×××	
단기투자자산처분이익	×××		×××	
단기투자자산평가이익	×××		×××	
외환차익	×××		×××	
외화환산이익	×××		×××	
지분법이익	×××		×××	
장기투자증권손상차손환입	×××		×××	
유형자산처분이익	×××		×××	
사채상환이익	×××		×××	
전기오류수정이익	×××		×××	
……	×××		×××	

영업외비용		×××		×××
이자비용	×××		×××	
기타의대손상각비	×××		×××	
단기투자자산처분손실	×××		×××	
단기투자자산평가손실	×××		×××	
재고자산감모손실	×××		×××	
외환차손	×××		×××	
외화환산손실	×××		×××	
기부금	×××		×××	
지분법손실	×××		×××	
장기투자증권손상차손	×××		×××	
유형자산처분손실	×××		×××	
사채상환손실	×××		×××	
전기오류수정손실	×××		×××	
……	×××		×××	
법인세비용차감전순손익		×××		×××
법인세비용		×××		×××
당기순이익(또는 당기순손실)		×××		×××

(4) 현금흐름표 양식(직접법)

현 금 흐 름 표

제×기 20××년×월×일부터 20××년×월×일까지
제×기 20××년×월×일부터 20××년×월×일까지

기업명 (단위 : 원)

과 목	당 기		전 기	
영업활동으로 인한 현금흐름		×××		×××
매출등 수익활동으로부터의 유입액	×××		×××	
매입 및 종업원에 대한 유출액	×××		×××	
이자수익 유입액	×××		×××	
배당금수익 유입액	×××		×××	
이자비용 유출액	×××		×××	
법인세의 지급	×××		×××	
투자활동으로 인한 현금흐름		×××		×××
투자활동으로 인한 현금유입액				
단기투자자산의 처분	×××		×××	
유가증권의 처분	×××		×××	
토지의 처분	×××		×××	
투자활동으로 인한 현금유출액				
현금의 단기대여	×××		×××	
단기투자자산의 취득	×××		×××	
유가증권의 취득	×××		×××	
토지의 취득	×××		×××	
개발비의 지급	×××		×××	
재무활동으로 인한 현금흐름		×××		×××
재무활동으로 인한 현금유입액				
단기차입금의 차입	×××		×××	
사채의 발행	×××		×××	
보통주의 발행	×××		×××	
재무활동으로 인한 현금유출액				
단기차입금의 상환	×××		×××	
사채의 상환	×××		×××	
유상감자	×××		×××	
현금의 증가(감소)		×××		×××
기초의 현금		×××		×××
기말의 현금		×××		×××

(5) 현금흐름표 양식(간접법)

현 금 흐 름 표

제×기 20××년×월×일부터 20××년×월×일까지
제×기 20××년×월×일부터 20××년×월×일까지

기업명 (단위 : 원)

과 목	당 기		전 기	
영업활동으로 인한 현금흐름		×××		×××
당기순이익(손실)	×××		×××	
현금의 유출이 없는 비용등의 가산				
감가상각비	×××		×××	
퇴직급여	×××		×××	
현금의 유입이 없는 수익등의 차감				
사채상환이익	×××		×××	
영업활동으로 인한 자산·부채의 변동				
재고자산의 감소(증가)	×××		×××	
매출채권의 감소(증가)	×××		×××	
이연법인세자산의 감소(증가)	×××		×××	
매입채무의 증가(감소)	×××		×××	
당기법인세부채의 증가(감소)	×××		×××	
이연법인세부채의 증가(감소)	×××		×××	
투자활동으로 인한 현금흐름		×××		×××
투자활동으로 인한 현금유입액				
단기투자자산의 처분	×××		×××	
유가증권의 처분	×××		×××	
토지의 처분	×××		×××	
투자활동으로 인한 현금유출액				
현금의 단기대여	×××		×××	
단기투자자산의 취득	×××		×××	
유가증권의 취득	×××		×××	
토지의 취득	×××		×××	
개발비의 지급	×××		×××	
재무활동으로 인한 현금흐름		×××		×××
재무활동으로 인한 현금유입액				
단기차입금의 차입	×××		×××	
사채의 발행	×××		×××	
보통주의 발행	×××		×××	
재무활동으로 인한 현금유출액				
단기차입금의 상환	×××		×××	
사채의 상환	×××		×××	
유상감자	×××		×××	
현금의 증가(감소)		×××		×××
기초의 현금		×××		×××
기말의 현금		×××		×××

(6) 자본변동표 양식

자 본 변 동 표

제×기 20××년×월×일부터 20××년×월×일까지
제×기 20××년×월×일부터 20××년×월×일까지

기업명 (단위 : 원)

구 분	자본금	자본 잉여금	자본조정	기타포괄 손익누계액	이익 잉여금	총 계
20××.×.×(보고금액)	×××	×××	×××	×××	×××	×××
회계정책변경누적효과	(×××)	(×××)	(×××)	(×××)	(×××)	(×××)
전기오류수정	(×××)	(×××)	(×××)	(×××)	(×××)	(×××)
수정후 자본	×××	×××	×××	×××	×××	×××
연차배당					(×××)	(×××)
처분후 이익잉여금					×××	×××
중간배당					(×××)	(×××)
유상증자(감자)	×××	×××				×××
당기순이익(손실)					×××	×××
자기주식 취득			(×××)			(×××)
해외사업환산손익				(×××)		(×××)
20××.×.×	×××	×××	×××	×××	×××	×××
20××.×.×(보고금액)	×××	×××	×××	×××	×××	×××
회계정책변경누적효과	(×××)	(×××)	(×××)	(×××)	(×××)	(×××)
전기오류수정	(×××)	(×××)	(×××)	(×××)	(×××)	(×××)
수정후 자본	×××	×××	×××	×××	×××	×××
연차배당					(×××)	(×××)
처분후 이익잉여금					×××	×××
중간배당					(×××)	(×××)
유상증자(감자)	×××	×××				×××
당기순이익(손실)					×××	×××
자기주식 취득			(×××)			(×××)
매도가능증권평가손익				×××		×××
20××.×.×	×××	×××	×××	×××	×××	×××

⑺ 포괄손익계산서의 주석 양식

포 괄 손 익 계 산 서

제×기 20××년×월×일부터 20××년×월×일까지
제×기 20××년×월×일부터 20××년×월×일까지

기업명 (단위 : 원)

구 분	당 기	전 기
당기순손익	×××	×××
회계정책변경누적효과㈜	×××	×××
기타포괄손익	×××	×××
매도가능증권평가손익(법인세효과 : ×××원)		
해외사업환산손익(법인세효과 : ×××원)		
현금흐름위험회피 파생상품평가손익 (법인세효과 : ×××원)		
......		
포괄손익	×××	×××

㈜ 회계정책의 변경에 대하여 소급적용하지 않고 회계정책 변경의 누적효과를 기초 이익잉여금에 일시에 반영하는 경우

⑻ 이익잉여금처분계산서 양식

이익잉여금처분계산서

제 × 기	20××년×월×일부터 20××년×월×일까지	제 × 기	20××년×월×일부터 20××년×월×일까지
처분예정일	20××년×월×일	처분확정일	20××년×월×일

기업명 (단위 : 원)

구 분	당 기		전 기	
미처분이익잉여금		×××		×××
전기이월미처분이익잉여금 (또는 전기이월미처리결손금)	×××		×××	
회계정책변경누적효과	-		×××	
전기오류수정	-		×××	
중간배당액	×××		×××	
당기순이익(또는 당기순손실)	×××		×××	
임의적립금등의이입액		×××		×××
×××적립금	×××		×××	
×××적립금	×××		×××	
합 계		×××		×××
이익잉여금처분액		×××		×××
이익준비금	×××		×××	
기타법정적립금	×××		×××	
주식할인발행차금상각액	×××		×××	
배당금	×××		×××	
현금배당				
주당배당금(률) 보통주 : 당기 ××원(%)				
전기 ××원(%)				
우선주 : 당기 ××원(%)				
전기 ××원(%)				
주식배당				
주당배당금(률) 보통주 : 당기 ××원(%)				
전기 ××원(%)				
우선주 : 당기 ××원(%)				
전기 ××원(%)				
사업확장적립금	×××		×××	
감채적립금	×××		×××	
......				
차기이월미처분이익잉여금		×××		×××

(9) 결손금처리계산서 양식

결손금처리계산서

제 × 기	20××년×월×일부터 20××년×월×일까지	제 × 기	20××년×월×일부터 20××년×월×일까지
처리예정일	20××년×월×일	처리확정일	20××년×월×일

기업명 (단위 : 원)

구 분	당 기		전 기	
미처리결손금		×××		×××
전기이월미처분이익잉여금 (또는 전기이월미처리결손금)	×××		×××	
회계정책변경누적효과	-		×××	
전기오류수정	-		×××	
중간배당액	×××		×××	
당기순이익(또는 당기순손실)	×××		×××	
결손금처리액		×××		×××
임의적립금이입액	×××		×××	
법정적립금이입액	×××		×××	
자본잉여금이입액	×××		×××	
차기이월미처리결손금		×××		×××

사례 2 이익잉여금처분계산서 및 자본변동표 작성사례

1. 아래 4번과 5번을 반영하지 않은 각 회계연도 말의 자본은 다음과 같다.

	20×1.12.31	20×2.12.31	20×3.12.31
자본금			
보통주자본금	1,000,000	1,500,000 (1)	2,000,000 (3)
자본잉여금			
주식발행초과금		250,000 (1)	600,000 (3)
자본조정			
자기주식		(12,000) (2)	(30,000) (4)
기타포괄손익누계액			
매도가능증권평가손익	30,000	15,000	30,000
해외사업환산손익	20,000	(10,000)	(20,000)
이익잉여금			
법정적립금	100,000	120,000	200,000
임의적립금	20,000	80,000	100,000
미처분이익잉여금	130,000	430,000	750,000
자 본 총 계	1,300,000	2,373,000	3,630,000

(1) 20×2년 1월에 주식 1,000주(주식액면금액: @500, 주식발행금액: @750)를 발행
(2) 20×2년 4월에 자기주식 20주(취득금액: @600)를 취득
(3) 20×3년 5월에 주식 1,000주(주식액면금액: @500, 주식발행금액: @850)를 발행
(4) 20×3년 6월에 자기주식 20주(취득금액: @900)를 취득

2. 아래 4번과 5번을 반영하지 않은 각 회계연도의 이익잉여금 변동은 다음과 같다.

	20×1	20×2	20×3
전기말 이익잉여금	200,000	250,000	630,000
연차배당	(40,000)	(10,000)	(50,000)
중간배당	(10,000)	(10,000)	(30,000)
당기순이익	100,000	400,000	500,000
당기말 이익잉여금	250,000	630,000	1,050,000

3. 각 회계연도의 미처분이익잉여금에 대한 처분계획은 다음과 같다.

	20×1	20×2	20×3
이익준비금 적립	20,000	80,000	100,000
연차배당	10,000	50,000	100,000
임의적립금 적립	60,000	20,000	100,000
처분액 합계	90,000	150,000	300,000

4. 20×3년에 20×0년 1월에 취득한 기계장치 B(취득원가: 100,000, 내용연수: 5년, 잔존가치: 0)의 감가상각방법을 정률법(40%)에서 정액법으로 변경하였다. 단, 법인세효과는 고려하지 않는다.

	20×0	20×1	20×2	20×3	20×4
정률법	40,000	24,000	14,400	8,640	12,960
정액법	20,000	20,000	20,000	20,000	20,000
차이	20,000	4,000	(5,600)	(11,360)	(7,040)
누적효과(정률법)	40,000	64,000	78,400	87,040	100,000
누적효과(정액법)	20,000	40,000	60,000	80,000	100,000
차이	20,000	24,000	18,400	7,040	-

5. 20×0년에 1월에 취득한 무형자산 A(취득원가: 500,000, 내용연수: 5년, 잔존가치: 0)를 자산으로 회계처리하지 않고 비용으로 처리한 오류를 20×3년에 발견하였다. 이것은 중대한 오류에 해당된다고 판단하였다. 단, 법인세효과는 고려하지 않는다.

	20×0	20×1	20×2	20×3	20×4
비용처리	500,000	-	-	-	-
자산처리	100,000	100,000	100,000	100,000	100,000
차이	400,000	(100,000)	(100,000)	(100,000)	(100,000)
누적효과(비용처리)	500,000	500,000	500,000	500,000	500,000
누적효과(자산처리)	100,000	200,000	300,000	400,000	500,000
차이	400,000	300,000	200,000	100,000	-

이익잉여금처분계산서

제 × 기	20×3년 1월 1일부터 20×3년12월 31일까지	제 × 기	20×2년 1월 1일부터 20×2년12월 31일까지
처분예정일	20×4년 ×월 ×일	처분확정일	20×3년 ×월 ×일

기업명 (단위 : 원)

구 분	당 기		전 기	
미처분이익잉여금(Ⅰ)		857,040		648,400
전기이월미처분이익잉여금	498,400		40,000 (1)	
회계정책변경누적효과	-		24,000 (2)	
전기오류수정	-		300,000 (3)	
중간배당액	(30,000)		(10,000)	
당기순이익	388,640 (5)		294,400 (4)	
임의적립금등의이입액(Ⅱ)		-		-
합 계(Ⅰ+Ⅱ)		857,040		648,400
이익잉여금처분액(Ⅲ)		300,000 (6)		150,000
이익준비금	100,000		80,000	
배당금	100,000		50,000	
현금배당				
주당배당금(률) 보통주 : 당기 ××원(%)				
전기 ××원(%)				
임의적립금	100,000		20,000	
차기이월미처분이익잉여금(Ⅰ+Ⅱ-Ⅲ)		557,040		498,400

(1) 130,000(20×1년말 미처분이익잉여금(보고금액)) - 90,000(20×2년 주주총회의 결정에 따른 미처분이익잉여금의 변동) = 40,000
(2) 20×3년의 회계정책변경에 따른 20×1년말 미처분이익잉여금의 수정
(3) 20×3년에 발견한 중대한 전기오류수정에 따른 20×1년말 미처분이익잉여금의 수정
(4) 400,000(20×2년 보고 당기순이익) - 5,600(회계정책변경효과) - 100,000(전기오류수정효과) = 294,400
(5) 500,000(회계정책변경과 전기오류수정 반영하기 전 20×3년 당기순이익) - 11,360(회계정책변경효과) - 100,000(전기오류수정효과) = 388,640
(6) 처분예정일인 20×4년 ×월 ×일에 주주총회에서 결정될 미처분이익잉여금의 처분액

자 본 변 동 표

제×기 20×3년 1월 1일부터 20×3년 12월 31일까지
제×기 20×2년 1월 1일부터 20×2년 12월 31일까지

기업명 (단위 : 원)

구 분	자 본 금	자본 잉여금	자본조정	기타포괄 손익누계액	이익 잉여금	총 계
20×2. 1. 1(보고금액)	1,000,000	-	-	50,000	250,000	1,300,000
회계정책변경누적효과	-	-	-	-	24,000	24,000
전기오류수정	-	-	-	-	300,000	300,000
수정후 자본	1,000,000	-	-	50,000	574,000	1,624,000
연차배당					(10,000)	(10,000)
처분후 이익잉여금					564,000	1,614,000
중간배당					(10,000)	(10,000)
유상증자	500,000	250,000				750,000
당기순이익					294,400 (1)	294,400
자기주식 취득			(12,000)			(12,000)
매도가능증권평가손익				(15,000)		(15,000)
해외사업환산손익				(30,000)		(30,000)
20×2.12.31	1,500,000	250,000	(12,000)	5,000	848,400	2,591,400
20×3. 1. 1(보고금액)	1,500,000	250,000	(12,000)	5,000	630,000	2,373,000
회계정책변경누적효과	-	-	-	-	18,400	18,400
전기오류수정	-	-	-	-	200,000	200,000
수정후 자본	1,500,000	250,000	(12,000)	5,000	848,400	2,591,400
연차배당					(50,000)	(50,000)
처분후 이익잉여금					798,400	2,541,400
중간배당					(30,000)	(30,000)
유상증자	500,000	350,000				850,000
당기순이익					388,640 (2)	388,6400
자기주식 취득			(18,000)			(18,000)
매도가능증권평가손익				15,000		15,000
해외사업환산손익				(10,000)		(10,000)
20×3.12.31	2,000,000	600,000	(30,000)	10,000	1,157,040	3,737,040

(1) 400,000(20×2년 보고 당기순이익) - 5,600(회계정책변경효과) - 100,000(전기오류수정효과) = 294,400
(2) 500,000(회계정책변경과 전기오류수정 반영하기 전 20×3년 당기순이익) - 11,360(회계정책변경효과) - 100,000(전기오류수정효과) = 388,640

찾아보기

[ㄱ]

[ㄴ]

[ㄷ]

[ㄹ], [ㅁ]

[ㅂ]

[ㅊ]

[저자 소개]

• 이주송

수원대학교 대학원 수료(경영학 석 · 박사)
여주대학 재단사무국장 역임
여주군 과세전적부 심사위원회 위원 역임
현 여주군 지방세 심의위원회 위원
현 여주대학 세무회계정보과 교수

〈주요 저서〉

『기업재무회계 실무』
『재무제표이론과 실무』
『재무회계원리실무』
『회계이론』, 『재무제표 실무』
『재무회계원리이해』
『신회계이론』,
『재무제표론』

〈논문〉

「자산재평가와 기업의 이해득실에 관한 연구」
「감가상각제도에 관한 연구」
「한국의 자산유동화증권에 관한 연구」
「자산유동화 증권 발행이 재무비율과 기업가치에 미치는 영향에 관한 연구」
「ABS발행에 관한 이론적 고찰」
「주택저당채권 유동화제도의 도입효과」
「여주대학 주문식교육 발전방안 연구」 등 다수

• 이내풍

인천대학교 대학원 (경영학박사)
현, 여주대학 세무회계정보학과 교수
경영지도사
한국세무회계학회 부회장

〈주요 저서〉

디지털시대의 경영학원론 (법문사)
전략적 경영혁신 기법 (학문사)
주식회사제도의 이해 (탑21 Books)
회사법 (학문사)

• 홍미경

숭실대학교 대학원 (경영학박사)
현, 여주대학 세무회계정보학과 교수
경영지도사
이천세무서 납세자보호위원회 위원
여주시 주요업무 평가위원
여주지원 조정위원

〈주요 저서〉

최신관리회계 (도서출판 두남)
원가회계 (청목출판사)
회계학연습 (도서출판 두남)
BSC 기업성과에 미치는 영향에 관한 연구
전략적리더십이 조직시민행동에 미치는 영향에 관한 연구 외 다수

• 박문곤

원광대학교 대학원 (경영학박사)
현, (사)한국경영경제문제연구원 연구위원
여주대학 세무회계정보학과 외래교수
행정심판사
(사)한국국제경상교육학회 법인사무국장

〈주요 저서〉

재무회계의 이해(원리와연습)(탑21 Books)
기업경영의 이해 (탑21 Books)
지방지치단체 복식부기 회계정보시스템의 업무유용성에 관한 연구
Convergence of Accounting Standards,
이전가격세제에 관한 고찰 외 다수

회계원리

2010년 3월 5일 초판인쇄
2010년 3월 10일 초판발행

저 자 이주송 · 이내풍 · 홍미경 · 박문곤
발행인 유 성 렬
발행처 형 지 사
서울특별시 영등포구 신길동 233-96
전화 (02) 833-6090(代)
FAX (02) 849-0817
등록 제318-2005-000030호

파본은 바꾸어 드립니다. 값 22,000원

http : //www.chongmok.co.kr

ISBN 978-89-92938-47-1